O ESTATUTO DOS PROFISSIONAIS DA ÁREA DA CULTURA

(Decreto-Lei n.º 105/2021, de 29 de novembro)

O ESTATUTO DOS PROFISSIONAIS DA ÁREA DA CULTURA (Decreto-Lei n.º 105/2021, de 29 de novembro)

REGIME NOVO OU *MISE-EN-SCÈNE*?

2022

Victor Hugo Ventura

ALMEDINA

O ESTATUTO DOS PROFISSIONAIS
DA ÁREA DA CULTURA
(Decreto-Lei n.º 105/2021, de 29 de novembro)
REGIME NOVO OU *MISE-EN-SCÈNE*?

AUTOR
Victor Hugo Ventura

EDITOR
EDIÇÕES ALMEDINA, S.A.
Rua Fernandes Tomás, n.os 76, 78 e 79
3000-167 Coimbra
Tel.: 239 851 904 · Fax: 239 851 901
www.almedina.net · editora@almedina.net

DESIGN DE CAPA
EDIÇÕES ALMEDINA, S.A.

PRÉ-IMPRESSÃO
Patrícia Boleto

IMPRESSÃO E ACABAMENTO
AAAAAAAAA

Maio, 2022
DEPÓSITO LEGAL
000000/22

ALMEDINA | GRUPOALMEDINA

BIBLIOTECA NACIONAL DE PORTUGAL – CATALOGAÇÃO NA PUBLICAÇÃO
O ESTATUTO DOS PROFISSIONAIS DA ÁREA CULTURA :
REGIME NOVO OU MISE-EN-SCÈNE? – (Monografias)
VICTOR, Hugo Ventura
ISBN 978-989-40-0465-3
CDU 349

ÍNDICE

NOTA PREFACIAL

Poucas empreitadas legislativas se revestem de tanta complexidade, envolvendo tamanho risco de erro e inefectividade, como a de definir um estatuto jurídico-profissional comum ou unitário para os chamados "trabalhadores da cultura". De certo modo, trata-se de um esforço com insucesso garantido, por várias razões.

Uma das mais pesadas consiste na enorme diversidade do universo social visado, que se espelha no âmbito pessoal do novo Estatuto dos Profissionais da Área da Cultura (EPAC), tal como o respectivo art. 2.º o expõe: "profissionais das artes do espectáculo, do audiovisual, das artes visuais e da criação literária, que exerçam uma actividade autoral, artística, técnico-artística ou de mediação cultural". São, assim, reguladas as actividades que envolvem "criações intelectuais do domínio literário e artístico", assim como as "ligadas à interpretação e execução de obras", as "relacionadas com os métodos de execução, os materiais, os equipamentos e os processos produtivos" e, ainda, as actividades de produção, realização e divulgação de espectáculos e outras obras.

Esta tipologia assusta pela sua aparente inconsequência. Simplificando num exemplo, são as mesmas regras para os argumentistas, para os actores, para os técnicos de luz e de som e para os produtores de um filme ou de uma peça de teatro. Se multiplicarmos essa diversidade pela das próprias "actividades culturais" – da criação literária ao espectáculo de circo –, chegaremos a uma realidade imensa, mas disforme, com fortes motivos para duvidar de que a iniciativa do legislador esteja bafejada por um mínimo de bom senso.

Acrescem as naturais dificuldades regulatórias que decorrem do propósito de superar a evidente situação de desprotecção em que muitos dos profissionais em causa têm esbracejado no seu dia-a-dia para sobreviver.

Os autores do EPAC seguiram a opção pouco entusiasmante de reproduzirem, em vários pontos, os regimes gerais do Código do Trabalho, para além da afirmação genérica do seu carácter subsidiário em relação ao tratamento da matéria. Isto quanto à regulamentação das situações em que pode falar-se de actividades exercidas em regime de subordinação, pois o diploma estende a sua ambição às relações de trabalho autónomo, ainda que marcadas pela dependência económica do profissional. Relativamente a esta matéria, a semelhança das situações – e das preocupações do legislador –, assim como a prevenção de fraudes qualificativas, levam a que sejam adoptadas soluções normativas com visível tonalidade laboral. Tem que se reconhecer que o conjunto não prima pela harmonia, nem justifica tranquilidade quanto à efectividade da cobertura jurídica de um território tão acidentado como este.

De qualquer modo, o EPAC, carregado de boas intenções, precisa de ser compreendido e lido com exactidão. Ele é apresentado e analisado com grande clarividência e até elegância de estilo nesta obra de Victor Hugo Ventura, jovem advogado com o grau de Mestre em Direito e estudos preparatórios de um próximo doutoramento. Além do mais, surpreende no seu *curriculum* a corpulência e o brilho das publicações já realizadas.

Neste caso, a sua aproximação ao tema terá resultado da pesquisa referente ao regime do contrato de trabalho desportivo. No entanto, a leitura crítica que propõe do EPAC é iluminada pela amplitude da visão panorâmica que propõe acerca do heterogéneo objecto com que o legislador pretende lidar. Estamos perante uma obra provavelmente pioneira, de consulta obrigatória por parte de quem se defronte com questões de interpretação do EPAC – e que nem por isso deixa de ser também um exame crítico das várias dezenas de artigos em que se corporizou este delicado projecto legislativo. O Decreto-lei 105/2021, de 29 de novembro, tem neste livro, em simultâneo, um importante instrumento de leitura e um conjunto de pistas daquilo que poderá vir a ser, a médio prazo, a sua desejável revisão.

António Monteiro Fernandes

ABREVIATURAS UTILIZADAS

Ac. – Acórdão
AcD – Acórdãos Doutrinais do Supremo Tribunal Administrativo
BMJ – Boletim do Ministério da Justiça
BTE – Boletim do Trabalho e do Emprego
CDADC – Código do Direito de Autor e dos Direitos Conexos
Cfr. – Confronte-se
Cit. – obra citada
CJ – Coletânea de Jurisprudência
CJ (STJ) – Coletânea de Jurisprudência do Supremo Tribunal de Justiça
CT03 – Código do Trabalho de 2003
CT09 – Código do Trabalho de 2009
EPAC – Estatuto dos Profissionais da Área da Cultura
ID. – *Idem*
OE2021 – Orçamento do Estado para 2021
n. – nota de pé-de-página
n.º – número
p. – página
pp. – páginas
proc. nr. – processo n.º
RCTPE – Regime do Contrato de Trabalho do Profissional de Espetáculos
ss. – e seguintes
STA – Supremo Tribunal Administrativo
STJ – Supremo Tribunal de Justiça
TC – Tribunal Constitucional

TJ – Tribunal de Justiça
TRC – Tribunal da Relação de Coimbra
TRE – Tribunal da Relação de Évora
TRG – Tribunal da Relação de Guimarães
TRL – Tribunal da Relação de Lisboa
TRP – Tribunal da Relação do Porto
vol. – Volume

OUTRAS PUBLICAÇÕES DO AUTOR

1. «Do texto ao contexto: a interpretação dos negócios jurídicos», *Revista de Ciências Empresariais e Jurídicas*, 24 (2014), pp. 39-61.
2. «A inexigibilidade como motivo de justificação de faltas no direito do trabalho português», *Questões Laborais*, 44 (2014), pp. 141-157.
3. «Novas e velhas questões sobre o direito de retratação», *Questões Laborais*, 49 (2016), pp. 77-104.
4. «A fase de informações e negociação do despedimento coletivo na ausência de estruturas representativas dos trabalhadores», *Questões Laborais*, 50 (2017), pp. 65-81.
5. «Breve apontamento sobre o regime de faltas dos candidatos a cargos públicos», *Questões Laborais*, 52 (2018), pp. 19-32.
6. «A relação advogado-cliente como relação de consumo: comentário ao acórdão *Birutė Šiba. v. Arūnas Devėnas* do Tribunal de Justiça», *Católica Law Review*, 2018, Vol. II, n.º 2, pp. 139-161 (em coautoria com José Carlos Brandão Proença).
7. AAVV, *Comentário ao Código Civil – Direito das Obrigações (Das Obrigações em Geral)*, Universidade Católica Editora, Porto, 2018 (anotação aos artigos 550.º a 561.º e ao artigo 502.º, em coautoria com Raul Guichard).
8. «À espera de um novo *Bosman*? A compatibilidade do regime do tempo de trabalho do praticante desportivo com o Direito da União Europeia», *Questões Laborais*, 54 (2019), pp. 81-97.
9. «O impacto da nova redação do artigo 344.º, n.º 2, do Código do Trabalho, no conceito de "desemprego involuntário" para efeitos de atribuição do subsídio de desemprego», *Questões Laborais*, 55 (2019), pp. 169-178 (em coautoria com Alexandra Marques Sequeira).

10. *O regime do contrato de trabalho do praticante desportivo*, AAFDL Editora, Lisboa, 2020, 411 pp.
11. «A insustentável leveza do contrato de trabalho doméstico ou o caso da (in)exigibilidade de parecer da CITE para o despedimento de trabalhadora doméstica grávida, puérpera ou lactante», *Questões Laborais*, 56 (2020), pp. 33-52 (em coautoria com Cláudia Campos).
12. «A aplicação da figura do abandono de trabalho ao contrato de trabalho do praticante desportivo», *Revista de Direito do Desporto*, 7 (2021), pp 72-83.
13. *O regime do contrato de serviço doméstico*, AAFDL Editora, Lisboa, 2021, 255 pp.
14. *Contrato de trabalho rural*, Vida Económica, Porto, 2021, 112 pp.
15. «Precários para sempre? A compatibilidade do regime da contratação a termo dos treinadores desportivos com o Direito da União Europeia», *Prontuário de Direito do Trabalho*, 2020, II, pp. 331-354.
16. «Os "prémios" por objetivos no regime do contrato de trabalho do praticante desportivo» in: Alexandre Miguel Mestre [Coord.], *Compêndio de Direito do Desporto*, Gestlegal, Lisboa, 2021, pp. 456-474.
17. «Pode um treinador ser despedido por "justa causa desportiva"?», *Questões Laborais*, 57 (2021), pp. 7-19.

FORMA DE CITAR

I. Em relação às monografias, e tratando-se da primeira citação, é indicado o nome do Autor, o título da obra em itálico, seguido da Editora, local de edição, ano, edição (se aplicável) e página(s) da referência ou citação. Nas citações seguintes, é indicado apenas o nome do Autor, seguido do título da obra citado abreviadamente e da indicação da(s) página(s).

Assim, por exemplo:

> Joana Neto, *Na boca de cena da (des)regulação: o regime jurídico do contrato de trabalho dos profissionais do espectáculo*, Editorial Novembro, Vila Nova de Famalicão, 2019, p. 16.

> Joana Neto, *Na boca de cena da (des)regulação...*, cit., p. 16.

II. Em relação às publicações periódicas, nos casos em que a Publicação segue uma numeração contínua é indicado, em primeiro lugar, o número da revista em algarismos seguido do ano entre parêntesis. Nos casos em que a Publicação reinicia a sua numeração em cada ano ou período, é indicado, em primeiro lugar, o ano da publicação, seguido do número da publicação, em numeração romana, referente a esse ano. A citação abreviada segue as regras referidas para as monografias.

Assim, a título de exemplo, respetivamente:

> António Luís Bentes de Oliveira, «Trabalho de menores em espectáculos e publicidade», *Questões Laborais*, 16 (2000), pp. 190-213, p. 195.

JOANA NUNES VICENTE, «A disciplina do contrato a termo dos profissionais de espectáculo: relações de tensão entre a Lei 4/2008, de 7 de Fevereiro e a CRP e o Direito da União Europeia», *Prontuário de Direito do Trabalho*, 2017, II, pp. 259-279, p. 261.

III. Tratando-se de obra coletiva, segue-se a forma de citação aplicável às monografias, antecedido da indicação do Organizador / Coordenador da obra da referência a essa qualidade em parêntesis retos ("[Org.]" e "[Coord.]"). A citação abreviada segue as regras referidas para as monografias.

Assim, por exemplo:

ALBINO MENDES BAPTISTA, «Subsídios para a criação de um regime jurídico do contrato de trabalho do profissional de espectáculo» in: *Estudos Jurídicos em Homenagem ao Prof. Doutor António Motta Veiga*, Almedina, Coimbra, 2004, pp. 27-58, p. 36.

IV. A jurisprudência nacional é citada indicando a data da decisão no formato dd/mm/aaaa, seguida da indicação do Tribunal, de acordo com as abreviaturas utilizadas, do nome do Relator, entre parêntesis, e da fonte do acórdão. Se for indicado apenas o n.º do processo deve considerar-se que a decisão é consultável no site www.dgsi.com. Caso a decisão seja consultável em mais do que uma fonte, são indicadas as várias fontes de forma sucessiva.

Assim, por exemplo:

Ac. de 20/11/2013 do STJ (MÁRIO BELO MORGADO), proc. nr. 2867/06.TTLSB.L2.S1

Ac. de 19/06/2013 do TRL (MARIA JOÃO ROMBA), CJ, 2013, III, pp. 127-129

"O espectáculo é o mau sonho da sociedade moderna acorrentada, que não expressa finalmente mais do que o seu desejo de dormir. O espectáculo é o guardião deste sono"

Guy Debord, *A sociedade do espectáculo*, Antígona, Lisboa, 2012
(trad. de Francisco Alves / Afonso Monteiro), p. 14.

"Not only is enormous labor spent on this activity, but in it, as in war, the very livres of men are sacrificed. Hundreds of thousands of people devote their lives from childhood to learning to twirl their legs rapidly (dancers), or to touch notes and strings rapidly (musicians), or to draw with paint and represent what they see (artists), or to turn every phrase inside out and find a rhyme to every word. And these people, often very kind and clever, and capable of all sorts of useful labor, grow savage over their specialized and stupefying occupations, and become one-sided and self-complacent specialists, dull to all serious phenomena of life and skillful only at rapidly twisting their legs, their tongues, or their fingers"

Leo N. Tolstoy, *What is Art?*, New York, 1960
(trad. de Almyer Maude), p. 10.

REGIME NOVO OU *MISE-EN-SCÈNE*? O ESTATUTO DOS PROFISSIONAIS DA ÁREA DA CULTURA

Bibliografia nacional específica: Albino Mendes Baptista, «Subsídios para a criação de um regime jurídico do contrato de trabalho do profissional de espectáculo» in: *Estudos Jurídicos em Homenagem ao Prof. Doutor António Motta Veiga*, Almedina, Coimbra, 2004, pp. 27-58; António Luís Bentes de Oliveira, «Trabalho de menores em espectáculos e publicidade», *Questões Laborais*, 16 (2000), pp. 190-213; António Monteiro Fernandes, «Descanso semanal dos artistas teatrais», *Estudos Sociais e Corporativos*, 28 (1968), pp. 175-176; Id. «O triste fado dos maestros titulares ou o problema da subordinação invisível - anotação ao Acórdão do Supremo Tribunal de Justiça de 20/11/2013», *Revista de Direito e de Estudos Sociais*, 2013, IV, pp. 119-140 (= *Escritos de Direito do Trabalho*, Almedina, Coimbra, 2018, pp. 107-126); Bernardo da Gama Lobo Xavier, «Contratos de trabalho dos profissionais de espectáculos (direito aplicável)», *Revista de Direito e de Estudos Sociais*, 1986, I, pp. 103-139; Joana Neto, *Na boca de cena da (des)regulação: o regime jurídico do contrato de trabalho dos profissionais do espectáculo*, Editorial Novembro, Vila Nova de Famalicão, 2019; Id., «Redesenhar o trapézio sem rede da proteção laboral dos artistas — problemas e pistas para alterações à Lei 4/2008, de 12 de fevereiro», *Questões Laborais*, 54 (2019), pp. 107-158; Joana Nunes Vicente, «A disciplina do contrato a termo dos profissionais de espectáculo: relações de tensão entre a Lei 4/2008, de 7 de Fevereiro e a CRP e o Direito da União Europeia», *Prontuário de Direito do Trabalho*, 2017, II, pp. 259-279; João Leal Amado / Milena Rouxinol, «A *partitura* da subordinação jurídica - observações em torno do Acórdão do STJ, de 21 de Novembro de 2013», *Revista de Legislação e de Jurisprudência*, 3985 (2014), pp. 252-285; Júlio Gomes, «Da fábrica à fábrica de sonhos – primeiras reflexões sobre o regime dos contratos de trabalho dos profissionais de espectáculos» in: *Novos Estudos de Direito do Trabalho*, Coimbra Editora, Coimbra, 2010, pp. 197-231 (= Id., *Liberdade e Compromisso – Estudos dedicados ao Professor Mário Fernando de Campos Pinto*, Vol. II, Universidade Católica Editora, Lisboa, 2009, pp. 247-280); Margarida Porto, *A participação de menor em espectáculo ou outra actividade de natureza cultural, artística ou publicitária – análise das especificidades do regime legal*, Almedina, Coimbra, 2010; Id., «Regime jurídico do contrato de trabalho dos profissionais de espectáculos – algumas reflexões» in: *Para Jorge Leite – Escritos Jurídico-Laborais*, Coimbra Editora, Vol. I, Coimbra, 2014, pp. 733-755; Maria Conceição Tavares da Silva, «Bibliografia – Recensão da obra de Spano (Spartaco) - L'attore nel rapporto di lavoro, Milão, Dott. A. Giuffré Ed., 1963, 219 pp.» *Estudos Sociais e Corporativos*, 10 (1964), pp. 242-244; Mariana Rufino Teixeira, *Contrato de Trabalho de Espectáculo*, 2.ª ed., Verlag Dashofer, 2009; Susana Ferreira dos Santos, *O enquadramento jurídico-laboral dos profissionais de espectáculos — algumas reflexões*, Dissertação de Mestrado, Universidade Católica Portuguesa, Porto, 2004.

§ 1. INTRODUÇÃO

§ 1.1. Razões da especialidade

Não andaremos longe da verdade se dissermos que, do ponto de vista da perceção popular, poucas atividades conseguiram granjear, ao longo dos tempos, um *status* social superior ao do profissional das artes e do espetáculo. Um estatuto que, note-se, não esteve apenas associado a uma invejada vida de luxúria ou de extravagância dos artistas que atingem a glória, o estrelato e um "lugar ao Sol". Embora possa não ser evidente à primeira vista, o trabalho artístico é um dos fenómenos que nos permite, enquanto comunidade, existir simbólica e espiritualmente. A importância social das artes e dos espetáculos remonta, de resto, à Antiguidade: já os monarcas e príncipes faziam rodear a corte e o seu séquito de artistas. O magnetismo ou poder quase hipnótico era tal que era comum a sua instrumentalização pelas classes possidentes para dourar a pílula da miséria popular, deixando maquiavelicamente o povo a *panem et circus*.

Se vivemos na chamada sociedade do espetáculo e do entretenimento, mais razões há para que o seu protagonista — o artista — mereça, ainda hoje, um papel de primeira grandeza. Ainda que noutros moldes e sentido, a atividade continua e certamente continuará a desempenhar um papel social relevante[1], rodeada, até, de um evidente interesse público, embora, por vezes,

[1] O preâmbulo do Decreto-Lei n.º 38/87, de 26 de janeiro, que harmonizou a legislação que disciplinava as condições gerais do exercício da actividade dos profissionais de espectáculos com os princípios em vigor na Comunidade Económica Europeia sobre a livre circulação de pessoas,

é com esse interesse público ou com outros bens socialmente fundamentais que pode curto-circuitar (pense-se na discussão, que ainda vai acesa, da legitimidade das touradas, no célebre caso do lançamento do anão, que alguns pretendiam situar numa zona de indisponibilidade, no debate, aparentemente pacificado, da constitucionalidade dos *reality shows*[2] ou, revisitando períodos de má memória, no saneamento de artistas do espaço televisivo durante o Estado Novo[3]). Não só a fruição cultural surge como uma dimensão programática do Estado[4] — que este, porém, nem sempre cumpre com o zelo que porventura deveria... —, como também não deixa de ser pleno de significado que os artistas trabalhem quando a generalidade dos trabalhadores está em descanso, contribuindo, no fim de contas, para a qualidade do seu lazer e, portanto, da vida em comunidade... De resto, e para sublimar o ponto, na sua *Carta aos Artistas*, o Sumo Pontífice João Paulo II teve a oportunidade

bens e serviços, falava na "importância e o largo alcance na vida social e cultural do País das actividades inseridas neste ramo de actividade, cujo regular e saudável funcionamento se tem como imprescindível e imperioso".

[2] Sobre isto, pronunciando-se favoravelmente, J. J. Gomes Canotilho / Jónatas E. M. Machado, *"Reality shows" e liberdade de programação*, Coimbra Editora, Coimbra, 2003, especialmente, pp. 67 ss.

[3] Como nos dão conta Alberto Arons de Carvalho / António Monteiro Cardoso / José Pedro Figueiredo, *Direito da Comunicação Social*, 3.ª ed., Texto dos Editores, Alfragide, 2012, p. 48, n. 75, o cantor Francisco José, no ano de 1964, queixou-se em direto, na RTP, dos *cachêts* pagos aos artistas portugueses e, em consequência, nunca mais apareceu naquela televisão, levando até à suspensão de todas as entrevistas em directo naquele canal...

[4] Cfr. artigo 78.º, n.º 2, da CRP76: "incumbe ao Estado, em colaboração com todos os agentes culturais: (...) b) Apoiar as iniciativas que estimulem a criação individual e colectiva, nas suas múltiplas formas e expressões, e uma maior circulação das obras e dos bens culturais de qualidade; c) Promover a salvaguarda e a valorização do património cultural, tornando-o elemento vivificador da identidade cultural comum". Como se lê no preâmbulo do Decreto-Lei n.º 105/2021, de 29 de novembro, que aprova o Estatuto dos Profissionais da Área da Cultura, "a Constituição da República Portuguesa determina que o Estado deve promover a democratização da cultura, incentivando e assegurando o acesso de todos os cidadãos à fruição e criação cultural. Para o efeito, importa criar as condições para o desenvolvimento de um setor cultural dinâmico e equilibrado, que garanta boas condições de trabalho aos seus profissionais, de forma a potenciar a respetiva criatividade e criação artística. A regulamentação das relações de trabalho que ocorram no setor da cultura, incluindo as relações de trabalho subordinadas e as autónomas, é um instrumento determinante para a produção e promoção culturais e deve, consequentemente, ser objeto da atenção do Estado". Longe vão os tempos a que se referia Tolstoy, quando afirmava que os gastos públicos com a Arte só seriam comparáveis aos gastos militares (Leo N. Tolstoy, *What is Art?*, New York, 1960 (trad. de Almyer Maude), p. 4.

de os louvaminhar, reconhecendo que eles prestam um serviço social em benefício comum[5].

Contudo, e como muitas vezes acontece, a realidade não é tão sedutora como aparenta. A perceção generalizada ainda é dominada por ideias idílicas: a convicção de que, de um modo geral, os artistas vivem uma vida desafogada, de quase magnanimidade[6], de que são soberanos do seu destino e de que quaisquer desvantagens sempre seriam o preço justo a pagar por uma pretensa liberdade[7] não passa de uma efabulação da realidade[8]. Um pouco como no mundo desportivo, como, aliás, já demos nota noutro lugar[9], o número de artistas que consegue atingir o estrelato e esse estatuto (as *superstars* ou

[5] Vale a pena transcrever alguns dos passos da *Carta aos Artistas* (1999): "ninguém melhor do que vós, artistas, construtores geniais de beleza, pode intuir algo daquele *pathos* com que Deus, na aurora da criação, contemplou a obra das suas mãos. Infinitas vezes se espelhou um relance daquele sentimento no olhar com que vós — como, aliás, os artistas de todos os tempos —, maravilhados com o arcano poder dos sons e das palavras, das cores e das formas, vos pusestes a admirar a obra nascida do vosso génio artístico, quase sentindo o eco daquele mistério da criação a que Deus, único criador de todas as coisas, de algum modo vos quis associar. (...) De facto, a sociedade tem necessidade de artistas, da mesma forma que precisa de cientistas, técnicos, trabalhadores, especialistas, testemunhas da fé, professores, pais e mães, que garantam o crescimento da pessoa e o progresso da comunidade, através daquela forma sublime de arte que é a « arte de educar ». No vasto panorama cultural de cada nação, os artistas têm o seu lugar específico. Precisamente enquanto obedecem ao seu génio artístico na realização de obras verdadeiramente válidas e belas, não só enriquecem o património cultural da nação e da humanidade inteira, mas prestam também um serviço social qualificado ao bem comum".

[6] Vale a pena citar o ac. n.º 187/2013 do TC (Carlos Fernandes Cadilha) onde a determinada altura se diz "um determinado sujeito passivo pode beneficiar de uma menor garantia de subsistência do vínculo e ter uma capacidade económica substancialmente superior a outro com um vínculo laboral mais estável (como é o caso, exemplificativo, de profissionais famosos das artes e espetáculos e do desporto que podem auferir, com um contrato de um só ano, um rendimento que um funcionário público poderá não receber em muitos anos)".

[7] Pierre-Michel Menger, *Retrato do artista enquanto trabalhador — metamorfoses do capitalismo*, Roma Editora (trad. de Vera Borges / Danielle Place / Isabel Gomes), Lisboa, 2005, p. 43, fala de um "fascínio irónico onde se misturam a atracção por um espaço profissional de liberdade e auto-determinação, e a suspeição de frivolidade, de improdutividade em relação ao que se parece mais com o jogo do que com o trabalho".

[8] Como se interroga Pierre-Michel Menger, *Retrato do artista enquanto trabalhador...*, cit., p. 8, "o trabalho do artista não é fascinante precisamente porque obedece a talentos e a valores inconstantes — a inspiração, a criatividade imprevisível, a rebeldia relativamente a todo o enquadramento demasiado constrangedor, a rejeição das regras comuns do mundo do assalariado tais como a subordinação a um patrão, o cálculo interesseiro do preço do seu esforço e da sua motivação para trabalhar, etc.?".

[9] Victor Hugo Ventura, *O regime do contrato de trabalho do praticante desportivo*, AAFDL Editora, Lisboa, 2020, p. 25.

vedetas) é diminuto e não representa genuinamente a generalidade da classe. Bem pelo contrário, o deslumbramento da vida artística[10] encobre, na verdade, uma realidade de dura precariedade.

Vários fatores terão contribuído para a degradação e empobrecimento da classe. Segundo pensamos, o trabalho artístico foi, desde logo, de certa forma, vítima do seu próprio sucesso. Por um lado, a atração pelo *glamour* e pela ilusão de uma vida fausta[11] rapidamente captou o interesse das massas, até porque, ao contrário de outras atividades, não se exigia um corpo de conhecimentos ou requisitos formais para o seu exercício: a habilitação era, muitas vezes, o talento ou o génio individual (se não mesmo a "lotaria genética"). Inevitavelmente, a afluência de profissionais que se dedicam ao *métier* artístico tornou-se significativamente superior ao volume de trabalho do mercado ou, mantendo a linguagem tomada de empréstimo da Economia, a oferta tornou-se superior à procura.

Ficaram lançadas as bases para a mercantilização da profissão. A pretensão de originalidade e autenticidade que se queria sempre ver satisfeita pelo artista — condição para o reconhecimento, aceitação e sucesso aos olhos do grande público — atirou o trabalho artístico para um mercado tão ou mais feroz do que nas outras áreas de atividade e em que muitas vezes *the winner takes it all*. No fim de contas, o artista, outrora encarado como oráculo, mensageiro predestinado ou núncio do Divino, personificação de um espírito

[10] Pierre-Michel Menger, *Retrato do artista enquanto trabalhador...*, cit., p. 21: "a visibilidade simbólica do sistema de trabalho artístico compreende a natureza paradoxal das formas de actividade nas quais a arte é o centro: autonomia na relação de trabalho e realização através do desenvolvimento pessoal na actividade são os ideais reguladores do acto de trabalho artístico. As tomadas de risco associadas à imprevisibilidade do sucesso, projecto após projecto, e as fortes pressões concorrenciais criadas e exploradas pelo sistema de emprego, traçam um retrato singular do artista como profissional qualificado e audacioso, livre e individualista, simultaneamente desinteressado e indiferente às "necessidades materiais" de uma escolha profissional aleatória, pelo menos no início do seu compromisso, visto que o sucesso é intrinsecamente incerto, aqui mais do que noutros casos. A organização do trabalho artístico segundo a lógica de projectos e as formas de emprego e de relações de trabalho que lhe estão ligadas conferem, além disso, para o melhor e para o pior, uma posição muitas vezes qualificada de pioneira, como já foi dito mais acima, aos artistas transformados em incarnações idealizadas, para o melhor e para o pior, de trabalhadores móveis, polivalentes, responsáveis, aptos para os desafios e conscientes das ambivalêcias dos métiers com forte potencial inovador".

[11] Forçando a nota, basta ver como, atualmente, o número de concorrentes que participam em concursos de talento musical ou de artes performativas muitas vezes superam o próprio número de candidaturas ao ensino superior. Até porque os cursos de artes performativas apresentam as maiores taxas de desemprego no ensino superior português...

singular, deu lugar ao trabalhador que, à semelhança da generalidade dos trabalhadores, e porventura ainda mais, se posiciona num mercado como um prestador de um serviço e, como tal, sujeito às mais cruéis leis da oferta e da procura.

A ideia pueril de que "os mundos artísticos formam um universo de excepção situado à margem do jogo económico"[12] faz definitivamente parte de um imaginário definitivamente perimido. Nesta "penetração progressiva do capitalismo mercantilista na esfera das artes"[13], o trabalho artístico entrou na roda vida do intercâmbio entre o trabalho e o capital — o trabalho é a lei da arte como da vida, disse ÁLVARO CUNHAL[14] — e mais não é, pelo menos à sua maneira, do que uma das novas faces do capitalismo[15]. Parafraseando o filósofo francês GUY DEBORD, porventura com uma sobredose de pessimismo, "o espectáculo é o dinheiro que *somente se olha*"[16].

Como se não bastassem estas razões, estes profissionais conhecem uma outra adversidade mais profunda: um desinteresse crescente da população pelo consumo cultural ou, ocorrendo, com propósitos de *posing* e de exibicionismo social (a arte e a cultura como adereços sociais). Não só as artes nem sempre têm argumentos para suster e reverter esta vaga epicurista do discurso materialista[17] como, infelizmente, têm sido eclipsadas pela indústria desportiva que, nas últimas décadas, tem monopolizado os espaços de entretenimento e passatempo comunitário. Ora, aquilo que PIERRE-MICHEL MENGER descrevia, já no início do séc. XXI, como a "crise endémica de baixo consumo cultural"[18] rapidamente passou da palidez para a agonia: num quadro social que já é, à partida, de desinteresse, as atividades artísticas acabaram por estar na primeira linha dos atingidos e sacrificados pela pandemia

[12] PIERRE-MICHEL MENGER, *Retrato do artista enquanto trabalhador...*, cit., p. 54.

[13] PIERRE-MICHEL MENGER, *Retrato do artista enquanto trabalhador...*, cit., p. 48.

[14] ÁLVARO CUNHAL, *A arte, o artista e a sociedade*, 2.ª ed., Caminho, Lisboa, 1998, p. 200.

[15] PIERRE-MICHEL MENGER, *Retrato do artista enquanto trabalhador...*, cit., p. 44: "não só as actividades de criação artística não são ou deixaram de ser a face oposta do trabalho, como elas são cada mais assumidas como a expressão mais avançada dos novos modos de produção e das novas relações de emprego engendradas pelas mutações recentes do capitalismo". O Autor refere até, p. 45, identifica até no trabalho artístico o "princípio de fermentação do capitalismo".

[16] GUY DEBORD, *A sociedade do espectáculo*, Antígona (trad. de FRANCISCO ALVES e AFONSO MONTEIRO), Lisboa, 2012, p. 29.

[17] Criticando os artistas (entre outros...), por se demitirem deste combate ao grande capital financeiro, ANTÓNIO GARCIA PEREIRA, «(Muito) orgulho e (ainda maior) preconceito – o Direito do Trabalho e a ideologia do capitalismo financeiro» in: *Para Jorge Leite – Escritos Jurídico-Laborais*, Coimbra Editora, Coimbra, 2014, pp. 681-695, p. 682.

[18] PIERRE-MICHEL MENGER, *Retrato do artista enquanto trabalhador...*, cit., p. 93.

COVID-19, tornando ainda mais evidente a fragilidade destes profissionais e também das próprias organizações ligadas ao setor[19], uma crise que foi meramente paliada pela aprovação de apoios ao setor da cultura[20].

Fruto da sazonalidade e das oscilações do setor, muitas vezes dominado pelas *trends* dominantes, grande parte destes profissionais vive de rendimentos que não são certos e são frequentemente induzidos, pelas entidades que organizam os eventos, a prestar a sua atividade na economia paralela (através de contratos de prestação de serviços não declarados[21]) ou à base de vínculos laborais na sua forma mais precária, o contrato de trabalho de muito curta duração. Fala-se mesmo, a este propósito, de um "nexo causal entre a prestação de uma atividade artística e a precariedade congénita"[22] ou de uma

[19] As quais também merecem atenção e tutela. Como se lia no preâmbulo do Decreto n.º 43181, de 23/09/1960: "quanto às empresas - cuja prosperidade é imprescindível para a melhoria do padrão de vida dos profissionais o para o próprio nível dos espectáculos".

[20] Cfr. Portaria n.º 180/2020, de 3 de agosto, que aprovou o regulamento das linhas de apoio ao setor cultural no âmbito do programa de estabilização económica e social, embora limitado aos trabalhadores independentes (cfr. artigo 10.º), apoios equiparados a prestações da Segurança Social (cfr. artigo 2.º, n.º 3, do Decreto-Lei n.º 26-B/2021, de 13 de abril, que define a natureza dos apoios sociais de resposta à pandemia da doença COVID-19). A Resolução da Assembleia da República n.º 54/2020, de 30 de julho, "recomenda ao Governo que apoie o circo e as artes circenses. Tome medidas imediatas que garantam a sobrevivência dos circos e dos artistas circenses até à cessação das medidas de prevenção, contenção, mitigação e tratamento da infeção epidemiológica por SARS-CoV-2 e da doença COVID-19, designadamente de:a) Apoios sociais de natureza não concorrencial, sem contrapartidas de apresentação de espetáculos e ou atividades artístico-culturais, aos artistas circenses; b) Suporte para manutenção de material e continuidade de cumprimento de obrigações fiscais e de segurança social para as empresas de circo. 4 - Realize um programa de apoio à promoção, renovação e atualização da atividade circense, incluindo: a) Substituição de tendas, bancadas e material diverso; b) Apoios à itinerância nacional e à internacionalização; c) Ações de promoção das artes circenses; d) A consideração legal do circo como atividade cultural, para todos os efeitos daí decorrentes, em especial no que respeita aos apoios do Ministério da Cultura, terminando-se com a divisão entre «circo tradicional» e «circo contemporâneo»". Mais recentemente, o programa APOIAR criou um apoio a fundo perdido para a "criação de um apoio, sob a forma de subsídio a fundo perdido, destinado a pessoas singulares e entidades de todos os setores artísticos, para programação cultural, que pode abranger apresentações físicas ou digitais, e respetiva remuneração do trabalho artístico e técnico, que considere as restrições na atividade das áreas artísticas e culturais decorrentes do contexto do surto epidemiológico" (alínea b), do ponto 3, da Resolução do Conselho de Ministros n.º 4-A/2021, de 15 de janeiro). Da-se ainda nota do Decreto-Lei n.º 111/2021, de 14 de dezembro, que cria as bolsas para a realização de trabalhos de criação artística ou para a formação artística.

[21] Joana Neto, «Redesenhar o trapézio sem rede da proteção laboral dos artistas — problemas e pistas para alterações à Lei 4/2008, de 12 de fevereiro», *Questões Laborais*, 54 (2019), pp. 107-158, p. 109.

[22] Joana Neto, *Na boca de cena da (des)regulação: o regime jurídico do contrato de trabalho dos profissionais do espectáculo*, Editorial Novembro, Vila Nova de Famalicão, 2019, p. 96.

"espécie de condenação fatalista à precariedade"[23]. Para o que ainda muito contribui o desconhecimento da lei[24] ou, noutros casos, o seu desrespeito puro e simples, tornando-a "letra morta"[25]. Um leque de razões que coloca ainda mais em evidência a situação de fragilidade destes profissionais ("um país de palhaços pobres" como alguém recentemente descreveu a situação entre nós[26]).

Pesem embora estas condicionantes, que são mais do foro social do que jurídico, o contrato de trabalho dos profissionais de espetáculos é considerado como uma relação especial de trabalho de grande tradição[27], embora, como veremos, só mais recentemente tenha merecido, por parte do legislador, um corpo jurídico sistemático digno desse nome.

E, de facto, há boas razões para encarar este contrato como uma relação especial de trabalho[28]. Ninguém discute que a relação de trabalho do

[23] JOANA NETO, «Redesenhar o trapézio...», cit., p. 156.

[24] Notando este aspeto, JOANA NETO, «Redesenhar o trapézio...», cit., p. 108.

[25] AUGUSTO PEREIRA PORTELA, *O estatuto profissional do artista – regime laboral e segurança social: relatório de levantamento do regime nacional e dos regimes estrangeiros*, Fundação GDA, 2018, p. 86.

[26] Para utilizar as palavras de INÊS NADAIS, em artigo online publicado no jornal Público, em 22/05/2020 (disponível: https://www.publico.pt/2020/05/22/culturaipsilon/cronica/pais-palhacos-pobres-1917352).

[27] MARIA DO ROSÁRIO PALMA RAMALHO, *Tratado de Direito do Trabalho*, Parte IV – *Contratos de trabalho especiais*, Almedina, Coimbra, 2019, p. 327. JOÃO LEAL AMADO / MILENA SILVA ROUXINOL / JOANA NUNES VICENTE / CATARINA GOMES SANTOS / TERESA COELHO MOREIRA, *Direito do Trabalho – relação individual*, Almedina, Coimbra, p. 358, n. 3, depois de notar que a Lei n.º 4/2008, de 7 de fevereiro, não afirma expressamente essa especialidade, afirmam que "nem por isso o reconhecimento dessa especialidade parece ser posto em causa". Veja-se, ainda antes da aprovação de um regime laboral sistemático, as considerações de MARIA CONCEIÇÃO TAVARES DA SILVA, numa recensão crítica «Bibliografia – Recensão da obra de Spano (Spartaco) - L'attore nel rapporto di lavoro, Milão, Dott. A. Giuffré Ed., 1963, 219 pp.» *Estudos Sociais e Corporativos*, 10 (1964), pp. 242-244, que referia, já nos anos 60, que "a natureza jurídica e o regime do contrato de trabalho artístico – como de resto do contrato de trabalho desportivo – parecem ter passado enfim, nos últimos anos, do plano das questões (injustamente) esquecidas pela doutrina (a exemplo aliás da lei e da jurisprudência) para o dos temas de reconhecida importância e actualidade". Também NUNO CABRAL BASTOS, «Contratos especiais de trabalho – reflexões em torno do sistema positivo vigente», *Estudos Sociais e Corporativos*, 31 (1969), pp. 69-94, p. 72, refere que "parece indubitável que no elenco dos regimes especiais se devia inscrever, ainda, o contrato de trabalho dos profissionais de espectáculos". No mesmo sentido, ANTÓNIO MENEZES CORDEIRO, *Manual de Direito do Trabalho*, Coimbra Editora, Coimbra, 1997, p. 538.

[28] Para lá do seu significado na própria história do Direito dos Contratos: como se sabe, é no setor das artes que vai nascer a teorização da eficácia externa das obrigações contratuais. Concretamente, com a jurisprudência *Lumley v. Gye*, de 1853, o *leading case* nesta matéria. No caso concreto, Joahnna Wagner, cantora de Ópera no Teatro *Her Majesty's Theatre of London*, pertencente ao empresário

artista e profissional de espetáculos envolve acentuadas especificidades — "um mundo à parte no Direito do Trabalho"[29] — que justificam um regime próprio[30]. E, de facto, olhando mais de perto, são vários os traços "que fogem ao padrão normal das relações de trabalho doutros setores de atividade"[31] e que, muitas vezes, justificam um reajustamento ou desvio às regras gerais[32], que estão pensadas para a generalidade das relações de trabalho[33].

Desde logo, o que torna o trabalho artístico tão especial é o facto de, nas suas origens, ele não caber perfeitamente nos quadros conceptuais e históricos de que partiu o ramo do Direito do Trabalho: o trabalho subordinado prestado na fábrica ou numa unidade de produção. À primeira vista, a atividade artística e o trabalho "tradicional" estariam como que numa relação

Benjamin Lumley, fora aliciada por Frederick Gye, concorrente deste e dono do *Royal Italian Opera*, a deixar de cantar naquele Teatro para atuar no seu. No seguimento de ação intentada, Frederick Gye foi condendado a indemnizar Benjamin Lumley, reconhecendo o Tribunal que a proibição do aliciamento, tal como reconhecida no *Statute of Laboureurs*, deveria ser aplicada ao caso. Sobre isto, com outro desenvolvimento histórico, Eduardo Santos Júnior, *Da responsabilidade civil de terceiro por lesão do direito de crédito*, Colecção Teses, Almedina, Coimbra, 2003, pp. 272 ss. Não deixa de ser interessante notar que o Decreto n.º 43190, de 23/09/1960, previa que "o despedimento sem justa causa e em contravenção ao disposto neste artigo dá aos profissionais o direito a indemnização correspondente ao prazo do aviso prévio e sujeita-os, quando a falta for sua, ao pagamento à empresa de iguais importâncias, não podendo actuar para outra empresa enquanto o não tiverem feito" (artigo 30.º, § 2).

29 Bernardo da Gama Lobo Xavier, «Contratos de trabalho dos profissionais de espectáculos (direito aplicável)», *Revista de Direito e de Estudos Sociais*, 1986, I, pp. 103-139, p. 125. O Autor acrescentava, à época, que "os profissionais e empresários dos espectáculos têm escapado do império das leis comuns do trabalho".

30 Francisco Javier Torollo González, «Las relaciones laborales especiales de los deportistas y artistas en espectáculos públicos» in: *El Estatuto de los Trabajadores Veinte Años después – Edición Especial del Número 100 de Revista Española de Derecho del Trabajo*, Civitas, Madrid, 2000, pp. 177-204, p. 195, escreve que "a especialidade da relação laboral artística é evidente, assunto sobre o qual não se tem levantado questão alguma". Falando dos trabalhadores dos espectáculos como pertencentes a um "sector especialmente sensível do mundo do trabalho", António Nunes de Carvalho, «Breves notas sobre alguns aspectos da sistematização do projecto de Código d Trabalho» in: Bernardo da Gama Lobo Xavier / Joana Vasconcelos [Org.], *O Direito do Trabalho nos grandes espaços – entre a codificação e a flexibilidade*, Universidade Católica Editora, Lisboa, 2005, pp. 103-113, p. 104, n. 8.

31 Citando o preâmbulo do Decreto-Lei n.º 105/2021, de 29 de novembro, que aprova o Estatuto dos Profissionais da Área da Cultura, que já constava da nota introdutória do DL 932/XXII/2021.

32 Como repara Maria Conceição Tavares da Silva, «Bibliografia – Recensão...», cit., p. 243, "a especificidade da prestação a que este se obriga empresta uma coloração particular a quase todos os direitos e deveres gerais emergentes do contrato de trabalho".

33 António Menezes Cordeiro, *Direito do trabalho*, I, Almedina, Coimbra, 2018, p. 456: "uma categoria abstrata de "trabalhador", que agrupe o diretor de um banco e um operário indiferenciado, *o chefe de uma orquestra* ou o investigador científico é demasiado absoluta para ser satisfatória" (sublinhado nosso).

antipodal ou de antítese. Por um lado, as artes sempre foram vistas como uma expressão de (ou da) liberdade e o trabalhador das artes, por sua vez, como um profissional liberal, na aceção mais nobre da palavra[34]. O artista, visto muitas vezes como um boémio, diletante e ensimesmado (de "one sided and self-complacent specialists" falava TOLSTOY[35]), cuja fortuna vivia dependente de um golpe de génio ou da lotaria do improviso do momento, dificilmente poderia desempenhar a sua atividade em moldes subordinados. Comparar o trabalho fabril com o trabalho artístico seria colocar em contraste o "idealismo sacrificial do artista e o materialismo do trabalho calculado"[36].

Por outro lado, o dever de obediência ao poder de direção do empregador, elemento primário da relação de subordinação jurídica, poderia chocar com o compromisso do artista com a própria Arte (ele deve "sabe agir segundo as exigências da arte, respeitando fielmente as suas regras específicas"[37]), com a Deontologia[38] e, sobretudo, com o (seu) público, ordem de interesses que é superior ou deveria prevalecer sobre o compromisso perante qualquer empregador ou entidade que quisesse ter a pretensão de dirigir e orientar a prestação[39].

O trabalho artístico irritava os quadros conceptuais do Direito do Trabalho porque dificilmente se poderia conceber o artista como titular de uma "força produtiva", ou seja, geradora de uma riqueza ou de uma utilidade económica a favor de outrem (no caso, o empregador). Ao contrário do trabalho comum, onde a prestação tem tipicamente um substrato material, incorporando o processo produtivo do empregador, no trabalho artístico, haveria, muitas vezes,

34 Como escreve ALBERTO DE SÁ E MELLO, «Trabalho criativo subordinado – a criação de obras intelectuais em execução de contrato de trabalho» in: *Estudos dedicados ao Professor Doutor Bernardo da Gama Lobo Xavier*, vol. I, Universidade Católica Editora, Lisboa, 2015, pp. 79-110, p. 79, na sua linha de abertura, "o simples enunciado do título – "trabalho criativo subordinado" – parece encerrar uma contradição nos seus próprios termos. Dir-se-ia que a actividade criadora, entendida no sentido constitucional como "liberdade individual de acção criativa e da sua expressão (criadora)", não se compadece com as características apontadas à prestação de trabalho subordinado" (= ALBERTO DE SÁ E MELLO, *Manual de Direito de Autor e Direitos Conexos*, 3.ª ed., Almedina, Coimbra, 2019, p. 287).

35 LEO N. TOLSTOY, *What is Art?*, cit., p. 10.

36 PIERRE-MICHEL MENGER, *Retrato do artista enquanto trabalhador...*, cit., p. 45. Mais adiante, p. 91, o Autor fala da "magia de um tipo de actividade tornado em paradigma do trabalho livre".

37 Citando a *Carta aos Artistas* (1999) do Papa JOÃO PAULO II.

38 Transcrevendo um passo da *Carta aos Artistas* (1999), "um artista, consciente de tudo isto, sabe também que deve actuar sem deixar-se dominar pela busca duma glória efémera ou pela ânsia de uma popularidade fácil, e menos ainda pelo cálculo do possível ganho pessoal. Há, portanto, uma ética ou melhor uma «espiritualidade» do serviço artístico, que a seu modo contribui para a vida e o renascimento do povo".

39 BERNARDO DA GAMA LOBO XAVIER, «Contratos de trabalho dos profissionais...», cit., p. 120.

uma confusão ou indissociabilidade entre a pessoa do trabalhador e o resultado da prestação[40]. Como escrevia o tratadista português LUIZ DA CUNHA GONÇALVES, "são serviços em que predomina a espiritualidade, mais do que a materialidade"[41].

Finalmente, acreditava-se que o trabalhador artístico, ao contrário do que acontece com a generalidade das relações de trabalho, não sofre o risco empresarial ou de insucesso da empresa. De certa forma, ainda que integrado numa organização alheia, para quem desempenha a sua atividade, o trabalhador artístico veste um papel de artífice e gestor da sua carreira, comportando-se mais como uma espécie de *portfolio worker*. O sucesso profissional do artista dependeria de si mesmo, isto é, da quantidade de projetos profissionais em que, por força da sua reputação, que só a si caberia construir, se visse envolvido[42]. Tomando de empréstimo a ideia de ANDREA FORTUNAT, poderia dizer-se que a estabilidade do trabalhador seria conseguida à custa da sua excelência e reconhecimento no seu espaço profissional[43].

[40] Como observa ANTÓNIO MONTEIRO FERNANDES, «O triste fado dos maestros titulares ou o problema da subordinação invisível – anotação ao Acórdão do Supremo Tribunal de Justiça de 20/11/2013», *Revista de Direito e de Estudos Sociais*, 2013, IV, pp. 119-140, p. 128 (= *Escritos de Direito do Trabalho*, Almedina, Coimbra, 2018, pp. 107-126), convergem, evidentemente, elementos de esforço físico e psíquico que a colocam em relação de parentesco com outra qualquer actividade profissional. Mas o que é crucial nessa prestação é a presença de um conjunto de elementos pessoalíssimos, imateriais, não-mensuráveis e não reprodutíveis, que promanam do talento, de aptidões inatas, de estados de espírito, de sensibilidades, e do estilo próprio de cada profissional – o que tudo é, afinal, o verdadeiro alvo da contratação... por assentar na expressão de aptidões, talentos, temperamentos, estados de espírito, sensibilidades, acuidades instintivas conaturais à personalidade individual do agente".

[41] LUIZ DA CUNHA GONÇALVES, *Tratado de Direito Civil em comentário ao Código Civil portugues*, Vol. VII, Coimbra, 1933, p. 656.

[42] Sublinhando estes diferentes papéis do artista, PIERRE-MICHEL MENGER, *Retrato do artista enquanto trabalhador...*, cit., pp. 26-27, diz sugestivamente que "o artista é ao mesmo tempo trabalhador, e mestre de desmultiplicação de si, saltimbanco e também homem de *métier*".

[43] ANDREA FORTUNAT, «Contratto a termine – spettacolo», *Rivista Italiana de Diritto del Lavoro*, 2003, I, pp. 102-105, p. 104. Numa ideia próxima, MARIA DE LOURDES LIMA DOS SANTOS, em introdução à obra de PIERRE-MICHEL MENGER, *Retrato do artista enquanto trabalhador...*, cit., p. 39, também "vê na reputação uma quase-renda que o artista pode fazer valer uma vez montado (com êxito) o seu processo de acumulação de capital humano, sustentado por uma sucessão de experiências de emprego muito diversificadas". Como diz certeiramente JOANA NETO, *Na boca de cena da (des)regulação...*, cit., p. 37, "o bom desempenho de um ator numa peça de teatro é equivalente a uma carta de recomendação passada pela entidade empregadora a um qualquer trabalhador subordinado depois da cessação do seu vínculo contratual".

Numa primeira fase, estes traços dificultaram a integração destes trabalhadores no âmbito de aplicação do Direito do Trabalho[44], havendo quem fosse mais longe, subtraindo até a atividade artística, mais em geral, e de certa forma, à disciplina do Direito[45]. E, verdade seja dita, esta fricção serviu de argumento, mais recentemente, para que alguma doutrina defendesse que os artistas prestam tendencialmente o seu trabalho autonomamente e não num quadro de subordinação jurídica. Pelo menos, essa reserva poderia ser lançada em relação aos "monstros sagrados da área científica ou artística" (como se exprimem, noutro contexto, ANTUNES VARELA / PIRES DE LIMA[46]), cujo estatuto envolve quase um poder de *indirizzo* sobre a própria condução da produção (é sabido que certos artistas têm uma palavra a dizer na escolha dos elementos com quem contracenam sobretudo para replicar contextos amorosos). Pense-se, para dar os exemplos mais flagrantes, no ator principal de um *blockbuster* ou de uma peça de teatro[47]. Entre nós, BERNARDO DA GAMA LOBO XAVIER[48]

[44] Sobre a evolução, no contexto do Direito espanhol, ver ICÍAR ALZAGA RUIZ, «El proceso de integración de los artistas en espectáculos públicos en el ámbito del Derecho del Trabajo», *Revista Española de Derecho del Trabajo*, 104 (2001), pp. 225-245.

[45] Forçando a nota, MARCELLO CAETANO, *Manual de Ciência Política e Direito Constitucional*, 6.ª ed., Coimbra Editora, Lisboa, 1972, p. 173, falava "dos artistas... cujos actos profissionais escapam na sua matéria ou no seu conteúdo à disciplina do Direito". Em sentido contrário, GIORGIO DEL VECCHIO, «Direito e Economia» (trad. A. RODRIGUES QUEIRÓ), *Boletim da Faculdade de Direito*, 17 (1940-1941), pp. 67-114, pp. 95-96: "em relação à actividade artística... obedece de facto a motivos específicos, e funda-se de modo especial na natureza humana, mas todas em concreto se desenvolvem como expressões particulares da vida, com subordinação às directivas fundamentais desta, directivas que precisamente se exprimem nas ditas duas formas, da moral e do direito".

[46] ANTUNES VARELA / PIRES DE LIMA, *Código Civil anotado*, vol. III, Coimbra Editora, Coimbra, 1986, p. 106, em comentário crítico ao art. 829.º-A, n.º 1, do Código Civil, que exclui a possibilidade de aplicação de sanção pecuniária compulsória nas prestações de facto infungível "que exigem especiais qualidades científicas ou artísticas do obrigado".

[47] Segundo nos dá conta MANUEL-JESÚS DOLZ LAGO, «La relación laboral de caracter especial de los artistas de espectáculos publicos», *Revista de Derecho Privado*, 1983, pp. 122-166, pp. 127-128, as "estrelas" surgiram no mundo do espectáculo cinematográfico por forma a suprir a falta de originalidade e imaginação dos argumentos e guiões dos filmes, baseados em obras consagradas, maioritariamente livros. Dado esse seu estatuto, esses actores eram excluídos do âmbito do Direito do Trabalho pelo seu peso na produção dos filmes em que participavam.

[48] BERNARDO DA GAMA LOBO XAVIER, «Contratos de trabalho dos profissionais...», cit., pp. 117 ss. A tese do Autor não deve, contudo, ser lida apressadamente. O Autor admite: "parece-nos pois que — sobretudo em casos como o da sentença comentada, em que a autonomia artística é reduzida — a actividade de espectáculos constitui objecto de relações de trabalho subordinado" (p. 123), como é essa a conclusão que apresenta (p. 137).

e Pedro Romano Martinez[49] podem ser apontados como Autores que exprimem essas reservas[50], mas essas dúvidas já foram lançadas por outros Autores, noutras latitudes[51].

Segundo pensamos, não há razões válidas para pensar que a atividade artística gravita numa órbita distante do Direito do Trabalho, mesmo quando estamos perante os artistas mais renomados[52]. Desde logo, o argumento da autonomia do trabalhador, pretensamente incompatível com a ideia de subordinação jurídica, deve ser relativizado. Por um lado, a autonomia, um pouco como a própria subordinação jurídica, nunca é completa, conhecendo sempre matizes[53]. A ideia de que o mundo das artes demanda uma total autonomia do artista corresponde, a nosso ver, a uma imagem idílica e perdida[54]. Ela parte de uma visão puramente atomista do trabalho artístico que corresponde a um paradigma cada vez mais perimido: o artista está quase sempre *com* alguém ou trabalha *para* alguém. Dito de outra forma, a prestação artística é fruto, frequentemente, de um processo de integração horizontal, em que o artista coordena a sua atuação com outros, e/ou vertical, isto é, sob a direção e organização de outrem. E, muitas vezes, fruto dessas circunstâncias, o profissional dos espetáculos estará subordinado aos aspetos de organização

[49] Pedro Romano Martinez, «Trabalho subordinado e trabalho autónomo» in: Pedro Romano Martinez [Coord.], *Estudos do Instituto de Direito do Trabalho*, vol. I, Almedina, Coimbra, 2001, pp. 271-294, p. 281: "no domínio das actividades artísticas, nas quais a criatividade tem um papel relevante, podem-se suscitar dúvidas quanto à integração no âmbito laboral. Assim, questionar-se-á da existência de um contrato de trabalho com um actor de teatro, uma bailarina ou um um toureiro".

[50] Embora não se referindo concretamente a esta questão, Mário Pinto, «Garantia de emprego e crise económica - contributo ensaístico para um novo conceito» in: *Direito e Justiça - Homenagem ao Prof. Doutor Manuel Gonçalves Cavaleiro de Ferreira*, vol. III, UCP Editora, 1987/1988, pp. 141-162, p. 149, escrevia, a propósito do direito fundamental ao trabalho, que "esta ocupação profissional pode traduzir-se nas várias formas de trabalho autónomo, desde as mais prestigiadas profissões liberais de artistas, cientistas e técnicos".

[51] Em Itália, com outras referências, veja-se o estudo de Sergio Grasselli, «Attori cinematografici e lavoro subordinato», *Rivista di Diritto Civile*, 1975, II, pp. 577-591, especialmente, pp. 582 ss.

[52] Sol Ruiz de la Cuesta Fernández, *El contrato laboral del artista*, Tirant lo Blanch, Valencia, 2007, pp. 143-144.

[53] Joana Neto, «Redesenhar o trapézio...», cit., p. 119: "a esfera de autonomia criativa e técnica do amplo leque de trabalhadores abrangidos por este regime é muito diversa".

[54] Júlio Gomes, *Direito do Trabalho*, vol. I, *Relações Individuais de Trabalho*, Coimbra Editora, Coimbra, 2007, p. 571: "o autor de criações literárias ou artísticas é, em medida crescente, um trabalhador ao menos economicamente (e, amiúde, também juridicamente) dependente, e não o criador solitário e independente que corresponde a um certo «imaginário»".

da sua prestação, sobretudo nos espetáculos de grupo[55], embora, claro está, conserve a sua autonomia quanto ao elemento artístico propriamente dito da sua prestação[56]. Em rigor, e como resulta do que acaba de ser dito, a subordinação jurídica não se dirige necessariamente ao próprio ato criador, que pertence ao artista, mas sim às condições ou envolvente do processo criativo (numa palavra, e mais uma vez, à integração do trabalhador na organização do beneficiário da prestação)[57].

Aliás, estamos em crer que estas exigências de disciplina até tornam este setor um palco jurídico privilegiado para a revelação de uma situação de subordinação jurídica[58]. Com paralelo no domínio do Desporto profissional, os artistas sujeitam-se, muitas vezes, a certas privações determinadas pela própria natureza ou exigências da atividade (perdas de peso abruptas para desempenhar certos papéis)[59], mudanças radicais no estilo ou quotidiano (por exemplo, a pureza de certos papéis exige que o artista altere o seu local de vida para "encarnar" o personagem a representar), levando até, embora aqui com fundadas dúvidas quanto à sua licitude, à estipulação de cláusulas contratuais que estabelecem a proibição de gravidez durante o período de gravações[60] ou, aqui já com mais certezas quanto à sua validade, a obrigação de comparência em conferências de imprensa, sessões fotográficas ou entrevistas. Acresce que, em certos casos, o artista adquire um estatuto tal que, mais do que lhe ser exigido o cumprimento da sua prestação, é-lhe ainda exigido um certo porte moral.

Mais em profundidade, essa visão era, e porventura continua a ser, vítima de uma conceção tradicionalista do Direito do Trabalho e de uma construção apertada e prototípica do fenómeno da subordinação jurídica[61]. Como sabemos,

[55] Albino Mendes Baptista, «Subsídios para a criação de um regime jurídico do contrato de trabalho do profissional de espectáculo» in: *Estudos Jurídicos em Homenagem ao Prof. Doutor António Motta Veiga*, Almedina, Coimbra, 2004, pp. 27-58, p. 40, e acrescenta, p. 44, "o grupo traz, como se sabe, disciplina e exigência, potenciando hipóteses de subordinação".

[56] Assim, Sol Ruiz de la Cuesta Fernández, *El contrato laboral del artista...*, cit., pp. 145-149.

[57] Nota também este aspeto, Alberto de Sá e Mello, «Trabalho criativo subordinado...», cit., p. 79.

[58] Albino Mendes Baptista, «Subsídios para a criação de um regime...», cit., p. 44, entende até que "em regra o contrato que envolve profissionais de espectáculos é um contrato de trabalho".

[59] Joana Neto, *Na boca de cena da (des)regulação...*, cit., p. 29: "a liberdade criativa de que goza o artista convive com constrangimentos da sua conduta extra-laboral".

[60] Com alguns destes exemplos, Sol Ruiz de la Cuesta Fernández, *El contrato laboral del artista...*, cit., pp. 149-152.

[61] Joana Neto, *Na boca de cena da (des)regulação...*, cit., p. 53: "a ancoragem da jurisprudência numa conceção estreita e tradicional de subordinação jurídica tem contribuído para que os profissionais

o Direito do Trabalho, embora parta do paradigma do trabalho cadente e ritmado prestado na fábrica, chama hoje ao seu âmbito de aplicação atividades profissionais que, desde que exercidas em moldes subordinados, correspondem às chamadas profissões liberais. Este alastramento ou porosidade — esta "neo-independência no mercado de trabalho"[62] — fundiu no crisol da noção de subordinação jurídica uma gama diversificada de atividades e profissões[63]. Onde, segundo acreditamos, se poderá facilmente catalogar o trabalho artístico[64]. No fundo, "a liberdade criativa não delimita o território que separa a subordinação da autonomia"[65] ou, como observa Frederico Durán López, o contrato de trabalho dos artistas e dos profissionais de espetáculos é justamente "uma das manifestações mais claras da progressiva ampliação do âmbito subjetivo de aplicação das normas laborais"[66].

Mais do que uma causa de curto-circuito com o Direito do Trabalho, a autonomia e espaço criativo são, na verdade, traços que tornam este contrato uma relação especial de trabalho. Embora essa característica não seja, claro está, exclusiva da atividade destas profissionais, a relação de trabalho artístico atribui um valor muito especial à autonomia do trabalhador[67]. Pela própria natureza das coisas, e como acima já se deixou subentendido, esta atividade envolve uma prestação que não é mecânica, executada em cadência, como um operário numa linha de montagem, mas que se caracteriza pela margem de criatividade, por uma dose não subestimável de *ars inveniendi*, virtuosismo

de espetáculo, cuja atividade é marcada por um conjunto de especificidades, com especial enfoque na liberdade criativa associada à autonomia técnica, sejam arredados da esfera do Direito do Trabalho e da inerente proteção conferida pela legislação laboral".

62 A expressão sugestiva é de Maria de Lourdes Lima dos Santos, em introdução à obra de Pierre-Michel Menger, *Retrato do artista enquanto trabalhador...*, cit., p. 39.

63 Nesta plêiade, Júlio Gomes, *Direito do Trabalho...*, cit., p. 112, enumera mesmo o caso dos artistas.

64 No mesmo sentido, Raúl Ventura, *Teoria da relação jurídica de trabalho – estudo de direito privado*, Porto, 1944, pp. 95-96: "pode na verdade duvidar-se que haja subordinação no trabalho, por exemplo, dum artista lírico, dum actor, pintor, etc. O problema – se é que chega a poder falar-se em problema – põe-se portanto em relação a tôdas as actividades de carácter prevalentemente intelectual. Poderá em relação a elas haver subordinação? A resposta é afirmativa. Variam, contudo, os limites e o conteúdo dessa subordinação. Desde que as actividades em que o esfôrço intelectual predomina se integrem num conjunto doutros elementos geridos por terceiro em vista de certo fim – como é o caso do artista lírico contratado por uma emprêsa teatral – ou mesmo, desde que se possam descobrir os elementos de direcção, risco, etc. característicos do trabalho subordinado, nenhuma razão será admissível para que deixe de ser assim considerado".

65 Joana Neto, *Na boca de cena da (des)regulação...*, cit., p. 37.

66 Frederico Durán López, «La relación laboral especial de los artistas», *La Ley*, 152 (2001), p. 2.

67 António Monteiro Fernandes, «O triste fado dos maestros titulares...», cit., p. 122: "a autonomia técnica é um facto e não uma imposição legal".

e *savoir-faire* do trabalhador[68], "pela concentração da perícia e do saber-fazer nos próprios profissionais"[69]. Ainda que o artista sirva de transmissor de uma obra alheia (a peça de teatro ou o guião do filme), a verdade é que o artista cunha a sua personalidade em cada interpretação[70]. Essa dimensão criativa da prestação, tornando esta relação, desde logo, marcadamente pessoal[71] e *intuitus personae*[72] – a fugir àquilo que António Menezes Cordeiro descrevia, em geral, como o princípio da "substituibilidade entre os trabalhadores de iguais habilitações"[73] –, vai exprimir-se ainda em diversos aspetos do regime aplicável a estes trabalhadores, como acontece, paradigmaticamente, com a tutela mais enérgica da autonomia do trabalhador[74] ou em sede autoral[75].

Naturalmente, tudo quanto se disse não significa que a ligação contratual entre uma organização de eventos e um profissional da área da cultura é necessariamente um contrato de trabalho, podendo ser qualificada como um contrato de prestação de serviços. De resto, e como prova disso mesmo, o próprio regime atual contém uma regulamentação do contrato de prestação de serviços artísticos[76]. O que se pretende por ora deixar sublinhado é que a autonomia criativa não "contamina" a qualificação do contrato[77]. Voltaremos ao tema.

[68] Como dizia Álvaro Cunhal, *A arte, o artista e a sociedade*, cit., p. 201, "a actividade artística pode ou não tornar-se uma profissão. É porém a profissão que resulta da criatividade e não a criatividade que resulta de uma opção profissional".

[69] António Monteiro Fernandes, «O triste fado dos maestros titulares...», cit., p. 121.

[70] Bernardo da Gama Lobo Xavier, «Contratos de trabalho dos profissionais...», cit., p. 119: "há uma recriação pessoal do que se interpreta". Citando a *Carta aos Artistas* (1999), "de facto, o artista, quando modela uma obra, exprime-se de tal modo a si mesmo que o resultado constitui um reflexo singular do próprio ser, daquilo que ele é e de como o é. Isto aparece confirmado inúmeras vezes na história da humanidade. De facto, quando o artista plasma uma obra-prima, não dá vida apenas à sua obra, mas, por meio dela, de certo modo manifesta também a própria personalidade. Na arte, encontra uma dimensão nova e um canal estupendo de expressão para o seu crescimento espiritual. Através das obras realizadas, o artista fala e comunica com os outros".

[71] Joana Nunes Vicente, «A disciplina do contrato a termo dos profissionais de espectáculo: relações de tensão entre a Lei 4/2008, de 7 de Fevereiro e a CRP e o Direito da União Europeia», *Prontuário de Direito do Trabalho*, 2017, II, pp. 259-279, p. 264, n. 17, fala, a este propósito, de uma "extrema pessoalidade do vínculo".

[72] Assim, Luiz da Cunha Gonçalves, *Tratado de Direito Civil*... VII, cit., p. 658.

[73] António Menezes Cordeiro, *Manual de Direito do Trabalho*..., cit., p. 520.

[74] § 3.3.8. Direito à autonomia e dever de diligência .

[75] § 3.3.11. Direitos de Propriedade Intelectual.

[76] § 4. Contrato de prestação de serviços.

[77] Joana Neto, *Na boca de cena da (des)regulação*..., cit., p. 33.

Fechando este ponto e olhando agora o setor artístico de uma perspetiva mais panorâmica, pode dizer-se que outra das maiores marcas desta atividade, com reflexos também no seu regime legal, é a sua volatilidade. De facto, a atividade artística integra uma indústria que, muitas vezes, não tem fluxos regulares ou padronizados. Bem pelo contrário, muitos espetáculos são, tradicionalmente, vocacionados para certas épocas do ano ou têm uma agenda ou cartaz limitados no tempo[78]. Pense-se nos eventos taurinos, que ocorrem na época estival, ou nos espetáculos circenses, que têm lugar tipicamente na época natalícia. O traço não é certamente exclusivo do setor artístico, pois está presente noutras atividades, mas esta sazonalidade estrutural – esta "tirania do curto prazo"[79] – pede uma resposta especial ao legislador, através de regras específicas que acomodem um setor "particularmente caracterizado pela intermitência, pela sazonalidade, pela ausência de estabilidade"[80]. Numa palavra que se tornou moeda corrente e reivindicação no Direito do Trabalho, requer-se uma maior flexibilidade na gestão dos recursos[81].

Acontece que esta flexibilização não se quer apenas relativamente aos pressupostos para a celebração dos instrumentos que tipicamente estão vocacionados para essa gestão, como o contrato de trabalho a termo ou os contratos de trabalho de muito curta duração. Mais em geral, pretende-se desembaraçar o regime legal das peias formalistas que, muitas vezes, penalizam as organizações do setor e, em última análise, os próprios profissionais da área da cultura, vítimas da fuga para o contrato de prestação de serviços[82].

Finalmente, o trabalho artístico não pode ser devidamente compreendido sem uma referência ao público. Com efeito, o público desempenha um papel não despiciendo na dinâmica da relação laboral e, em particular, no mercado

[78] Joana Neto, «Redesenhar o trapézio...», cit., p. 121, fala de uma "sazonalidade intrínseca da prestação laboral".

[79] Pierre-Michel Menger, *Retrato do artista enquanto trabalhador...*, cit., p. 85.

[80] Citando o preâmbulo do Decreto-Lei n.º 105/2021, de 29 de novembro, que aprova o Estatuto dos Profissionais da Área da Cultura.

[81] Pierre-Michel Menger, *Retrato do artista enquanto trabalhador...*, cit., p. 83 fala de "arquiteturas organizacionais efémeras".

[82] Foi o próprio Estado que, em dado momento, reconheceu que a peia formalista poderia sair em prejuízo de todas as partes envolvidas no setor: conforme se podia ler no preâmbulo do Decreto-Lei n.º 38/87, de 26 de janeiro, "medidas de carácter restritivo e controlador só aparentemente protegem os profissionais vinculados, pois a débil situação económico-financeira das empresas inseridas no sector tem vindo a determinar a prática da fuga à celebração de contratos sob a forma escrita, para assim se subtraírem à formalidade da homologação e à conexa obrigatoriedade de constituírem, em depósito, a caução devida".

de trabalho artístico[83]. Não se trata apenas da circunstância de o artista desempenhar o seu trabalho para o público, perante o qual o artista deve gerir a sua imagem e expetativas[84]. Não está também apenas em causa a avidez mediática e a curiosidade — para não dizer, perseguição — da comunicação social e do grande público[85], muitas vezes a raiar o *voyeurismo* e a intromissão na vida pessoal e íntima do artista.

Mais do que isso, o público desempenha um papel fundamental na própria sorte da relação de trabalho. Desde logo, quando executa a sua prestação, na medida em que ela é apresentada ao público, o trabalhador, mais do que ser avaliado pelo seu empregador, deixa o derradeiro escrutínio nas mãos da audiência. Num traço que é comum aos desportistas profissionais[86] — na medida em que não está alheio o facto de o Desporto se ter convertido num espetáculo[87] —, constata-se que, em última análise, é o julgamento do público que dita a sorte da relação laboral[88]. O público acaba por ser o responsável

[83] Como repara Sira Pérez Agulla, «Especialidades del régimen jurídico laboral de los artistas en espectáculos públicos — comentario a la STSJ de Murcia, de 10 de febrero de 2009 (AS 2009, 321) y STSJ de Cataluña, de 9 de febrero de 2009», *Aranzadi Social*, 12 (2009), pp. 49-58, p. 55, "é um fato inquestionável, de acordo com o constante e reiterado entendimento jurisprudencial, que o elemento determinante na construção da relação especial dos artistas não é outro que não a natureza particular da atividade prestada por estes, que não requer apenas a aptidão necessária do trabalhador para desenvolvê-la em todos os momentos, mas o aceitação do público com a qual é realizada, que obviamente pode variar". Segundo observa Bernardo da Gama Lobo Xavier, «Contratos de trabalho dos profissionais...», cit., pp. 111-112, o público é mesmo um factor modelador do regime jurídico.

[84] Joana Neto, *Na boca de cena da (des)regulação...*, cit., p. 37, dá precisamente conta de que "o desgaste da sua imagem por gerar dificuldades na sua integração no mercado de trabalho".

[85] Assinalando que a comunicação social é um traço desta atividade profissional, Margarida Porto, «Regime jurídico do contrato de trabalho dos profissionais de espectáculos – algumas reflexões» in: *Para Jorge Leite – Escritos Jurídico-Laborais*, Coimbra Editora, Vol. I, Coimbra, 2014, pp. 733-755, p. 733.

[86] Detetando essa proximidade, Joana Neto, *Na boca de cena da (des)regulação...*, cit., p. 34.

[87] De resto, dado este parentesco, até há quem trate de ambas as relações especiais de trabalho em conjunto: cfr. Francisco Javier Torollo González, «Las relaciones laborales especiales de los deportistas y artistas en espectáculos públicos» in: *El Estatuto de los Trabajadores Veinte Años después – Edición Especial del Número 100 de Revista Española de Derecho del Trabajo*, Civitas, Madrid, 2000, pp. 177-204. Nas palavras mais enfáticas de André Augusto Duarte Monção, «Particularidades do contrato de trabalho do atleta profissional de futebol - no Direito português e no Direito Brasileiro», *Data Venia - Revista Jurídica Digital*, 6 (2016), pp. 379-394, p. 381: "as equipes esportivas são espécies de grandes companhias artísticas com atletas milionários e "shows" que mobilizam a mídia e o público".

[88] Joana Neto, *Na boca de cena da (des)regulação...*, cit., p. 30: "o parecer do público é determinante, o que lhe confere maior grau de instabilidade do que outras atividades económicas".

real pelo escrutínio da qualidade de prestação do trabalhador, traçando, no fim de contas, a seleção e o destino (sucesso ou insucesso) profissional do trabalhador[89] ou, se quisermos, a viabilidade da continuação do contrato de trabalho, mormente quando o empregador tem de ponderar se mantém o seu interesse em manter e renovar um contrato de trabalho celebrado a termo. E, como veremos, há até quem vá ao ponto de entender que o público deve jogar um papel na própria interpretação e compreensão do regime legal[90], questionando-se mesmo se não existirão razões para admitir, nesta relação especial de trabalho, um fundamento autónomo de cessação do contrato de trabalho e até uma justificação para a não reintegração do profissional da cultura ilicitamente despedido. Voltaremos mais adiante aos temas.

§ 1.2. Evolução legislativa

O contrato de trabalho artístico é reconhecido, como acima se disse, como uma relação especial de trabalho de grande tradição entre nós. No entanto, a sua autonomização ou emancipação formal relativamente ao regime laboral comum, num corpo sistemático digno desse nome, só veio a acontecer tardiamente e, até, numa fase mais avançada do que a generalidade das relações especiais de trabalho.

É certo que, num certo sentido, a regulamentação do trabalho artístico remonta ao Código Civil de 1867, mas, na verdade, contemplando apenas aspetos laterais do regime, como a remuneração[91], o que se compreende, dado que, bem vistas as coisas, o próprio Direito do Trabalho, tal como hoje o conhecemos, ainda estava a despontar.

Mesmo o Decreto n.º 13564, de 06/05/1927, agregando disposições relativas a espetáculos ou divertimentos públicos, e que é apontado como o primeiro grande diploma legal regulador desta atividade profissional, não estava especificamente concebido para o contrato de trabalho. De facto, este Decreto cobria variadíssimos aspetos do mundo das artes e do espetáculo,

[89] Margarida Porto, *A participação de menor em espectáculo ou outra actividade de natureza cultural, artística ou publicitária – análise das especificidades do regime legal*, Almedina, Coimbra, 2010, p. 14: "quem manda é o público... chegando por vezes a fazer a seleção dos protagonistas do espetáculo".

[90] Albino Mendes Baptista, «Subsídios para a criação de um regime...», cit., p. 36, fala aqui da "necessidade de *aggiornamento* ao sentir e reagir do público faz parte do espectáculo".

[91] Cfr. artigos 1409.º ss., integrados em secção epigrafada *Dos serviços prestados no exercício das artes e profissões liberais*.

prevendo depois, essencialmente nas disposições legais dos artigos 121.º a 129.º, mas com outros normativos adrede, a regulamentação dos contratos de trabalho entre empresários e artistas[92].

Em 1937, a Lei n.º 1952 aprova o primeiro diploma regulador do contrato de trabalho. Como seria de esperar, o diploma é omisso em relação ao trabalho artístico, até porque não era certamente aos profissionais dos espetáculos a que se referia o artigo 4.º, n.º 2, quando designava de "assalariados" os "operários das artes". A omissão não é certamente surpreendente na medida em que a generalidade das relações de trabalho que hoje se reconhecem como especiais, e que já existiam socialmente e em pleno à época — pense-se no trabalho doméstico, rural, a bordo, etc. —, também não mereceram assento no diploma.

Em 1938, reconhecendo a "situação angustiosa de grande parte dos trabalhadores", o legislador decide aprovar uma alteração legal à contratação dos trabalhadores teatrais[93]. No entanto, não só a medida tinha caráter limitado, como era meramente transitória. Portanto, nesta fase, ao passo que a generalidade das relações de trabalho ia sendo acomodada numa regulamentação que ia conhecendo um desenvolvendo paulatino — seja por via extravagante ou em bases sistemáticas — o trabalho artístico surgia desamparado de qualquer regime que fosse ao encontro das suas especificidades.

Este panorama legislativo só conhece mudanças nos anos sessenta. O anúncio é dado já em 1959, quando é aprovado um quadro de diplomas reguladores dos espetáculos e divertimentos públicos[94], mas onde o legislador refere que "os diplomas não abrangem as matérias respeitantes a artistas, contratos e cauções. E isto porque se afigurou vantajoso que as mesmas passem a ser reguladas no âmbito do Ministério das Corporações e Previdência Social, onde parecem ter a sua sede própria os problemas ligados às relações entre as empresas e os artistas, como relações de trabalho que são"[95].

É assim que, para dar resposta às necessidades de cada corporação ou associação de artistas, são finalmente aprovados os Decretos n.º 43181 e 43190, ambos de 23/09/1960, este último contendo o regulamento que estabelecia as condições gerais do exercício da atividade dos profissionais de espetáculos.

[92] Com um excurso sobre estas normas, LUIZ DA CUNHA GONÇALVES, *Tratado de Direito Civil em comentário ao Código Civil Português*, vol. IV, Coimbra, 1931, pp. 76 ss.

[93] Decreto-Lei n.º 28990, de 10/09/1938.

[94] Cfr. Decreto-Lei n.sº 42660, 42661, 42662, 42663 e 42664, todos de 20/11/1959. Viriam a ser revogados pelo Decreto-Lei n.º 315/95, de 28 de novembro.

[95] Cfr. Decreto-Lei n.º 42660, de 20/11/1959 (ponto 11 do preâmbulo).

No essencial, este último diploma ia dirigido ao mesmo propósito do regime atrás referido aprovado em 1927, ou seja, regular, com um alcance mais vasto do que o mero plano laboral, a atividade artística. O diploma não deixava, porém, de conter diversas regras substanciais que interessavam para a relação de trabalho, como as condições gerais do exercício da atividade dos profissionais de espetáculos (capítulo I), dos agentes artísticos (capítulo II), dos contratos (capítulo III) e das garantias das obrigações contratuais (capítulo IV). E, a respeito destes diplomas, NUNO CABRAL BASTOS falava de "uma disciplina moldada em razão de certos interesses de ordem pública que não tinham de ser atendidos na concepção do regime geral"[96].

Como se sabe, é nesta década que são aprovados grandes diplomas legais reguladores do contrato individual de trabalho, a saber, o Decreto-Lei n.º 47032, de 27/05/1966, logo subsequentemente substituído pelo Decreto-Lei n.º 49408 de 24/11/1969. A aprovação destes diplomas não deixou de interessar ao trabalho artístico. Não só porque, por vezes, aquele regulamento especial acima referido remetia para aspetos da "lei geral", mas também, e sobretudo, porque estes diplomas gerais, regulando o fenómeno do trabalho subordinado, continham uma regulamentação inovadora em determinadas matérias sancionadas por aquele regime especial, como acontecia, paradigmaticamente, com a matéria do trabalho a termo.

Havendo um concurso de normas especiais e gerais supervenientes em relação a esta questão, ficou imediatamente lançada a dúvida de saber se o trabalhador artístico ficara integrado no regime geral no que dizia respeito à contratação a termo. À época, a nossa jurisprudência entendia que os regimes previstos nestes diplomas gerais não tinham revogado aqueles diplomas especiais nessa matéria[97], numa opinião sufragada também por BERNARDO DA GAMA LOBO XAVIER, com argumentos que, dado o interesse meramente histórico do debate, não vale a pena por ora recuperar[98].

As dúvidas ficaram definitivamente dissipadas quando ambos os diplomas especiais foram parcialmente revogados pelo Decreto-Lei n.º 38/87, de 26 de janeiro, que pretendeu a harmonização da legislação que disciplinava

[96] NUNO CABRAL BASTOS, «Contratos especiais de trabalho», cit., p. 72.

[97] Ver ac. de 09/07/1982 do STJ (BAPTISTA DA FONSECA), AcD, 252 (1982), pp. 1604-1608 / BMJ, 319 (1982), pp. 205-209 / proc. nr. 000317 (sumário), ac. de 22/06/1983 do TRL (CORREIA DE PAIVA), CJ, 1983, III, pp. 209-210, ac. de 21/02/1989 do TRE (PAIVA CARVALHO), CJ, 1989, I, pp. 272-273 e ac. de 11/04/1989 do TRE (LOUREIRO PIPA), CJ, 1989, II, pp. 301-303.

[98] BERNARDO DA GAMA LOBO XAVIER, «Contratos de trabalho dos profissionais...», cit., pp. 103-139, falando até numa "tradição de estanquidade relativamente ao direito comum" (p. 102).

as condições gerais do exercício da atividade dos profissionais de espetáculos ("no sentido de tornar aplicável ao sector em causa as disposições da lei geral do trabalho"). A revogação daqueles diplomas significou a aplicação aos contratos de trabalho dos profissionais de espetáculos do regime geral do Decreto-Lei n.º 781/76, de 28 de outubro, que, àquela data, continha a disciplina comum do contrato de trabalho a termo. Como facilmente se compreende, a aplicação das regras gerais em matéria de contratação a termo — e, por vezes, noutras matérias — poderia redundar em resultados perversos, uma "injusta equiparação"[99].

Como facilmente se intui, com a revogação destes diplomas, o trabalho artístico viria a ficar novamente órfão de qualquer quadro normativo que, embora localizado e dirigido a certas matérias, lhe fosse especificamente aplicável. A consequência não poderia ser outra se não a de que o contrato de trabalho artístico fosse regulado pelo complexo de normas que regulavam, em geral, o contrato de trabalho, complexo esse que viria a consolidar-se com a codificação laboral, em 2003 e 2009. A conclusão não era, porém, tão óbvia, pois, como se viu na introdução, a laboralidade desta atividade sempre foi assunto controverso[100].

Facilmente se compreende que as especificidades do setor reclamavam uma disciplina que, de forma sistemática, versasse sobre os variados aspetos do trabalho artístico, pelo menos aqueles que justificassem um desvio em relação ao regime laboral comum: seja autonomizando formalmente o regime, num modelo à espanhola[101], seja enxertando a regulamentação especial no corpo normativo comum, como acontece com o modelo francês[102], o trabalho artístico bradava por uma disciplina especial.

É certo que a codificação laboral continha disposições legais até direcionadas para o trabalho artístico: é o caso evidente da regulamentação do trabalho dos menores no âmbito dos espetáculos, que ainda hoje o legislador decide apartar do regime especial. E, noutros casos, embora não especificamente talhada para o trabalho artístico, as normas codicísticas tinham um evidente campo de aplicação neste setor: pense-se no trabalho noturno ou no trabalho normal prestado em dia feriado. No entanto, estas regras especiais não disfarçavam a profunda desadequação para regular uma relação com acentuadas especificidades.

[99] Margarida Porto, *A participação de menor em espectáculo...*, cit., p. 90.

[100] § 1.1. Razões da especialidade.

[101] Cfr. Real Decreto n.º 1435/1985, de 1 de agosto. Este regime foi recentemente revisto pelo Real Decreto-Ley n.º 5/2022, de 22 de março.

[102] Que dedica uma secção às *professions du spectacle, de la publicité et de la mode* (artigos L7121-1 a L7124-35).

Em face de um regime laboral comum impotente e anquilosado para responder adequadamente às especificidades do trabalho artístico[103], urgia aprovar um estatuto específico, seguindo o caminho que então já havia sido trilhado para outras relações especiais de trabalho: por altura do primeiro Código do Trabalho, aprovado em 2003, já a generalidade das relações de trabalho especiais estava dotada de um corpo legislativo autónomo.

A necessidade era tanto maior porque a fragilidade dos trabalhadores do setor era cada vez mais evidente[104]. Num espaço dominado pela economia paralela, pela fuga para o contrato de prestação de serviços, eram pedidas respostas firmes e enérgicas ao legislador. É justamente neste contexto que surge a Lei n.º 4/2008, de 7 de fevereiro, aprovando o regime dos contratos de trabalho e estabelecendo o regime de segurança social aplicável aos trabalhadores das artes do espetáculo e do audiovisual ("RCTPE"), abrangendo os profissionais que desenvolvessem uma atividade artística, técnico-artística ou de mediação destinada a espetáculos ou a eventos públicos.

A aprovação deste diploma correspondeu, por certo, a uma aspiração generalizada. A verdade é que a realidade cedo revelou vários dos seus equívocos. Ainda antes da sua votação, as soluções já eram contestadas. Os profissionais do setor não viam no regime um reforço da sua tutela. Pelo contrário, o regime foi fortemente contestado sob o lema "trabalho intermitente, cultura permanente", passando até a ser depreciativamente designada como a "Lei dos Intermitentes". Neste contexto, a chamada "plataforma dos intermitentes", reunindo diversos profissionais ligados ao setor, entregou no Parlamento uma petição pública para a revisão do regime[105], no que viria a ser acompanhado de projetos para a sua revisão[106].

De um ponto de vista técnico, regime legal era satisfatório embora, como apontava alguma doutrina, "incompleto, confuso e hesitante ou assente em premissas demasiado genéricas"[107]. Essas deficiências eram evidentes sobretudo num dos aspetos capitais, o regime aplicável à contratação a termo, cujos

[103] Nas palavras de JOANA NETO, «Redesenhar o trapézio...», cit., p. 108.

[104] Ver o Projeto de Lei n.º 324/X, apresentado pelo Partido Comunista Português (PCP).

[105] Sobre isto, com outro desenvolvimento, JOANA NETO, *Na boca de cena da (des)regulação...*, cit., pp. 71 ss.

[106] Cfr. Projetos de Lei n.º 247/XI/1ª (regime sócio-profissional aplicável aos trabalhadores das artes do espectáculo e do audiovisual) e n.º 650/X (Segurança Social dos trabalhadores das artes do espectáculo), ambos apresentados pelo Partido Comunista Português (PCP).

[107] JÚLIO GOMES, «Da fábrica à fábrica de sonhos – primeiras reflexões sobre o regime dos contratos de trabalho dos profissionais de espectáculos» in: *Novos Estudos de Direito do Trabalho*, Coimbra Editora, Coimbra, 2010, pp. 197-231, p. 230.

pressupostos e limites não eram claros ou, pelo menos, não correspondiam às aspirações dos profissionais do setor.

Depois de uma revisão pontual pela Lei n.º 105/2009, de 14 de setembro, que aditou o artigo 10.º-A (contrato de trabalho de muito curta duração), alguns dos equívocos da Lei n.º 4/2008, de 7 de fevereiro, acima apontados, foram remendados na importante revisão da Lei n.º 28/2011, de 16 de junho, que procedeu à republicação do regime, ditando a revogação de várias das suas disposições (como foi o caso dos artigos 6.º, 10.º-A, 18.º e 23.º), introduzindo outras normas (artigos 1.º-A, 1.º-B e dos artigos 21.º-A ao 21.º-F) e alterando a redação de praticamente todas as disposições legais.

Contudo, as alterações não fizeram mais do que paliar as deficiências do regime, já apontadas. É certo que a "reforma" teve o mérito de tomar posição sobre certas matérias, mas continuava omisso quanto às consequências a retirar de alguns aspetos medulares do regime (como era o caso, paradigmaticamente, do contrato de trabalho a termo)[108], dúvidas que, numa opinião mais radical, tornavam o regime "inútil, por imperceptível"[109]. O diploma surgia também desfasado em relação às alterações entretanto surgidas no seio do regime laboral comum. Por exemplo, o regime do trabalho intermitente, precursor à data em que apareceu no RCTPE, conheceu a sua incorporação também no regime laboral comum, por via do CT09, instrumento que até viria a vegetar pela possibilidade de celebrar um contrato de trabalho a tempo parcial anualizado[110].

Como se não bastasse, o diploma era ainda prejudicado pela constante fuga para a economia paralela ou informal, como já demos nota. Tudo somado, era escassa a aplicação deste regime. Aliás, basta ver, como barómetro da aplicação real do regime, que é escassíssima a jurisprudência dos nossos tribunais, sendo largamente superado, de acordo com esse critério, por outras relações de trabalho com regime especial, algumas das quais até padecendo do mesmo mal, como o trabalho doméstico e rural.

Perante este rosário de problemas, foi colocada em marcha uma revisão ao regime. A revisão também urgia em face da condição cada mais vez precária

[108] Margarida Porto, «Regime jurídico do contrato de trabalho...», cit., p. 736.

[109] Margarida Porto, «Regime jurídico do contrato de trabalho...», cit., p. 736.

[110] Catarina Carvalho, «A desarticulação do regime legal do tempo de trabalho» » in: Júlio Gomes / Catarina de Oliveira Carvalho [Coord.], *Direito do Trabalho + Crise = Crise do Direito do Trabalho? Actas do Congresso de Direito do Trabalho*, Coimbra Editora, Coimbra, 2011, pp. 359-406, p. 378: "seria desejável uma revisão da Lei n.º 4/2008 que atenda às modificações entretanto verificadas na legislação laboral no sentido de assegurar uma maior harmonia e coerência sistemática".

desta classe profissional, sob o lema "a Arte custa". Não andaremos longe da verdade se acrescentarmos que o surto COVID-19 precipitou a revisão. O impacto brutal no setor das artes e do espetáculo fez estiolar os respetivos profissionais e organizações. A quebra de faturação, o encerramento compulsivo das salas de espetáculo e o receio dos próprios empresários em apostar em novos espetáculos mesmo após o levantamento das restrições lançaram a catástrofe no setor, para a qual os apoios foram um paliativo.

Os profissionais reivindicavam um estatuto legal que, reconhecendo e reforçando o seu estatuto laboral, criasse ainda um quadro legal em matéria previdencial que se revelasse adequado às notas dominantes desta atividade profissional, baseadas na contratação a prazo e na mobilidade. No que ficaria toda a comunidade a ganhar porque, dentro do espírito já referido introdutoriamente, um reforço da tutela "potencia a respetiva criatividade e criação artística"[111].

§ 1.2.1. O Estatuto dos Profissionais da Área da Cultura (EPAC)

Foi precisamente nesse sentido, mas também na sequência das fortes pressões do setor, que a Assembleia da República autorizou o Governo a rever o estatuto profissional destes trabalhadores, autorização que lhe foi concedida no OE2021[112]. Anunciado como "uma peça decisiva para o futuro do setor cultural

[111] Conforme se lê na nota introdutória ao DL 932/XXII/2021.

[112] Como se lê no artigo 251.º da Lei n.º 75-B/2020, de 31 de dezembro, que aprovou o OE2021, "fica o Governo autorizado a criar o estatuto dos profissionais da área da cultura, que regula o regime dos contratos de trabalho, contratos legalmente equiparados a contratos de trabalho e contratos de prestação de serviços e que estabelece o regime de segurança social aplicável aos profissionais das artes do espetáculo, do audiovisual, das artes visuais e da criação literária. O sentido e a extensão da autorização legislativa concedida no número anterior consistem em: a) Rever e atualizar o regime do registo dos profissionais da área da cultura, contendo regras quanto à sua realização, finalidades e benefícios; b) Definir as modalidades de contrato de trabalho, incluindo o contrato por tempo indeterminado, o contrato a termo resolutivo, o contrato de trabalho de muito curta duração, o contrato de trabalho intermitente e o contrato de trabalho com pluralidade de trabalhadores ou empregadores, bem como o regime que lhes é aplicável; c) Definir o conceito de trabalhador legalmente equiparado ao de trabalhador, bem como o regime que lhe é aplicável; d) Criar uma presunção de contrato de trabalho quando, na relação entre a pessoa que presta uma atividade e outra ou outras que dela beneficiam, se verifiquem características que apontem para a existência de subordinação jurídica; e) Definir regras de forma quanto à celebração de contratos de trabalho; f) Criar um elenco de direitos e deveres especiais do empregador e do trabalhador; g) Definir regras quanto ao tipo de atividade que o trabalhador se obriga a prestar e respetiva autonomia técnica; h) Definir regras quanto ao tempo de trabalho e ao direito ao repouso,

e criativo em Portugal"[113], que o contexto pandémico tornou mais premente[114],

nomeadamente quanto aos limites máximos do período normal de trabalho, ao horário de trabalho e intervalo de descanso, ao trabalho noturno e ao direito ao repouso diário, semanal e anual, bem como ao trabalho prestado em dia de feriado; i) Definir o regime contributivo e de segurança social aplicável aos profissionais da área da cultura, tendo em vista a sua proteção na eventualidade de doença, parentalidade, doenças profissionais, invalidez, velhice e morte, garantidas pelo regime de segurança social dos trabalhadores por conta de outrem e trabalhadores independentes, e a sua proteção na eventualidade de desemprego, garantida pelo regime jurídico da proteção social na eventualidade de desemprego dos trabalhadores por conta de outrem; j) Prever o direito de associação e representação coletiva dos profissionais da área da cultura; k) Prever contraordenações laborais por força da violação das regras do regime jurídico a criar; l) Prever que a fiscalização do cumprimento do regime jurídico a criar compete, em articulação, à Inspeção-Geral das Atividades Culturais, I. P., à ACT e ao ISS, I. P.; m) Prever que se aplica às infrações por violação deste regime o regime previsto nos artigos 548.º a 566.º do Código do Trabalho, aprovado em anexo à Lei n.º 7/2009, de 12 de fevereiro, e que o processamento das contraordenações segue o regime processual aplicável às contraordenações laborais e de segurança social, aprovado pela Lei n.º 107/2009, de 14 de setembro; n) Prever a possibilidade de aplicação do regime do combate à utilização indevida do contrato de prestação de serviços previsto na Lei n.º 63/2013, de 27 de agosto, por forma a beneficiar de mecanismos de combate à utilização indevida do contrato de prestação de serviços em relações de trabalho subordinado dos profissionais da área da cultura; o) Criar regras quanto à formação e ao conteúdo do contrato de prestação de serviço e do contrato legalmente equiparado dos profissionais da área da cultura, definindo os direitos e deveres de ambas as partes; p) Criar uma regra que estabelece uma proporção mínima de contratos de trabalho em detrimento do contrato de prestação de serviços, para determinadas entidades empregadoras, tendo em vista a obtenção de benefícios a conceder pelo Estado; q) Estabelecer um regime transitório de regularização extraordinária de contribuições sociais e impostos relativos ao exercício da atividade pelos profissionais da área da cultura".

[113] Intervenção da Ministra da Cultura na audição conjunta da Comissão de Cultura e Comunicação e da Comissão de Orçamento e Finanças, de 9 de Novembro de 2020, p. 4. O que também constava da Lei das Grandes Opções 2021-2023: "o capital humano do setor da cultura é vital ao seu funcionamento e à capitalização do potencial cultural para o desenvolvimento do país. Nesse sentido, a conclusão do novo estatuto dos profissionais da Cultura é uma peça decisiva para o futuro do setor cultural e criativo em Portugal. Em 2021 será revisto e implementado o estatuto dos profissionais da área da cultura em resultado dos trabalhos no âmbito do grupo criado entre o Ministério da Cultura, Ministério das Finanças, Ministério do Trabalho, Solidariedade e Segurança" (pp. 110-111).

[114] Já durante o ano de 2021, o Grupo Parlamentar do PAN propôs uma Resolução para instar a que, até ao final do primeiro semestre de 2021, o Governo aprovasse finalmente o estatuto dos profissionais da área da cultura, em cumprimento do disposto no artigo 251.º da Lei n.º 75-B/2020, de 31 de dezembro (OE2021). Nas palavras do Projeto, "este estatuto é absolutamente urgente, uma vez que corresponde a uma reivindicação antiga dos profissionais do sector e assegurará um enquadramento juslaboral destes profissionais adaptado às suas especificidades (pela natureza destas profissões o trabalho prestado tem um carácter temporário e descontínuo, uma carga horária irregular e uma instabilidade profissional) e capaz de assegurar uma regulamentação da actividade, de garantir direitos mínimos, uma maior protecção social e um enquadramento fiscal mais justo" (Projeto de Resolução n.º 647/XIV/2.ª).

a ideia era a de criar um "Estatuto do Artista"[115] e reforçar a tutela destes trabalhadores[116].

O dia de 22 de abril de 2021, data da aprovação do diploma em sede de Conselho de Ministros, foi anunciado como um "dia histórico", até porque, na mesma data, era aprovado um pacote de medidas para o setor da Cultura. A apreciação pública do diploma[117], que ocorreu até ao dia 17 de junho de 2021, foi concorrida, constando que terão sido enviadas cerca de 72 propostas de alteração ao articulado divulgado, entre as quais, por organismos ligados ao setor, como o CENA-STE e o Gestão dos Direitos dos Artistas (GDA). As propostas de alteração, em número expressivo, eram já sintomáticas de que o Projeto divulgado para discussão pública não colhera opiniões favoráveis[118]. Nesse contexto, foram retomadas reuniões com os representantes dos trabalhadores em setembro de 2021.

No dia 21 de outubro, novamente em conferência de imprensa, era anunciada a importante aprovação do diploma, o que, por sinal, aconteceu no dia seguinte à aprovação, pelo Parlamento Europeu, de uma Resolução, com vista à criação de um Estatuto Europeu do Artista.

O chumbo do Orçamento do Estado para 2022, cuja votação na generalidade ocorreu na semana seguinte à aprovação do EPAC, e a decisão do Presidente da República de dissolver a Assembleia da República, convocando novas eleições, lançou o caos político. Temeu-se o adiamento da promulgação e publicação do diploma. A Ministra da Cultura, garantiria, dias depois, que tal não prejudicaria a promulgação e entrada em vigor do regime. O que

[115] Expressão já utilizada, à luz do regime anterior, por Maria Regina Redinha, «Código novo ou Código revisto? A propósito das modalidades do contrato de trabalho» in: Paulo Morgado de Carvalho [Coord.], *Código do Trabalho – a revisão de 2009*, Coimbra Editora, Coimbra, 2011, pp. 241-248, p. 247. Também Joana Nunes Vicente, *A invalidade parcial do contrato de trabalho*, Gestlegal, Coimbra, 2017, p. 312, n. 531, já se referia ao RCTPE como "Estatuto dos Profissionais dos Espectáculos".

[116] Como se pode ler na Intervenção da Ministra da Cultura na audição conjunta da Comissão de Cultura e Comunicação e da Comissão de Orçamento e Finanças, de 9 de novembro de 2020, "pela sua própria natureza, o trabalho artístico apenas é possível de ser realizado num quadro de liberdade de movimentos e de escolhas. Mas deixem-me ser muito objetiva: em caso algum, flexibilização artística deve – pode – representar precariedade laboral. O estatuto que se prepara servirá como arma contra a precariedade. E a proposta do Governo será concluída e apresentada até ao final do ano, um compromisso que assumi há meses e que aqui renovo" (p. 5).

[117] Projeto que se pode encontrar na separata do BTE 9 (2021).

[118] Cfr. artigo de opinião de Helena Carvalho, Sobre o Estatuto dos Profissionais da Área da Cultura (consultado em https://observador.pt/opiniao/sobre-o-estatuto-dos-profissionais-da-area-da-cultura/), onde se faz um juízo crítico global ao projeto.

veio a acontecer, segundo nota no site da presidência, no dia 13 de novembro, tendo o Presidente da República referido, nessa nota, que a aprovação era positiva, "apesar de ficar aquém das expectativas geradas, na medida em que corresponde a um ponto de partida que melhora a situação pré-existente, em domínios em que são antigas as reivindicações"[119]. É assim que, já no fim da autorização legislativa, é publicado, no dia 29 de novembro, no Diário da República, o Estatuto dos Profissionais da Área da Cultura (doravante designado por "EPAC"). Nas primeiras reações, o diploma dividiu a sociedade civil[120].

O EPAC foi apresentado publicamente como gravitando sobre três grandes eixos: uma maior proteção social, um combate mais enérgico à precariedade e aos (falsos) recibos verdes. Estas frentes de combate, que também têm como destinatário o próprio Estado[121], exprimiram-se num alargamento do âmbito regulatório[122], passando a cobrir-se os prestadores de serviços (trabalhadores independentes), na incorporação de uma presunção de laboralidade[123], na previsão dos mecanismos administrativos e judiciais de reconhecimento

[119] Cfr. https://www.presidencia.pt/atualidade/toda-a-atualidade/2021/11/presidente-da-republica-promulga-estatuto-dos-profissionais-da-cultura/.

[120] João Lopes refere, em 19/12/2021, que o diploma contribui para um "enquistamento cultural do nosso país" (https://www.dn.pt/opiniao/a-sindicalizacao-da-cultura-14422482.html). Ana Paula Laborinho assinala, no dia 05/01/2022, que o diploma representa um "imenso passo no combate à precariedade, incluindo o reconhecimento do trabalho intermitente que caracteriza, em muitos casos, a atividade destes profissionais" (https://www.dn.pt/opiniao/pelo-reconhecimento-dos-trabalhadores-da-cultura-14461363.html).

[121] Veja-se o artigo 4.º das disposições preambulares, com a epígrafe "medidas de ação positiva para a celebração de contrato de trabalho", que estatui que "os serviços da administração direta e indireta do Estado, da administração regional e da administração local, bem como as empresas do setor empresarial do Estado e do setor empresarial local e as associações e fundações maioritariamente financiadas pelo Estado, que contratem profissionais da área da cultura para exercer uma atividade profissional, devem fazê-lo em regime de contrato de trabalho, sempre que se verifique a presunção da existência de contrato de trabalho nos termos do Estatuto" (n.º 1).

[122] Como se lê no preâmbulo do EPAC: "o setor da cultura justifica, porém, um tratamento mais abrangente do que aquele que resulta da citada lei, designadamente tendo em conta que, como a Lei n.º 4/2008, de 7 de fevereiro, na sua redação atual, apenas regula as relações de trabalho subordinado, muitas atividades culturais ficam excluídas do respetivo âmbito de aplicação, nomeadamente as relações de trabalho autónomas e sem subordinação jurídica, com ou sem dependência económica Ora, atendendo a que grande parte das atividades culturais se baseia em relações de trabalho com autonomia jurídica, justifica-se, por uma lado, uma abordagem mais abrangente, que inclua também os profissionais da cultura que prestam a sua atividade sem subordinação jurídica, de forma a garantir-lhes boas condições de trabalho e um conjunto específico de direitos que hoje não estão devidamente consagrados".

[123] § 3.1.1. Presunção de laboralidade.

da existência de contrato de trabalho[124], numa equiparação ao regime do contrato de trabalho, pelo menos em certas matérias, dos trabalhadores economicamente dependentes[125] e num reforço e densificação normativa do regime da Segurança Social, sem dúvida, um dos aspetos medulares no regime[126].

Numa apreciação na generalidade, pode dizer-se que a carga normativa não deixa de impressionar, bem mais expressiva (85 normas) do que o regime anterior (27 normas). No entanto, uma maior densidade normativa não é necessariamente sinal de progresso. Na verdade, e como se verá, muitos dos normativos do EPAC representam uma recuperação *ipsis verbis* de disposições do regime anterior ou de regras que já existem no ordenamento jurídico, seja no Direito do Trabalho, seja no Direito Civil, como acontece, neste caso, com o contrato de prestação de serviços.

Com efeito, em muitos aspetos, o legislador deixou (mais uma vez) escapar a oportunidade de dissipar algumas questões que já assombravam o RCTPE, sobretudo em matérias sensíveis para estes trabalhadores e setor como acontecia, paradigmaticamente, no âmbito da contratação a termo ou do trabalho em regime intermitente. Verdade seja dita que, em alguns casos, o legislador esclareceu alguns tópicos que eram controversos (como era o caso da necessidade de concretizar o motivo justificativo nos contratos de trabalho a termo, da questão do alcance do dever de não concorrência do trabalhador durante os períodos de intermitência ou o problema de saber se incapacidade deveria ser absoluta para efeitos do regime da reconversão profissional), aproveitando para uniformizar alguns aspetos com o regime laboral comum, em matérias onde não se justificavam desvios (como acontecia, entre outros aspetos, com a compensação nos períodos de inatividade do trabalhador contratado em regime de intermitência, que era calculada de acordo com a "retribuição normal").

Acontece que, com exceção destes casos pontuais, a novidade do regime é mais aparente do que real, uma *mise-en-scène*... Na verdade, as matérias ou institutos laborais que representam uma novidade (formal) são uma incorporação servil, *ipsis verbis*, de regras laborais gerais. Aliás, na medida em que são uma reprodução do regime laboral comum, tal equivale a dizer que são trazidos para o setor laboral da cultura os mesmos problemas de interpretação e de aplicação das respetivas normas, muitos deles certamente conhecidos

[124] § 3.1.2. Reconhecimento da existência de contrato de trabalho.
[125] § 3.1.3. Contratos legalmente equiparados
[126] § 5. Segurança social.

do legislador. Sem pretensão de exaustividade, pense-se na introdução de uma presunção de laboralidade e na correspondente querela (sobretudo judicial) sobre a sua aplicação no tempo, a questão do trabalho prestado por menores e a remissão para a Lei n.º 105/2009, de 14 de setembro, cujo sentido e alcance são discutidos pela doutrina, ou as dúvidas em redor de certos aspetos do contrato de trabalho com uma pluralidade de empregadores. E, no essencial, o mesmo se pode dizer quanto à previsão dos contratos legalmente equiparados aos contratos de trabalho.

Noutros casos, como acontece com o regime do contrato de prestação de serviço, a novidade também é mais aparente do que real. De facto, com exceção de algumas nuances, a regulamentação da prestação de serviços acaba por representar, na prática, uma remissão para as regras gerais do Código Civil.

Finalmente, o regime da proteção social também não é inteiramente novidade em relação ao RCTPE. Este já continha um conjunto de normas, sobretudo depois da revisão de 2011, vocacionada para a proteção social destes trabalhadores, embora, como veremos, tenham sido introduzidas alterações que, aqui, se podem considerar relevantes e dignas de sublinhado.

A estes problemas, que só podem ser imputados ao esforço minimalista do legislador, pode acrescentar-se um outro: o regime padece daquele mal que por vezes se aponta aos regimes legais que cobrem realidades sociais e económicas abrangentes: ao tornar-se aplicável às mais variadas formas de prestação artística — e também, como veremos, a atividades periféricas, técnico-artísticas e até de mediação — o regime acaba por ser aplicável a uma diversidade caleidoscópica de domínios, desde o trapezista ao DJ. Embora todas as atividades tenham como denominador comum a prestação de trabalho no mundo das artes[127], há situações muito variadas[128] e algumas porventura

[127] Pierre-Michel Menger, *Retrato do artista enquanto trabalhador...*, cit., p. 65, refere mesmo que "a diversificação e a renovação das artes tira partido desta especialização crescente das tarefas, mas a preservação do acto comum de trabalho no centro da criação permanece sempre um ideal regulador".

[128] Sergio Grasselli, «Attori cinematografici...», cit., p. 586.

reclamariam sub-regimes especiais[129], como os artistas tauromáquicos[130], os bailarinos[131], os artistas de circo[132] ou os animadores socioculturais[133], uma carência tanto mais sensível porque, ao contrário de outros setores de atividade, não existe contratação coletiva de relevo aplicável a estes profissionais[134].

Pesem embora as especificidades deste setor, o EPAC não deixa de manifestar, à semelhança do que acontecia com o RCTPE, uma intenção de aproximar o regime dos profissionais dos espetáculos ao regime laboral comum, ou seja, aos direitos e garantias reconhecidos à generalidade dos trabalhadores[135].

[129] Forçando a nota, ver o Decreto-Lei n.º 88/98, de 3 de abril, que Institui o Teatro Nacional de São Carlos como pessoa colectiva de direito público, dotada de autonomia administrativa, financeira e patrimonial, e cujo artigo 33.º, n.º 1, com a epigrafe "pessoal sujeito ao contrato individual de trabalho", dispunha que "os músicos da OSP e do Coro do TNSC, bem como todo o restante pessoal do TNSC que exerce funções de natureza artístico-técnica, ficam sujeitos ao regime do contrato individual de trabalho". O Decreto-Lei n.º 321/80, de 22 de agosto, que aprovou os estatutos da Radiotelevisão Portuguesa, E. P., remetia, no seu artigo 46.º, n.º 2, relativamente aos trabalhadores artísticos, para o Decreto n.º 47 991, de 11/10/1967, cujo artigo 2.º dispunha que "o trabalho de artistas, comentadores e quaisquer colaboradores externos eventuais é considerado trabalho autónomo" (n.º 1) e "os componentes das orquestras e de outros agrupamentos artísticos que regularmente actuem na empresa estão sujeitos ao regime estabelecido neste diploma ou ao fixado na lei para a prestação de serviço, consoante a natureza do contrato celebrado" (n.º 2). Sobre a natureza pública ou privada de um contrato vinculando um ator à Direcção-Geral de Espectáculos, ver o ac. de 27/11/1991 do STJ (Barbieri Cardoso), BMJ, 411 (1991), pp. 375-381, decidindo, aliás, pela natureza administrativa de tal contrato.

[130] Cfr. Lei n.º 31/2015, de 23 de abril, que estabelece o regime de acesso e exercício da atividade de artista tauromáquico e de auxiliar de espetáculo tauromáquico, Decreto-Lei n.º 89/2014, de 11 de junho, e Decreto-Regulamentar n.º 62/91, de 29 de novembro. Este último diploma, pese embora tenha sido revogado por aquele segundo diploma, manteve-se em vigor nos artigos 48.º e 49.º e 54.º a 62.º, preceitos inseridos no Capítulo V (Dos artistas tauromáquicos).

[131] A Resolução da Assembleia da República n.º 101/2010, de 11 de agosto, recomendava ao Governo a criação do Estatuto de Bailarino Profissional da Companhia Nacional de Bailado. A Lei n.º 22/2019, de 26 de fevereiro, estabelece o regime do profissional de bailado clássico ou contemporâneo.

[132] Cfr. o Relatório *As Atividades Circenses e a Profissão de Artista de Circo - Enquadramento Internacional* da Divisão de Informação Legislativa e Parlamentar – DILP (disponível em https://app.parlamento.pt/upload/Comunicar/Anexos/2019/N7/dossie.pdf).

[133] Projeto de Lei n.º 649/XIV/2.ª, da iniciativa do Bloco de Esquerda (BE), que reconhece e regulamenta o Estatuto Profissional da Animação Sociocultural.

[134] Joana Carneiro, «O contrato de trabalho intermitente – a relação laboral cimentada na segurança do emprego através do trabalho descontínuo», *Questões Laborais*, 35-36 (2010), pp. 203-242, p. 239, fala aqui de uma contratação coletiva "de braços cruzados". O que poderia incentivar, como refere Pilar Palomino Saurina, «Pecularidades de la relación especial de los artistas», *Anuario de la Facultad de Derecho*, 30 (2012-2013), pp. 247-268, p. 249, a criação de "autênticos sub-regimes especiais".

[135] Maria do Rosário Palma Ramalho, *Tratado de Direito do Trabalho...*, cit., p. 328.

De resto, para além de ter expressão em certos domínios – tenha-se agora em vista o regime do contrato de trabalho em regime intermitente ou as normas que proíbem o assédio no local de trabalho – o artigo 3.º, n.º 1, do EPAC, preceitua expressamente que "ao profissional que exerça uma atividade autoral, artística, técnico-artística ou de mediação cultural em regime de contrato de trabalho aplica-se, em tudo o que não estiver previsto no presente Estatuto, o disposto no Código do Trabalho, aprovado pela Lei n.º 7/2009, de 12 de fevereiro, na sua redação atual", o que já resultaria da diretiva contida no artigo 9.º, do CT09, que manda aplicar aos contratos de trabalho com regime especial as regras aí contidas, desde que compatíveis com a sua natureza jurídica.

A diretiva compreende-se porque um regime especial só deve introduzir desvios às regras gerais lá onde eles se revelem objetivamente justificados. O ponto é da maior importância porque, por vezes, o legislador introduz desvios que não estão devidamente credenciados pela especialidade desta relação laboral ou, como se acusava o RCTPE, por vezes a lei parte de "pressupostos falaciosos que têm servido de fundamento ao depauperamento das condições de trabalho destes trabalhadores"[136]. O problema é tanto maior porque, em certos casos, já não está em causa uma discussão sobre política ou mérito legislativos ou sobre a proporcionalidade das opções legislativas. É que, casos há em que o regime, tal como positivado, pode colidir com normas de hierarquia superior, isto é, com a Constituição da República Portuguesa ou com o Direito da União Europeia[137]. Como se verá, o legislador até persiste em contrariar essas fontes: pense-se no regime do contrato de trabalho a termo e nos limites à sua sucessão, cujas regras o EPAC exclui expressamente, desafiando a jurisprudência do TJ...

E esta é uma mensagem que deve ir dirigida aos intérpretes e aplicadores do Direito, lá onde o regime seja omisso ou seja passível de diferentes interpretações. A título de exemplo, fará realmente sentido recusar a reintegração do profissional da cultura ilicitamente despedido pela pretensa incompatibilidade deste instituto com a especificidade desta relação jurídica? Com que fundamentos pode ser defendido um alargamento do conceito de justa causa,

[136] Joana Neto, *Na boca de cena da (des)regulação...*, cit., p. 21 e Id., «Redesenhar o trapézio...», cit., p. 111. A Autora também afirma, Id., *Na boca de cena da (des)regulação...*, cit., p. 33, que "o pressuposto da transitoriedade do exercício da atividade ainda contamina a perspetiva com que estas matérias são abordadas".

[137] Joana Neto, «Redesenhar o trapézio...», cit., p. 131: "uma aspiração de flexibilidade deve ser compaginada com os limites constitucionais e de direito comunitário".

constitucionalmente garantida e que abrange, salvo melhor opinião, os trabalhadores deste setor?

Uma última nota sobre a aplicação no tempo do diploma. No que diz respeito ao contrato de trabalho, a sua aplicação é imediata ou, mais rigorosamente, ocorre com a data da entrada em vigor do diploma (1 de janeiro de 2022), passando a disciplinar os contratos de trabalho que estejam em vigor, ainda que celebrados à luz do regime anterior[138]. E, a nosso ver, em linha com o entendimento que nos parece o mais correto, também a presunção de laboralidade é de aplicação aos contratos que estejam em vigor, ainda que celebrados à luz do RCTPE[139]. Embora isso não resulte expressamente da lei, o mesmo vale para os contratos de prestação de serviços, tal como regulados nos artigos 25.º ss.

O EPAC difere no tempo a aplicação do regime da Segurança Social ou, pelo menos, o direito a gozar dos benefícios previstos. Assim, o início da contagem do prazo de garantia para o acesso ao subsídio de suspensão da atividade cultural tem lugar a partir de 1 de julho de 2022, podendo o profissional da área da cultura vir a beneficiar desse apoio a partir de 1 de outubro de 2022 (n.ºs 2 e 3 do artigo 6.º).

O EPAC estabelece ainda a sua revisão no prazo de dois anos a contar da sua entrada em vigor (artigo 8.º), prevendo, pois, que o regime venha a ser revisto até 1 de janeiro de 2024. Para o efeito, foi criada uma comissão de acompanhamento (artigo 2.º)[140]. O histórico legislativo aconselha alguma prudência porque nem sempre o legislador cumpre os prazos por si fixados para a revisão dos diplomas[141].

[138] Como se estabelece no artigo 11.º, n.º 1, "ficam sujeitos ao regime previsto no Estatuto aprovado pelo presente decreto-lei os contratos de trabalho dos profissionais da área da cultura celebrados ao abrigo da Lei n.º 4/2008, de 7 de fevereiro, na sua redação atual, salvo quanto a condições de validade e efeitos de factos ou situações totalmente ocorridas antes da entrada em vigor do presente decreto-lei".

[139] § 3.1.1. Presunção de laboralidade.

[140] Nomeada pelo Despacho n.º 1871/2022, de 11 de fevereiro.

[141] O RCTPE também previa a sua revisão no prazo de quatro anos (artigo 23.º), o que o legislador veio a cumprir em 2011, com a já referida Lei n.º 28/2011, de 16 de junho. Mas já se assistiu a revisões de regimes especiais que ultrapassaram em larga medida o período que havia sido estipulado. Tenha-se em vista o caso do primeiro regime do contrato de serviço doméstico (Decreto-lei n.º 508/80, de 21 de outubro) que estabelecia que "será obrigatoriamente revisto após um ano de vigência" (artigo 24.º), o que só veio a acontecer mais de... 10 anos depois, com o Decreto-Lei n.º 235/92, de 24 de outubro.

O EPAC determina ainda que alguns aspetos do regime devem ser regulamentados, cujos instrumentos deveriam ser aprovados no prazo de 90 dias a contar da publicação do diploma, o que aconteceu a 29 de novembro (artigo 7.º). Concretamente, a definição das profissões e atividades abrangidas pelo EPAC (artigo 2.º, n.º 4), entretanto concretizada pela Portaria n.º 29-B/2022, de 11 de janeiro, do formulário a comunicar a contratação de prestadores de serviços pelas entidades beneficiárias (artigo 30.º, n.º 2), entretanto regulamentado pela Portaria n.º 13-A/2022, de 4 de janeiro, bem como dos termos e condições do regime da Segurança Social (artigo 36.º), o que aconteceu com a Portaria n.º 29-C/2022, de 11 de janeiro.

Acresce que, segundo o artigo 9.º, o regime pode vir a ser objeto de adaptações para as regiões autónomas da Madeira e dos Açores, por ato legislativo regional (artigo 9.º).

§ 2. ESTATUTO DOS PROFISSIONAIS DA ÁREA DA CULTURA

§ 2.1. Âmbito de aplicação

À semelhança do regime anterior, o EPAC define o seu âmbito de aplicação nos seguintes termos: "o presente Estatuto é aplicável aos profissionais das artes do espetáculo, do audiovisual, das artes visuais e da criação literária, que exerçam uma atividade autoral, artística, técnico-artística ou de mediação cultural" (artigo 2.º, n.º 1). O legislador serve-se, como se vê, de uma cláusula geral para definir o seu âmbito de aplicação, acrescentando, no n.º 2, uma densificação destes conceitos, como se verá. Nesta matéria, o legislador retoma, no essencial, a técnica legislativa já usada no passado[142]

[142] O Decreto n.º 43190, de 23/09/1960, estabelecia que "os profissionais de espectáculos abrangidos pelo presente diploma são apenas os artistas teatrais, líricos, musicais, tauromáquicos, de bailado, circo e variedades, as coristas, os ensaiadores e pontos, os contra-regras, maquinistas e respectivos ajudantes, excepto quando doutra forma se determinar expressamente" (artigo 1.º, § 1). Posteriormente, a Portaria n.º 10374, de 22/04/1943, definia nestes termos: "considera profissionais de espectáculos os indivíduos, nacionais ou estrangeiros, em condições de serem representados pelos Sindicatos Nacionais dos Artistas Teatrais, dos Maquinistas Teatrais, dos Músicos, dos Profissionais de Cinema e dos Toureiros Portugueses, e que, exercendo a sua arte ou ofício em espectáculos públicos, por êles aufiram os meios necessários à subsistência". Já na vigência do RCTPE, foi possível dividir dois períodos, correspondentes a outas técnicas legislativas: na sua versão originária, até 2011, o contrato de trabalho do artista e profissional de espetáculos resultava da conjugação de uma cláusula geral com uma enumeração que se entendia como meramente exemplificativa. Estabelecia-se então a sua aplicação ao "contrato de trabalho especial entre uma pessoa que desenvolve uma actividade artística destinada a espectáculos públicos e a entidade produtora

e que era alvo de algumas críticas[143].

No artigo 2.º, n.º 4, o EPAC estabelece que são definidas por Portaria as profissões e atividades abrangidas pelo regime. Acontece que a Portaria n.º 29.º-B/2022, de 11 de janeiro, pretensamente responsável por essa definição, não só não delimita o campo de aplicação do EPAC, como também se serve de uma cláusula geral. Com efeito, aquela Portaria apenas estabelece – e, sublinhe-se, para efeitos de registo – que "podem inscrever-se no RPAC, a todo o tempo, todos os profissionais das artes do espetáculo, do audiovisual, das artes visuais e da criação literária que exerçam uma atividade autoral, artística, técnico-artística ou de mediação cultural com residência legal em território nacional" (artigo 6.º)[144]. E, mesmo no caso dos trabalhadores por conta de outrem, relativamente aos quais a Portaria trata efetivamente de listar as profissões e atividades, remetendo para Anexo, o que acontece é que, mais uma vez, essa enumeração é, salvo melhor opinião, apenas para efeitos de registo ("para efeitos de inscrição no RPAC, os trabalhadores por conta de outrem da área da cultura têm de exercer uma das profissões constantes da lista aprovada no anexo I da presente portaria, da qual faz parte integrante" – cfr. artigo 7.º, n.º 1). Parece, pois, que, ao contrário do que é sugerido pelo n.º 4, do artigo 2.º, do EPAC, esta Portaria não delimita as profissões ou atividades abrangidas por este regime, mas apenas para efeitos do RPAC, que estudaremos mais adiante. Seja como for, e forçando a nota, não deixa de ser intrigante constatar que a referida Portaria até faz incluir profissões e atividades que só a custo podem considerar-se artísticas, ainda que tendo presente que o regime legal também cobre as atividades técnico-artísticas e de mediação. É o que acontece com as atividades de bibliotecário, arquivista ou do cronista...

ou organizadora desses espectáculos" (artigo 1.º, n.º 1) acrescentando-se, no número seguinte, que "para efeitos da presente lei, são consideradas artísticas, nomeadamente, as actividades de actor, artista circense ou de variedades, bailarino, cantor, coreógrafo, encenador, realizador, cenógrafo, figurante, maestro, músico, toureiro, desde que exercidas com carácter regular" (n.º 2). Na reforma de 2011, o legislador decidiu rever a técnica legislativa preferindo uma cláusula geral e preterindo a enumeração exemplificativa, ainda que lhe acrescentando um conjunto de noções (artigo 1.º-A).

143 Criticando a técnica legislativa, Maria do Rosário Palma Ramalho, *Tratado de Direito do Trabalho...*, cit., p. 331 ("exige um esforço adicional na interpretação da norma"). Contra, Joana Neto, «Redesenhar o trapézio...», cit., p. 121, entendia que a norma garante um "confinamento do âmbito subjectivo" (= Id., *Na boca de cena da (des)regulação...*, cit., p. 85).

144 Segundo nos parece, situação diferente diz respeito aos trabalhadores por conta de outrem. Para esses efeitos, a Portaria n.º 29.º-B/2022, de 11 de janeiro, estabelece que "a inscrição no RPAC, os trabalhadores por conta de outrem da área da cultura têm de exercer uma das profissões constantes da lista aprovada no anexo i da presente portaria, da qual faz parte integrante" (artigo 7.º, n.º 1).

Seja como for, a normal legal parece mais adequada do que o era quando integrada no RCTPE. Isto porque o novo EPAC surge agora com uma vocação mais ampla, abrangendo não só a regulamentação do contrato de trabalho no setor, mas também a prestação de serviços. Natural é, por isso, que o âmbito de aplicação apareça em moldes frugais, despido, por exemplo, de qualquer referência à natureza do vínculo. Percebe-se que, na vigência do regime anterior, Maria do Rosário Palma Ramalho criticasse a aceção ampla em que a norma estava redigida no RCTPE pois, em teoria, dando o exemplo da própria Autora, o regime pareceria abranger o pintor que pinta um quadro ou o escritor que escreve um livro, pois também eles se poderiam considerar profissionais das "artes visuais e da criação literária"[145].

A nosso ver, a crítica não era insuperável: era preciso tomar em consideração que o RCTPE, por definição, apenas pretendia cobrir o trabalho artístico executado em moldes subordinados. Nos exemplos mencionados pela Autora, as obras artísticas não seriam executadas em moldes subordinados pelo que, à partida, o RCTPE não lhes seria aplicável. A prestação desses artistas desenvolver-se-ia, se fosse o caso, nos termos de um contrato de prestação de serviço ou de empreitada, tal como tem sido debatido pelos juristas que estudam o Direito de Autor. A crítica não deixava, contudo, de ser relativamente fundada, dada a redação ampla da norma, que, como se disse, deveria ser "corrigida" por referência à vocação laboral do diploma.

Isso não se passa, porém, com o novo EPAC, dada a sua vocação mais ampla, integrando na sua regulamentação o contrato de trabalho e a prestação de serviços. Em comum a ambos os tipos contratuais só poderia estar, pois, o objeto específico da prestação: o trabalho de natureza autoral, artística, técnico-artística e de mediação. Daí, em suma, fazer agora mais sentido, segundo nos parece, a redação da norma, por comparação com o RCTPE[146].

A respeito do âmbito subjetivo de aplicação, o EPAC acrescenta ainda, no n.º 3, do artigo 2.º, que se consideram profissionais que exerçam uma atividade autoral, artística, técnico-artística ou de mediação cultural aqueles que sejam trabalhadores por conta de outrem, qualquer que seja a modalidade do contrato de trabalho, trabalhadores independentes, incluindo os empresários em nome individual, membros de órgãos estatutários de pessoas coletivas da

[145] Maria do Rosário Palma Ramalho, «O contrato de trabalho dos profissionais...», cit., p. 229.

[146] De resto, e recuperando os exemplos da Autora, o Anexo I da Portaria n.º 29-B/2022, de 11 de janeiro, lista mesmo as profissões de ceramista, escultor, fotógrafo ou pintor.

área da cultura e os titulares de estabelecimentos de responsabilidade limitada da área da cultura[147].

Se a referência aos trabalhadores por conta de outrem e aos trabalhadores independentes não é surpreendente, já a inclusão dos empresários em nome individual, dos membros de órgãos estatutários e dos titulares de estabelecimentos de responsabilidade limitada da área da cultura deve ser compreendida habilmente. De facto, a sua inclusão deve ser compreendida no contexto de forte reivindicação dos profissionais deste setor que, durante a vaga da pandemia, reclamavam a extensão dos apoios às pessoas que, não sendo trabalhadores, desempenhavam uma atividade artística que merecia semelhante tratamento.

Com efeito, dificilmente se pode conceber a aplicação do regime do contrato de trabalho, tal como regulado no EPAC, aos empresários em nome individual, aos membros de órgãos estatutários (ainda que, em relação aos gerentes, essa discussão ainda ande acesa) ou aos titulares de estabelecimentos de responsabilidade limitada da área da cultura.

Finalmente, o EPAC não contém qualquer referência ao caráter regular da atividade, ao contrário do regime legal anterior que excluía as atuações meramente ocasionais[148]. A norma viria a ser revogada na reforma de 2011. Não havendo razões evidentes para limitar a aplicação do EPAC às atuações regulares, essa supressão desonera também o intérprete de um conjunto de questões que poderiam rodear a definição do conceito de ocasionalidade[149] bem como as consequências a retirar dessa delimitação. Por exemplo, faltando

[147] Sobre esta figura, a cair em desuso, José Engrácia Antunes, «O estabelecimento individual de responsabilidade limitada: crónica de uma morte anunciada», *Revista da Faculdade de Direito da Universidade do Porto*, 2006, III, pp. 401-442.

[148] Cfr. artigo 1.º, n.º 4, do RCTPE: "a presente lei não se aplica às actuações artísticas não destinadas ao público ou ocasionais". A doutrina anterior não era consensual. Em escrito publicado no ano de 2000, António Luís Bentes de Oliveira, «Trabalho de menores em espectáculos...», cit., p. 197, escrevia que "até por ausência de referência actual de qualquer lei específica que o consagre, reconhecendo-se, assim, a não essencialidade do carácter profissional do prestador de trabalho". Com a opinião contrária, exigindo que a atividade fosse predominante, tomando como referência o tempo, Albino Mendes Baptista, «Subsídios para a criação de um regime...», cit., p. 41.

[149] Falando de um "óbice axiológico", Maria do Rosário Palma Ramalho, «O contrato de trabalho dos profissionais...», cit., p. 231. Também criticamente, Júlio Gomes, «Da fábrica à fábrica de sonhos...», cit., pp. 211-212. No contexto espanhol, Francisco Javier Torollo González, «Las relaciones laborales especiales...», cit., p. 197, entende que o contrato até pode ter a duração de um dia.

a nota da regularidade, a atividade destes profissionais, não podendo ser abrangida pelo EPAC, seria então regulada pelo Código Civil[150]?

No entanto, importa dar nota de que, à luz do regime legal anterior, Milena Rouxinol era da opinião de que a supressão formal da referência à regularidade da prestação, ocorrida em 2011, não era decisiva. A Autora dava conta de que o próprio diploma se queria aplicável aos "profissionais de espectáculos" e a profissionalidade subentenderia, a seu ver, uma certa regularidade ou habitualidade[151]. Pensamos que o argumento da Autora se manterá até porque o EPAC se refere agora aos "profissionais da área da cultura". Não podemos concordar, porém, com a Autora. Não só porque o EPAC permite a celebração de contratos de trabalho de muito curta duração, como esse requisito também se concilia mal com a possibilidade de menores poderem desempenhar uma atividade artística, estando abrangidos por este regime[152]. Fará sentido exigir-se que um artista juvenil seja profissional para que lhe seja aplicado o EPAC?

Fechada esta nota introdutória, é importante, pois, distinguir consoante a natureza da relação seja uma relação de trabalho subordinado ou de prestação de serviços, pois o regime dedica ao primeiro as normas dos artigos 5.º a 24.º e ao contrato de prestação de serviço os artigos 25.º a 33.º.

Como se vê, o novo EPAC vem cobrir toda a latitude contratual, mas com uma forte aposta numa tendencial revelação da natureza laboral, lá onde se revele a existência de subordinação jurídica. Regulamentando o contrato de trabalho e o contrato de prestação de serviço, o legislador decide reforçar os mecanismos tendentes à afirmação de um contrato de trabalho, seja através da instituição de uma presunção de laboralidade, com ajustamentos que lhe permitem chegar mais longe do que a presunção constante, em geral, do CT09, seja abrindo as portas à ação de reconhecimento da existência de

150 À luz do RCTPE, aparentemente neste sentido, Júlio Gomes, «Da fábrica à fábrica de sonhos...», cit., pp. 211-212. Assim, expressamente, Milena Rouxinol, «Contrato de trabalho – um modelo formoso e não seguro (ou quando o trabalhador é um "Adónis musculado deambulando pela praia")», *Questões Laborais*, 51 (2017), pp. 123-142, p. 126, n. 3 (com início na p. 125). Contra, Maria do Rosário Palma Ramalho, *Tratado de Direito do Trabalho...*, cit., p. 331, defendendo a aplicação do RCTPE mesmo para trabalhadores que prestassem trabalho em regime de ocasionalidade.

151 Milena Rouxinol, «Contrato de trabalho – um modelo formoso...», cit., p. 126, n. 3 (com início na p. 125), repetindo-o na p. 138, n. 36. Joana Neto, *Na boca de cena da (des)regulação...*, cit., p. 34, não deixa de referir que o profissional de espetáculos com contrato de trabalho é aquele que exerce a sua atividade "durante um certo tempo".

152 Margarida Porto, *A participação de menor em espectáculo...*, cit., p. 251.

contrato de trabalho, fechando com o contrato legalmente equiparado ao contrato de trabalho.

Saindo em auxílio do intérprete, e à semelhança do regime anterior[153], o EPAC densifica, no n.º 2, o seu âmbito de aplicação, definindo atividades autorais, de natureza artística, técnico-artística e de mediação em outras tantas alíneas[154].

§ 2.1.1. Atividades autorais

Segundo a alínea a), do n.º 2, do artigo 2.º, uma novidade em relação ao RCTPE, o EPAC cobre as atividades autorais, ou seja, "as que envolvem criações intelectuais do domínio literário e artístico, por qualquer modo exteriorizadas, que, como tais, são protegidas nos termos do Código do Direito de Autor e dos Direitos Conexos, aprovado em anexo ao Decreto-Lei n.º 63/85, de 14 de março, na sua redação atual".

É necessário ter presente que não bastará que a atividade tenha natureza autoral porque o EPAC aplica-se, relembre-se, aos "profissionais das artes do espetáculo, do audiovisual, das artes visuais e da criação literária". Com efeito, importa considerar que algumas das obras protegidas em sede autoral já surgem reguladas por contratos típicos e nominados em sede autoral – "contratos de propriedade intelectual"[155] –, encontrando aí a sua regulamentação, como o contrato de representação cénica, recitação e execução[156], contrato

[153] O artigo 1.º-B, do RCTPE, definia "espectáculo ou evento cultural público", "trabalhador das artes do espectáculo e do audiovisual", "actividades de natureza artística", "actividades de natureza técnico-artística" e "actividades de mediação".

[154] Angelina Teixeira, «O outro lado do bilhete do espectáculo», *Data Venia - Revista Jurídica Digital*, 8 (2018), pp. 389-412, p. 391, n. 7: "artista é aquele que cria, pratica ou demonstra a arte. No meio artístico, este termo é muitas vezes usado para músicos ou outros intérpretes. Como exemplo de pessoas criadoras de arte, temos aqueles que se expressam através da pintura, escultura, dança, escrita, música ou fotografia. Artistas acabam por ser aqueles que, com a sua atuação, proporcionam diversão, distração e bem-estar ao público assistente. O artista é o elemento central dos diversos contratos celebrados com vista à realização de um espetáculo. Direta ou indiretamente, ele está presente em todos eles. É ele a causa da realização do espetáculo".

[155] Carlos Ferreira de Almeida, «Contratos de propriedade intelectual – uma síntese» in: Carlos Ferreira de Almeida / Luís Couto Gonçalves / Cláudia Trabuco [Org.], *Contratos de Direito de Autor e de Direito Industrial*, Almedina, Coimbra, 2011, pp. 9-24.

[156] Cfr. artigos 121.º ss. do CDADC. Victor Castro Rosa / António Henriques Gaspar, «Os contratos de representação cénica, recitação e execução em Direito de Autor» in: Carlos Ferreira de Almeida / Luís Couto Gonçalves / Cláudia Trabuco [Org.], *Contratos de Direito de Autor e de Direito Industrial*, Almedina, Coimbra, 2011, pp. 313-343.

de tradução[157], contratos de produção cinematográfica ou televisiva[158], entre outros. Ciente dessa sobreposição, o EPAC previne justamente que "o presente Estatuto não se aplica a contratos de edição, fixação, autorização, licenciamento, transmissão ou qualquer outra forma de disposição de direitos de autor e direitos conexos" (artigo 4.º, n.º 2).

Por outro lado, importa sempre ter presente que a atividade autoral pode revestir a forma de contrato de prestação de serviço, de trabalho ou até de outro tipo contratual[159], como, por exemplo, para a doutrina que o admite, um contrato de empreitada, dada a produção de uma obra[160]. Neste último caso, estaria afastada a aplicação do EPAC.

§ 2.1.2. Atividades de natureza artística

Da alínea b), do n.º 2, do artigo 2.º, decorre certamente o conjunto de casos a que correspondem as situações mais típicas de aplicação deste diploma: as atividades de natureza artística, as quais o EPAC define como "as que se encontram ligadas à interpretação e execução de obras no domínio das artes do espetáculo, das artes visuais e do audiovisual, bem como a outras interpretações ou execuções de natureza análoga, que se realizem perante público ou que se destinem à gravação, transmissão ou colocação à disposição para difusão pública, independentemente do meio ou do suporte utilizado"[161]. Como se pode ver, a formulação legal é complexa e justifica uma decomposição dos seus elementos.

Em primeiro lugar, deve estar em causa uma "interpretação e execução de obras no domínio das artes do espetáculo, das artes visuais e do audiovisual,

157 António Vitorino / Cláudia Martins, «Contrato de tradução e outros contratos de transformação de obra» in: Carlos Ferreira de Almeida / Luís Couto Gonçalves / Cláudia Trabuco [Org.], *Contratos de Direito de Autor e de Direito Industrial*, Almedina, Coimbra, 2011, pp. 297-312.

158 Manuel Lopes Rocha, «Contratos de produção cinematográfica e televisiva» in: Carlos Ferreira de Almeida / Luís Couto Gonçalves / Cláudia Trabuco [Org.], *Contratos de Direito de Autor e de Direito Industrial*, Almedina, Coimbra, 2011, pp. 229-243.

159 Sobre isto, Pedro Romano Martinez, «Contratos de encomenda de criação intelectual» in: Carlos Ferreira de Almeida / Luís Couto Gonçalves / Cláudia Trabuco [Org.], *Contratos de Direito de Autor e de Direito Industrial*, Almedina, Coimbra, 2011, pp. 55-77.

160 Na jurisprudência, ver o exemplo relatado no ac. de 28/05/2002 do STJ (Reis Figueira), proc. nr. 03A332, estando em causa a produção da textura sonora da exposição do Pavilhão do Futuro da Exposição Mundial de Lisboa de 1998.

161 Segundo o artigo 1.º-B, alínea d), do RCTPE, eram consideradas como tais "as actividades ligadas à criação, execução e interpretação de obras".

bem como a outras interpretações ou execuções de natureza análoga". Pese embora o esforço em densificar a noção de atividade artística, o legislador acaba por dar ao intérprete uma ajuda de utilidade relativa[162], pois a definição é redundante ou quase pleonástica. Mas também compreendemos que é difícil circunscrever o que é "arte" ou "atividade artística" sendo esta uma dificuldade experimentada não só pelo Direito do Trabalho[163], mas também, por exemplo, pelo Direito Fiscal, onde igualmente se reconhece a dificuldade em definir, em abstrato e conceptualmente, o que é arte ou espetáculo, recorrendo-se à técnica de enumeração de atividades sujeitas à tributação das atividades dessa natureza[164], o mesmo se passando, de resto, com o Direito de Autor[165] ou noutros domínios[166].

[162] O Projeto de Lei n.º 324/X, apresentado pelo Partido Comunista Português (PCP), incluía uma disposição (artigo 2.º) com algumas definições: "a) Espectáculo - toda a apresentação pública de manifestações artísticas destinadas à fruição pelo público de actividades ligadas à criação, execução e interpretação, que envolva uma ou várias áreas artísticas e a actuação de intérpretes "ao vivo" em espaços físicos tecnicamente preparados para a especificidade de cada produção; b) Audiovisual - todo o produto de comunicação expresso com a utilização conjunta de componentes visuais e sonoros que envolva uma ou várias áreas artísticas ligadas à criação, execução e interpretação e que seja destinado à fruição pelo público através do Cinema, Vídeo, Televisão, Rádio ou Multimédia. c) Profissões de natureza estritamente artística - profissões ligadas à criação, execução e interpretação de obras; d) Profissões de natureza técnico-artística - profissões ligadas aos materiais, equipamentos e processos produtivos; e) Profissões de mediação - profissões relacionadas com a organização, a gestão e a venda de bens e serviços, com a valorização, divulgação e classificação das obras e dos artistas, bem como com a pedagogia das artes e a animação cultural e urbana".

[163] Ver a definição constante da Recomendação da UNESCO sobre o estatuto dos artistas.

[164] A Convenção Modelo da OCDE não arrisca defini-lo no seu art. 17.º, n.º 1, referindo "na qualidade de profissional de espetáculos, tal como artista de teatro, cinema, rádio ou televisão, ou músico, bem como de desportista" sendo que o Código do Imposto dos Rendimentos Singulares português (CIRS), no artigo 9.º, n.º 15, alíneas a) e b), procede à seguinte enumeração: "a) ... actores, chefes de orquestra, músicos e outros artistas, actuando quer individualmente quer integrados em conjuntos, para a execução de espectáculos teatrais, cinematográficos, coreográficos, musicais, de music-hall, de circo e outros, para a realização de filmes, e para a edição de discos e de outros suportes de som ou imagem; b) ... desportistas e artistas tauromáquicos, actuando quer individualmente quer integrados em grupos, em competições desportivas e espectáculos tauromáquicos". Sobre isto, ver Glória Teixeira, «O regime fiscal dos artistas, promotores e intermediários em sede de IVA à luz do Direito interno e do Direito Comparado», *Revista da Faculdade de Direito da Universidade do Porto*, 9 (2012), pp. 169-180, propondo uma leitura conjunta entre os regimes fiscal e laboral.

[165] Cfr. artigo 176.º, n.º 2, do CDADC, onde se estabelece que "artistas intérpretes ou executantes são os actores, cantores, músicos, bailarinos e outros que representem, cantem, recitem, declamem, interpretem ou executem de qualquer maneira obras literárias ou artísticas".

[166] Cfr. artigo 2.º, n.º 1, alínea b), do Decreto-Lei n.º 23/2014, de 14 de fevereiro, que aprova o regime de funcionamento dos espetáculos de natureza artística e de instalação e fiscalização dos recintos fixos destinados à sua realização bem como o regime de classificação de espetáculos de natureza

De certa forma, o conceito até é estranho ao Direito[167], devendo ficar reservado às conceções sociais dominantes[168]. Recomendável é, como tal, seguir o conselho de ALBINO MENDES BAPTISTA quando escreve que "importa evitar a discussão, que terá sempre uma componente filosófica incontornável, e provavelmente inconclusiva, do que é, por exemplo, um artista"[169] sobretudo à medida que se expandem as áreas do entretenimento[170] e constatando-se uma "miscigenação de diferentes áreas e formas de expressão artística"[171].

Uma coisa é certa: o Direito do Trabalho não persegue o conceito subjetivo ou a noção filosófica de arte. Contudo, em face da impotência do discurso jurídico, e até do discurso humano em geral, para captar o conceito de arte, tudo vai ficar dependente do juízo do caso concreto. Excluindo naturalmente as atividades científicas[172] ou "mecânicas"[173], podem considerar-se atividades artísticas, para este efeito, "aquelas actividades susceptíveis de serem qualificadas como tais pelo sentir unânime da sociedade, por requerer para o seu desenvolvimento qualidades especiais e inatas do sujeito"[174].

artística e de divertimentos públicos, onde se definem "espetáculos de natureza artística" como "as manifestações e atividades artísticas ligadas à criação, execução, exibição e interpretação de obras no domínio das artes do espetáculo e do audiovisual e outras execuções e exibições de natureza análoga que se realizem perante o público, excluindo a radiodifusão, ou que se destinem à transmissão ou gravação para difusão pública".

167 ICÍAR ALZADA RUIZ / INMACULADA BAVIERA PUIG / JOSEFA ROMERAL HERNÁNDEZ, «La relación laboral especial de los artistas en espectáculos públicos» in: ANTÓNIO V. SEMPERE NAVARRO / MIGUEL CARDENAL CARRO, *Relaciones laborales especiales y contratos con particularidades*, Aranzadi, Thomson Reuters, vol. II, Navarra, 2011, pp. 279-318, p. 280.

168 ICIAR ALZAGA RUIZ, «Artista en espectáculos públicos (D.º del Trabajo y Seguridad Social)» in: ALFREDO MONTOYA MELGAR [Dir.], *Enciclopedia Laboral Básica*, vol. I, CIVITAS, Madrid, 1995, pp. 583-585, p. 583.

169 ALBINO MENDES BAPTISTA, «Subsídios para a criação de um regime...», cit., p. 40. No mesmo sentido, falando de uma pretensão ilusória, FREDERICO DURÁN LÓPEZ, «La relación laboral especial de los artistas», cit., p. 2. Sublinhando também esta dificuldade, JÚLIO GOMES, «Da fábrica à fábrica de sonhos...», cit., p. 207.

170 MARIA DO ROSÁRIO PALMA RAMALHO, «O contrato de trabalho dos profissionais...», cit., p. 224.

171 As palavras são de MARIA DE LOURDES LIMA DOS SANTOS, em introdução à obra de PIERRE-MICHEL MENGER, *Retrato do artista enquanto trabalhador...*, cit., p. 33.

172 MARIA DO ROSÁRIO PALMA RAMALHO, *Tratado de Direito do Trabalho...*, cit., p. 331.

173 Servindo-nos do exemplo dado por ALBERTO DE SÁ E MELLO, *Manual de Direito de Autor...*, cit., p. 410, pode ser o caso do electricista de palco ou de um operador de câmara televisiva. Também JOSÉ DE OLIVEIRA ASCENSÃO, *Direito de Autor e Direitos Conexos*, Coimbra Editora, Coimbra, 2008, p. 553, se refere, no contexto dos artistas e intérpretes, ao operador de luzes de um bailado ou que projeta os diapositivos por uma máquina.

174 SOL RUIZ DE LA CUESTA FERNÁNDEZ, *El contrato laboral del artista...*, cit., p. 77.

Embora sem exata correspondência com as atividades sujeitas a registo, pensamos que o EPAC será aplicável aos músicos[175], instrumentistas[176], bailarinos, *entertainers*, *Disc-Jockeys* (vulgo, DJ's), humoristas de *stand-up comedy*, animadores musicais[177], manequins / *top models*[178], toureiros[179], ventríloquos ou manipuladores de marionetas[180] e até, goste-se ou não do exemplo, *pornstars*.

[175] Ver, com interesse histórico, a Portaria de Regulamentação do Trabalho publicada no BTE 21 (1979).

[176] Ac. de 31/01/1990 do TRL (Cunha e Silva), proc. nr. 0057374 (sumário).

[177] Joana Nunes Vicente, *A invalidade parcial...*, cit., p. 502.

[178] A atividade levanta vários problemas. O primeiro, já ultrapassado, esteve relacionado com a alegada ausência de subordinação jurídica. Acontece que, como se tem entendido, ela até é mais acentuada devido às componentes de maquilhagem, cenografia e "peluqueria". Também sempre se duvidou que o desfile fosse um espectáculo uma vez que a sua finalidade não é a de entreter o público, mas sim comercial, com vista à apresentação e valorização de uma coleção, catálogo ou "tendência" no vestuário. Também não era certo que o desfile, a ser considerado uma exibição, fosse considerado dirigido ao "público" uma vez que, por regra, estes eventos são de acesso restrito mediante credencial ou convite (e a comunicação social). Sobre estes aspetos, Sol Ruiz de la Cuesta Fernández, *El contrato laboral del artista...*, cit., pp. 97-99. Em escrito sobre o contrato de trabalho dos treinadores profissionais, Albino Mendes Baptista, «É o regime laboral comum aplicável aos contratos entre clubes e treinadores profissionais?», *Revista do Ministério Público*, 80 (1999), pp. 129-139, p. 130, escrevia que uma das realidades por disciplinar era "a relação entre empresas de moda e os seus modelos profissionais". Mais em geral, Sónia de Carvalho / Nuno Nogueira / Pedro Lavajo / João Pedro Silva, «O marco laboral do sector da moda» in: João Fraga de Castro [Coord.], *Fashion Law – Direito da Moda*, Thomson Reuters – Aranzadi, Pamplona, 2019, pp. 485-535 e Blanca Mercado Grande / Sonia Manrique García-Jarana, «El marco laboral del sector de la moda y el lujo» in: Enrique Ortega Burgos [Dir.], *Fashion Law (Derecho de la Moda)*, Thomson Reuters – Aranzadi, Navarra, 2018, pp. 261-287. Com referência a estes trabalhadores, afirmando a típica natureza de contrato de prestação de serviços, Messias Carvalho, «Contratação» in: João Fraga de Castro [Coord.], *Fashion Law – Direito da Moda*, Thomson Reuters – Aranzadi, Pamplona, 2019, pp. 605-614, pp. 612-613. Já para Juan Antonio Linares Polaino / Javier Velasco Lozano, «Contratación laboral y mercantil en el sector de la moda y el lujo» in: Enrique Ortega Burgos [Dir.], *Fashion Law (Derecho de la Moda)*, Thomson Reuters – Aranzadi, Navarra, 2018, pp. 363-383, pp. 378 ss., equaciona a aplicação do regime laboral comum ou do regime dos artistas e profissionais de espetáculos, conquanto se verifiquem os pressupostos para aplicação deste regime legal (o Autor dá o exemplo, p. 380, da modelo que desfila em *passarelles*).

[179] Como diz Sol Ruiz de la Cuesta Fernández, *El contrato laboral del artista...*, cit., p. 116, a actividade do toureiro é o "expoente máximo do difícil que é decidir, *a priori*, que actividades são artísticas e quais não são". Refira-se, num dado histórico, que o artigo 138.º, do Decreto-Lei n.º 13564, de 06/05/1927, enquadrava a atividade tauromáquica nos espectáculos desportivos. A norma, precisamente com a epígrafe "espectáculos desportivos", definia "as condições especiais a que devem subordinar-se os espectáculos hípicos, tauromáquicos, de *foot-ball*, *box* e quaisquer outros de caracter desportivo".

[180] Icíar Alzada Ruiz / Inmaculada Baviera Puig / Josefa Romeral Hernández, «La relación laboral especial de los artistas...», cit., p. 286.

Já há certas atividades que podem lançar a dúvida sobre a qualificação: é aplicável o EPAC aos participantes em programas televisivos que visam replicar a vida real, vulgo, *reality shows*[181]? Como qualificar o caso do *e-gamer* profissional: desportista ou profissional de espetáculos[182]? Pode um profissional de rádio ser considerado um profissional de espetáculos para estes efeitos[183]? Enquadram-se aqui os músicos de uma cerimónia fúnebre[184]? O que dizer da posição, defendida por certa doutrina espanhola, que enquadra os árbitros desportivos como artistas e profissionais de espetáculos[185]? Pode aplicar-se este regime ao assistente de uma feira ou certame de videojogos ou de *anime* que faça *cosplay*?

Por outro lado, a circunstância de estar em causa uma atividade que tenha as artes ou a cultura como o pano de fundo não deve precipitar a aplicação deste regime. Algo de semelhante se passa, forçando a nota, com o regime do contrato de trabalho desportivo. Da mesma forma que ao professor de educação física não se aplica o regime do contrato de trabalho do praticante desportivo, fica a dúvida se podem ser considerados artísticos, para efeitos de

[181] Sobre isto, Milena Rouxinol, «Contrato de trabalho – um modelo formoso e não seguro (ou quando o trabalhador é um "Adónis musculado deambulando pela praia")», *Questões Laborais*, 51 (2017), pp. 123-142, embora enquadrando estes trabalhadores no regime laboral comum, faltando a nota da regularidade a esses "trabalhadores". Considerando que são trabalhadores subordinados, Joana Neto, *Na boca de cena da (des)regulação...*, cit., pp. 44-45. Sobre isto, com outro desenvolvimento, Rita Garcia Pereira, «Casa dos Segredos: Um novo templo para a subordinação jurídica?» in: *Para Jorge Leite – Escritos jurídico-laborais*, Volume II, Coimbra Editora, Coimbra, 2014, pp. 697-731.

[182] Em Espanha, o estatuto laboral dos videojogadores tem merecido atenção. Ver Remedios Roqueta Buj, «El régimen jurídico aplicable a los jugadores profesionales de videojuegos», *Revista Aranzadi de Derecho del Deporte y Entretenimiento*, 56 (2017), pp. 25-48 e Adrían Todolí Signes, El contrato de trabajo en los deportes electrónicos (eSports)», *Revista Aranzadi de Derecho del Deporte y Entretenimiento*, 56 (2017), pp. 113-137.

[183] Envolvendo estes trabalhadores, ver ac. de 18/01/2006 do STJ (Sousa Peixoto), CJ (STJ), 2006, I, pp. 244-247 e ac. de 20/11/2000 do TRP (Sousa Peixoto), CJ, 2000, V, pp. 244-246, mas sem abordar o assunto. Sobre isto, no Direito espanhol, entendem Icíar Alzada Ruiz / Inmaculada Baviera Puig / Josefa Romeral Hernández, «La relación laboral especial de los artistas...», cit., p. 287, que estes profissionais trabalham com a ciência da informação e não com o seu dote artístico, ainda que, por vezes, lhe sejam exigidas certas características físicas, voz, vestuário, etc.

[184] Exprimindo dúvidas, Rafael Gómez Gordillo, «La naturaleza jurídica ordinaria de la relación de trabajo de los músicos en ceremonias fúnebres», *Nueva Revista Española de Derecho del Trabajo*, 221 (2019), pp. 257-262, p. 262.

[185] Rosalía Ortega Pradillo, «Pecularidade del régimen jurídico entrenadores y árbitros deportivos em españa» in: *Iº Congresso Internacional sobre o Regime Jurídico do Contrato de Trabalho Desportivo*, Vida Económica, Porto, 2018, pp. 203-228, pp. 226-227.

aplicação do EPAC, o instrutor de piano[186], o professor de canto[187] ou o bilheteiro de uma sala de espetáculos[188]. Também não são certamente abrangidas por este regime as pessoas que, a troco de uma contrapartida económica, preenchem as plateias de programas televisivos de entretenimento.

Por outro lado, na hora de ponderar a aplicação do EPAC, com fundamento na pretensa natureza artística da atividade, é preciso ter presente que, havendo casos de atividades com componente artística, elas podem estar já definitivamente sujeitas a outro regime especial, como é caso evidente dos desportistas profissionais[189]. Sendo certo que muitas atividades desportivas têm uma evidente componente artística (pense-se na patinagem no gelo)[190], a vertente competitiva e desportiva submete essas atividades ao regime do contrato de trabalho do praticante desportivo, regulado na Lei n.º 54/2017, de 14 de julho. No entanto, é preciso atenção para discernir os casos em que, na realidade, está em causa um falso desporto porque a modalidade tem sobretudo uma componente de exibição ou espetáculo: é o que acontece, paradigmaticamente, com o *wrestling* ou com as *tours* dos *globetrotters*[191], que se podem considerar atividades de espetáculo e não desporto.

Retomando a definição legal, é ainda necessário, para que se possa falar de atividades artísticas, que elas se "realizem perante público ou que se destinem à gravação, transmissão ou colocação à disposição para difusão pública, independentemente do meio ou do suporte utilizado". Este é um traço que já remonta ao regime anterior, pois o RCTPE, tanto na versão originária como na versão saída da revisão de 2011, dispunha que "a presente lei não se aplica às actuações artísticas não destinadas ao público". Portanto, para efeitos de aplicação do regime, excluem-se as atuações meramente privadas.

[186] Francisco Javier Torollo González, «Las relaciones laborales especiales...», cit., p. 196.

[187] De notar que a Portaria n.º 29-B/2022, de 11 de janeiro, indica o professor ou educador artístico nas profissões e atividades que podem ser sujeitas a registo. Embora não relacionado com o âmbito de aplicação do EPAC, qualificando o contrato como prestação de serviços, ac. de 16/03/2005 do STJ (Sousa Peixoto), proc. nr. 04S4754.

[188] Ac. de 24/02/2014 do TRP (João Nunes), proc. nr. 361/12.9TTMTS.P1.

[189] No entanto, como diz Iciar Alzaga Ruiz, «Artistas en espectáculos públicos», cit., p. 583, quando o atividade não seja absorvida pelo regime do contrato de trabalho do praticante desportivo, é provável que seja absorvida por este regime especial.

[190] Tratando até de ambas em conjunto, Francisco Javier Torollo González, «Las relaciones laborales especiales de los deportistas y artistas en espectáculos públicos» in: *El Estatuto de los Trabajadores Veinte Años después – Edición Especial del Número 100 de Revista Española de Derecho del Trabajo*, Civitas, Madrid, 2000, pp. 177-204.

[191] Assim, com estes exemplos, Júlio Gomes, «Da fábrica à fábrica de sonhos...», cit., p. 213.

Este é, definitivamente, uma das peças-chave do regime, o que se compreende dentro do espírito desta atividade profissional. Como dissemos, resulta da própria natureza ou destinação desta atividade que ela seja desenvolvida perante um público. E, como se vê, essa natureza transita para o regime jurídico aplicável a estes trabalhadores, pois o legislador faz depender a aplicação do regime, pelo menos no que diz respeito às atividades de natureza artística, da verificação desta circunstância.

Acontece que, na verdade, não é perfeitamente clara qual a motivação do legislador. Ou seja, ainda que se compreenda que esse é um traço característico desta relação de trabalho, nada impediria que o legislador chamasse ainda ao âmbito de aplicação deste diploma as atuações de natureza privada. Esta exigência da lei parece estar relacionada com uma "presunção normativa de que a actividade artística no âmbito privado goza de rasgos de autonomia da prestação de serviços ou, de outro modo, da falta de uma subordinação jurídica suficientemente relevante para atraí-la para este campo da regulação laboral"[192]. No entanto, a partir do momento em que o legislador passou a abranger o contrato de prestação de serviço, faria porventura mais sentido expurgar o regime desse requisito[193].

No que diz respeito a este requisito, o ponto mais espinhoso está em delimitar em que casos uma atuação se pode considerar pública para efeitos deste regime. De facto, determinar quando acontece uma exibição pública ou privada não é fácil de definir em abstrato e também em concreto. Repare-se que, segundo o entendimento da doutrina, o caráter público apenas está inerentemente associado ao conceito de espetáculo, pelo que as atividades de "natureza cultural, artística ou publicitária" podem ter natureza privada[194].

Parece claro que há certas notas que em nada interferem ou determinam a natureza privada ou pública de uma atuação. Desde logo, não releva se o evento é gratuito ou a pagar (*pay-per-view*)[195]. Também não será certamente decisivo que a prestação se desenvolva num espaço privado (p. ex. um recinto

[192] Eva Garrido Pérez, «Los artistas en espectáculos públicos» in: *Trabajo subordinado y trabajo autónmo en la delimitación de fronteras del derecho del trabajo – estudios en homenage al profesor José Cabrera Bazán*, Tecnos, Madrid, 1999, pp. 335-355, p. 341.

[193] E, fazemos notar, o Projeto divulgado para apreciação pública não continha essa referência ao público: "para efeitos do presente Estatuto, contrato de trabalho é aquele pelo qual uma pessoa singular que desenvolva uma atividade autoral, artística, técnico-artística ou de mediação cultural se obriga, mediante retribuição, a prestar a sua atividade a outra ou outras pessoas, no âmbito de organização e sob a autoridade destas" (artigo 6.º do DL 932/XXII/2021).

[194] Assim, Margarida Porto, *A participação de menor em espectáculo...*, cit., pp. 154 ss.

[195] Rafael Gómez Gordillo, «La naturaleza jurídica ordinaria...», cit., p. 261.

privado ou uma garagem) ou num recinto público[196]. Tanto num como noutro podem desenrolar-se atuações de ambas as naturezas.

Segundo o critério mais apontado, será considerado público o espetáculo dirigido a um número indeterminado de participantes, ainda que, do ponto de vista da organização, o evento seja dirigido a um *target* com um certo perfil, gosto, *background*, etc. Assim, embora um espetáculo de Ópera seja direcionado a apreciadores de música clássica, tal não impede que qualquer pessoa com inclinações musicais distintas aceda ao evento, assim pretenda. Em síntese, o EPAC quer regular a atividade das pessoas que se dediquem a "proporcionar a um número incerto de pessoas em ambientes públicos de diversão ou recreio"[197].

Consequentemente, ficam excluídas, como já se disse, as atuações privadas[198]. Assim, será de excluir a aplicação do EPAC à contratação de um palhaço para uma festa de aniversário[199], de uma banda musical para uma boda de casamento ou de um animador para uma festa num restaurante que fecha portas para esse evento (por exemplo, um evento corporativo ou um jantar de Natal de uma empresa)[200]. Em todos esses casos, parece-nos claro que estamos perante uma atuação privada, dado que os participantes no evento não só estão limitados, como até são escolhidos e pré-determinados (leia-se, são convidados).

O critério apontado parece ser satisfatório, mas a sua operatividade concreta pode revelar-se problemática quando o evento é aberto ao público, mas a um círculo determinado de destinatários. Por outras palavras, não é possível determinar, à partida, os espetadores, mas o círculo de potenciais destinatários já está relativamente determinado. Em relação a estes casos, a nosso ver, para que o regime se considere aplicável não é necessário que a indeterminação seja total, quase *urbi et orbi*. O que é determinante, para nós, é que a atuação não esteja, à partida, definida quanto aos seus destinatários concretos[201].

[196] Francisco Javier Torollo González, «Las relaciones laborales especiales...», cit., p. 196.

[197] Fernando Valdés Dal-Ré, «La relación de los artistas: notas sobre su configuración», *Relaciones Laborales*, 2008, II, 99-108, p. 99.

[198] António Luís Bentes de Oliveira, «Trabalho de menores em espectáculos...», cit., p. 191: "a questão da exibição é um elemento essencial da definição, já que é através da revelação ou amostra para o exterior da obra artística que o autor proporciona ao público o acesso à mensagem, obra ou labor, que incorporou enquanto seu trabalho".

[199] Maria do Rosário Palma Ramalho, *Tratado de Direito do Trabalho...*, cit., p. 330.

[200] Parecendo inclinar-se para a natureza privada destes eventos, Júlio Gomes, «Da fábrica à fábrica de sonhos...», cit., p. 210.

[201] Rafael Gómez Gordillo, «La naturaleza jurídica ordinaria...», cit., p. 261.

Assim, tomando de empréstimo exemplos apresentados por FREDERICO DURÁN LÓPEZ e juntando outros nossos, será de considerar pública a atuação num acampamento militar, a bordo de um navio[202] ou num estabelecimento prisional (ou o caso do "Natal nos Hospitais") ainda que nem todos os que compõem aquelas estruturas compareçam ao espetáculo[203].

Justamente a respeito deste último ponto, não releva, pois, a adesão concreta que teve o evento. Determinante, parece-nos, é que o evento se destine potencialmente a uma pluralidade indefinida de destinatários, ainda que, concretamente, apenas venha a comparecer um número reduzido: um fiasco ainda é, pelo menos para efeitos deste diploma, um espetáculo público. De facto, é "irrelevante qual seja o número real de pessoas que no final resultem ser destinatárias da actividade, pois o importante é que aquela se desenvolva com vocação de difusão e abertura ao público, possibilitando a este o acesso à actuação, por exemplo, colocando-se as entradas à venda, independentemente de as efectivamente vendidas resultem ser duzentas ou doze, pois a vocação de difusão prima sobre a efectivamente conseguida"[204].

Finalmente, a prestação deve decorrer perante o público ou, pelo menos, com vista à sua apresentação perante o público. Assim, o escultor, o caricaturista, o pintor ou o fotógrafo profissional não estão envolvidos num espetáculo público[205], nesta aceção, mesmo que o produto do seu trabalho (no caso, respetivamente, a escultura, o retrato ou a fotografia), sejam objeto de exposição[206]. Nesses casos, meramente representativos, não ocorre uma prestação

[202] Por acontecer que o artista preste o seu trabalho a bordo de um navio, o que é comum. Se, aparentemente, há aqui um concurso de regimes aplicáveis – o regime do contrato de trabalho do artista de espetáculos e o regime do trabalho a bordo de navios – a verdade é que este último regime considera-se inaplicável. Com efeito, prevê a alínea c) do n.º 2 do art. 2.º da Lei n.º 146/2015, de 9 de setembro, que aprova o regime dos trabalhadores a bordo de navio, que "não se consideram marítimos... os artistas convidados... cujo trabalho a bordo é ocasional e de curto prazo sendo o seu principal local de trabalho em terra".

[203] FREDERICO DURÁN LÓPEZ, «La relación laboral especial de los artistas», cit., p. 3. Com o mesmo entendimento, JÚLIO GOMES, «Da fábrica à fábrica de sonhos...», cit., p. 209.

[204] SOL RUIZ DE LA CUESTA FERNÁNDEZ, *El contrato laboral del artista...*, cit., p. 79. No mesmo sentido ANTÓNIO LUÍS BENTES DE OLIVEIRA, «Trabalho de menores em espectáculos...», cit., p. 193: "claro está que se o chamado grande público não aderir ou ficar interessado, mantendo-se a actividade privada, tal não a desvirtua no seu elemento caracterizador".

[205] Assim, MARIA DO ROSÁRIO PALMA RAMALHO, *Tratado de Direito do Trabalho...*, cit., p. 331.

[206] Assim, atentamente, SOL RUIZ DE LA CUESTA FERNÁNDEZ, *El contrato laboral del artista...*, cit., p. 89. Entre nós, MARGARIDA PORTO, *A participação de menor em espectáculo...*, cit., p. 82, refere justamente que "o público tem acesso a esta arte já como obra acabada, intocada, finalizada, não a vê desenvolver-se e aperfeiçar-se perante ele".

pública, mas apenas a divulgação do produto acabado ao público. No entanto, lá onde exista uma prestação de "natureza autoral", pode haver lugar à aplicação do EPAC, por força da alínea a), acima estudada.

Repare-se que, como se disse, o EPAC também é aplicável às prestações artísticas em difusão, isto é, "que se destinem à gravação, transmissão ou colocação à disposição para difusão pública, independentemente do meio ou do suporte utilizado". Com efeito, não é necessário que o espetáculo ocorra ao "vivo", podendo ser objeto de transmissão e, até, de posterior difusão[207], independentemente do suporte eletrónico utilizado (fonográfica, cinematográfica, videográfica). De resto, e como aponta certeiramente SOL RUIZ DE LA CUESTA FERNÁNDEZ, basta pensar naqueles espetáculos que são completamente vedados ao público (por exemplo, gravados num estúdio), mas que são objeto de (posterior ou simultânea) difusão[208]. De certa forma, para que uma prestação seja apresentada ao público não é necessário que o trabalhador partilhe o mesmo espaço físico com o público--espectador, ou seja, que haja uma relação de imediação espácio-temporal com o público.

§ 2.1.3. Atividades de natureza técnico-artística

Segundo a alínea c), do n.º 2, do artigo 2.º, o EPAC também é aplicável a atividades de natureza técnico-artística, considerando-se como tais "as que estejam relacionadas com os métodos de execução, os materiais, os equipamentos e os processos produtivos de obras de natureza artística destinadas à fruição pelo público, através dos diversos meios de difusão existentes"[209].

Assim, para além dos trabalhadores artísticos propriamente ditos (os *performers*) o EPAC continua a abranger os chamados trabalhadores que desempenham funções técnico-artísticas, muitas vezes, a *entourage* do artista[210].

[207] No mesmo sentido, FREDERICO DURÁN LÓPEZ, «La relación laboral especial de los artistas», cit., p. 3.

[208] SOL RUIZ DE LA CUESTA FERNÁNDEZ, *El contrato laboral del artista...*, cit., pp. 129-131.

[209] Segundo o artigo 1.º-B, alínea e), do RCTPE, eram consideradas como tais "as actividades ligadas aos materiais, equipamentos e processos produtivos de suporte às artes do espectáculo ou do audiovisual".

[210] Forçando a nota, o artigo 17.º, ns.º 4 e 5, do Decreto-Lei nº 208/2012 de 7 de setembro, Procede à transformação da Cinemateca Portuguesa - Museu do Cinema, I. P., em entidade pública empresarial, à cisão da Companhia Nacional de Bailado do Organismo de Produção Artística, E. P. E., e à sua transformação em entidade pública empresarial, à alteração da denominação do Organismo de Produção Artística, E. P. E., para Teatro Nacional de São Carlos, E. P. E., à aprovação

Embora estejam aí previstas para efeitos de registo, podem considerar-se abrangidas algumas das atividades e profissionais listadas na Portaria n.º 29-B/2022, de 11 de janeiro, como sejam o aderecista, o assistente de realização, o caracterizador de efeitos especiais, o assistente de figurinos, o contrarregra, o costureiro de guarda-roupa, os figurinos, o iluminador, o operador de câmara ou o sonoplasta, o assistente de sala, entre outros.

Repare-se que o EPAC é aplicável *in totum* a estes profissionais. A observação é pertinente pois importa lembrar que, na sua versão originária, o RCTPE esclarecia que a estes profissionais ("contrato de trabalho do pessoal técnico e auxiliar que colabora na produção do espectáculo público") seriam aplicáveis apenas algumas regras, a saber, as regras relativas ao tempo e local de trabalho. No mais, seria aplicável o CT09[211]. A opção do legislador não deixava de ser criticável[212] porque a filosofia do regime estava pensada para as especificidades do trabalho artístico propriamente dito e, por isso, viria a ser revogada na reforma de 2011[213]. Com o EPAC, não há qualquer distinção pelo que a estes profissionais serão aplicáveis todas as regras do regime, sejam as relativas ao contrato de trabalho, sejam as do contrato de prestação de serviços, consoante o caso.

dos Estatutos da Cinemateca Portuguesa - Museu do Cinema, E. P. E., da Companhia Nacional de Bailado, E. P. E., do Teatro Nacional D. Maria II, E. P. E., do Teatro Nacional de São Carlos, E. P. E., e do Teatro Nacional de São João, E. P. E., e à constituição de agrupamento complementar de empresas formado pelas entidades públicas empresariais da área da cultura, estabelecia que "é transmitida para o agrupamento a posição contratual de empregador nos contratos de trabalho dos trabalhadores das E. P. E. nele agrupadas que não estejam afetos a funções de natureza exclusiva ou predominantemente artística, nomeadamente atores, bailarinos, cantores ou músicos, em exercício de atividade, bem como dos demais trabalhadores cujas funções estão diretamente ligadas à atividade cultural ou artística desenvolvida, mantendo os trabalhadores o respetivo vínculo contratual", acrescentando-se que "os trabalhadores da área técnico-artística com contrato individual de trabalho por tempo indeterminado que colaboram na produção e exibição dos espetáculos não são considerados afetos a funções de natureza artística".

[211] Neste sentido, Maria do Rosário Palma Ramalho, «O contrato de trabalho dos profissionais...», cit., p. 227.

[212] Criticamente, à luz do RCTPE, Maria do Rosário Palma Ramalho, *Tratado de Direito do Trabalho...*, cit., p. 335, Id., «O contrato de trabalho dos profissionais...», cit., p. 229 e Joana Neto, «Redesenhar o trapézio...», cit., p. 119.

[213] Defendendo a sua "represtinação", Joana Neto, «Redesenhar o trapézio...», cit., p. 152.

§ 2.1.4. Atividades de mediação

Determina a alínea d), do n.º 2, do artigo 2.º, a aplicação do EPAC às "atividades de mediação cultural", entendendo-se como tais "as que estão relacionadas com a produção, a realização e divulgação de artes de espetáculo ou de audiovisual, incluindo a valorização e divulgação das obras e dos artistas". A matéria não é nova. Não só o legislador já o previa no RCTPE[214], como, no passado, os diplomas reguladores das atividades artísticas continham uma regulamentação dos "agentes artísticos"[215]. Abrangendo um "espectro amplíssimo de actividades"[216], o EPAC cobre as atividades comerciais associadas ao mundo do espetáculo e do audiovisual[217], as quais podem ser prestadas ao abrigo de um contrato de prestação de serviços ou de trabalho[218].

Uma vez mais, a opção do legislador não deixa de ser criticável[219] porque as *rationes legis* que presidem ao regime laboral dos artistas não estão presentes, ou pelo menos não estão presentes na mesma medida, em relação à necessidade de tutela destes profissionais. A aplicação integral do EPAC a estes trabalhadores faz tanto menos sentido se pensarmos que, noutros contextos próximos, o legislador não assimila o regime deste género de profissionais ao regime dos trabalhadores, como acontece no regime do contrato de trabalho do praticante desportivo: pese embora o legislador inclua a regulamentação

[214] Segundo o artigo 1.º-B, alínea f), do RCTPE, eram consideradas como tais "as actividades relacionadas com a produção, a realização e divulgação de artes de espectáculo ou de audiovisual, incluindo a valorização e divulgação das obras e dos artistas".

[215] O Decreto n.º 43190, de 23/09/1960, dedicava um capítulo aos "agentes artísticos", definindo-os como "a pessoa ou empresa que, mediante remuneração, sirva de intermediária entre os profissionais e as entidades que exploram espectáculos ou divertimentos públicos, para efeitos de colocação, incluindo os apoderados tauromáquicos" (artigo 11.º, § 1).

[216] Maria do Rosário Palma Ramalho, *Tratado de Direito do Trabalho*..., cit., p. 332.

[217] A Portaria n.º 29-B/2022, de 11 de janeiro, na atividade de mediação artística e cultural indica as profissões de Técnico de animação sociocultural, Técnico de acolhimento e apoio ao público, Animador cultural, Técnico de serviço educativo, Mediador de leitura, Mediador intercultural e Guia-intérprete.

[218] Mário Pinto / Pedro Furtado Martins / António Nunes de Carvalho, *Comentário às leis do trabalho*, vol. I, Lex, Lisboa, 1994, pp. 30-31, traçando um paralelo com a agência, falam de um "negócio que coloca problemas da mesma índole. Ainda aqui se nos depara uma actividade que, sendo, por definição, desenvolvida com autonomia, é susceptível, em casos de fronteira, de pôr problemas de qualfiicação, em última análise apenas resolúveis através dos critérios sugeridos para a agência e a comissão".

[219] Maria do Rosário Palma Ramalho, *Tratado de Direito do Trabalho*..., cit., p. 335 e Id., «O contrato de trabalho dos profissionais...», cit., p. 229 ("no caso dos trabalhadores de mediação, nem sequer para extensão parcial"). Em termos próximos, Joana Neto, «Redesenhar o trapézio...», cit., p.119, refere que a decisão do legislador "veio lançar distorções".

do empresário desportivo no âmbito da Lei n.º 54/2017, de 14 de julho, isto é, no mesmo diploma onde regula o contrato de trabalho do praticante desportivo, o legislador não estende, naturalmente, o regime laboral a esses profissionais, autonomizando um corpo de normas especial para essa relação jurídica. Não foi essa, contudo, a decisão do legislador.

Com um certo parentesco com as atividades de mediação, o EPAC vem agora prever a figura do contrato de agência, remetendo, contudo, para o regime previsto no regime legal que regula essa figura (artigo 32.º), o Decreto-Lei n.º 178/86, de 3 de julho[220]. Nos termos deste diploma, a agência é "o contrato pelo qual uma das partes se obriga a promover por conta da outra a celebração de contratos, de modo autónomo e estável e mediante retribuição, podendo ser-lhe atribuída certa zona ou determinado círculo de clientes"[221]. Sendo certo que o contrato de agência é um tipo negocial autónomo, típico, importa notar que a agência pode revelar, por vezes, a existência de subordinação jurídica, abrindo portas à aplicação do regime laboral, lá onde esteja em causa um contrato de trabalho[222].

§ 2.2. Registo dos profissionais da área da cultura

No seguimento da autorização concedida pelo OE2021, que autorizou o Governo a "rever e atualizar o regime do registo dos profissionais da área da cultura, contendo regras quanto à sua realização, finalidades e benefícios", o EPAC institui um registo dos profissionais da área da cultura[223]. A solução não é inovadora, remontando já aos primeiros diplomas legais reguladores desta atividade[224], tendo constado também do RCTPE, que previa um

[220] Sobre o contrato de agência, ver António Pinto Monteiro, *Contrato de agência: anotação ao Decreto-Lei 178/86, de 3 de julho*, 8ª ed., Almedina, Coimbra, 2017 e Id., «Revisitando a lei da agência 30 anos depois», *Revista de Legislação e de Jurisprudência*, 4001 (2016) pp. 72-88.

[221] Como exemplo de "agenciamento artístico", ver o caso do ac. de 17/03/2016 do TRE (Conceição Ferreira), proc. nr. 29563/10.0T2SNT.E1 (envolvendo uma cantora de fado).

[222] Sobre estes conflitos de qualificação, Pedro Romano Martinez, *Direito do Trabalho...*, cit., pp. 346-348.

[223] Falando de uma matéria deslocada, Maria do Rosário Palma Ramalho, *Tratado de Direito do Trabalho...*, cit., p. 338.

[224] Cfr. o Decreto n.º 9764, de 04/06/1924, que obrigava os artistas dramáticos portugueses e todos os artistas congéneres estrangeiros que exercessem a sua profissão em Portugal a possuírem um documento de licença passado pela Inspecção Geral dos Teatros, sem a apresentação do qual nenhuma autoridade poderia visar cartazes ou autorizar espectáculos em que esses artistas figurassem.

sistema semelhante tendo em vista a "valorização profissional e técnica", "sendo a sua inscrição condição para o acesso às acções de valorização profissional e técnica, directa ou indirectamente promovidas pelo Estado, e para a emissão de certificados comprovativos do exercício da profissão"[225]. Assim, é criado, junto da Inspeção-Geral das Atividades Culturais (IGAC), o Registo dos Profissionais da Área da Cultura (RPAC), entretanto regulamentado pela Portaria n.º 29.º-B/2022, de 11 de janeiro.

O registo é comum aos diferentes profissionais da área da cultura, ou seja, podem ser inscritos tanto os trabalhadores com contrato de trabalho como os trabalhadores independentes. Ao registo está associada a atribuição de um cartão eletrónico do profissional da área da cultura (n.º 1 do artigo 5.º, do EPAC). Tal como resulta expressamente da lei, e da Portaria que a regulamenta, o registo é facultativo (n.º 2) e gratuito[226] e, consequentemente, não é condição de validade ou de eficácia do contrato de trabalho[227] ou do contrato de prestação de serviço como também não prejudica, pelas mesmas razões, o desempenho da atividade, seja em moldes subordinados ou em regime de trabalhador independente. Contudo, importa sublinhar que o EPAC faz depender o acesso a certos apoios deste registo (alínea d), do n.º 2, do artigo 5.º)[228], como é o caso do subsídio por suspensão da atividade artística (artigo 57.º do EPAC)[229], ou estabelece o registo como meio de prova preferencial, como acontece com o subsídio de reconversão profissional (artigo 74.º, n.º 2, do EPAC)[230].

A definição das profissões a abranger por este registo é definida por Portaria (n.º 5)[231], o que aconteceu com a Portaria n.º 29.º-B/2022, de 11 de janeiro, cujos anexos definem as profissões abrangidas por este registo. No entanto,

[225] Estamos a citar os n.ºs 1 e 2, do artigo 4.º, do RCTPE.

[226] Cfr. artigo 4.º da Portaria n.º 29.º-B/2022, de 11 de janeiro: "a inscrição no RPAC é facultativa e gratuita".

[227] MARIA DO ROSÁRIO PALMA RAMALHO, *Tratado de Direito do Trabalho...*, cit., p. 337.

[228] § 5. Segurança social.

[229] De acordo com o artigo 57.º, "o direito ao subsídio é reconhecido aos profissionais da área da cultura que (...) *estejam inscritos no RPAC*". Sobre este subsídio, cfr. § 5.2.1. Subsídio por suspensão da atividade cultural.

[230] Onde se lê: "o cartão do profissional da área da cultura constitui o meio de prova preferencial da qualidade de profissional da área da cultura". Sobre este subsídio, cfr. § 5.2.2. Subsídio por reconversão profissional.

[231] Para efeitos tributários, cfr. a Portaria n.º 23/2022, de 7 de Janeiro, que cria quatro novos códigos na referida tabela, referentes às seguintes atividades: "mediador cultural e artístico", "técnico de apoio à atividade cultural e artística", "professores ou educadores artísticos" e "conservador-restaurador".

importa salientar que as profissões aí definidas delimitam as atividades que podem estar inscritas no RPAC e não aquelas que podem celebrar um contrato de trabalho ou de prestação de serviço sujeito ao regime do EPAC. Portanto, ainda que, por hipótese, a atividade em causa não esteja contemplada no Anexo à Portaria, não fica excluída a aplicação deste regime, mas apenas a possibilidade de registo, embora como dissemos, alguns aspetos do regime dependam do registo, como acontece com os apoios.

Para efeitos do registo, que cabe ao profissional da área da cultura, o EPAC também estabelece que "o empregador ou a entidade beneficiária que contrata o profissional da área da cultura deve emitir, a pedido deste, certificado de trabalho ou de atividade comprovativo da sua experiência profissional" (n.º 6). Este certificado é, de certa forma, um documento equivalente ao certificado de trabalho que é comum acompanhar a cessação do contrato de trabalho, onde se atesta, neste caso, que o profissional da cultura presta trabalho nos domínios a precisar por Portaria. No entanto, pensamos que nada impedirá a apresentação de um documento de valor equivalente para este propósito. Por exemplo, embora o contrato de trabalho neste setor não esteja, em regra, sujeito a forma escrita[232], poderá servir a apresentação de cópia do contrato de trabalho, se celebrado por escrito.

[232] § 3.2.3. Forma e formalidades.

§ 3. CONTRATO DE TRABALHO

§ 3.1. Âmbito do contrato de trabalho

No seu artigo 6.º, o EPAC define que o "contrato de trabalho é aquele pelo qual uma pessoa singular que desenvolva uma atividade autoral, artística, técnico-artística ou de mediação cultural se obriga, mediante retribuição, a prestar a sua atividade a outra ou outras pessoas, no âmbito de organização e sob a autoridade destas". Como é bom de ver, a definição de contrato de trabalho, tal como surge no EPAC, é uma mera adaptação da noção prevista já no CT09.

Em primeiro lugar, o contrato de trabalho é celebrado por "pessoa singular que desenvolva uma atividade autoral, artística, técnico-artística ou de mediação cultural". Desde logo, para que seja aplicável o regime do contrato de trabalho é necessário que o trabalhador seja uma pessoa singular, o que vai ao encontro daquele que é o entendimento pacífico da nossa doutrina de que o trabalhador é, necessariamente, uma pessoa singular[233]. Pelo contrário, o contrato de prestação de serviços pode ser celebrado, tanto do lado do beneficiário como do lado do prestador, por uma pessoa singular ou coletiva.

Entendemos que a referência a "pessoa singular que desenvolva uma atividade" deve ser lida cuidadosamente. De facto, ela parece sugerir que

[233] Em crítica, mais recentemente, ANTÓNIO MENEZES CORDEIRO, *Direito do trabalho...* [2018], cit., pp. 454-455. Já JOSÉ ANDRADE MESQUITA, *Direito do Trabalho*, 2.ª ed., AAFDL, Lisboa, 2004, pp. 75 ss., admitia que pessoas coletivas podiam ser trabalhadores subordinados.

o contrato de trabalho depende da profissionalidade do trabalhador, ou seja, que este exerça esta atividade de forma regular. No entanto, pensamos que a norma pretende apenas definir o objeto do contrato ("uma atividade autoral, artística, técnico-artística ou de mediação cultural") e não estabelecer um requisito ligado à pessoa do trabalhador. De resto, e como vimos, o próprio registo dos profissionais da área da cultura não só não é requisito para o desenvolvimento de uma atividade profissional neste setor, como, consequentemente, também não é requisito para a celebração de contrato de trabalho[234].

Porventura, a técnica legislativa deveria ter sido mais apurada: ao invés de se referir ao contrato mediante o qual uma pessoa singular que desenvolva uma autoral, artística, técnico-artística ou de mediação cultural se obriga a prestar a sua atividade a favor de outrem, seria mais rigoroso falar-se de um contrato mediante o qual uma pessoa singular se obriga a prestar uma atividade autoral, artística, técnico-artística ou de mediação cultural a favor de outrem.

Em relação à noção de contrato de trabalho, não deixa de ser interessante colocar em contraste as noções de contrato de trabalho e de contrato de prestação de serviço artístico[235] para observar que o legislador artístico continua a fazer apelo a um critério de distinção que fez escola – e ainda faz, se atentarmos também nas disposições civilísticas gerais[236] – durante largo período: no contrato de prestação de serviços, o prestador obriga-se a um resultado, ao passo que no contrato de trabalho o trabalhador se obriga a prestar uma atividade. Acontece que, como se sabe, esta linha de demarcação tem sido abandonada pela doutrina moderna[237] e, no caso do trabalho artístico,

[234] § 2.2. Registo dos profissionais da área da cultura.

[235] Que o EPAC define, no artigo 25.º, n.º 1, como "aquele pelo qual uma das partes se obriga a proporcionar à outra, com autonomia, *certo resultado de uma atividade autoral, artística, técnico-artística ou de mediação cultural*" (sublinhado nosso).

[236] Contraste-se, no Código Civil, o artigo 1152.º ("contrato de trabalho é aquele pelo qual uma pessoa se obriga, mediante retribuição, a *prestar a sua actividade* intelectual ou manual a outra pessoa, sob a autoridade e direcção desta") e o artigo 1154.º ("contrato de prestação de serviço é aquele em que uma das partes se obriga a *proporcionar à outra certo resultado do seu trabalho* intelectual ou manual, com ou sem retribuição"). Sublinhados nossos.

[237] Sobre esta matéria, com outro desenvolvimento, Joaquim de Sousa Ribeiro, «As fronteiras juslaborais e a (falsa) presunção de laboralidade do artigo 12.º do Código do Trabalho» in: *Direito dos Contratos — Estudos*, Coimbra Editora, Coimbra, 2007, pp. 345-408 (= *Nos 20 anos do Código das Sociedades Comerciais – Homenagem aos Profs. Doutores A. Ferrer Correia, Orlando de Carvalho e Vasco Lobo Xavier*, vol. II, Coimbra Editora, Coimbra, 2007, pp. 931-989), pp. 348 ss., rematando, p. 350, que "a caracterização do objecto da prestação, como sendo a actividade ou o resultado, acaba por dar um escasso contributo autónomo à diferenciação tipológica entre o contrato de trabalho e o contrato de prestação de serviços".

esse critério de demarcação é flagrantemente artificial: pense-se no caso paradigmático do músico que é contratado como animador[238].

Seja como for, obrigando-se a prestar uma atividade, a prestação artística pode ter, como se adiantou, num conteúdo autoral, artístico, técnico-artístico ou de mediação. Curiosamente, esta relação especial de trabalho é apontada como o caso em que alguém se pode obrigar a uma prestação de facto negativo[239] levando a que a noção de "atividade" deva ser interpretada habilmente, pois aquele conceito de atividade, tendencialmente virado para uma dimensão positiva (de *facere*), também contempla os casos de prestação negativa. Embora tal seja dificilmente pensável nos casos de atividades autorais (pois devem vir corporizadas numa obra), de natureza técnico-artística ou de mediação, é possível que a prestação de natureza artística propriamente dita tenha um conteúdo negativo. Embora o exemplo seja meramente figurativo, a atriz que desempenha o papel de Bela Adormecida não deixa de prestar trabalho ainda que, numa parte significativa do filme, se apresente a dormir...

Determinante, para a qualificação do contrato como sendo de trabalho, é que o trabalhador preste a sua atividade de forma subordinada ("...no âmbito de organização e sob a autoridade destas", como se lê na norma, recuperando a regra geral do CT09). Com efeito, ainda que sujeito a um regime especial, a relação de trabalho artístico supõe, pois, para efeitos da aplicação do regime laboral, a existência de subordinação jurídica[240]. Portanto, na medida em que se pretenda aplicar o segmento laboral, compreendido entre os artigos 5.º a 24.º, é necessário, para que se possa considerar liminarmente a existência uma relação de trabalho, que o trabalho prestado o seja em moldes subordinados.

[238] Exemplos a que a doutrina tem recorrido: cfr. Joaquim de Sousa Ribeiro, «As fronteiras juslaborais...», cit., p. 349, dando justamente o exemplo da "execução de uma peça musical por um músico contratado para o efeito" e Nuno de Salter Cid, «Contrato de trabalho, contrato de prestação de serviço e utilização indevida deste: problemas e soluções», *Revista de Direito e de Estudos Sociais*, 2017, I-IV, pp. 171-202, p. 177, n. 17, referindo também o exemplo do hotel que contrata um pianista para tocar nos serões. Em termos próximos, António Menezes Cordeiro, *Tratado de Direito Civil*, XII *(Contratos em especial)*, Parte II, Almedina, Coimbra, 2018, p. 386: "o músico que se obrigue a tocar uma área cumpre, tocando. O credor aproveita a prestação, ouvindo-a".

[239] E tal é notado pela nossa doutrina. Ver António Menezes Cordeiro, *Manual de Direito do Trabalho...*, cit., p. 16, n. 2: "a ideia de «actividade positiva» deve ser entendida em termos de figuração linguística normal. Não deixa de ser trabalho – portanto serviço – em sentido próprio, o comportamento devido pelo modelo profissional, que se limite a deixar-se pintar ou fotografar". O mesmo exemplo é dado por Luís Brito Correia, *Direito da Comunicação Social*, vol. I, Almedina, Coimbra, 2000, p. 391, n. 1.

[240] Maria do Rosário Palma Ramalho, *Tratado de Direito do Trabalho...*, cit., p. 335 e Id., «O contrato de trabalho dos profissionais...», cit., p. 232.

No ponto introdutório, já demos nota da aparente dificuldade em integrar estes trabalhadores no âmbito do Direito do Trabalho, tendo aí refutado essa pretensa incompatibilidade[241], pois o juízo sobre a laboralidade desta atividade deve envolver uma compreensão cuidada da ideia de subordinação jurídica, devendo ser dada uma maior ênfase à integração do artista na organização do promotor do espetáculo[242]. No entanto, tal como aí reconhecemos, a autonomia com que o trabalhador exerce a sua prestação salda-se em conflitos de qualificação, cujas respostas serão pedidas, em última a análise, aos tribunais[243]. De resto, o trabalho artístico até é apresentado como um

[241] Cfr. § 1.1. Razões da especialidade.

[242] Como diz JOAQUIM DE SOUSA RIBEIRO, «As fronteiras juslaborais...», cit., p. 387, "é este o critério consensualmente operativo da qualificação como de trabalho das prestações de actividade com autonomia técnica ou artística. Preservada esta autonomia, nada mais fica, na verdade, do que o elemento da inserção funcional numa estrutura organizativa alheia, com sujeição às suas regras de funcionamento e correlativa perda de autodeterminação na condução da actividade profissional".

[243] Neste contexto, tornou-se objeto de estudo e crítica, pela nossa doutrina, o litígio que opôs um maestro de uma orquestra sinfónica e o Teatro Nacional de São Carlos, disputa que teve o seu ponto culminante no ac. de 20/11/2013 do STJ (MÁRIO BELO MORGADO), proc. nr. 2867/06.TTLSB.L2.S1, "uma peça jurisprudencial de elevada qualidade analítica" (na opinião de ANTÓNIO MONTEIRO FERNANDES, «O triste fado dos maestros titulares...», cit., p. 137). O acórdão qualificou o contrato como de prestação de serviços por não identificar na factualidade dada como provada "o desenho usual e característico do contrato de trabalho". Esta decisão mereceu o comentário discordante de ANTÓNIO MONTEIRO FERNANDES, «O triste fado dos maestros titulares...», cit., pp. 119 ss., de JOÃO LEAL AMADO / MILENA ROUXINOL, «A partitura da subordinação jurídica – observações em torno do Acórdão do STJ, de 21 de Novembro de 2013», *Revista de Legislação e Jurisprudência*, 3985 (2014), pp. 252-285 e de JOANA NETO, *Na boca de cena da (des)regulação...*, cit., pp. 46 ss.
No passado, a relação jurídica de pianista foi qualificada como uma relação de trabalho subordinado no ac. de 14/04/2010 do STJ (PINTO HESPANHOL), proc. nr. 1348/05.3TTLSB.S1 ("provando-se a vinculação da autora a um horário de trabalho estipulado pela ré, a qual lhe dava orientações e suportava os custos da actividade desenvolvida, sendo a remuneração integrada por uma componente base essencialmente fixa, auferida com periodicidade mensal, e gozando a autora férias no mês de Agosto, período em que a ré lhe pagava a respectiva retribuição, configura-se uma plena integração da trabalhadora na estrutura e organização da ré empregadora. Neste contexto, atento o conjunto dos factos provados, é de concluir que a autora logrou provar, como lhe competia, que a relação contratual que vigorou entre as partes revestiu a natureza de contrato de trabalho").
Mais recentemente, decidindo como contrato de prestação de serviços o contrato de músicos de orquestra, ver ac. de 15/09/2016 do STJ (ANA LUISA GERALDES), proc. nr. 329/08.0TTFAR.E1.S1 ("provando-se que os instrumentos utilizados pelos Autores eram sua propriedade; que a falta de comparência aos concertos e ensaios não dava lugar a procedimento disciplinar e apenas poderia implicar perda da retribuição correspondente; que nessas faltas se podiam fazer substituir por outros músicos, a quem os próprios AA. pagavam; que estes nunca auferiram, durante a execução do contrato, retribuição nas férias, subsídios de férias e de Natal, não se pode concluir pela existência de um contrato de trabalho"). Ver ainda o ac. de 01/07/2016 do TRE (JOÃO NUNES),

exemplo vivo da dificuldade em apartar o contrato de prestação de serviços do contrato de trabalho[244] e, naturalmente, não está afastada a possibilidade de qualificar o contrato como sendo uma prestação de serviços, se existirem elementos que apontem nesse sentido. Pense-se no trabalhador que, sendo responsável pela animação musical de dois bares, com completa autonomia, inclusivamente se pode fazer substituir[245].

De excluir estão, assim, e desde logo, as atividades artísticas desenvolvidas por conta própria ou com uma autonomia descaracterizadora de laboralidade. É o caso do homem-estátua ou do guitarrista que atuam na rua ou, para quem nelas vir uma forma de espetáculo ou entretenimento, do *streamer* que adquire rendimentos pela difusão, em direto, através de plataformas *online*, da sua performance enquanto vídeo-jogador. Ou, tratando-se de uma performance artística em benefício de outrem, serão aplicáveis, se for o caso, as regras gerais do contrato de prestação de serviços[246].

proc. nr. 329/08.0TTFAR.E1 ("não é possível concluir pela existência de contrato de trabalho entre cada um dos Autores, músicos, e a Ré, que tem como vertente principal criar e administrar uma orquestra musical, se embora provando-se que aqueles recebiam umas retribuição certa mensal, tinham um horário de trabalho fixado previamente pela Ré, prestavam a actividade em local da Ré ou por ela indicado e respeitavam as indicações da Ré quanto ao traje a utilizar ou orientações artísticas sobre a definição da interpretação a seguir, se prova também que os instrumentos de trabalho eram dos Autores, que apesar de estes terem que justificar por escrito as suas ausências ao trabalho tais ausências não davam lugar a procedimento disciplinar, podiam fazer-se substituir por outro músico, assegurando os respetivos custos e recebendo da Ré a totalidade da contrapartida mensal acordada, constatando-se ainda que entre a Ré e os Autores não foi acordado o gozo de férias e o pagamento de subsídio de férias e de Natal e as importâncias que aquela lhes pagava não eram sujeitas a descontos para a segurança social").

[244] Dando o exemplo, em geral, do profissional dos espetáculos, Luís Manuel Teles de Menezes Leitão, *Direito do Trabalho*, 6.ª ed., Almedina, Coimbra, 2019, p. 143. Dando como exemplo, concretamente, o modelo fotográfico, Pedro Romano Martinez, *Direito do Trabalho...*, cit., p. 315. Dando como exemplos o ator e a bailarina, Albino Mendes Baptista, «Qualificação contratual e presunção de laboralidade», *Revista do Ministério Público*, 97 (2004), pp. 87-102, p. 89 (= «Qualificação contratual e presunção de laboralidade» in: *Estudos sobre o Código do Trabalho*, 2.ª ed., Coimbra Editora, Coimbra, 2006, pp. 63-81). O Decreto-Lei n.º 245/97, de 18 de Setembro, com a orgânica da Companhia Nacional de Bailado (ver art. 30.º) determinava expressamente que os contratos celebrados com as bailarinas eram contratos de trabalho.

[245] Ac. de 22/09/2011 do STJ (Sampaio Gomes), proc. nr. 192/07.8TTLSB.L1.S1: "resultando provado que o autor foi contratado pela ré com o objectivo de assegurar a animação musical de dois dos seus bares, usando a sua "arte" e de acordo com o repertório que escolhia, podendo, inclusivamente, fazer-se substituir por outro músico, a quem pagava, não estando sujeito a qualquer controlo de assiduidade, nem sendo pago dos subsídios de férias e de Natal, não é possível afirmar a existência de um vínculo laboral".

[246] § 4. Contrato de prestação de serviços.

Finalmente, e como resulta da definição do contrato de trabalho, ele supõe o pagamento de uma retribuição ("contrato de trabalho é aquele pelo qual uma pessoa singular... se obriga, mediante retribuição"). O contrato de trabalho é, por natureza, oneroso, ao contrário do que acontece com o contrato de prestação de serviços, que pode ser oneroso ou gratuito, embora se presuma gratuito[247]. Sobre o regime da retribuição, remete-se para o respetivo ponto[248].

§ 3.1.1. Presunção de laboralidade

Tal como referimos introdutoriamente, um dos desígnios do EPAC passa, definitivamente, por combater os falsos prestadores de serviços. Não que essa seja uma aspiração exclusiva deste setor de atividade, uma vez que é uma preocupação comum ao mercado de trabalho. Mas dados estatísticos revelam que esse é um fenómeno particularmente expressivo na área das artes e dos espetáculos.

A presunção de laboralidade é, assumidamente, uma das armas de combate aos falsos prestadores de serviços. Em linha com os próprios instrumentos da OIT, "uma vez que, em suma, o que se procura na qualificação contratual é um resultado correspondente à verdade material"[249], a presunção assume justamente esse papel de "instrumento destinado a potenciar as probabilidades de essa verdade material ser captada e juridicamente enquadrada"[250].

O OE2021 autorizou justamente o Governo a "criar uma presunção de contrato de trabalho quando, na relação entre a pessoa que presta uma atividade e outra ou outras que dela beneficiam, se verifiquem características que apontem para a existência de subordinação jurídica". Neste contexto, e sem prejuízo da previsão dos mecanismos administrativos de reconhecimento da existência de contrato de trabalho, de que se falará adiante[251], segundo o artigo 7.º, do EPAC, "presume-se a existência de contrato de trabalho quando, na relação entre a pessoa que presta uma atividade autoral, artística, técnico-artística ou de mediação cultural nos termos do presente Estatuto, e outra ou outras que dela beneficiam, se verifiquem algumas das características

[247] Cfr. § 4.4. Remuneração.

[248] Cfr. § 3.3.3. Retribuição.

[249] Citando António Monteiro Fernandes, «Uma jurisprudência consolidada: a presunção de laboralidade», *Minerva: Revista de Estudos Laborais*, 2019, I, pp. 225-248, p. 247.

[250] António Monteiro Fernandes, «Uma jurisprudência consolidada...», cit., p. 247.

[251] § 3.1.2. Reconhecimento da existência de contrato de trabalho.

previstas no artigo 12.º do Código do Trabalho, com as especificidades constantes dos números seguintes" (n.º 1).

O legislador tratou de recuperar uma presunção especial[252] que chegou a existir no RCTPE[253], mas que tinha sido revogada na reforma de 2011[254]. A decisão de revogar o preceito esteve certamente relacionada com a tentativa de articulação deste regime especial com a evolução dessa matéria no regime laboral comum. De facto, embora não coincidente, a redação do RCTPE inspirava-se, de certa forma, na presunção de laboralidade em vigor, à data, no CT03, que, mesmo depois de revista, viria a ser apontada como um falhanço legislativo, pelo seu pobre efeito prático[255]. Com a aprovação do CT09, o legis-

[252] Uma "presunção sectorial" para utilizar a expressão de Joaquim de Sousa Ribeiro, «As fronteiras juslaborais...», cit., p. 394.

[253] Estabelecia-se então: "presume-se que existe um contrato de trabalho sempre que o artista de espectáculos esteja na dependência económica da entidade produtora ou organizadora dos espectáculos e realize a sua prestação sob a direcção e fiscalização desta, mediante retribuição" (artigo 6.º).

[254] Sem prejuízo de outras presunções que subsistiram para outros efeitos: cfr. artigo 136.º, n.º 1, da Lei n.º 110/2009, de 16 de setembro: "presumem-se trabalhadores independentes os trabalhadores intelectuais, sendo como tais considerados os autores de obras protegidas nos termos do Código do Direito de Autor e dos Direitos Conexos, qualquer que seja o género, a forma de expressão e o modo de divulgação e utilização das respectivas obras". Forçando a nota, para efeitos da Segurança Social, o Decreto-Lei n.º 328/93, de 25 de setembro, que reviu o regime geral da Segurança Social dos trabalhadores independentes, também continha uma presunção em sentido inverso. O artigo 8.º presumia trabalhador independente o "trabalhador intelectual". Por seu turno, o artigo 9.º, com a epígrafe "Artistas intérpretes ou executantes", presumia trabalhadores independentes os seguintes artistas intérpretes ou executantes: a) Os artistas de teatro e de cinema; b) Os artistas de rádio e de televisão; c) Os artistas de ópera e de bailado; d) Os artistas de circo e de variedades, os cançonetistas e os músicos; e) Os locutores-apresentadores, os declamadores e os imitadores; f) Os artistas tauromáquicos".

[255] Rezava a norma: "presume-se que as partes celebraram um contrato de trabalho sempre que, cumulativamente: a) O prestador de trabalho esteja inserido na estrutura organizativa do beneficiário da actividade e realize a sua prestação sob as orientações deste; b) O trabalho seja realizado na empresa beneficiária da actividade ou em local por esta controlado, respeitando um horário previamente definido; c) O prestador de trabalho seja retribuído em função do tempo despendido na execução da actividade ou se encontre numa situação de dependência económica face ao beneficiário da actividade; d) Os instrumentos de trabalho sejam essencialmente fornecidos pelo beneficiário da actividade; e) A prestação de trabalho tenha sido executada por um período, ininterrupto, superior a 90 dias". Posteriormente, a norma foi revista pela lei n.º 9/2006, de 20 de março, passando assim a ler-se que "presume-se que existe um contrato de trabalho sempre que o prestador esteja na dependência e inserido na estrutura organizativa do beneficiário da actividade e realize a sua prestação sob as ordens, direcção e fiscalização deste, mediante retribuição". Em crítica à técnica do legislador, Joaquim de Sousa Ribeiro, «As fronteiras juslaborais...», cit., pp. 398 ss., António Monteiro Fernandes, «A presunção de contrato de trabalho...», cit., p. 43, falando de uma "lastimosa caricatura da presunção de laboralidade". Vendo nela, porém, uma solução não desprezível, Albino Mendes Baptista, «Qualificação contratual...», cit., pp. 97 ss.

lador redesenhou a presunção e, com isso, deu-lhe maior efeito prático[256]. Ora, perante a nova redação que viria a ser dada pelo CT09, a "versão" do RCTPE, inspirada no CT03, introduzia uma diferença de tratamento para os trabalhadores artísticos e profissionais de espetáculos que não tinha justificação[257]. De facto, a presunção de laboralidade constante do RCTPE acabava por ser mais "exigente" (para não dizer destituída de aplicabilidade prática) do que a presunção prevista, em geral, no regime laboral comum (desde 2009), o que seria dificilmente admissível, sobretudo se pensarmos que o setor artístico é precisamente um daqueles onde mais campeia o recurso aos falsos contratos de prestação de serviços. A nosso ver, a revogação da norma do RCTPE só podia ter uma leitura: também os profissionais de espetáculos gozariam da presunção de laboralidade contida no CT09[258].

Em relação à decisão de voltar a incluir uma presunção no texto legal, a experiência do Direito Comparado permitia equacionar diversas fórmulas[259], mas o legislador português decidiu reenviar, no essencial, para o que resulta do CT09. Consequentemente, presume-se contrato de trabalho quando se verifiquem pelo menos dois dos indícios aí previstos[260].

[256] Sobre a presunção de laboralidade, sobretudo a "transição" do CT03 para o CT09, JOANA NUNES VICENTE, «Noção de contrato de trabalho e presunção de laboralidade» in: PAULO MORGADO DE CARVALHO [Coord.], *Código do Trabalho – a revisão de 2009*, Coimbra Editora, Coimbra, 2011, pp. 59-73, FERNANDA CAMPOS, «Contrato de trabalho e presunção de laboralidade» in: PAULO MORGADO DE CARVALHO [Coord.], *Código do Trabalho – a revisão de 2009*, Coimbra Editora, Coimbra, 2011, pp. 75-91.

[257] Neste sentido, CATARINA CARVALHO, «A desarticulação do regime legal...», cit., p. 378, n. 51.

[258] Para JOÃO LEAL AMADO / MILENA ROUXINOL, «A partitura da subordinação jurídica...», cit., p. 276, n. 25, aquela presunção poderia "interpretar-se como um sinal do reconhecimento, no plano legislativo, de que só por essa via – e não pela prova, através dos meios ordinários, da subordinação jurídica –, poderia lograr-se essa qualificação, o que significaria que, bem vistas as coisas, se teria partido da ideia de que dificilmente a subordinação jurídica coexistiria com a autonomia criativa própria das profissões aí em causa". Os Autores repudiam esta tese.

[259] Cfr. artigo L7121-3 do Code du Travail que presume a existência de contrato de trabalho caso o prestador da atividade desenvolva um trabalho artístico a troco de remuneração, se estiver registado como tal.

[260] Recuperando a norma do artigo 12.º, do CT09, presume-se a existência de contrato de trabalho quando, na relação entre a pessoa que presta uma actividade e outra ou outras que dela beneficiam, se verifiquem algumas das seguintes características: a) A actividade seja realizada em local pertencente ao seu beneficiário ou por ele determinado; b) Os equipamentos e instrumentos de trabalho utilizados pertençam ao beneficiário da actividade; c) O prestador de actividade observe horas de início e de termo da prestação, determinadas pelo beneficiário da mesma; d) Seja paga, com determinada periodicidade, uma quantia certa ao prestador de actividade, como contrapartida da mesma; e) O prestador de actividade desempenhe funções de direcção ou chefia na estrutura orgânica da empresa.

Como resulta da norma do artigo 7.º, n.º 1, *in fine*, o EPAC introduz, porém, algumas especificidades, relacionadas com o local e o tempo de trabalho, elementos indiciários que, por força das circunstâncias, merecem sempre cautela no contexto desta atividade, como demonstra a nossa jurisprudência[261].

Por um lado, considera-se local de trabalho o local pertencente ao beneficiário da atividade ou por ele determinado, incluindo todos os locais onde se realizam trabalhos de desenvolvimento, pré-produção, ensaios, execução, finalização e pós-produção de manifestações de natureza cultural e artística ou outras atividades complementares ou acessórias do trabalho prestado (artigo 7.º, n.º 2).

Por outro lado, acrescenta-se que, para efeitos da alínea c), do n.º 1, do artigo 12.º do CT09, incluem-se nas horas de início e de termo da prestação determinadas pelo beneficiário da atividade aquelas que sejam observadas para a preparação, execução e finalização de obras e manifestações de natureza cultural e artística, mesmo que em locais escolhidos pelo prestador da atividade e que não sejam determinados pelo beneficiário da mesma (artigo 7.º, n.º 3).

Embora não diga respeito propriamente à presunção de laboralidade, importa juntar aqui uma norma que aparece na regulamentação do contrato de prestação de serviço, onde se dispõe que "a qualificação pelas partes de um contrato enquanto contrato de prestação de serviço não afasta a aplicação da presunção da existência de contrato de trabalho" (artigo 25.º, n.º 3, do EPAC). A referência parece, porém, dispensável, na medida em que corresponde ao entendimento pacífico de que o *nomen iuris* não prejudica a laboralidade do vínculo, ainda que, salvo melhor opinião, as partes sejam tecnicamente sofisticadas e habilitadas[262].

[261] Cfr. ac. de 03/03/2010 do STJ (Sousa Grandão), proc. nr. 4390/06.3TTLSB.S1 (sumário): "estando provado que o A. era DJ residente da discoteca, pertença da R., era aí que, pela própria natureza da actividade contratada, tinha a mesma de ser exercida, onde também haveria de estar necessariamente instalado todo o equipamento indispensável para o efeito, havendo igualmente que respeitar o horário de funcionamento da discoteca, pelo que, este particular circunstancialismo implica a consequente desvalorização dos indícios apontados que, na espécie, tanto se harmonizam com a prestação laboral, como se adequam à prestação de um serviço". No mesmo sentido, cfr. ac. de 01/07/2016 do TRE (João Nunes), proc. nr. 329/08.0TTFAR.E1: "não se vê como pudesse cada músico, por exemplo, definir o horário do ensaio da orquestra ou o local de actuação". Também neste sentido, dando como exemplo o músico, Nuno de Salter Cid, «Contrato de trabalho, contrato de prestação...», cit., p. 185.

[262] Albino Mendes Baptista, «Qualificação contratual...», cit., pp. 100-101: "o *nomen iuris* aposto no contrato em situações negociais em que intervenham outorgantes esclarecidos, ou que tiveram acompanhamento jurídico na celebração do contrato, deverá (passar a) ter relevância em matéria de qualificação contratual". Vítor Ribeiro, «Contrato de trabalho e contrato de prestação de

Uma última nota para referir que a presunção da laboralidade prevista no EPAC fará recuperar a discussão, ainda acesa, sobre a sua aplicação no tempo. No fundo, a "nova" presunção será aplicável aos contratos já em vigor ou apenas aos que vierem a ser celebrados no futuro? Pese embora a intransigência judicial que se pode observar no âmbito do regime laboral comum[263], alinhamos com a doutrina maioritária, escrita naquele contexto, no sentido de que a presunção é aplicável a contratos que estejam em vigor, ainda que celebrados à luz do regime anterior (ou seja, celebrados na vigência do RCTPE).

Desde logo, é assim que interpretamos o sentido e alcance da norma que estabelece o âmbito de aplicação no tempo do EPAC e, mais concretamente, a ressalva aí prevista *in fine*, quando aí se determina que o regime tem aplicação imediata aos contratos existentes "salvo quanto a condições de validade e efeitos de factos ou situações totalmente ocorridas antes da entrada em vigor do presente decreto-lei"[264]. Na linha do entendimento maioritário,

serviço: potencial valor indiciário do "nomen juris" aposto no contrato escrito», *Prontuário de Direito do Trabalho*, 52 (1997), pp. 65-66, escrevendo que "se é verdade que o rótulo jurídico ou «nomen juris» não se resolve em qualquer sujeição para o julgador, não será menos verdade que em certas circunstâncias, em que são protagonistas pessoas tecnicamente esclarecidas, essa etiquetagem jurídica não pode, quanto a nós, ser desprezada, ao menos enquanto elemento fortemente indiciador do tipo de relacionamento jurídico a que as partes verdadeiramente pretenderam vincular-se". No mesmo sentido, JOÃO REIS, *O conflito colectivo de trabalho*, Gestlegal, Coimbra, 2017, p. 261, também fala da "falta de relevância decisiva da qualificação jurídica feita pelos próprios contraentes". ANTÓNIO MONTEIRO FERNANDES, «A presunção de contrato de trabalho...», cit., p. 38, n. 10, fala de "uma relevância absolutamente marginal, ou mesmo nenhuma". Sugerindo também esta posição, dando primazia à forma como o contrato é executado, JÚLIO GOMES, *Direito do Trabalho...*, cit., pp. 137 ss. ALAIN SUPIOT, *Transformações do trabalho e futuro do Direito do Trabalho na Europa*, Coimbra Editora, Coimbra, 2003, p. 23: "é preciso começar por sublinhar claramente que nenhum país europeu admitie que as duas partes numa relação de trabalho sejam senhoras da qualificação jurídica desta relação, o que tornaria facultativa a aplicação do Direito do Trabalho. O princípio que continua a ser afirmado é que a independência não depende de uma qualificação convencional, mas de uma situação de facto". FERNANDO RIBEIRO LOPES, «Trabalho subordinado ou trabalho autónomo: um problema de qualificação», *Revista de Direito e de Estudos Sociais*, 1987, I, pp. 57-80, p. 68: "nesta operação de qualificação os elementos decisivos são as cláusulas do conteúdo negocial e não, ou muito menos, a designação ou qualificação dada pelas partes", PEDRO ROMANO MARTINEZ, *Direito do Trabalho...*, cit., p. 309 ("em tal caso, haverá uma errada (ou abusiva) qualificação do contrato, que não vincula o intérprete, cabendo ao tribunal corrigir o lapso").

[263] Negando a aplicação da presunção de laboralidade cfr., entre outros, ac. de 07/04/2018 do STJ (CHAMBEL MOURISCO), proc. nr. 1272/16.4T8SNT.L1.S1 (afirmando que "tal situação poderia conduzir à violação do direito a um processo equitativo e causar uma instabilidade indesejável em relações desde há muito constituídas").

[264] Forçando a nota, não deixa de ser interessante reparar que a Lei n.º 93/2019, de 4 de setembro, que alterou diversas disposições do CT09, inclui, de forma despercebida, uma norma quanto à sua

pronunciando-se sobre idêntica norma prevista no regime laboral comum, entendemos que o trabalhador se pode fazer valer da presunção na medida em que o modo de execução do contrato de trabalho diz respeito a um facto ou factos que são atuais[265].

Por outro lado, e na esteira do pensamento de António Monteiro Fernandes, consideramos que essa é a única interpretação consentânea com a finalidade da presunção e com a política legislativa que lhe preside, atentas as especificidades deste setor. Se, no âmbito das relações de trabalho em geral, "a dissimulação das relações de trabalho constitui um dos cancros do nosso sistema de relações laborais"[266] e, em linha com a própria orientação da OIT[267], "a consagração da presunção de laboralidade inscrevia-se no quadro de uma política legislativa de combate reforçado à dissimulação do contrato de trabalho"[268], mais e melhores razões há para reforçar esse entendimento no setor do trabalho artístico, onde o fenómeno é mais evidente.

aplicação no tempo com uma redação ligeiramente diversa: "ficam sujeitos ao regime do Código do Trabalho, aprovado pela Lei n.º 7/2009, de 12 de fevereiro, com a redação dada pela presente lei, os contratos de trabalho celebrados antes da entrada em vigor desta lei, salvo quanto a condições de validade e a efeitos de factos ou situações anteriores àquele momento" (n.º 1 do artigo 11.º). Criticamente, Pedro Romano Martinez, «Alterações ao Código do Trabalho (Lei n.º 93/2019, de 4 de Setembro)» in: *III Jornadas regionais de Direito do Trabalho – memórias*, DGRQP, Ponta Delgada, 2020, pp. 21-32, p. 31, fala de uma "alteração sub-reptícia inexplicável".

[265] Neste sentido, António Monteiro Fernandes, «A presunção de contrato de trabalho na jurisprudência: breves reflexões críticas», *De Legibus - Revista de Direito da Universidade Lusófona Lisboa*, 2021, I, pp. 29-55, especialmente, pp. 34 ss., Id., «Uma jurisprudência consolidada...», cit., pp. 244 ss., Id., *Direito do Trabalho*, Almedina, Coimbra, 2019, pp. 166 ss., Milena Rouxinol, «Notas sobre a eficácia temporal do artigo 12º do Código do Trabalho — A propósito do Acórdão do Tribunal da Relação do Porto de 7 de Outubro de 2013», *Revista da Faculdade de Direito da Universidade Lusófona do Porto*, 2014, IV, pp. 70-83, Joana Nunes Vicente, «Noção de contrato de trabalho e presunção de laboralidade», cit., pp. 68 ss., João Leal Amado, «Presunção de laboralidade: nótula sobre o art. 12.º do novo Código do Trabalho e o seu âmbito temporal de aplicação», *Prontuário de Direito do Trabalho*, 82 (2009), pp. 159-170, pp. 166 ss., e João Leal Amado / Milena Rouxinol / Joana Nunes Vicente / Catarina Gomes Santos / Teresa Coelho Moreira, *Direito do Trabalho...*, cit., pp. 97 ss.

[266] João Leal Amado, «Presunção de laboralidade...», cit., p. 168.

[267] Estamos a referir-nos à Recomendação nº 198, da OIT, onde se lê que as políticas nacionais devem "combater as relações de trabalho disfarçadas no contexto de, por exemplo, outras relações que possam incluir o uso de outras formas de acordos contratuais que escondam o verdadeiro status legal, notando que uma relação de trabalho disfarçado ocorre quando o empregador trata um indivíduo diferentemente de como trataria um empregado de maneira a esconder o verdadeiro status legal dele ou dela como um empregado, e estas situações podem surgir onde acordos contratuais possuem o efeito de privar trabalhadores de sua devida proteção".

[268] António Monteiro Fernandes, «Uma jurisprudência consolidada...», cit., pp. 247-248.

Portanto, se está em causa "a realização do interesse público associado à efectivação das normas de todo um sector do ordenamento jurídico"[269], esta é a interpretação que visa "facilitar a prova da subordinação jurídica num âmbito particularmente dificultado pelas características da actividade em causa"[270].

Seja como for, ainda que se entendesse que a presunção de laboralidade não é aplicável aos contratos antigos, é preciso ter presente, recuperando o que dissemos *supra*, que, pese embora a revogação da presunção de laboralidade constante do RCTPE, essa revogação só poderia significar, segundo pensamos, a aplicação, por via subsidiária, da presunção constante do regime laboral comum, à data. Por outras palavras, entendemos que o profissional da área da cultura sempre beneficiaria da presunção da laboralidade, ainda que o seu contrato tenha sido celebrado na vigência do RCTPE.

§ 3.1.2. Reconhecimento da existência de contrato de trabalho

O OE2021 autorizou o Governo a "prever a possibilidade de aplicação do regime do combate à utilização indevida do contrato de prestação de serviços previsto na Lei n.º 63/2013, de 27 de agosto, por forma a beneficiar de mecanismos de combate à utilização indevida do contrato de prestação de serviços em relações de trabalho subordinado dos profissionais da área da cultura"[271].

[269] António Monteiro Fernandes, «A presunção de contrato de trabalho...», cit., p. 54.

[270] Referindo-se aos artistas, Catarina Carvalho, «A desarticulação do regime legal...», cit., p. 378, n. 51.

[271] A Lei n.º 63/2013, de 27 de agosto, instituiu mecanismos de combate à utilização indevida do contrato de prestação de serviços em relações de trabalho subordinado através de um procedimento administrativo da competência da Autoridade para as Condições do Trabalho (ACT) e de um novo tipo de ação judicial, a ação de reconhecimento da existência de contrato de trabalho, passando esta última a constar no elenco do artigo 26.º do Código de Processo do Trabalho. Sobre isto, na doutrina, Viriato Reis, «A ação de reconhecimento da existência de contrato de trabalho - controvérsias na sua aplicação», *Revista do CEJ*, 2015, I, pp. 211-243, Pedro Petrucci de Freitas, «Da acção de reconhecimento da existência de contrato de trabalho», *Revista da Ordem dos Advogados*, 2013, IV, pp. 1423-1443, Rita Garcia Pereira, «A nova acção especial para reconhecimento de contrato de trabalho (Lei n.º 63/2013) – uma caixa de Pandora?» in: *Estudos dedicados ao Professor Doutor Bernardo da Gama Lobo Xavier*, Vol. III, Universidade Católica Editora, Lisboa, 2015, pp. 341-371, Paula Ponces Camanho, «Acção de reconhecimento da existência de contrato de trabalho. Breves reflexões (e algumas perplexidades)» in: *Estudos dedicados ao Professor Doutor Bernardo da Gama Lobo Xavier*, vol. III, Universidade Católica Editora, Lisboa, 2015, pp. 65-78, João Rato, «A acção de reconhecimento da existência de contrato de trabalho – interrogações sobre a intervenção do Ministério Público e outras perplexidades» in: *Para Jorge Leite – Escritos Jurídico-Laborais*, Coimbra Editora, vol. I, Coimbra, 2014, pp. 779-797 e Nuno de Salter Cid, «Contrato de trabalho, contrato de prestação...», cit., pp. 192 ss. Mais em geral, António Monteiro Fernandes, *Direito do Trabalho*, 19.ª ed., Almedina, Coimbra, 2019, pp. 168 ss.

Para além de prever a organização de campanhas informativas e de sensibilização nesta matéria[272], o EPAC atribui competência à Autoridade para as Condições do Trabalho (ACT) para a fiscalização da utilização de falsos contratos de prestação de serviço ou, como vulgarmente se diz, de falsos "recibos verdes" (artigo 79.º). A situação não é nova, até porque ela recupera regime jurídico geral já previsto para essas situações.

Assim, segundo o artigo 79.º, n.º 1, do EPAC, caso o inspetor do trabalho verifique, na relação entre a pessoa que presta uma atividade e outra ou outras que dela beneficiam, a existência de características de contrato de trabalho, lavra um auto e notifica o empregador para, no prazo de 10 dias, regularizar a situação, ou se pronunciar dizendo o que tiver por conveniente.

O procedimento é imediatamente arquivado no caso em que o empregador faça prova da regularização da situação do trabalhador, designadamente mediante a apresentação do contrato de trabalho ou de documento comprovativo da existência do mesmo, reportada à data do início da relação laboral.

Findo o prazo sem que a situação do trabalhador em causa se mostre devidamente regularizada, a ACT remete, em cinco dias, participação dos factos para os serviços do Ministério Público junto do tribunal do lugar da prestação da atividade, acompanhada de todos os elementos de prova recolhidos, para fins de instauração de ação de reconhecimento da existência de contrato de trabalho[273].

Pode ser ainda aplicada a sanção acessória de privação do direito a apoio, subsídio ou benefício, designadamente, de natureza fiscal ou contributiva, da área da cultura ou proveniente de fundos europeus, por período até dois anos, contados a partir da decisão condenatória definitiva. A sanção acessória aplicada é comunicada pela ACT à IGAC, a qual informa as entidades ou serviços públicos da área da cultura.

[272] Cfr. artigo 78.º, n.º 4, do EPAC, refere-se a "ações de sensibilização e de prestação de informações com vista ao esclarecimento dos sujeitos das relações laborais e das respetivas entidades representativas do setor".

[273] Criticamente, ANTÓNIO MONTEIRO FERNANDES, «A presunção de contrato de trabalho...», cit., p. 42, refere que "esse procedimento incorpora um contraditório apenas aparente, pois dos restantes números do mesmo art. 15º-A resulta que, lavrado o auto e feita a notificação, só se abrem duas possibilidades: ou o empregador regulariza a situação, no sentido pretendido pelo inspector, ou a questão é remetida ao Ministério Público para que seja instaurada a acção de reconhecimento da existência de contrato de trabalho. A "defesa" do empregador, aparentemente, de pouco ou nada serve".

§ 3.1.3. Contratos legalmente equiparados

Dentro do espírito de captação dos trabalhadores do setor das artes e dos espetáculos para o âmbito de tutela do Direito do Trabalho, e também no seguimento da autorização legislativa[274], o legislador veio incorporar, no EPAC, uma previsão sobre os contratos legalmente equiparados. O legislador artístico chegou a considerar, no passado, o fenómeno da dependência económica, mas concebendo apenas uma presunção de contrato de trabalho baseada numa situação de dependência económica: "presume-se que existe um contrato de trabalho sempre que o artista de espectáculos esteja na dependência económica da entidade produtora ou organizadora dos espectáculos e realize a sua prestação sob a direcção e fiscalização desta, mediante retribuição" (artigo 6.º). Acontece que, como vimos, essa presunção teve escassa vigência, tendo sido posteriormente revogada[275].

Estabelece agora o EPAC que "as normas legais respeitantes a direitos de personalidade, igualdade e não discriminação e segurança e saúde no trabalho são aplicáveis a situações em que ocorra prestação de trabalho autoral, artístico, técnico-artístico ou de mediação cultural por uma pessoa a outra, sem subordinação jurídica, sempre que o prestador de serviço deva considerar-se na dependência económica do beneficiário da atividade". Sem prejuízo do que a seguir se refere, a norma é um decalque da disposição legal do CT09[276], embora seja conhecida a sua falta de aplicação prática[277] e, mais em geral, o alheamento sistémico do legislador em relação a esta realidade[278].

[274] O OE2021 autorizou a "criar regras quanto... [ao] contrato legalmente equiparado dos profissionais da área da cultura, definindo os direitos e deveres de ambas as partes".

[275] § 3.1.1. Presunção de laboralidade.

[276] Cfr. artigo 10.º: "as normas legais respeitantes a direitos de personalidade, igualdade e não discriminação e segurança e saúde no trabalho são aplicáveis a situações em que ocorra prestação de trabalho por uma pessoa a outra, sem subordinação jurídica, sempre que o prestador de trabalho deva considerar-se na dependência económica do beneficiário da actividade". Sobre o trabalho economicamente dependente, defendendo a criação de um regime próprio para estes trabalhadores, ao invés da sua absorção pelo Direito do Trabalho, Ana Lambelho, «Trabalho autónomo economicamente dependente: da necessidade de um regime jurídico próprio» in: *Para Jorge Leite – Escritos Jurídico-Laborais*, Coimbra Editora, Vol. I, Coimbra, 2014, pp. 433-454.

[277] Dando conta deste problema, Luís Manuel Teles de Menezes Leitão, *Direito do Trabalho*, cit., p. 145.

[278] Francisco Liberal Fernandes, «A contratação colectiva fora da zona de conforto: o trabalho autónomo» in: *III Jornadas regionais de Direito do Trabalho – memórias*, DGRQP, Ponta Delgada, 2020, pp. 101-118, p. 108, fala de um "isolado mutismo sobre o enquadramento da situação profissional dos trabalhadores autónomos economicamente dependentes".

Em bom rigor, não estamos perante um contrato de trabalho – daí, aliás, a sua "equiparação"[279] –, mas sim de uma realidade que o legislador decidiu tutelar, aplicando alguns segmentos do regime laboral ao fenómeno da dependência económica, transformando essa zona de parasubordinação numa zona cinzenta, dividida entre a protecção do Direito do Trabalho e a tutela do Direito Civil.

O EPAC afasta-se do regime laboral comum, pelo menos da forma como ele tem sido interpretado, pelo critério para determinar a existência de uma relação de dependência económica. É que, segundo o entendimento da nossa doutrina generalista, a relação de dependência económica afere-se pela integração no complexo produtivo do beneficiário da atividade[280].

Harmonizando com o que já se prevê para efeitos de Segurança Social[281] e em linha com a solução da Agenda do Trabalho Digno, o EPAC optou, pelo menos expressamente, por um critério diverso ao estabelecer, para este efeito, que se considera "economicamente dependente o prestador de serviço que, no mesmo ano civil, obtenha da mesma entidade beneficiária da atividade, seja ela uma pessoa coletiva ou uma pessoa singular com atividade empresarial, independentemente da sua natureza e das finalidades que prossigam, 50 % ou mais do valor total anual dos rendimentos obtidos na atividade independente"[282].

Como se disse pela norma acima transcrita, a técnica da equiparação limita-se à aplicação das "normas legais respeitantes a direitos de personalidade,

[279] António Menezes Cordeiro, *Direito do trabalho...* [2018], cit., p. 459, fala de "pessoas semelhantes".

[280] Neste sentido, Pedro Romano Martinez, *Direito do Trabalho...*, cit., p. 356. Contra, João Reis, *O conflito colectivo de trabalho*, cit., pp. 270 ss., falando na necessidade de "centrar a noção de dependência económica naquilo que ela verdadeiramente é: um estado de dependência entre pessoas, neste caso do trabalhador em relação aos rendimentos provenientes de outro contraente" (p. 296). No apontamento de José Andrade Mesquita, *Direito do Trabalho...*, cit., p. 370, "quem aufere cinquenta mil euros para fazer uma campanha publicitária que demora uns dias, não se considera economicamente dependente".

[281] Cfr. artigo 140.º, n.º 1, do Código Contributivo: "as pessoas coletivas e as pessoas singulares com atividade empresarial, independentemente da sua natureza e das finalidades que prossigam, que no mesmo ano civil beneficiem de mais de 50 % do valor total da atividade de trabalhador independente, são abrangidas pelo presente regime na qualidade de entidades contratantes". Francisco Liberal Fernandes, «A contratação colectiva fora da zona...», cit., p. 109, n. 16, não deixa de reparar que "a referida regra do Código Contributivo contribui para clarificar a situação laboral daquela categoria de trabalhadores".

[282] O limiar exigido pelo regime português é mais exigente do que o alemão, o qual exige 1/3 para os trabalhadores autónomos artísticos: cfr. § 12a (3) da TVG (*Tarifvertragsgesetz*).

igualdade e não discriminação e segurança e saúde no trabalho", lá onde antes se fazia referência aos princípios respeitantes a essas matérias[283]. No entanto, importa dar nota de que estudos recentes defendem a aplicação das regras relativas à liberdade de associação sindical[284], contratação coletiva e direito à greve[285].

§ 3.2. Formação do contrato de trabalho

Ao contrário do contrato de prestação de serviço, onde o legislador regula a sua formação[286], o EPAC é omisso nesta matéria. Não havendo quaisquer razões que justifiquem um desvio, impõe-se a aplicação do regime geral, mormente, no que diz respeito aos deveres de informação e, também, à proibição da discriminação no acesso ao emprego.

No entanto, e forçando a nota, o setor artístico é um daqueles casos em que pode ocorrer legitimamente uma *genuine colocation*[287], ou seja, a preteri-

[283] Criticamente, falando, entre outros aspetos, de um "salto no escuro", ANTÓNIO MENEZES CORDEIRO, *Direito do trabalho...* (2018), cit., p. 463.

[284] Cfr. Convenção da OIT n.º 87 (1948): "os trabalhadores e as entidades patronais, *sem distinção de qualquer espécie*, têm o direito, sem autorização prévia, de constituírem organizações da sua escolha, assim como o de se filiarem nessas organizações, com a única condição de se conformarem com os estatutos destas últimas" (artigo 2.º) (sublinhado nosso). No mesmo sentido, o Pacto Internacional dos Direitos Económicos, Civis e Políticos: "toda a pessoa tem direito a associar-se livremente com outras, incluindo o direito de fundar sindicatos e filiar-se neles para protecção dos seus interesses" (artigo 22.º). Também a Carta Social Europeia (artigo 5.º) exclui apenas as forças armadas e a Convenção Europeia dos Direitos do Homem (artigo 11.º) estatui que "qualquer pessoa tem direito à liberdade de reunião pacífica e à liberdade de associação, incluindo o direito de, com outrem, fundar e filiar-se em sindicatos para a defesa dos seus interesses".

[285] JOÃO REIS, *O conflito colectivo de trabalho*, cit., pp. 53 ss. No mesmo sentido, estribando-se nos instrumentos internacionais, FRANCISCO LIBERAL FERNANDES, «A contratação colectiva fora da zona de conforto: o trabalho autónomo» in: *III Jornadas regionais de Direito do Trabalho – memórias*, DGRQP, Ponta Delgada, 2020, pp. 101-118. Contra, no que diz respeito ao direito à greve, VÍTOR PALMELA FIDALGO, «A greve» in: *Estudos do Instituto de Direito do Trabalho*, vol. VIII, Almedina, Coimbra, 2020, pp. 353-385, pp. 356-357, afirmando que "a construção da greve não é minimamente adequada para este tipo de relações jurídicas". Mais em geral, ANTÓNIO MENEZES CORDEIRO, *Direito do trabalho...* [2018], cit., p. 463, nota que "há princípios importantes, como os relativos à autonomia coletiva, que não constam do elenco do Código de 2009; em 2003, seria mais fácil invocá-los".

[286] § 4.3. Formação.

[287] Cite-se, aliás, o Decreto-Lei n.º 392/79, de 20 de setembro, diploma que surgiu com vista a eliminar a discriminação em função do sexo, cujo art. 7.º, n.º 3, esclarecia, porém, que "não constitui discriminação o facto de se condicionar o recrutamento a um ou outro sexo nas actividades

ção intencional de um candidato a emprego de um determinado sexo, raça ou etnia e, se quisermos, a preferência por um candidato de outro sexo, raça ou etnia. É o caso do produtor de um filme que exclui a contratação de um candidato negro para representar uma personagem histórica branca[288], de um homem para desempenhar um papel masculino[289] ou da organização que apenas contrata homens para um grupo de forcados[290]. Já não nos parece legítimo, ao contrário do que sugere MENEZES CORDEIRO[291], recusar a contratação de uma mulher casada para modelo...

§ 3.2.1. Capacidade

Na linha do regime anterior, o EPAC é omisso em relação à idade para celebrar contrato de trabalho[292]. O ponto é da maior importância porque o tema da capacidade para celebrar contrato de trabalho não convoca apenas a questão de saber quando é que alguém pode celebrar, com autonomia, este contrato. Ele envolve, mais em profundidade, o problema do trabalho prestado por menores no setor das artes e dos espetáculos.

da moda, da arte ou do espectáculo, quando tal seja essencial à natureza da tarefa a desempenhar, tornando-a qualitativamente diferente quando prestada por um homem ou por uma mulher". Curiosamente, uma norma semelhante não existe no actual CT09. No apontamento de PEDRO ROMANO MARTINEZ, *Direito do Trabalho*..., cit., p. 350, "não constitui discriminação o facto de se condicionar o recrutamento a um ou outro sexo nas atividades da moda, da arte ou do espetáculo. De facto, nada impede que uma empresa pretenda contratar um modelo com menos de vinte e cinco anos, uma bailarina ou um jogador de futebol".

288 Dando este exemplo, GUILHERME DRAY, «Autonomia privada e igualdade na formação e execução de contratos individuais de trabalho» in: PEDRO ROMANO MARTINEZ [Coord.], *Estudos do Instituto de Direito do Trabalho*, vol. I, Almedina, Coimbra, 2001, pp. 21-105, p. 66. No mesmo sentido, PAULO MOTA PINTO, «Autonomia privada e discriminação – algumas notas» in: *Direitos de personalidade e Direitos fundamentais – estudos*, Gestlegal, Coimbra, 2018, pp. 123-183, pp. 175-176.

289 Exemplo dado por TERESA COELHO MOREIRA, «A conduta e a orientação sexuais do trabalhador» in: *Estudos de Direito do Trabalho em Homenagem ao Professor Manuel Alonso Olea*, Almedina, Coimbra, 2004, pp. 613-645, p. 642.

290 GUILHERME DRAY, «Autonomia privada e igualdade...», cit., p. 65.

291 ANTÓNIO MENEZES CORDEIRO, *Direito do trabalho*... [2018], cit., p. 566.

292 O artigo 112.º, do Decreto n.º 13564, de 06/05/1927, proibia o trabalho a menores de 16 anos, "salvo mediante autorização especial da Inspecção Geral dos Teatros". Por seu turno, o Decreto n.º 43190, de 23/09/1960, dispunha que "a intervenção de menores de 18 anos em espectáculos e divertimentos públicos carece de autorização do Instituto Nacional do Trabalho e Previdência, a qual só poderá ser concedida em casos excepcionais devidamente comprovados, ouvido o sindicato respectivo, e junta declaração de concordância dos responsáveis pela educação do menor" (artigo 5.º).

Se o trabalho prestado por menores sempre esteve, à partida, rodeado de especiais cautelas[293], a verdade é que o Direito do Trabalho sempre consentiu a prestação de trabalho artístico numa idade mais precoce, o que vinha expressamente contemplado não só nos primeiros instrumentos internacionais[294], e ainda vem no quadro comunitário[295], mas também no plano interno, naturalmente em cumprimento daquelas normas. Acreditava-se que estes setores "não exigem a prestação de trabalho de forma permanente e regular, sendo, por isso, desde que adequadamente regulada, compatíveis com o desenvolvimento e formação dos menores"[296].

No entanto, pensamos que há mais e melhores razões para redobrar a preocupação no domínio das artes e dos espetáculos[297]. Para além de certos contextos que podem ser qualificadamente lesivos[298], a exposição mediática, a ilusão, o aproveitamento por parte de agentes – e, por vezes, dos próprios pais (ou, mais rigorosamente, dos titulares do poder paternal) –, os interesses económicos que rodeiam o *showbusiness* e até o problema da pedofilia formam um quadro de grande delicadeza para os menores que trabalham

[293] A Resolução da Assembleia da República n.º 38/2021 recomenda ao Governo a elaboração de um estudo nacional rigoroso sobre o trabalho infantil em Portugal, com vista à sua total erradicação. Sobre isto, mais em geral, Cristina M. A. Dias, «O trabalho infantil à luz da lei de proteção de crianças e jovens em perigo» in: *Para Jorge Leite – Escritos Jurídico-Laborais*, Coimbra Editora, vol. I, Coimbra, 2014, pp. 307-326 e Vítor Ferraz, «O regime jurídico do trabalho de menores» in: António Moreira [Coord.], *II Congresso nacional de direito do trabalho - memórias*, Almedina, Coimbra, 1999, pp. 281-298.

[294] Estamos a referir-nos à Convenção n.º 33 da OIT que, depois de fixar a idade mínima de admissão nos seus artigos 2.º e 3.º, possibilitava aos Estados signatários, no seu artigo 4.º, a derrogação dessas normas no interesse das artes, dos espetáculos e do entretenimento.

[295] Diretiva n.º 94/33/CE, de 22 de junho de 1994, relativa à proteção dos jovens no trabalho, dedica justamente uma disposição às "actividades culturais ou similares" (artigo 5.º), onde se dispõe que "no que se refere às crianças que tenham atingido a idade de 13 anos, os Estados-membros podem autorizar, por via legislativa ou regulamentar e nas condições por eles determinadas, a ocupação de crianças para participarem em actividades de natureza cultural, artística, desportiva ou publicitária".

[296] Citando Vítor Ferraz, «O regime jurídico do trabalho de menores», cit., p. 284.

[297] Pergunta-se António Luís Bentes de Oliveira, «Trabalho de menores em espectáculos e publicidade», *Questões Laborais*, 16 (2000), pp. 190-213, p. 191, se "a actividade de participação dos menores em espectáculos é uma zona cinzenta onde o direito não entra ou entra de maneira envergonhada? Será esta matéria desprovida de regulamentação protectiva destas crianças apresentando-se para o direito como uma *res nullius*?".

[298] A Convenção da OIT n.º 182 (1999), relativa à interdição das piores formas de trabalho das crianças e à ação imediata com vista à sua eliminação, integrava nas "piores formas de trabalho das crianças" "a utilização, o recrutamento ou a oferta de uma criança para fins de prostituição, de produção de material pornográfico ou de *espectáculos pornográficos*" (alínea b) do artigo 3.º).

nesta indústria, sobretudo porque eles surgem numa idade cada vez mais precoce (pense-se na vaga de *kidfluencers*[299] e *youtubers*[300]). Fatores que afetam, muitas vezes de forma irreversível, o desenvolvimento da sua personalidade, a aprendizagem e integração social, provocando, noutros casos, distúrbios psicológicos e físicos (pense-se nos fenómenos de anorexia e bulimia provocados pelo *stress* e pelas pressões estéticas). Aliás, é conhecida a passagem de LEO N. TOLSTOY, que serviu de pórtico a esta obra, em que o Autor descreve, porventura com uma certa dose de exagero, que o adestramento a que os jovens artistas são sujeitos desde novos tem repercussões na formação da personalidade e até na interação social[301]. De resto, se o próprio quadro regulatório que enquadra a radiodifusão de conteúdos estabelece limitação para a sua exibição perante menores[302], mais e melhores razões há para redobrar esses cuidados quando os menores são justamente parte da sua produção...

Como se disse, o EPAC não oferece, diretamente, uma resposta normativa para este problema. Apenas se estabelece — recuperando uma norma que o regime anterior previa e que também resulta do próprio CT09[303] — que "são aplicáveis aos contratos regulados no presente Estatuto as normas sobre a participação de menores em espetáculos e outras atividades, estabelecidas no Código do Trabalho, e na Lei n.º 105/2009, de 14 de setembro"[304], diploma

[299] CARMEN FLORIT FERNÁNDEZ, «Kidfluencers: menores de edad emancipados autónomos en internet», *Actualidad Civil*, 2021, II (versão digital).

[300] Referindo-se aos *youtubers* como uma profissão de grande chamariz para as gerações mais novas, DUARTE ABRUNHOSA E SOUSA, «Educação e carácter empreendedor como forma de inclusão dos trabalhadore jovens» in: THEREZA NAHAS / FERNANDO FITA ORTEGA [Coord.], *OIT 100 años: una visión de sus principios fundamentales desde el siglo XXI*, Thomson Reuters, Aranzadi, Pamplona, 2018, pp. 357-368, pp. 362-363.

[301] LEO N. TOLSTOY, *What is Art?*, cit., p. 10.

[302] Como escrevem atentamente, neste contexto, J. J. GOMES CANOTILHO / JÓNATAS E. M. MACHADO, *"Reality shows" e liberdade de programação*, cit., p. 59: "em causa está a prevenção de lesões irreversíveis no desenvolvimento da personalidade dos menores, à sua adequada socialização e à sua capacidade de autodeterminação, nos planos físico, intelectual, moral, emocional e relacional, às quais os mesmos, pela sua maior sugestionabilidade e impressionabilidade, são particularmente vulneráveis".

[303] Cfr. artigo 81.º: "a participação de menor em espectáculo ou outra actividade de natureza cultural, artística ou publicitária é regulada em legislação específica".

[304] Na sua versão originária, o regime dispunha que "são aplicáveis ao contrato de trabalho regulado na presente lei as normas sobre a participação de menores em espectáculos e outras actividades, estabelecidas na Lei n.º 35/2004, de 29 de Julho" (artigo 2.º, n.º 2). O legislador decidiu, porém, revogar esta norma, por razões que não são claras. A decisão do legislador até se perceberia porque o diploma legal para onde a norma remetia (a Lei n.º 35/2004, de 29 de julho) tinha sido revogado com a entrada em vigor do CT09. No entanto, o legislador poderia simplesmente ter atualizado a referência legal, passando a indicar a aplicação da Lei n.º 105/2009, de 14 de setembro, que regula

este que regulamenta o Código do Trabalho, e cujo Capítulo II é justamente dedicado à "participação de menor em actividade de natureza cultural, artística ou publicitária".

À semelhança do que acontecia no RCTPE, onde, como se disse, chegou a existir uma norma de teor idêntico, esta remissão para a Lei n.º 105/2009, de 14 de setembro, não deixa de causar alguns problemas de interpretação quanto ao seu sentido, sendo objeto de críticas que, escritas no âmbito do regime anterior, nos parece que se mantêm[305]. Mais uma vez, estamos perante uma matéria que, certamente conhecida pelo legislador, poderia e deveria ter sido aclarada[306].

Segundo pensamos, o principal problema decorre do próprio âmbito de aplicação do regime para o qual o EPAC remete. Com efeito, é possível imediatamente constatar que ele não tem uma "vocação laboral", aparecendo como uma espécie de *child entertainment law*[307]. De facto, é necessário ter presente que, segundo nos quer parecer, e não estamos sozinhos neste entendimento, o diploma se dirige, mais em geral, à prestação artística dos menores, independentemente do título ou natureza do vínculo jurídico[308]. Aliás, o próprio

o CT09, e que, claro está, estava em vigor quando o RCTPE foi alterado (ou seja, com a "reforma" de 2011). Seja como for, não nos parece que desta supressão deveriam ser retiradas consequências argumentativas.

305 Durante a vigência da norma, MARGARIDA PORTO, *A participação de menor em espectáculo...*, cit., p. 248, propunha uma interpretação corretiva.

306 MARGARIDA PORTO, *A participação de menor em espectáculo...*, cit., p. 245, diz mesmo que "se a articulação do regime especial dos profissionais de espectáculos com o regime geral laboral já de si é difícil, a articulação do regime da participação de menor em espectáculo ou outra actividade de natureza cultural, artística ou publicitária com o regime jurídico dos profissionais de espectáculos e com a lei geral do trabalho é, em nosso entender, algo caótica".

307 JESSICA KRIEG, «There's no business like show business: child entertainers and the law», *U. Pa. Journal Of Labor And Employment Law*, 6 (2004), pp. 429-449.

308 Cfr. o ac. de 30/05/2019 do STJ (CATARINA SERRA), proc. nr. 336/18.4T8OER.L1.S1: "para a delimitação do âmbito de aplicabilidade da Lei n.º 105/2009 é relevante, não a qualificação da actividade como cultural, artística ou publicitária (elenco visivelmente não taxativo), mas o conceito de "espectáculo", central na disposição do artigo 81.º do Código do Trabalho (referida no artigo 1.º) e presente nas disposições do artigo 2.º e 5.º da Lei. (...) Os elementos essenciais e suficientes seriam, pois, a exibição e o público. Ora, neste caso, estão ambos presentes. O outro aspecto importante é a remuneração. Terá a participação da criança de ser remunerada para que ela se inclua no âmbito de aplicação da Lei? No mínimo, poderá dizer-se que a questão não é pacífica. Mas há argumentos fortes que militam no sentido negativo. Por um lado, a lei não o impõe (ou não o impõe expressamente). É verdade que o Código do Trabalho regula contratos de trabalho e estes são, por força da lei, remunerados. No entanto, a referência do artigo 1.º da Lei ao artigo 81.º do Código do Trabalho não tem a função de remeter para o regime do contrato

legislador, pensamos que intencionalmente, é lacónico na forma como se exprime, falando do "contrato que titula a prestação de actividade do menor" (cfr. artigo 9.º, n.º 1)[309], sugerindo justamente que a aplicação da regulamentação não está dependente da natureza do vínculo. Como tal, estas regras serão aparentemente aplicáveis não só à prestação de serviço como ao contrato de trabalho.

À primeira vista, este âmbito de aplicação não seria fonte de problemas, lembrando, como já vimos, que o próprio EPAC está agora configurado de forma abrangente, cobrindo a regulamentação do contrato de trabalho e o contrato de prestação de serviço. O problema é que, compulsando este diploma, e pese embora o regime preveja algumas garantias reforçadas, a lei "liberaliza" a prestação de trabalho artístico por parte de menores. Com efeito, a Lei n.º 105/2009, de 14 de setembro, abrindo com a estatuição de que "o menor pode participar em espectáculo ou outra actividade de natureza cultural, artística ou publicitária, designadamente como actor, cantor, dançarino, figurante, músico, modelo ou manequim" (artigo 2.º, n.º 1)[310], não impõe, na verdade, qualquer idade mínima, apenas demonstrando essa preocupação no que diz respeito aos espetáculos que envolvam animais, para os quais o regime estabelece uma idade mínima de 12 anos. Portanto, lida ao pé da sua letra, o regime "abrange os menores desde o nascimento até aos 16 anos de idade"[311].

Esta conclusão não pode ser aceitável e, segundo cremos, é precipitada, impondo uma segunda leitura. Importa ter presente que o próprio diploma, na sua disposição inicial, estabelece que o diploma regulamenta a "participação de menor em actividade de natureza cultural, artística ou publicitária, a que se refere o artigo 81.º do Código do Trabalho, com a extensão a trabalho

de trabalho mas apenas a de identificar (materialmente) as actividades em causa. Por outro lado, o objectivo da Lei é a protecção da criança tout court. A Lei dirige-se, mais precisamente, a evitar que a criança participe em atividades que possam pôr em risco a sua segurança, a sua saúde, o seu desenvolvimento físico, psíquico e moral, a sua educação e a sua formação. Para isto pouco ou nada interessa se as actividades são ou não remuneradas – e nada deve interessar porquanto a necessidade de tutela é a mesma em ambos os casos". Contra, MARGARIDA PORTO, *A participação de menor em espectáculo...*, cit., pp. 155 ss.

309 Notando este aspeto, MARGARIDA PORTO, *A participação de menor em espectáculo...*, cit., p. 225, n. 329.

310 O n.º 3 acrescenta que "o menor só pode participar em espectáculos que envolvam animais desde que tenha pelo menos 12 anos e a sua actividade, incluindo os respectivos ensaios, decorra sob a vigilância de um dos progenitores, representante legal ou irmão maior".

311 MARGARIDA PORTO, *A participação de menor em espectáculo...*, cit., p. 194.

autónomo de menor com idade inferior a 16 anos decorrente do n.º 4 do artigo 3.º da Lei n.º 7/2009, de 12 de Fevereiro". Embora esta formulação legal seja ambígua, conforme tem sido notado pela doutrina, estamos em crer que a remissão para o artigo 81.º, do CT09, supõe a existência de um contrato de trabalho. Por outras palavras, uma vez que a remissão é oriunda do CT09, ela deve supor os pressupostos para a celebração de contrato de trabalho por parte de menor, a que se juntariam depois as condições especiais previstas nesta regulamentação especial. Tal equivale a dizer que a celebração de contrato de trabalho apenas é possível, em regra, aos 16 anos de idade, salvo nos casos excecionais previstos na lei geral que consintam a sua celebração com idade inferior[312].

Em linha com o Direito da União Europeia[313], a participação de menor em atividade está sujeita a autorização ou comunicação. É competente para a autorização e para receber a comunicação referidas a Comissão de Proteção de Crianças e Jovens (CPCJ) cuja área abranja o domicílio do menor ou, na sua falta, aquela cuja sede estiver mais próxima, funcionando em comissão restrita. A autorização é válida pelo período da participação do menor na actividade a que respeita, no máximo de nove meses, devendo ser renovada sempre que a participação for de duração superior.

§ 3.2.2. Modalidades do contrato de trabalho

Dedicando uma Secção a esta matéria (Secção II – Modalidades de contrato de trabalho), o EPAC abre com um elenco das modalidades que as partes podem acordar, a saber, o contrato de trabalho por tempo indeterminado, o contrato de trabalho a termo resolutivo, certo ou incerto, ou de muito curta duração, o contrato de trabalho com atividade descontínua e o contrato de trabalho com pluralidade de empregadores (artigo 10.º, n.º 1). Aparentemente, também será possível a celebração de contratos de trabalho temporário. Embora essa modalidade não venha prevista, parece que ela se subentende

312 Cfr. artigos 68.º ss. do CT09.

313 A Diretiva n.º 94/33/CE, de 22 de junho de 1994, estabelece que "a contratação de crianças para participarem em actividades de natureza cultural, artística, desportiva ou publicitária está sujeita à obtenção de uma autorização prévia emitida pela autoridade competente para cada caso individual" (artigo 5.º, n.º 1). Concretamente, determina a Diretiva que os Estados-membros determinarão, por via legislativa ou regulamentar, as condições do trabalho infantil e as regras do processo de autorização prévia, desde que essas atividades não sejam suscetíveis de causar prejuízo à segurança, à saúde ou ao desenvolvimento das crianças e não prejudiquem a sua assiduidade escolar, a sua participação em programas de orientação ou de formação profissional aprovados pela autoridade competente ou a sua capacidade para beneficiar da instrução ministrada (n.º 2).

da norma que estabelece que o regime do contrato de trabalho em regime intermitente (ou com atividade descontínua, como agora lhe chama a lei) não é compatível com os contratos de trabalho temporário (artigo 13.º, n.º 12). Assim, com exceção destes casos, que a lei veda, parece que, em regra, será possível a sua celebração neste setor.

Com alguma surpresa, no elenco das modalidades do contrato de trabalho não consta a figura do contrato de trabalho com uma pluralidade de trabalhadores, modalidade que pura e simplesmente desaparece do quadro legal. A supressão deste tipo contratual é surpreendente por vários motivos: ele constava do RCTPE[314], estava incluído no próprio Projeto divulgado para apreciação pública[315], mas, sobretudo, era apontado como uma das originalidades desta relação de trabalho[316], cujas especificidades justificavam ou podiam justificar o recurso a esta figura. Modalidade relativamente ignorada pela dogmática laboral portuguesa[317], mas reconhecida pelo ordenamento jurídico espanhol[318], o contrato de trabalho com uma pluralidade de trabalhadores e também do contrato de trabalho em grupo — "contrato de esquadra interna" ou "externa" na designação de Raul Ventura[319] — permitia a celebração com um coletivo de trabalhadores e, no caso do contrato de trabalho com uma pluralidade de trabalhadores, fazia nascer uma pluralidade de vínculos jurídicos autónomos com cada trabalhador[320]. Embora com âmbito

[314] Cfr. artigo 9.º, n.º 1, do RCTPE: "o empregador pode celebrar um contrato de trabalho com pluralidade de trabalhadores para a prestação de uma actividade artística em grupo".

[315] Cfr. artigo 14.º do DL 932/XXII/2021.

[316] De resto, o próprio preâmbulo do DL 932/XXII/2021 enunciava: "destacam-se, pela sua especificidade, o contrato de trabalho com atividade descontínua e o contrato de trabalho com pluralidade de trabalhadores, que constam deste Estatuto (...)".

[317] Cfr. António Menezes Cordeiro, *Manual de Direito do Trabalho...*, cit., pp. 610 ss.

[318] Cfr. art. 10.º do ET. Em espanha, ver Icíar Alzaga Ruiz, «El contrato de grupo de los artistas en espectáculos públicos», Aranzadi *Revista Jurídica de Deporte y Entretenimiento*, 16 (2006), pp. 139-150, Xosé Manuel Carril Vázquez, «La decadencia de una vieja modalidade contractual laboral: el contrato de trabajo de grupo», *Revista Española de Derecho del Trabajo*, 128 (2005), pp. 459-468 (reconhecendo que "a figura do contrato de trabalho de grupo resulta aparentemente mais vital no sector dos espectáculos públicos" (p. 466)) e Margarita Isabel Ramos Quintana, «Trabajo en común y contrato de grupo» in: *El Estatuto de los Trabajadores Veinte Años después – Edición Especial del Número 100 de Revista Española de Derecho del Trabajo*, Civitas, Madrid, 2000, pp. 375-395.

[319] Raúl Ventura, *Teoria da relação jurídica de trabalho...*, cit., pp. 301 ss.

[320] Maria do Rosário Palma Ramalho, «O contrato de trabalho dos profissionais...», cit., p. 242, refere que a individualização dos vínculos jurídicos é uma decorrência do caráter *intuitus personae*. Nas palavras de Raúl Ventura, *Teoria da relação jurídica de trabalho...*, cit., p. 303, há "tantas relações individuais quantos os componentes da esquadra". No mesmo sentido, Joana Nunes Vicente, *A invalidade parcial...*, cit., p. 496.

de aplicação reduzido no quadro da generalidade das relações de trabalho, os espetáculos constituiriam justamente um domínio privilegiado para esta figura: pense-se na orquestra[321], no grupo folclórico ou no coro, cujos coletivos muitas vezes até existem previamente à contratação[322] e cuja contratação nestes moldes até poderia agilizar o processo[323].

É verdade que, fruto das suas especificidades[324], o regime anterior levantava vários problemas quanto ao regime deste contrato e a que a lei pura e simplesmente não respondia[325] (qual era o papel do chefe do grupo[326]? Os trabalhadores poderiam fazer-se substituir[327]? Para além do caso da cessação do contrato a termo, única situação prevista, qual era o impacto da cessação ou das vicissitudes de um dos vínculos nos demais[328]?), mas esta supressão não deixa de ser surpreendente e até misteriosa pelas razões acima referidas. Segundo pensamos, e até porque o regime laboral comum não contempla esta figura, parece que a única conclusão só pode ser a de que agora não será possível celebrar um contrato de trabalho nesta modalidade.

[321] António Menezes Cordeiro, *Manual de Direito do Trabalho...*, cit., pp. 611, dá precisamente o exemplo do empregador que pretende contratar uma orquestra. Para Maria do Rosário Palma Ramalho, *Tratado de Direito do Trabalho...*, cit., p. 347, o regime parecia estar pensado apenas para os trabalhadores artísticos.

[322] Ao ponto de até poderem ser consideradas unidades económicas: ver ac. de 01/07/2015 do TRL (Sérgio Almeida), proc. nr. 49/14.6TTFUN.L1-4.

[323] Joana Neto, «Redesenhar o trapézio...», cit., p. 144.

[324] Embora, na opinião de Raúl Ventura, *Teoria da relação jurídica de trabalho...*, cit., p. 304, "diferem das vulgares relações de trabalho por ligeiras variantes não essenciais".

[325] Assim, Júlio Gomes, «Da fábrica à fábrica de sonhos...», cit., p. 218.

[326] G. H. Camerlynck, *Droit du Travail: le contrat de travail*, I, 12.ª ed., Dalloz, 1982, p. 105, considerava questionável saber quem é o empregador no caso de uma orquestra que toca em espetáculos: é a entidade beneficiária ou o chefe da orquestra? Esta última tese tem merecido resposta negativa por parte da jurisprudência francesa, onde a questão tem sido levantada. Defendendo também esta tese, e com referências à jurisprudência francesa, ver João Leal Amado / Milena Rouxinol, «A partitura da subordinação jurídica...», cit., pp. 274-275. Com outra opinião, Franscisco Javier Torollo González, «Las relaciones laborales especiales de los deportistas...», cit., p. 198.

[327] Com esta opinião, Icíar Alzada Ruiz, «La relación laboral especial...», cit., pp. 147 ss. e Id., «El contrato de grupo de los artistas...», cit., pp. 148 ss., se o organizador de eventos contrata uma banda musical para animar um evento, existe um espaço de gestão por parte da banda. Contra, Albino Mendes Baptista, «Subsídios para a criação de um regime...», cit., pp. 45-46.

[328] Maria do Rosário Palma Ramalho, «O contrato de trabalho dos profissionais...», cit., pp. 242-243, falava de um "regime de incomunicabilidade das situações de impossibilidade de continuação do vínculo relativas a cada trabalhador do grupo".

§ 3.2.2.1. Contrato de trabalho por tempo indeterminado

Como se disse, o EPAC indica, na alínea a), do n.º 1, do artigo 10.º, a possibilidade de celebrar contratos de trabalho por tempo indeterminado, uma modalidade contratual que, infelizmente, costuma ficar reservada para os artistas de maior gabarito (por exemplo, em estações televisivas).

Para além desta previsão genérica, o EPAC não faz, porém, qualquer outra referência, em geral, ao contrato de trabalho por tempo indeterminado. Bem vistas as coisas, a sua celebração não oferece grandes dificuldades ou especificidades[329], havendo apenas que ter presente que esta é a única modalidade que permite a articulação com a prestação de trabalho em regime de intermitência (ver *infra*).

§ 3.2.2.2. Contrato de trabalho a termo

Para além da possibilidade, natural, de celebração do contrato de trabalho por tempo indeterminado, o EPAC contém uma regulamentação especial relativa aos contratos de trabalho a termo, definindo os seus pressupostos e o seu regime. A possibilidade de celebrar contratos de trabalho a termo já remonta à legislação anterior[330], mas sempre foi fonte de vários problemas e equívocos, que, em parte, se mantêm no EPAC. Numa primeira aproximação ao regime, e numa análise na generalidade, mantém-se a convicção de que "fica a sensação de que o legislador ao regular o contrato a termo suscitou mais problemas do que aqueles que pretendeu resolver"[331].

Como nota prévia, pode dizer-se que o regime da contratação a termo é uma das mais lídimas manifestações da natureza especial desta relação de trabalho. Como se sabe, o Direito do Trabalho exprime uma preferência declarada pelo contrato de trabalho por tempo indeterminado. A contratação a termo, instrumento por natureza precarizador para o trabalhador, surge com traços de excecionalidade, motivo pelo qual o seu recurso depende do cumprimento de pressupostos de ordem substancial e formal. Em relação

329 Relativamente ao problema da compatibilidade dos contratos de trabalho por tempo indeterminado com o regime dos menores, MARGARIDA PORTO, *A participação de menor em espectáculo...*, cit., p. 253.

330 Cfr. Decreto n.º 43190, de 23/09/1960: "dos contratos deverão constar as obrigações assumidas por ambas as partes; nomeadamente o ordenado, a forma do seu pagamento, a data do início da execução do contrato e a do seu termo (...)" (artigo 20.º).

331 MARGARIDA PORTO, «Regime jurídico do contrato de trabalho...», cit., p. 745.

aos primeiros, a contratação a termo apenas é admitida se estiver ligada a uma motivação objetiva. Tradicionalmente, a motivação objetiva está relacionada com a existência de uma necessidade temporária, embora se possa dizer, em abono da verdade, que a contratação a termo pode estar, e muitas vezes está, ligada a outras razões objetivas, nomeadamente, de política social (por exemplo, contratação de trabalhadores à procura de primeiro emprego ou desempregados de longa duração).

Por outro lado, e como corolário da sua vocação de excecionalidade, tal também significa que, nos casos de contratação aprazada, a duração do vínculo não pode ser dissociada, pelo menos em excesso, daquela necessidade. Quer dizer, as partes não podem contratar por um período superior ao período previsto ou expectável para a necessidade uma vez que, a ser assim, o trabalhador prestaria trabalho ao abrigo de um contrato de trabalho que, pelo menos a partir de certo momento, já não estaria suportado por uma motivação objetiva. É verdade que a duração do vínculo não tem de ir necessariamente "indexada" à duração do motivo justificativo, podendo as partes fixar um termo com uma duração inferior ao motivo (mas nunca superior, como dissemos). No entanto, nos casos de contratos com duração inferior a 6 meses, a duração do vínculo tem de andar a perfeito par e passo com a duração da necessidade temporária.

Acredita-se que o setor das artes e do espetáculo não se conjuga bem com estas premissas e, mais concretamente, com a vocação de perenidade do contrato de trabalho na sua modalidade constitucionalmente preferencial, por tempo indeterminado. Para além da volatilidade deste setor, há quem acredite que dificilmente se poderia conceber que certos trabalhadores, como, por exemplo, toureiros ou bailarinas, pudessem trabalhar por tempo indeterminado, pois as exigências e disponibilidade físicas não o permitiriam[332]. Nas palavras enfáticas da Relação de Lisboa, "seria aberrante a contratação a título permanente em tal actividade"[333].

Compreende-se, pois, que o EPAC conheça regras especiais neste capítulo. Assim, o artigo 11.º prevê, no n.º 1, que "é admitida a celebração de contrato de trabalho a termo resolutivo, certo ou incerto, para a satisfação de necessidades temporárias, objetivamente definidas pela entidade empregadora

[332] Em sentido próximo, Luís Manuel Teles de Menezes Leitão, *Direito do Trabalho*, cit., pp. 143-144, fala no "caso das profissões artísticas, como as de toureiro, actores ou bailarinas, em que a aplicação do regime laboral comum implicaria a vigência do contrato de trabalho muito superior ao período durante o qual o trabalhador pode exercer a sua actividade".

[333] Ac. de 31/01/1990 do TRL (Cunha e Silva), proc. nr. 0057374 (sumário).

e apenas pelo período estritamente necessário à satisfação dessas necessidades, tendo em vista o exercício das atividades enunciadas no presente Estatuto". O RCTPE proclamava a admissibilidade da celebração de contrato de trabalho a termo resolutivo, certo ou incerto "para o desempenho das actividades enunciadas na presente lei"[334], acrescentando-se ainda que "o contrato de trabalho a termo resolutivo tem a duração que as partes estipularem" (proémio do n.º 2).

Comparando a nova redação com a do regime anterior, há uma diferença que ressalta. No EPAC, as necessidades temporárias a satisfazer são "objetivamente definidas pela entidade empregadora". À luz do RCTPE, era duvidoso se o recurso ao contrato a termo poderia prescindir da existência de uma "necessidade temporária" ou se bastaria o desempenho de atividade artísticas, técnico-artísticas ou de mediação (ou, mais rigorosamente, como estabelecia o regime, "para o desempenho das actividades enunciadas na presente lei"). No novo regime, como se vê, o legislador parece ter tomado posição sobre a questão, acrescentando, no corpo da norma, que as razões determinantes do termo são "objetivamente definidas pela entidade empregadora e apenas pelo período estritamente necessário à satisfação dessas necessidades". Esta é, segundo nos parece, uma posição que vai ao encontro da posição doutrinal que nos parecia melhor.

> O RCTPE parecia sugerir uma espécie de lógica parificadora da contratação a termo e da contratação por tempo indeterminado[335] ou, para utilizar a expressão de Joana Nunes Vicente, uma "total fungibilidade" entre as duas formas de contratação[336]. Por outras palavras, para o exercício da atividade artística, as partes teriam à disposição uma alternativa, na verdadeira aceção da palavra: tanto o contrato de trabalho por tempo indeterminado como o contrato de trabalho a termo (certo ou incerto) seriam recursos contratuais à disposição das partes para o exercício

[334] Cfr. artigo 20.º, do Decreto n.º 43190, de 23/09/1960: "dos contratos deverão constar as obrigações assumidas por ambas as partes; nomeadamente... a data do início da execução do contrato e a do seu termo".

[335] Ambas estão em "pé de igualdade" para utilizar a expressão, naturalmente no contexto do Direito espanhol, de M. F. Férnandez López, «Sobre la situación laboral de los profesores integrantes de una orquesta», *Relaciones Laborales*, 1987, II, p. 7 (versão digital *La Ley* 1022/2001).

[336] A expressão é de Joana Nunes Vicente, *A invalidade parcial...*, cit., p. 293, n. 495, notando que o contrato de trabalho com profissionais de espectáculos "pode ser celebrado, ao que tudo indica, com total fungibilidade, a prazo ou sem prazo".

de uma atividade artística. Cria-se que a posição do legislador decorria da especificidade do setor, reconhecida pelo legislador: ao não subordinar a contratação a termo no setor das artes e do espetáculo às estritas necessidades temporárias do organizador de espetáculos públicos, o legislador como que assumia que este ramo de atividade justificava a liberalização do recurso a esta modalidade de contratação[337]. Assim, com exceção do limite máximo da duração do vínculo, que a lei fixava nos seis anos, existia uma declarada abertura à contratação a termo. Determinante era que o trabalhador fosse contratado "para o desempenho das actividades enunciadas na presente lei".

É verdade que um argumento sem sentido oposto poderia ser retirado do n.º 3, do artigo 7.º, do RCTPE. Se esta norma, e apenas esta, referia que não seriam aplicáveis a estes contratos as regras sobre os limites de renovações e aos contratos sucessivos, então as restantes normas gerais (entre as quais, as regras sobre a admissibilidade da contratação a termo) deveriam ser aplicadas aos contratos dos trabalhadores de espetáculos[338]. Não era esse, porém, o entendimento da doutrina dominante. Na opinião de Maria do Rosário Palma Ramalho, a utilização da contratação a termo estaria justificada pela própria natureza desta atividade[339] ("não carecendo de justificação adicional"[340]). Também na opinião de Margarida Porto, a intenção do legislador teria sido a de liberar o uso do contrato a termo neste domínio[341], numa posição também sufragada por Joana Nunes Vicente, como se viu[342].

[337] Embora exprimindo algumas dúvidas, Margarida Porto, «Regime jurídico do contrato de trabalho...», cit., p. 736: "não é claro, de todo, qual a relação entre o contrato a termo e o contrato por tempo indeterminado, por forma a perceber se existe preferência por alguma das duas modalidades de contrato".

[338] Essa parece ser a própria interpretação do legislador, quando a determinado passo do preâmbulo do EPAC refere que "a propósito do contrato de trabalho a termo, mantêm-se as especificidades que já decorriam da Lei n.º 4/2008, de 7 de fevereiro, na sua redação atual, designadamente quanto à necessidade de justificação, prazo máximo e renovação".

[339] Maria do Rosário Palma Ramalho, *Tratado de Direito do Trabalho...*, cit., pp. 338 ss. A autora vai mesmo mais longe afirmando que "a transitoriedade da contratação poderia mesmo ser a regra". Id., «O contrato de trabalho dos profissionais...», cit., p. 234.

[340] Maria do Rosário Palma Ramalho, *Tratado de Direito do Trabalho...*, cit., p. 340.

[341] Margarida Porto, «Regime jurídico do contrato de trabalho...», cit., pp. 737-738. Já antes, na Dissertação de Mestrado, a Autora defendia o mesmo: cfr. Margarida Porto, *A participação de menor em espectáculo...*, cit., pp. 108 ss.

[342] Joana Nunes Vicente, «A disciplina do contrato a termo...», cit., pp. 264 ss.

Este entendimento não deixava de ser criticado e criticável. Compreende-se que as atividades artísticas sejam por natureza incertas e temporárias. Mas, ainda que tenha sido essa imagem que tenha cogitado a *mens legis*, ocorria perguntar, com JÚLIO GOMES, se o RCTPE não teria cometido uma "generalização excessiva"[343], dizendo — autorizando — mais do que aquilo que devia, ou seja, permitindo a celebração de contratos de trabalho a termo lá onde não existia qualquer razão temporária. Neste contexto, na opinião de JOANA NETO, partindo da premissa (embora sempre discutível...) de que estas normas devem ser interpretadas *favor laboratoris*[344], deveria existir ainda um nexo entre a necessidade temporária e a duração do termo, ainda que a justificação do termo passasse apenas pela mera indicação sumária do espetáculo[345], posição também seguida por AUGUSTO PEREIRA PORTELA[346].

Os nossos tribunais também tiveram de se pronunciar sobre este problema, mas apenas são conhecidas duas decisões. Num primeiro momento, a Relação de Lisboa decidiu que "os contratos de trabalho a termo certo com profissionais de espectáculos com vista ao desempenho de actividades artísticas também estão sujeitos à exigência do CT/03 e do CT/09 de indicação do respectivo motivo justificativo, mediante menção expressa dos factos que o integram o estabelecimento de uma relação entre a justificação invocada e o termo estipulado, sob pena de conversão em contrato de trabalho sem termo"[347], mas esta decisão foi revogada pelo Supremo Tribunal de Justiça, que conheceu da questão em sede de recurso. O Supremo decidiu que o empregador não tem o ónus de explicitar no contrato qual o motivo que justifica o termo pois "trata-se de uma visão adequada à natureza artística da prestação de trabalho e consentânea com a necessidade de livre circulação e temporalidade destes profissionais das artes do espectáculo, a reclamar a encenação de novas peças, a criação e interpretação de novas obras, e a exigir novos e actualizados elencos"[348].

343 JÚLIO GOMES, «Da fábrica à fábrica de sonhos...», cit., pp. 214-215.

344 JOANA NETO, «Redesenhar o trapézio...», cit., p. 126.

345 JOANA NETO, *Na boca de cena da (des)regulação...*, cit., pp. 93 ss. e ID., «Redesenhar o trapézio...», cit., pp. 125 ss. A Autora, *de iure condendo*, defendia, p. 153, que deveria ser introduzida uma enumeração exemplificativa, falando de uma atual "adequação artificial" ao CT09.

346 AUGUSTO PEREIRA PORTELA, *O estatuto profissional do artista...*, cit., pp. 32-33.

347 Assim, ac. de 01/07/2015 do TRL (MARIA CELINA NÓBREGA), CJ, 2015, III, p. 346 (sumário).

348 Ver ac. de 21/04/2016 do STJ (ANA LUÍSA GERALDES), proc. nr. 2716/13.2TTLSB.L1.S1.

Segundo o n.º 2, do artigo 11.º, do EPAC, "o contrato de trabalho a termo resolutivo, certo ou incerto, tem a duração máxima de quatro anos, incluindo renovações, não lhe sendo aplicável o regime previsto no Código do Trabalho em matéria de sucessão de contratos".

Também aqui o legislador introduziu alterações relevantes ao regime anterior. Desde logo, o legislador decidiu rever em baixa a duração máxima prevista no regime anterior, que fixava nos seis anos[349]. A explicação está certamente relacionada com um abaixamento generalizado que a duração dos contratos de trabalho a termo, certo e incerto, conheceu no regime laboral comum[350].

Contudo, a nova formulação legal é, substantivamente, diferente daquela que decorria do RCTPE, onde se previa que "não é aplicável o regime previsto no Código do Trabalho em matéria de contratos sucessivos e limite de renovações"[351]. Como se vê, à luz do RCPTE, para os trabalhadores de espetáculos não valeriam as limitações à contratação a termo sucessiva e ao limite de renovações[352]. Diferentemente, o EPAC apenas mantém a indicação quanto à matéria da sucessão de contratos, cujas regras continuam excluídas, deixando cair a referência quanto ao limite de renovações, cujas regras gerais são para aplicar. Por outras palavras, é de concluir que as regras previstas no regime laboral comum quanto às renovações são aplicáveis aos profissionais da cultura contratados a termo, mas o mesmo já não sucede, assim parece, com as regras relativas à sucessão de contratos, que o legislador expressamente continua a afastar, apenas com uma ligeiríssima alteração de redação (lá onde o regime anterior falava da "matéria de contratos sucessivos", o EPAC fala da "matéria de sucessão de contratos").

Como se sabe, esta especificidade, que já vem de longe[353], tem levado a doutrina a questionar a sua conformidade com a CRP76, mais concretamente, a compatibilidade destas regras com a proteção da garantia da

[349] Cfr. artigo 7.º, n.º 3, do RCTPE. No entanto, na sua versão originária, antes da revisão de 2011, o limite era de 8 anos.

[350] Em crítica ao regime anterior, sobretudo quando previa um limite de 8 anos, Maria do Rosário Palma Ramalho, *Tratado de Direito do Trabalho...*, cit., p. 339, n. 398: "no caso da actividade artística, este limite é arbitrário e carece de justificação objectiva".

[351] Defendendo a aplicação, *de iure condendo*, do artigo 147.º, do CT09, às relações de trabalho artístico, Joana Neto, «Redesenhar o trapézio...», cit., p. 153.

[352] Decidindo nesse sentido, à luz dos regimes anteriores, ac. de 30/06/1980 do TRL (Leite Ferreira), BMJ, 302 (1981), pp. 304-305 (sumário).

[353] Bernardo da Gama Lobo Xavier, «Contratos de trabalho dos profissionais...», cit., p. 139, fala de "relações de trabalho que pela sua própria índole supõem uma regulamentação em que a regra é a sucessão e renovação de contratos a prazo".

estabilidade no emprego (*ex vi* artigo 53.º) que, como sabemos, se desdobra não só no plano da proibição do despedimento sem justa causa, mas também no especial ónus de fundamentação a que está vinculado o legislador na hora de fixar exceções ao regime do contrato de trabalho por tempo indeterminado. Esta posição é, entre nós, defendida por Joana Nunes Vicente, jurista que, argumentando à luz do RCTPE, não se deixava convencer pelo argumento meramente formal da especificidade do trabalho artístico ou pelas razões aparentemente pragmáticas que estariam na base destas soluções normativas[354].

Acresce que a regulamentação do EPAC pode ainda ser questionada num horizonte de problematização mais alargado, uma vez que estas regras são de compatibilidade pelo menos discutível com o Direito da União Europeia e, mais concretamente, com a jurisprudência do TJ[355]. Como se sabe, já vem de longe a preocupação do legislador social europeu com os contratos a termo, a qual está vazada, no essencial, na Diretiva n.º 1999/70/CE, de 28 de junho de 1999, que contém o Acordo-quadro CES, UNICE e CEEP relativo a contratos de trabalho a termo, quadro normativo comunitário que se mantém em vigor. Aí se prevê, no artigo 5.º, n.º 1, alínea a), que, para evitar abusos na utilização da contratação a termo, a sua utilização deve fundar-se em "razões objectivas que justifiquem a renovação dos supramencionados contratos ou relações laborais".

Será que o EPAC é compatível com este quadro normativo europeu? É certo que a própria norma comunitária faz alusão a medidas que "tenham em conta as necessidades de sectores e/ou categorias de trabalhadores específicos". E, de facto, alega-se que a natureza especial desta relação de trabalho é motivo suficiente para justificar um desvio às regras que limitam os contratos

[354] Joana Nunes Vicente, «A disciplina do contrato a termo...», cit., pp. 270 ss.

[355] Assim, no contexto do Direito espanhol, que prevê uma norma semelhante, Iciar Alzaga Ruíz, «Propuestas de mejora de la situación sociolaboral de los artistas en espectáculos públicos», *Nueva Revista Española de Derecho del Trabajo*, 203 (2017), pp. 127-249, especialmente pp. 135 ss. Ver também o estudo de Priscila Martín Vales, «El encadenamiento de contratos en la relación laboral especial de los artistas en espectáculos públicos: comentario a la Sentencia del Tribunal Supremo de 15 de enero de 2020», *Trabajo y derecho: nueva revista de actualidad y relaciones laborales*, 69 (2020), 6 pp. Ver também, com interesse, Francisco Javier Gómez Abelleira, «La conversión en indefinido por reiteración discontinua y por utilización sucesiva de contratos temporales en la relación especial de artistas», *Revista de información laboral*, 2015, I, pp. 37-43. No Direito Italiano, pronunciando-se favoravelmente à exclusão das regras limitadoras da sucessão de contratos a termo, ver Andrea Fortunat, «Contratto a termine – spettacolo...», cit., pp. 102-105.

de trabalho a termo sucessivos e que, num certo sentido, até podem beneficiar os trabalhadores neste setor[356]. Mas a questão mantém-se: será assim?

Esta regra — que exclui a aplicação das regras da sucessão de contratos a termo e que o EPAC mantém — não nos parece compatível com a jurisprudência do TJ, que já foi chamado a pronunciar-se sobre uma regra semelhante à norma portuguesa. Com efeito, o TJ já decidiu que "uma disposição nacional que se limite a autorizar, de maneira geral e abstrata, através de uma norma legislativa ou regulamentar, o recurso a sucessivos contratos de trabalho a termo [...] não permite identificar critérios objetivos e transparentes para verificar se a renovação desses contratos responde efetivamente a uma verdadeira necessidade, se permite atingir o objetivo prosseguido e se é necessária para esse efeito. Essa disposição comporta, portanto, um risco real de levar a um recurso abusivo a esse tipo de contratos e não é, por isso, compatível com o objetivo nem com o efeito útil do acordo-quadro". Continua o Tribunal: "mesmo admitindo que a regulamentação nacional em causa [...] visa conferir uma certa flexibilidade e vantagens sociais aos intermitentes do espetáculo, dando aos seus empregadores a possibilidade de recrutarem esses trabalhadores, de forma recorrente, com base em contratos de trabalho a termo, esse objetivo não pode tornar essa regulamentação conforme com o artigo 5.º, n.º 1, alínea a), do acordo-quadro, uma vez que não permite demonstrar a existência de circunstâncias precisas e concretas que caracterizem a atividade em causa e, portanto, que justifiquem nesse contexto específico a utilização de sucessivos contratos de trabalho a termo".

De onde conclui o TJ que "embora seja certo que um Estado-Membro pode, na aplicação do artigo 5.º, n.º 1, do acordo-quadro, ter em conta as necessidades específicas de um determinado setor, esse direito não pode, contudo, ser entendido no sentido de que lhe permite dispensar o respeito, nesse setor, da obrigação de prever uma medida adequada para evitar e, eventualmente, punir o recurso abusivo a sucessivos contratos de trabalho a termo. Com efeito, o facto de permitir a um Estado-Membro invocar um objetivo como a flexibilidade decorrente da utilização de contratos de trabalho a termo, para se isentar dessa obrigação, iria contra um dos objetivos prosseguidos pelo acordo-quadro a saber a estabilidade no emprego, concebida como um elemento da maior importância da proteção dos trabalhadores, e seria igualmente suscetível de reduzir consideravelmente as categorias de pessoas

[356] Maria do Rosário Palma Ramalho, «O contrato de trabalho dos profissionais...», cit., pp. 234-235.

suscetíveis de beneficiar das medidas protetoras previstas no artigo 5.º do acordo-quadro"[357].

Mais recentemente, na jurisprudência *Martina Sciotto contra Fondazione Teatro Del'Opera di Roma*, estando em causa uma bailarina, o TJ, começando por reconhecer que "as exigências artísticas ou técnicas ligadas à representação de um espectáculo podem tornar necessária uma contratação temporária", logo acrescenta que "em contrapartida, não se pode admitir que os contratos de trabalho a termo possam ser renovados para efeitos de execução, de modo permanente e duradouro, de tarefas nos estabelecimentos culturais em causa inseridas na actividade normal do setor de atividade"[358].

Estamos em crer que a especialidade da relação de trabalho não basta para, por si só, em abstrato, dar como preenchida a exigência de um "razão objectiva"[359], porque tal asserção equivaleria a dar por demonstrada uma premissa que carece de demonstração. Assim, e um pouco na linha da jurisprudência espanhola[360], embora reconhecendo que o legislador impõe agora uma motivação objetiva para a celebração do contrato, consideramos que a norma do EPAC que dispensa a aplicação das normas em matéria de sucessão dos contratos a termo é incompatível com o Direito da União Europeia[361].

No que diz respeito às renovações, embora o EPAC não exclua, como se viu, a aplicação das regras gerais, o n.º 4, do artigo 11.º, estabelece que "o contrato de trabalho a termo certo pode ser renovado até três vezes, apenas podendo ser sujeito a renovação se as partes assim o estipularem expressamente por escrito". E importa lembrar que o contrato "tem a duração máxima de quatro anos, incluindo renovações" (n.º 2).

Apesar destas novidades, o regime legal da contratação a termo do EPAC é – e continua a ser se tivermos presente o regime anterior – lacunoso, porque

[357] Ver ac. *Comissão Europeia v. Grão-Ducado do Luxemburgo*, proc. nr. C-238/14.

[358] Respectivamente, pontos 48 e 49 do Ac. *Martina Sciotto contra Fondazione Teatro Del'Opera di Roma*, proc. nr. C-331/17.

[359] Neste sentido, ver também a opinião de NICOLETTA FRASCA, «Il lavoro a termine ne settore radio-televisivo», *Rivista Giuridica del Lavoro de della Previdenza Sociale*, 2018, I, pp. 51-56, em comentário a uma decisão judicial italiana, onde estava em causa um responsável administrativo por um *reality show*, defende que a especificidade do sector televisivo não pode ser fundamento bastante para iludir as regras em matéria de sucessão de contratos de trabalho a termo.

[360] Sobre isto, PILAR PALOMINO SAURINA, «Consecuencias de la formalización de sucesivos contratos temporales en la relación laboral especial de artistas en espectáculos públicos (comentario de la sentencia del TS de 15 de enero de 2020 rec. n.º 2845/2017), *Diario La Ley*, 9616 (2020).

[361] Entre nós, exprimindo dúvidas quanto à conformidade das regras do RCTPE com o Direito da União Europeia, JOANA NUNES VICENTE, «A disciplina do contrato a termo...», cit., pp. 275 ss.

é omisso quanto a vários aspetos. Por exemplo, nos contratos com duração inferior a 6 meses, serão de aplicar as regras gerais[362]? O regime também não se pronuncia sobre a sorte do contrato de trabalho a termo caso continue a ser executado para lá do termo, havendo quem defenda, com bons argumentos, a conversão para um contrato de trabalho por tempo indeterminado[363].

§ 3.2.2.3. Contrato de trabalho a termo de muito curta duração

O EPAC permite o recurso ao contrato de trabalho a termo de muito curta duração (alínea c), do artigo 10.º). Esta figura representa uma relativa novidade. É certo que o RCTPE não previa, na sua versão inicial, esta modalidade, mas, posteriormente, o legislador introduziu a possibilidade[364]. A sua vigência não foi, porém, longa, porque a revisão de 2011 tratou de revogar a norma que tinha sido aditada, por razões que estavam certamente relacionadas com o desfasamento em relação ao regime laboral comum[365]. No entanto, essa revogação só poderia significar a aplicação da figura tal como disciplinada no CT09[366].

O EPAC reincorpora esta modalidade, que surge agora regulada no artigo 12.º. Em bom rigor, a norma é, no essencial, um decalque da correspondente norma do CT09 (artigo 142.º). Assim, de acordo com o EPAC, o contrato de

[362] Contra, Joana Neto, «Redesenhar o trapézio...», cit., p. 156.

[363] Com esta posição, à luz do RCTPE, Júlio Gomes, «Da fábrica à fábrica de sonhos...», cit., p. 217 e Joana Neto, «Redesenhar o trapézio...», cit., pp. 133-134. Já Margarida Porto, «Regime jurídico do contrato de trabalho...», cit., pp. 744-745, remetia à cautela para a vontade das partes fazendo variar a solução ou para a caducidade do contrato ou para a sua nulidade. De notar que, pese embora Bernardo da Gama Lobo Xavier, «Contratos de trabalho dos profissionais...», cit., pp. 134 ss., tenha defendido a inaplicabilidade destas normas ao setor artístico, estava a pensar perante um quadro normativo que era bem diverso do atual.

[364] Passou a constar no art. 10.º-A, aditado pela Lei n.º 105/2009, de 14 de Setembro: "1 - O contrato de trabalho a termo resolutivo para a prestação de actividade artística de duração não superior a uma semana não está sujeito a forma escrita, devendo a entidade produtora ou organizadora dos espectáculos comunicar a sua celebração ao serviço competente da segurança social, mediante formulário electrónico, com os seguintes elementos: a) Identificação, domicílio ou sede das partes; b) Actividade do trabalhador e correspondente retribuição; c) Local de trabalho; d) Data de início do trabalho. 2 - No caso previsto no número anterior, a duração total de contratos de trabalho a termo com a mesma entidade produtora ou organizadora dos espectáculos não pode exceder 60 dias de trabalho no ano civil. 3 - Em caso de violação do disposto em qualquer dos números anteriores, o contrato considera-se celebrado pelo prazo de seis meses, contando-se nesse prazo a duração de contratos anteriores celebrados ao abrigo dos mesmos preceitos".

[365] Em crítica, Maria do Rosário Palma Ramalho, *Tratado de Direito do Trabalho...*, cit., p. 341.

[366] Assim, com esta opinião, Maria do Rosário Palma Ramalho, «O contrato de trabalho dos profissionais...», cit., p. 233 e Joana Neto, «Redesenhar o trapézio...», cit., p. 138.

trabalho a termo de muito curta duração deve ser celebrado para o desempenho das atividades reguladas neste regime (n.º 1), mas dispensando, assim parece, o requisito previsto no regime laboral comum ("fazer face a acréscimo excecional e substancial da atividade de empresa cujo ciclo anual apresente irregularidades decorrentes do respetivo mercado ou de natureza estrutural que não seja passível de assegurar pela sua estrutura permanente"). O contrato deve ter uma duração não superior a 35 dias (n.º 2) e não está sujeito a forma escrita, devendo o empregador comunicar a sua celebração (n.º 2). A duração total de contratos de trabalho a termo celebrados entre o mesmo trabalhador e empregador não pode exceder 70 dias de trabalho no ano civil (n.º 3). Em caso de violação do disposto destes requisitos ou limites, o contrato de trabalho considera-se celebrado pelo prazo de seis meses, contando-se neste prazo a duração de contratos anteriores celebrados ao abrigo dos mesmos preceitos (n.º 4).

Correspondendo a uma modalidade contratual difundida neste setor (pense-se, por exemplo, na realização de uma digressão), sublinhamos que a celebração de um contrato de trabalho de muito curta duração tem impacto em vários aspetos adrede previstos no EPAC: a celebração desta modalidade não permite a sua celebração em regime de intermitência (artigo 13.º, n.º 12), implica uma taxa contributiva mais agravada (artigo 45.º), mas, por outro lado, no plano da tutela previdencial, concede ao profissional da cultura o acesso à proteção nas eventualidades de doença, parentalidade, doenças profissionais, invalidez, velhice e morte (artigo 42.º, n.º 1), bem como ao subsídio por suspensão da atividade (artigo 42.º, n.º 2).

§ 3.2.2.4. Contrato de trabalho com atividade descontínua

Nos casos em que o contrato de trabalho é celebrado por tempo indeterminado, o EPAC permite às partes a sua celebração em regime de intermitência, ou seja, que a prestação de trabalho seja intercalada por um ou mais períodos de inatividade. O legislador chama-lhe agora "contrato de trabalho com atividade descontínua", lá onde o RCTPE designava, porventura com mais propriedade, contrato de trabalho em regime de intermitência.

Consabidamente, dentro da realidade do trabalho intermitente é comum distinguir-se fundamentalmente duas modalidades[367]. Por um lado, os casos

[367] Sobre isto, com outro desenvolvimento, João Leal Amado/Milena Silva Rouxinol/Joana Nunes Vicente/Catarina Gomes Santos/Teresa Coelho Moreira, *Direito do Trabalho...*, cit., pp. 452 ss.

em que as partes fixam, de antemão, os períodos de trabalho e os períodos de inatividade, situações que JORGE LEITE chamava de trabalho alternado[368]. Por outro lado, as situações, porventura mais típicas, genuinamente intermitentes, em que o trabalhador fica "à chamada", podendo ser convocado a qualquer momento pelo empregador para a prestação de trabalho, embora com pré-aviso.

Não espantará que o trabalho em regime intermitente tenha previsão no EPAC porque esta modalidade tem neste setor de atividade um âmbito privilegiado de aplicação: no ramo dos espetáculos é comum que um ciclo de trabalho seja seguido de um período de inatividade[369]. Aliás, importa dar nota de que esta modalidade surgiu precursoramente nesta relação especial de trabalho[370] tendo sido só depois "exportada" para o regime laboral comum (ou importada por este, consoante a perspetiva)[371], estando agora prevista como uma modalidade de contrato de trabalho no CT09[372]. No entanto, se esta modalidade teria todas as condições para, em geral, ser apreciada pelas organizações de espetáculos, o que a crueza da realidade nos revela é que a figura é de pobre utilização[373], perdendo protagonismo para outros

[368] JORGE LEITE, «Direito do Trabalho na crise (relatório geral)» in: *Temas de Direito do Trabalho – IV Jornadas Luso-Hispano-Brasileiras de Direito do Trabalho*, Coimbra Editora, Coimbra, 1990, pp. 21-49, p. 35.

[369] Neste sentido, o próprio EPAC, no seu preâmbulo, fala de um regime "particularmente caracterizado pela intermitência". VÍTOR PALMELA FIDALGO, «O regime jurídico do trabalho intermitente e a sua aplicabilidade prática», *Prontuário de Direito do Trabalho*, 2021, I, pp. 103-116 p. 104: "sector marcadamente necessitado de uma flexibilização laboral deste cariz" (= ID., «Trabalho a tempo parcial, trabalho intermitente, trabalho por turnos e trabalho noturno» in: *Estudos do Instituto de Direito do Trabalho*, vol. VIII, Almedina, Coimbra, 2020, pp. 149-181).

[370] JOANA NETO, *Na boca de cena da (des)regulação...*, cit., p. 73, designa mesmo como "a lei da intermitência". Não sem críticas. Como reparava ANTÓNIO NUNES DE CARVALHO, «Considerações sobre o trabalho intermitente» in: *Estudos dedicados ao Professor Doutor Bernardo da Gama Lobo Xavier*, Universidade Católica Editora, vol. I, Lisboa, 2015, pp. 327-376, p. 328, "os termos em que este modelo contratual estava consagrado logo suscitaram, um extenso e substancial rol de questões, rodeando-o de grande incerteza".

[371] Como observa JOANA NETO, «Redesenhar o trapézio...», cit., p. 109, o RCTPE "lançou a semente".

[372] Tendo servido, aliás, de subsídio interpretativo para a compreensão do regime laboral comum: cfr. ANDRÉ ALMEIDA MARTINS, «O trabalho intermitente como instrumento de flexibilização da relação laboral: o regime do Código de Trabalho de 2009» in: *I Congresso Internacional de Ciências Jurídico-Empresariais: as novas relações laborais – actas*, Leiria, 2012, pp. 66-97 (disponível *online*), p. 81: "há naturalmente pontos deste regime que nos interessa referir, uma vez que fornecem algumas indicações úteis para a análise do regime do instituto tal como plasmado no CT 2009".

[373] JOÃO LEAL AMADO, «Contrato de trabalho intermitente: uma aposta falhada?» in: MARIA DO ROSÁRIO PALMA RAMALHO / TERESA COELHO MOREIRA [Coord.], *Tempo de trabalho e tempos de não*

mecanismos flexíveis, como o contrato de trabalho a termo, particularmente atrativo neste setor[374], ou para a possibilidade de celebrar contratos de trabalho a tempo parcial anualizados, modalidade cuja aplicação ao setor artístico é admitida pela doutrina[375].

A figura vem prevista no artigo 13.º do EPAC e já constava do regime legal anterior. Numa apreciação na generalidade, dizia-se que o regime do contrato de trabalho intermitente era, neste regime especial, não só diferente[376], mas também menos flexível e mais protetivo para o trabalhador do que o regime laboral comum (já descrito como um "santuário da flexibilidade"[377] ou, pelo menos, "uma das mais flexíveis formas de emprego conhecidas pelo ordenamento jurídico-laboral"[378]), o que pode parecer paradoxal porque, como se disse, este regime estava originariamente pensado justamente para atividades como estas e não para a generalidade das relações de trabalho, onde a introdução de mecanismos precarizadores deve revestir natureza excecional[379]. O que nos certo é que, na transição para o EPAC, o legislador incorporou várias normas do regime laboral comum, o que esbateu a diferença entre os dois regimes.

Passando agora para a análise do EPAC, segundo o n.º 1, do artigo 13.º, "quando as atividades autorais, artísticas, técnico-artísticas e de mediação cultural não apresentem carácter de continuidade ou tenham

trabalho – o regime nacional do tempo de trabalho à luz do Direito Europeu e Internacional, APODIT, Lisboa, 2018, pp. 231-245, p. 245: "o contrato de trabalho intermitente continuará no limbo, destinado a desempenhar um papel decorativo e residual, quase virtual, no nosso tecido empresarial". Também Vítor Palmela Fidalgo, «O regime jurídico do trabalho intermitente...», cit., p. 104, fala de uma "tímida expressão jurisprudencial", o que decorreria da fraca adesão ao instituto por parte dos eventuais interessados. Em termos próximos, no mesmo sentido, em geral, João Leal Amado / Milena Silva Rouxinol / Joana Nunes Vicente / Catarina Gomes Santos / Teresa Coelho Moreira, *Direito do Trabalho...*, cit., p. 453, n. 182 e Jorge Manuel Pereira Marques, *O contrato de trabalho a termo resolutivo como instrumento de política económica – entre a eficiência e a validade*, Coimbra Editora, Coimbra, 2011, p. 44, falando de uma "prognose de insucesso".

374 Sobre a fraca utilização do contrato de trabalho intermitente neste setor, Joana Carneiro, «O contrato de trabalho intermitente...», cit., p. 236.

375 Catarina Carvalho, «A desarticulação do regime legal...», cit., p. 378.

376 Tatiana Guerra de Almeida, «O novo regime jurídico do trabalho intermitente» in: Júlio Gomes / Catarina de Oliveira Carvalho [Coord.], *Direito do Trabalho + Crise = Crise do Direito do Trabalho? Actas do Congresso de Direito do Trabalho*, Coimbra Editora, Coimbra, 2011, pp. 345-358, p. 348, no contexto do RCTPE, não deixava de assinalar a existência de "diferenças sensíveis" entre os dois regimes.

377 João Leal Amado, «Contrato de trabalho intermitente...», cit., p. 235.

378 João Leal Amado, *Contrato de trabalho – noções básicas*, 3.ª ed., Almedina, Coimbra, 2019, p. 116.

379 Catarina Carvalho, «A desarticulação do regime legal...», cit., p. 376.

intensidade variável, pode ser acordado entre trabalhador e empregador o exercício da prestação de trabalho de forma descontínua, sendo a prestação intercalada por um ou mais períodos de inatividade, nos termos dos números seguintes".

Como se percebe imediatamente da transcrição do preceito, a celebração do contrato de trabalho em regime intermitente não é livre para as partes, surgindo, antes, como um "contrato causal"[380]: as partes apenas podem celebrá-lo "quando as atividades autorais, artísticas, técnico-artísticas e de mediação cultural não apresentem carácter de continuidade ou tenham intensidade variável", um pouco como no regime laboral comum em que a sua utilização está dependente de "actividade com descontinuidade ou intensidade variável" (artigo 157.º, n.º 1, do CT09)[381]. Se isto é assim, pensamos que, tal como é defendido no âmbito do regime laboral comum, o não cumprimento deste requisito determina a "neutralização" da intermitência e, consequentemente, a conversão do contrato num tipo *standard*[382].

No que diz respeito às suas modalidades, o EPAC não obsta à estipulação de qualquer uma das modalidades acima referidas, ou seja, do trabalho alternado ou do regime "à chamada". É certo que a redação do regime legal anterior ("...as partes podem acordar... *o início e o termo de cada período de trabalho e a antecedência com que o empregador deve informar o trabalhador do início daquele*") sugeria, à primeira vista, que o legislador artístico apenas permitia o trabalho à chamada[383], ainda que "garantindo períodos mínimos de atividade"[384]. No entanto, não só essa interpretação não era consentânea com o regime laboral comum[385], com semelhante redação, como desvirtuaria as necessidades deste setor: por que razão não poderiam os períodos de atividade e

[380] Para utilizar a expressão de João Leal Amado, «Contrato de trabalho intermitente...», cit., p. 239.

[381] No regime laboral comum, Joana Carneiro, «O contrato de trabalho intermitente...», cit., p. 213, entende por descontinuidade "aquelas situações em que a empresa não realiza qualquer actividade durante um determinado período (...) as situações descontinuidade não exigem a interrupção total da actividade, podendo recorrer a esta modalidade de contrato as empresas que encerram parte da sua actividade em determinados períodos".

[382] João Leal Amado, *Contrato de trabalho...*, cit., p. 118.

[383] Assim, Joana Carneiro, «O contrato de trabalho intermitente...», cit., p. 235.

[384] Neste sentido, João Leal Amado / Milena Silva Rouxinol / Joana Nunes Vicente / Catarina Gomes Santos / Teresa Coelho Moreira, *Direito do Trabalho...*, cit., p. 455, n. 185. Contra, aparentemente, Júlio Gomes, «Da fábrica à fábrica de sonhos...», cit., p. 231.

[385] Cfr. artigo 159.º, n.º 1, do CT09: "as partes estabelecem a duração da prestação de trabalho, de modo consecutivo ou interpolado, bem como o início e termo de cada período de trabalho, ou a antecedência com que o empregador deve informar o trabalhador do início daquele".

inatividade já ficar previamente definidos pelas partes[386]? Aliás, essa solução faz pleno sentido num setor onde muitíssimos espetáculos estão previamente marcados em determinado período do ano ou têm épocas típicas. Pense-se, por exemplo, pelo menos para quem os considerar enquadrados neste regime, os *reality shows*, que tipicamente acontecem apenas durante uma parte do ano. De resto, e tal como admite a doutrina no regime laboral comum, até podem ser pensados regimes mistos[387].

A este propósito, o n.º 2, do artigo 13.º, representa uma novidade significativa. Aí se estabelece, replicando a norma do CT09, que "a prestação de trabalho referida no número anterior não pode ser inferior a cinco meses a tempo completo, por ano, dos quais pelo menos três meses devem ser consecutivos"[388]. Como se vê, a lei impõe agora períodos de trabalho mínimos, o que não acontecia no RCTPE, onde esse aspeto parecia deixado ao arbítrio das partes[389].

O n.º 3, do artigo 13.º, estabelece, para estes efeitos, que os tempos de trabalho efetivo, para além do período de prestação efetiva da atividade autoral, artística, técnico-artística e mediação cultural, incluem também o período de preparação, promoção e finalização das atividades culturais e artísticas e os tempos de deslocação quando aquela implique deslocações ou itinerância, acrescentando-se que os tempos de não trabalho correspondem aos períodos de inatividade.

Ainda em relação aos pressupostos materiais para a celebração do contrato de trabalho com regime de intermitência (ou atividade descontínua), o EPAC fez desparecer a referência que constava do RCTPE quando aí se permitia a sua estipulação "aquando da celebração ou durante a vigência de um contrato de trabalho". Pensamos que esta supressão não terá conteúdo significativo, ou seja, o regime pode ser implementado *ab initio*, aquando da admissão do trabalhador, ou posteriormente à admissão do trabalhador, mediante acordo modificativo do contrato de trabalho[390].

[386] Admitindo essa hipótese, Margarida Porto, «Regime jurídico do contrato de trabalho...», cit., p. 747.

[387] João Leal Amado, «Contrato de trabalho intermitente...», cit., p. 234 (= Id., *Contrato de trabalho...*, cit., p. 117).

[388] Cfr. artigo 159.º, n.º 2, do CT09: "a prestação de trabalho referida no número anterior não pode ser inferior a cinco meses a tempo completo, por ano, dos quais pelo menos três meses devem ser consecutivos".

[389] Neste sentido, Margarida Porto, *A participação de menor em espectáculo...*, cit., p. 126.

[390] A este propósito, a nossa lei chegou a contemplar um direito de retratação do trabalhador. Falando de uma norma com "teor paternalista", Catarina Carvalho, «A desarticulação do regime legal...», cit., p. 377.

Quanto aos requisitos formais, remetemos para o correspondente capítulo relativo à forma e às formalidades do contrato de trabalho[391].

Seja em contexto artístico ou não, sem dúvida que a singularidade do trabalho prestado em regime de intermitência está relacionada com a separação entre os períodos de atividade (em que, portanto, o trabalhador presta trabalho em condições normais) e os períodos de inatividade, em que o trabalhador não presta trabalho, podendo estar disponível para esse efeito, mediante convocatória do trabalhador, caso seja fixado o regime de intermitência propriamente dito (e não o regime "alternado"). Para utilizar a linguagem de João Leal Amado/Joana Nunes Vicente, o trabalho intermitente divide-se, pois, numa estrutura bifásica[392].

Os períodos de atividade não oferecem grandes especificidades, pois o contrato está em normal execução e, portanto, são-lhe aplicáveis as regras gerais, não só do EPAC, mas também, em tudo o que for omisso e compatível, o CT09, o que o regime agora sentencia expressamente, como veremos. Diferentes são, como é fácil de adivinhar, os períodos de inatividade, que estão sujeitos a um conjunto de regras especiais, tal como acontece, de resto, com o regime laboral comum. Durante o período de inatividade, a situação jurídica do trabalho assemelha-se a uma suspensão do contrato de trabalho, embora, em rigor, não esteja em causa uma suspensão do contrato de trabalho[393] porque essa fase corresponde "ao modo de ser do próprio tipo contratual"[394].

Cumpre então estudar as regras que governam estes períodos.

Desde logo, segundo o n.º 8, do artigo 13.º, "durante os períodos de inatividade, o trabalhador mantém a disponibilidade para iniciar a sua prestação de trabalho, desde que seja convocado pelo empregador com a antecedência acordada entre as partes, que não deve ser inferior a 30 dias na situação

[391] § 3.2.3.2. Contrato de trabalho com atividade descontínua.

[392] João Leal Amado / Joana Nunes Vicente, «Contrato de trabalho intermitente», cit., p. 129.

[393] Maria do Rosário Palma Ramalho, «O contrato de trabalho dos profissionais...», cit., p. 239. Como assinalam João Leal Amado / Joana Nunes Vicente, «Contrato de trabalho intermitente», cit., p. 129, "no período de inactividade laboral o contrato não se extingue, não se interrompe nem, dir-se-ia, se suspende. Verdadeiramente, ele cumpre-se dessa forma, a inactividade do trabalhador corresponde a um dos seus modos de ser, à normal execução do contrato, à mais peculiar das suas facetas" (= João Leal Amado / Milena Silva Rouxinol / Joana Nunes Vicente / Catarina Gomes Santos / Teresa Coelho Moreira, *Direito do Trabalho...*, cit., p. 464). António Nunes de Carvalho, «Considerações sobre o trabalho intermitente», cit., pp. 366-367: "trata-se de um tempo que integra a fisiologia desta modalidade de trabalho".

[394] No contexto das regras gerais, Maria do Rosário Palma Ramalho, *Tratado de Direito do Trabalho...*, cit., p. 258.

prevista na alínea a) do n.º 8, e a 20 dias nas restantes situações"[395]. Como facilmente se percebe, este normativo apenas é aplicável quando é estipulado um regime de trabalho à chamada, porque no regime de trabalho alternado, em que os períodos já estão previamente definidos, não é necessário convocar o trabalhador: por definição, ele já está previamente convocado[396].

Durante os períodos de inatividade, na modalidade à chamada, o trabalhador está, portanto, disponível para trabalhar, bastando, para isso, a convocatória do empregador — "inatividade rima com heterodisponibilidade"[397]. Não se confunda, porém, esta disponibilidade, com o chamado "tempo de disponibilidade", para efeitos do regime do tempo de trabalho. O trabalhador encontra-se disponível para trabalhar *hoc sensu*, mas o período durante o qual aguarda a "chamada" do empregador não é tempo de trabalho, o que se compreende porque o trabalhador, nesse período, goza de uma certa disponibilidade[398].

Como se vê, a lei distingue o prazo de pré-aviso consoante a situação profissional do trabalhador. Em termos práticos, o pré-aviso depende de o trabalhar estar, ou não, a desempenhar outra atividade durante o período de inatividade, tendo informado o empregador dessa circunstância. No primeiro caso, o pré-aviso é de 30 dias. No segundo caso, será de 20 dias. Mais uma vez, o EPAC segue o regime laboral comum[399]. Segundo pensamos, os prazos são mínimos e, portanto, não podem emagrecer por acordo entre as partes[400], mas nada impede, claro está, que seja estipulado *in melius* um prazo superior[401]. Da leitura da norma também nos parece que o trabalhador apenas

[395] JOANA NETO, «Redesenhar o trapézio...», cit., p. 137, considera que este "pré-aviso" ainda é necessário mesmo nos casos em que os períodos de trabalho já estão pré-definidos.

[396] MARGARIDA PORTO, «Regime jurídico do contrato de trabalho...», cit., p. 747.

[397] JOÃO LEAL AMADO, *Contrato de trabalho...*, cit., p. 120.

[398] § 3.3.4. Tempo de trabalho.

[399] Cfr. artigo 159.º, n.º 3: "a antecedência a que se refere o n.º 1 não pode ser inferior a 30 dias na situação do n.º 1 do artigo seguinte e a 20 dias nos restantes casos".

[400] Ao contrário do que sucedia no regime anterior, na sua redação originária, que o permitia: "durante os períodos de inactividade, o trabalhador mantém a disponibilidade para iniciar a sua prestação de trabalho desde que seja convocado pelo empregador com uma antecedência mínima de 30 dias ou nos termos previstos no contrato de trabalho ou no acordo referido no n.º 2" (artigo 8.º, n.º 2). Assim, com este entendimento, perante esta redação, CATARINA CARVALHO, «A desarticulação do regime legal...», cit., p. 376.

[401] Na opinião de JÚLIO GOMES, «Da fábrica à fábrica de sonhos...», cit., p. 222, a convocatória não depende de forma especial. No mesmo sentido, deixando às partes essa regulamentação, ANTÓNIO NUNES DE CARVALHO, «Considerações sobre o trabalho intermitente», cit., p. 370, n. 121 (com início na p. 369).

beneficia do pré-aviso de 30 dias se estiver a desempenhar a sua atividade e disso informar o empregador. Por outras palavras, caso o empregador convoque o trabalhador com uma antecedência de 20 dias, por desconhecer a situação profissional do trabalhador, e este opuser, apenas nesse momento, que, na verdade, estava a prestar trabalho para outra entidade, o empregador não estará obrigado a respeitar o pré-aviso de 30 dias, salvo se porventura se conseguir demonstrar que o empregador tinha conhecimento desse atividade.

Em relação ao "estatuto" do trabalhador durante o período de inatividade, o n.º 8, do artigo 13.º, enumera os pontos que desenham o regime aplicável.

Em primeiro, estatui a alínea a) que, durante o período de inatividade, o trabalhador artístico tem o direito "a exercer outra atividade, devendo informar o empregador desse facto, desde que salvaguardados os deveres laborais que não pressupõem a prestação da atividade".

Se o trabalhador pode desempenhar outra atividade durante os seus períodos de inatividade, o novo regime veio agora esclarecer uma das dúvidas que pairavam ligeiramente sobre o regime anterior. O RCTPE já previa que o trabalhador podia, durante o período de inatividade, "exercer outra actividade", sem mais. Por comparação com o regime legal anterior, o EPAC tratou de acrescentar que devem ficar "salvaguardados os deveres laborais que não pressupõem a prestação da atividade". Fundamentalmente, o legislador, indo ao encontro daquele que era o entendimento da doutrina, pretendeu esclarecer que, durante os períodos de inatividade, o profissional da área da cultura, podendo exercer outras atividades, deve cumprir o dever de lealdade para com o empregador – uma vez que não pressupõe a prestação de trabalho – e, mais concretamente, não pode exercer uma atividade concorrente.

Concorde-se, ou não, com a solução legal, pelo menos o legislador teve o cuidado de esclarecer o ponto e, ao fazê-lo, até foi mais categórico do que o regime laboral comum que, no âmbito do regime do trabalho intermitente (o artigo 160.º, n.º 3, do CT09) estatui apenas que "durante o período de inactividade, o trabalhador pode exercer outra actividade". Certo é que, neste âmbito geral, doutrina tem entendido pacificamente que a liberdade do trabalhador tem como limite último o dever de lealdade e, por isso, estão vedadas as atividades que sejam consideradas concorrentes[402].

[402] João Leal Amado / Joana Nunes Vicente, «Contrato de trabalho intermitente», cit., p. 129, Joana Carneiro, «O contrato de trabalho intermitente...», cit., p. 219, Tatiana Guerra de Almeida, «O novo regime jurídico do trabalho intermitente», cit., pp. 349 e 355, Catarina Carvalho, «A desarticulação do regime legal...», cit., p. 375, Maria do Rosário Palma Ramalho, *Tratado de Direito do Trabalho...*, cit., p. 259, Pedro Madeira de Brito in: [AAVV], *Código do Trabalho*

Fechado o ponto, o que nos parece também certo é que, à exceção das atividades concorrentes, o trabalhador artístico pode prestar trabalho para outras entidades. Fazendo uso das palavras de TATIANA GUERRA DE ALMEIDA, escritas no âmbito do regime laboral comum, "o legislador encara a possibilidade de exercício de outra actividade como ónus ou contrapartida comum da estipulação de um regime de intermitência"[403].

Segundo pensamos, a alínea veda a celebração de qualquer pacto que limite a possibilidade de exercício de outra atividade, ainda que não concorrente. Esta interpretação faz tanto mais sentido se tivermos presente que a redação deste dispositivo deve ser compreendida em articulação com a redação da alínea b), desta mesma norma, onde agora se prevê que o profissional de espetáculos tem direito "a uma compensação retributiva, a fixar por acordo das partes, com um mínimo de 30 % da retribuição base".

Segunda a versão originária do RCTPE, o artista tinha direito "a uma compensação retributiva de valor não inferior a 30% ou 50% da retribuição normal... *consoante lhe seja ou não permitido exercer outra actividade*" (itálico nosso). Tal como o RCTPE já tinha eliminado em 2011, do EPAC não consta qualquer referência que permita vedar ao profissional de espetáculos o exercício de outra atividade durante os períodos de inatividade contra o pagamento de uma quantia que, muitas vezes, não assegurava mesmo a sobrevivência digna dos trabalhadores[404]. Portanto, e em face destes dados legais, qualquer pacto de exclusividade será nulo[405], sendo esse, de resto, o entendimento largamente maioritário no âmbito do regime laboral comum[406].

Anotado..., cit., p. 405, ANTÓNIO MONTEIRO FERNANDES, *Direito do Trabalho...*, cit., p. 226, DIOGO VAZ MARECOS, *Código do Trabalho anotado*, 2.ª ed., Coimbra Editora, Coimbra, 2012, p. 390, JOÃO LEAL AMADO, *Contrato de trabalho...*, cit., p. 121, ANTÓNIO NUNES DE CARVALHO, «Considerações sobre o trabalho intermitente», cit., pp. 368-369, VÍTOR PALMELA FIDALGO, «O regime jurídico do trabalho intermitente...», cit., p. 115 e ANDRÉ ALMEIDA MARTINS, «O trabalho intermitente como instrumento...», cit., p. 93.

403 TATIANA GUERRA DE ALMEIDA, «O novo regime jurídico do trabalho intermitente», cit., p. 350.

404 MARGARIDA PORTO, *A participação de menor em espectáculo...*, cit., p. 136 e ID. «Regime jurídico do contrato de trabalho...», cit., p. 752.

405 Defendendo esta interpretação, certamente mais condizente com a letra da lei, JOÃO LEAL AMADO / JOANA NUNES VICENTE, «Contrato de trabalho intermitente» in: ANTÓNIO MOREIRA [Coord.], *XI-XII Congresso Nacional de Direito do Trabalho – Memórias*, Almedina, Coimbra, 2009, pp. 119-137, p. 128, n. 15, MARGARIDA PORTO, «Regime jurídico do contrato de trabalho...», cit., p. 747, n. 22 e ANDRÉ ALMEIDA MARTINS, «O trabalho intermitente como instrumento...», cit., p. 92 ("

406 No âmbito do regime laboral comum, defendendo esta posição, JOÃO LEAL AMADO / MILENA SILVA ROUXINOL / JOANA NUNES VICENTE / CATARINA GOMES SANTOS / TERESA COELHO MOREIRA, *Direito do Trabalho...*, cit., p. 462, JOÃO LEAL AMADO / JOANA NUNES VICENTE, «Contrato de trabalho

Essa não é, porém, a interpretação de Júlio Gomes e Maria do Rosário Palma Ramalho. Se aquele primeiro Autor afirmava, à luz do RCTPE, que "o pacto de exclusividade terá aqui interesse quando o empregador se quiser certificar da completa disponibilidade do trabalhador"[407], já a Autora, escrevendo também na vigência do regime anterior, defende a validade desses pactos com recurso ao lugar do artigo 11.º, n.º 5, do RCTPE [hoje, artigo 15.º do EPAC] ("as partes podem estabelecer, por escrito, que o trabalhador realiza a sua actividade artística em exclusivo para o empregador, mediante a fixação de uma compensação adequada para a prestação do trabalho em regime de exclusividade"), invocando, para salvaguarda do trabalhador, que a compensação especial a que se refere a norma atrás citada acresce à compensação que já resulta da lei para os períodos de inatividade[408].

Não concordamos com o entendimento de Maria do Rosário Palma Ramalho porque, a nosso ver, a norma no artigo 15.º, n.º 1 (equivalente ao artigo 11.º, n.º 5, do RCTPE, em relação ao qual a Autora se pronuncia), que estudaremos mais adiante, é uma "norma geral" em relação à qual a disciplina do trabalho em regime intermitente do EPAC é um regime excecional. Por outras palavras, se aquela norma permite, em geral, os pactos de exclusividade no setor artístico, solução que não nos choca, tais acordos já não seriam válidos nos contratos de trabalho em regime de intermitência, pelo menos durante os períodos de inatividade. Reiterando o que já escrevemos *supra*,

intermitente», cit., p. 128, Tatiana Guerra de Almeida, «O novo regime jurídico do trabalho intermitente», cit., p. 349, Catarina Carvalho, «A desarticulação do regime legal...», cit., pp. 374-375, João Leal Amado, «Contrato de trabalho intermitente...», cit., p. 237 (= *Contrato de trabalho...*, cit., p. 120), Joana Carneiro, «O contrato de trabalho intermitente», cit., p. 219 e p. 235, Joana Nunes Vicente, «Trabalho a tempo parcial e trabalho intermitente» in: Maria do Rosário Palma Ramalho / Teresa Coelho Moreira [Coord.], *Tempo de trabalho e tempos de não trabalho – o regime nacional do tempo de trabalho à luz do Direito Europeu e Internacional*, APODIT, Lisboa, 2018, pp. 247-274, p. 270 e André Almeida Martins, «O trabalho intermitente como instrumento...», cit., p. 92 ("parece estar excluída a possibilidade de as partes introduzirem no contrato de trabalho intermitente uma cláusula de exclusividade, nos moldes acima analisados a propósito do exercício intermitente da prestação de trabalho dos profissionais do espectáculo"). A favor da validade destes pactos, no âmbito do regime laboral comum, Maria do Rosário Palma Ramalho, *Tratado de Direito do Trabalho...*, cit., p. 259, António Nunes de Carvalho, «Considerações sobre o trabalho intermitente», cit., p. 369 e Vítor Palmela Fidalgo, «O regime jurídico do trabalho intermitente...», cit., p. 115.

[407] Júlio Gomes, «Da fábrica à fábrica de sonhos...», cit., p. 225.

[408] Maria do Rosário Palma Ramalho, *Tratado de Direito do Trabalho...*, cit., p. 345, Id, «O contrato de trabalho dos profissionais...», cit., p. 240 e Margarida Porto, «Regime jurídico do contrato de trabalho...», cit., p. 747, n. 22.

admitir a celebração destes pactos não só contraria o efeito útil das alíneas a) e b), do artigo 13.º, n.º 8, como reintroduz o efeito que, assumidamente, se quis combater: impedir o trabalhador artístico de prestar trabalho durante o período de inatividade, a troco de uma compensação que pode não ser suficiente, como muitas vezes não é, para garantir a subsistência.

Finalmente, da alínea a) também resulta que o trabalhador deve informar o empregador dessa outra atividade. Parece-nos que este dever de informação está relacionado com o período de pré-aviso para a convocatória, que a lei distingue justamente consoante a situação profissional do trabalhador, ou com o pagamento da compensação retributiva, cujo valor pode ser afetado pelos valores que o trabalhador tem direito a receber durante os períodos de inatividade.

Em segundo lugar, estabelece a alínea b) que o trabalhador tem direito "a uma compensação retributiva, a pagar pelo empregador e a fixar por acordo das partes, com um mínimo de 30 % da retribuição base".

Em primeiro lugar, repare-se que a lei fala agora em "retribuição base", ao contrário do regime anterior, que se referia à "retribuição normal", conceito que, não tendo paralelo no regime laboral comum[409], se prestava a dúvidas quanto ao seu sentido e alcance e que, por imperativo de segurança jurídica, bem andou o legislador em corrigir. Ao mesmo tempo, também se consegue uma uniformização com o regime laboral comum que também aponta como critério de cálculo a "retribuição base"[410].

A respeito desta compensação retributiva, há quem discuta, na nossa doutrina, qual a natureza jurídica desta prestação[411], retirando daí significativas consequências argumentativas. Júlio Gomes, equiparando a situação de disponibilidade à prestação de trabalho e considerando tratar-se de retribuição[412], sugere mesmo que, como tal, a prestação não deverá ser inferior

[409] Com exceção, parece, ao artigo 305.º, n.º 1, alínea a), do CT09.

[410] Dando conta da dissociação que existia entre os dois regimes, António Nunes de Carvalho, «Considerações sobre o trabalho intermitente», cit., p. 360, n. 96 e Catarina Carvalho, «A desarticulação do regime legal...», cit., p. 376.

[411] Joana Carneiro, «O contrato de trabalho intermitente...», cit., p. 217, defende que esta prestação não tem natureza retributiva porque não é contrapartida pelo trabalho prestado. Defendendo essa natureza, Júlio Gomes, «Da fábrica à fábrica de sonhos...», cit., p. 223 e António Nunes de Carvalho, «Considerações sobre o trabalho intermitente», cit., pp. 372-373. No âmbito do regime laboral comum, exprimindo dúvidas sobre a natureza retributiva desta prestação, Maria do Rosário Palma Ramalho, *Tratado de Direito do Trabalho...*, cit., p. 260, acaba por qualificar esta prestação como "compensação retributiva".

[412] Tatiana Guerra de Almeida, «O novo regime jurídico do trabalho intermitente», cit., p. 355, fala aqui de uma prestação que se destina a "remunerar unicamente a manutenção do vínculo".

ao salário mínimo nacional[413]. Não podemos concordar com esta posição. Em primeiro lugar, é a própria lei que estabelece um mínimo de 30% da retribuição base, nunca ressalvando que esse valor tem como limiar o valor da remuneração mínima garantida. Repare-se que o legislador o faz noutros contextos, como acontece, concretamente, no regime do *lay off*, onde se garante o salário mínimo nacional caso o valor da compensação retributiva a pagar durante os períodos de suspensão ou redução, de acordo com os critérios de cálculo (fundamentalmente, 2/3 da retribuição normal) venha a ser inferior a esse valor.

Acresce que, se assim fosse, pouco alcance prático teria esta norma: a retribuição base dos artistas deveria ser particularmente expressiva para que o valor dos 30% fosse, pelo menos, equivalente ao valor da retribuição mínima garantida[414]. Por outras palavras, a não ser nos casos dos trabalhadores artísticos de grande gabarito, em que, de facto, 30 % representa um valor superior ao salário mínimo nacional, na esmagadora maioria das situações, tal não acontece e o legislador estava certamente consciente da realidade remuneratória do setor. E sempre se dirá que este entendimento seria mais um motivo para desencorajar os empregadores a recorrer a este regime...

Finalmente, em relação aos períodos de inatividade, prevê a alínea c) que o trabalhador tem direito "aos subsídios de férias e de Natal, calculados com base nas médias dos valores de retribuições e compensações retributivas auferidas nos últimos 12 meses, ou no período de duração do contrato se esta for inferior". Perante a redação desta norma, fica a dúvida se no cálculo do subsídio de Natal não se incluirão todas as prestações consideradas como retribuição ("... médias dos valores de retribuições ...") quando, de acordo com as regras gerais, tudo aponta para a consideração da retribuição base e diuturnidades. Pensamos que não foi essa a intenção do legislador.

Em relação à compensação retributiva, o legislador aproveitou para incorporar no EPAC algumas normas que, entretanto, tinham sido introduzidas no regime laboral comum. Mais concretamente, quando agora se dispõe que "se o trabalhador exercer outra atividade durante o período de inatividade, o montante da correspondente retribuição é deduzido à compensação

[413] Júlio Gomes, «Da fábrica à fábrica de sonhos...», cit., p. 223. Exprimindo dúvidas quanto a este entendimento, António Nunes de Carvalho, «Considerações sobre o trabalho intermitente», cit., p. 373.

[414] Ilustrando com recurso a um exemplo, para que os 30% correspondessem, no mínimo, ao salário mínimo nacional (que atualmente se cifra nos € 705,00), seria necessário que o profissional de espetáculos auferisse uma remuneração normal de € 2.350,00 (* 0,3 = € 705,00).

retributiva a que se refere a alínea b) do número anterior, nos casos em que a retribuição auferida noutro empregador seja igual ou superior à auferida pelo trabalhador em regime de contrato com atividade descontínua" (n.º 9).

Ainda a propósito da compensação, o EPAC estabelece, no n.º 10, que o montante da retribuição não é deduzido à compensação retributiva relativamente a contratos de trabalho existentes previamente ao início do período de inatividade do trabalhador ou se o valor da retribuição da nova atividade for igual ou inferior ao salário mínimo nacional. No fundo, no primeiro caso, o legislador tutela a existência de outras atividades que o profissional da cultura já detivesse à data ou, no segundo caso, se a nova atividade tiver uma expressão económica inferior ou igual ao salário mínimo nacional. A lei é ambígua, mas parece-nos que, se o valor for superior ao salário mínimo nacional, apenas é deduzido o excedente desse valor e não a totalidade do valor...

Da leitura destas normas parece resultar que estas atividades devem revestir natureza laboral ("retribuição auferida noutro empregador", "contratos de trabalho existentes" e "retribuição da nova atividade"), pelo que já não se aplicarão estas regras caso a cumulação seja com contratos de prestação de serviços, solução que é, no mínimo de estranhar...[415]

Por outro lado, pode acontecer que o trabalhador não informe o empregador de que está a desempenhar uma atividade profissional remunerada nos seus períodos de inatividade, impedindo a dedução dos valores, se a ela tiver de haver lugar (por exemplo, se, na execução de um novo contrato de trabalho, o trabalhador auferir um salário superior ao salário mínimo nacional). Sendo claro que essa violação representa, a todas as luzes, um infração grave dos deveres laborais, sublinhamos que, segundo nos quer parecer, o empregador não poderá deduzir valores indevidamente recebidos em compensações retributivas por pagar por causa das regras restritivas em matéria de compensação de créditos, pois, "na pendência de contrato de trabalho, o empregador não pode compensar a retribuição em dívida com crédito que tenha sobre o trabalhador, nem fazer desconto ou dedução no montante daquela" (artigo 279.º, n.º 1, do CT09).

Fechando o tópico da compensação retributiva, uma questão que se pode colocar diz respeito à repercussão de eventos que impossibilitam o trabalhador de prestar trabalho durante os períodos de inatividade. Será que, nesses

[415] O artigo 160.º, n.º 3, do CT09, apenas estabelece que "se o trabalhador exercer outra atividade durante o período de inatividade, o montante da correspondente retribuição é deduzido à compensação retributiva calculada de acordo com o número anterior". Em crítica a esta solução legal, Maria do Rosário Palma Ramalho, *Tratado de Direito do Trabalho...*, cit., p. 261 e João Leal Amado, *Contrato de trabalho...*, cit., p. 121, n. 110.

casos, o trabalhador perde o direito à compensação retributiva ainda que, de facto não venha a ser chamado (estando em vigor um regime de intermitência à chamada) ou nos períodos de inatividade previamente fixados (no designado regime alternado)[416]?

Relativamente aos períodos de inatividade, o legislador autonomiza alguns deveres para o empregador no n.º 11 do artigo 13.º. Desde logo, prevê-se na alínea a) que o empregador deve "pagar pontualmente a compensação retributiva, com periodicidade igual à da retribuição". Esta previsão é certamente desnecessária e representa um truísmo: estando obrigado a pagar a compensação retributiva, é natural que o empregador a deva pagar pontualmente. Não é, contudo, a primeira vez que o legislador o faz: também no regime do *lay off* se proclama o mesmo (alínea a), do n.º 1, do artigo 303.º, do CT09). No entanto, fazemos notar que o legislador acrescentou agora que a compensação retributiva deve ser paga com uma "com periodicidade igual à da retribuição". Pensamos que este aditamento só pode estar relacionado com o fim de evitar o pagamento da compensação retributiva numa *lump sum*.

Para além da obrigação de pagar pontualmente a compensação retributiva ao trabalhador, estabelece a alínea b), do n.º 11, do artigo 13.º, que o empregador fica ainda obrigado a "não admitir novos trabalhadores ou renovar contratos para atividades autorais, artísticas, técnico-artísticas e de mediação cultural suscetíveis de poderem ser desempenhadas pelo trabalhador em situação de inatividade". Esta solução legal, cujo espírito encontra, aliás, refrações em lugares paralelos do Direito do Trabalho (pense-se no direito de preferência do trabalhador para postos de trabalho a tempo indeterminado)[417] "visa essencialmente que num caso em que o trabalhador em situação de inactividade tem aptidão suficiente e tem um perfil adequada para uma determinada actividade ele seja colocado em situação de tempo de trabalho efectivo, podendo não só receber na totalidade a sua retribuição, mas sobretudo podendo trabalhar e consequentemente realizar-se profissionalmente"[418].

[416] Respondendo pela negativa, João Leal Amado / Joana Nunes Vicente, «Contrato de trabalho intermitente», cit., pp. 129-130. Também António Nunes de Carvalho, «Considerações sobre o trabalho intermitente», cit., p. 367, afirma que "quando ocorram num ciclo de inactividade e não se projectem nos períodos de duração do trabalho, não adquirem aqui relevância, já que não afectam o cumprimento". No mesmo sentido, Vítor Palmela Fidalgo, «O regime jurídico do trabalho intermitente...», cit., p. 114.

[417] Em comentário ao CT09, Diogo Vaz Marecos, *Código do Trabalho anotado...*, cit., p. 390, escreve que o regime deveria prever um direito de preferência para o trabalhador.

[418] Margarida Porto, *A participação de menor em espectáculo...*, cit., p. 127.

Segundo pensamos, este dever do empregador tem como correlativo um direito subjetivo do trabalhador. A questão não é meramente teórica porque, a ser assim, o incumprimento destes deveres pode fundamentar, no limite, a resolução do contrato de trabalho com justa causa, permitindo ao artista peticionar, até, o que deixou de receber por ter sido preterido[419].

Seja como for, esta norma merece uma interpretação restritiva, na medida em que não fará sentido manter o empregador vinculado a este dever se o trabalhador não pretender ser admitido durante os períodos de inatividade[420]. Nestes casos, não fará sentido vincular o empregador a esse dever quando o titular do interesse que se visa proteger — o trabalhador — como que prescinde dessa prerrogativa. Não se extrapole, porém, esta afirmação: o trabalhador não tem o direito a recusar a prestação, se assim for convocado, incorrendo mesmo em infração disciplinar se o fizer, punível nos termos gerais. No entanto, se o empregador nisso consentir[421] ou perante uma recusa injustificada do trabalhador, não fará sentido que, em substituição daquele trabalhador, não possa recrutar outro profissional da área da cultura.

Acrescenta o n.º 12, do artigo 13.º, que "o contrato de trabalho com atividade descontínua não pode ser celebrado a termo resolutivo, mediante contrato de trabalho de muito curta duração ou em regime de trabalho temporário". Tal como acontece no regime laboral comum[422], a celebração de um contrato de trabalho em regime de intermitência apenas é possível em contratos de trabalho por tempo indeterminado. Consequentemente, não será possível cumular a intermitência com a contratação a termo[423] (incluindo o contrato de trabalho a termo de muito curta duração) ou com contratos de trabalho temporário, solução que se percebe porque o regime de intermitência visa satisfazer necessidades permanentes[424]. No entanto, é preciso distinguir a estipulação de um regime de intermitência num contrato de trabalho a termo de um regime de intermitência por tempo determinado, algo que parece perfeitamente possível[425].

419 Assinalando estas consequências, embora exprimindo dúvidas, Júlio Gomes, «Da fábrica à fábrica de sonhos...», cit., ppp. 225-226.

420 Margarida Porto, «Regime jurídico do contrato de trabalho...», cit., p. 748.

421 Joana Neto, «Redesenhar o trapézio...», cit., p. 140, considera que esta norma é dispositiva, podendo ceder por acordo entre as partes.

422 Cfr. artigo 157.º, n.º 2, do CT09.

423 Júlio Gomes, «Da fábrica à fábrica de sonhos...», cit., p. 221. Joana Nunes Vicente, *A invalidade parcial...*, cit., p. 348, escreve, no contexto do regime laboral comum, que "a lei não permite aquela coabitação contratual".

424 João Leal Amado, «Contrato de trabalho intermitente...», cit., p. 243.

425 No mesmo sentido, referindo-se ao regime dos artistas, António Nunes de Carvalho, «Considerações sobre o trabalho intermitente», cit., p. 357, n. 88.

Como não poderia deixar de ser, o EPAC não contém uma regulamentação esgotante desta matéria, embora mais completo do que o anterior, muito por força da incorporação de algumas normas do regime laboral comum. Acontece que, para prevenir qualquer ponto omisso, determina-se que "são subsidiariamente aplicáveis ao contrato de trabalho com atividade descontínua as normas relativas à modalidade contratual prevista nos artigos 157.º e seguintes do Código do Trabalho" (n.º 13 do artigo 13.º), norma que será porventura de utilidade questionável dado que, em geral, o regime laboral comum já é subsidiariamente aplicável (artigo 3.º, n.º 1), desde que compatível com as especificidades desta relação especial de trabalho[426].

§ 3.2.2.5. Contrato de trabalho com pluralidade de empregadores

No seguimento da autorização legislativa concedida pelo OE2021, o novo regime veio prever a figura do contrato de trabalho com pluralidade de empregadores. A figura não é nova: o regime laboral comum já a contempla, no artigo 101.º, do CT09. A novidade está na sua inclusão no EPAC, embora o regime reproduza, no essencial, as regras que já resultam do CT09.

Assim, segundo o artigo 14.º, n.º 1, "o trabalhador pode obrigar-se a prestar trabalho a vários empregadores entre os quais exista uma relação societária de participações recíprocas, de domínio ou de grupo, que tenham estruturas organizativas comuns, ou que organizem em conjunto espetáculos ou eventos culturais". A norma é um simples decalque do regime laboral comum, apurada com uma referência *in fine* à organização de espetáculos e eventos culturais.

Como se vê, para além dos requisitos de forma[427], a lei exige a verificação daqueles pressupostos substanciais, isto é, que entre as várias empresas exista uma relação societária de participações recíprocas, de domínio ou de grupo, que tenham estruturas organizativas comuns, ou que organizem em conjunto espetáculos ou eventos culturais. A violação deste requisito legal

[426] Maria do Rosário Palma Ramalho, *Tratado de Direito do Trabalho...*, cit., p. 343. A Autora não deixava de afirmar, p. 346, que o regime especial do RCPTE prevalecia sobre as regras do regime laboral comum. Noutro local, Id., «O contrato de trabalho dos profissionais...», cit., p. 241, não deixa de alertar que, em certos aspetos, o regime laboral comum não se coaduna com a especificidade do trabalho artístico. António Monteiro Fernandes, *Direito do Trabalho...*, cit., p. 225, afirma que "os princípios inspiradores dos dois regimes são idênticos". No mesmo sentido, António Nunes de Carvalho, «Considerações sobre o trabalho intermitente», cit., pp. 336-337: "a possibilidade de recurso a esta modalidade no âmbito das relações laborais com regime especial fica condicionada ao teste de compatibilidade exigido pelo art. 9.º do Código do Trabalho".

[427] Cfr. § 3.2.3.3. Contrato de trabalho com pluralidade de empregadores.

é punida contraordenacionalmente (artigo 14.º, n.º 5) e, do ponto de vista do trabalhador, tem ainda a seguinte consequência: "a violação dos requisitos... confere ao trabalhador o direito de optar pelo empregador ao qual fica vinculado" (artigo 14.º, n.º 5). No entanto, segundo a interpretação que temos como a melhor, esta prerrogativa não impede o trabalhador de invocar o regime de pluralidade de empregadores, responsabilizando todos eles.

Estabelece-se também que "os empregadores são solidariamente responsáveis pelo cumprimento das obrigações decorrentes do contrato de trabalho, cujo credor seja o trabalhador ou terceiro", ou seja, todos os empregadores, incluindo, como se disse, os de facto, podem ser demandados para o pagamento de quaisquer créditos laborais destes trabalhadores (artigo 14.º, n.º 3).

§ 3.2.3. Forma e formalidades

Em matéria de forma, o EPAC estabelece que "o contrato de trabalho não depende de forma especial, salvo quando o Código do Trabalho ou o presente Estatuto a determinem" (artigo 8.º, n.º 1)[428]. A solução está em linha com o regime legal anterior, pelo menos a partir da sua reforma de 2011, quando o legislador deixou de impor, como regra, forma ao contrato de trabalho neste setor[429].

Acrescenta o n.º 2, do artigo 8.º, que "sempre que seja seguida a forma escrita, para além das menções obrigatórias previstas no Código do Trabalho, o contrato de trabalho deve conter o número do cartão do profissional da área da cultura, se aplicável". Pela nossa leitura, parece que o legislador se está a referir aos casos em que as partes celebram o contrato de trabalho por escrito, aquilo que se designa, na linguagem civilista, como forma voluntária[430].

[428] Diferente parece ter sido a posição do legislador espanhol, ao sujeitar os contratos de trabalho artístico a forma: cfr. artigo 3.º do Real Decreto n.º 1435/1985, de 1 de agosto.

[429] Estabelecia-se, na versão originária do diploma que "o contrato de trabalho do artista de espectáculos está sujeito a forma escrita" (artigo 10.º, n.º 1, do RCTPE). Já no Decreto n.º 43190, de 23/09/1960, se impunha a forma escrita (artigo 18.º). A forma era exigida, como se vê, até para os contratos de trabalho por tempo indeterminado. Na opinião de MARGARIDA PORTO, *A participação de menor em espectáculo...*, cit., pp. 113 ss., a intenção terá sido a de facilitar a prova da existência de um contrato de trabalho.

[430] Cfr. artigo 222.º, n.º 1, do Código Civil: "se a forma escrita não for exigida por lei, mas tiver sido adoptada pelo autor da declaração, as estipulações verbais acessórias anteriores ao escrito, ou contemporâneas dele, são válidas, quando se mostre que correspondem à vontade do declarante e a lei as não sujeite à forma escrita".

Acontece que, se assim for, não se compreende a que menções obrigatórias se refere a lei, dado que, não estando o contrato de trabalho sujeito a forma, não há lugar, por definição, a menções obrigatórias... Porventura o legislador se estará a referir ao dever de informação a que se refere o artigo 106.º, do CT09, e às informações previstas no n.º 3 desta disposição, mas também aqui estamos perante um dever de informação que não tem de ser necessariamente cumprido no contrato de trabalho.

§ 3.2.3.1. Contrato de trabalho a termo

O EPAC exige forma especial, desde logo, para o contrato de trabalho a termo: o legislador não quis aqui fugir ao modelo do regime comum do CT09 e, em sintonia com o que aí vale para a generalidade dos trabalhadores[431], a celebração deste contrato na modalidade de contrato a termo também está sujeita a forma escrita: pelo menos, é essa a interpretação que damos ao artigo 11.º, n.º 3, do EPAC, quando aí se estabelece que "o contrato de trabalho a termo certo tem a duração que as partes estipularem expressamente por escrito"[432]. Pensamos que desta norma se subentende, pois, que o contrato de trabalho a termo está sujeito a forma escrita.

Acontece que a inobservância da forma escrita no caso de contrato de trabalho a termo não está expressamente resolvida na lei, o que levanta algumas dificuldades. Na verdade, a questão já se colocava à luz do RCTPE, quando aí se previa que "os requisitos de forma previstos no Código do Trabalho para o contrato de trabalho a termo são aplicáveis, com as necessárias adaptações". No entanto, parece-nos que as soluções debatidas pela doutrina no contexto do RCTPE devem agora ser repensadas, por força de uma alteração, que nos parece significativa, dos pressupostos quanto ao recurso à contratação a termo.

Ao contrário do que acontecia com o regime anterior, parece que se pode concluir que, no EPAC, a contratação a termo já não surge desembaraçada de constrangimentos e, portanto, ela já não está em pé de igualdade com a

[431] No ac. de 12/12/2002 do STJ (Lopes Pinto), proc. nr. 02A3897, deu-se como provado que "é prática corrente na contratação de artistas líricos e de outras disciplinas o acordo verbal quanto à participação em espectáculos, acerto de datas e cachets, sendo a redução a escrito efectuada posteriormente para segurança de ambas as partes, constituindo vínculo sério de ambas as partes, salvo comunicação contrária, ao bloqueio de datas para outros espectáculos".

[432] O RCTPE era mais enfático: "os requisitos de forma previstos no Código do Trabalho para o contrato de trabalho a termo são aplicáveis, com as necessárias adaptações, aos contratos a que se refere o artigo 7.º" (artigo 10.º, n.º 2).

contratação por tempo indeterminado. Como vimos[433], o contrato de trabalho a termo já não surge como um mecanismo de pretensa utilização livre, isto é, prescindindo de qualquer justificação adicional, como defendia alguma doutrina. Daí que poderiam ser extraídas consequências para a questão de saber qual a sorte do contrato de trabalho a termo em caso de falta de forma. Mais concretamente, cominar a inobservância de forma com a conversão do contrato para tempo indeterminado não se harmonizaria com essa política legislativa.

Tal não acontece com o EPAC, de onde resulta agora que o contrato de trabalho a termo deve ser afeto à "satisfação de necessidades temporárias", as quais devem ser "objetivamente definidas pela entidade empregadora" e que o contrato deve vigorar "apenas pelo período estritamente necessário à satisfação dessas necessidades". Segundo pensamos, deste novo quadro legal devem ser retiradas importantes consequências argumentativas. E essas consequências só podem ser estas: a celebração do contrato sem forma escrita determina a sua nulidade e, assim sendo, a sua conversão num contrato de trabalho por tempo indeterminado. No fundo, estaria em causa a aplicação, pelo incumprimento dos requisitos de forma, da regra geral do artigo 147.º, n.º 1, alínea c), do CT09. Esta solução, sufragada, entre nós, à luz do RCTPE, por Júlio Gomes[434] e Joana Neto[435], era bastante discutível à luz da filosofia do regime legal anterior[436], mas agora cobra todo o seu sentido.

[433] § 3.2.2.2. Contrato de trabalho a termo.

[434] É esta a posição de Júlio Gomes, «Da fábrica à fábrica de sonhos...», cit., p. 217. O Autor considera que "não parece que a norma do Código do Trabalho seja em rigor incompatível com a especificidade do contrato de trabalho de artistas de espectáculo, pelo que não tendo sido excluída parece que deverá ser aplicada na hipótese de inobservância da forma escrita do contrato a termo resolutivo de artista de espectáculo".

[435] Joana Neto, «Redesenhar o trapézio...», cit., p. 132.

[436] Contra, à luz do RCTPE, Margarida Porto entendia que a aplicação da regra geral se conciliava mal com o espírito desta relação especial de trabalho "denotando, ainda que disfarçadamente, uma preferência pelo contrato por tempo indeterminado" (Margarida Porto, «Regime jurídico do contrato de trabalho...», cit., p. 742). A Autora, discordando com aquela construção, e rejeitando também a tese de que a forma exigida era meramente *ad probationem*, propendia para a nulidade do contrato, nos termos gerais do Direito, ou seja, por aplicação do artigo 220.º, do Código Civil, mas salvaguardando o período durante o qual o contrato de trabalho foi executado: cfr. Margarida Porto, «Regime jurídico do contrato de trabalho...», cit., pp. 741-743. A autora entendia a sua proposta como a "solução natural" traçando até o paralelismo, embora *cum grano salis*, com o regime do contrato de trabalho desportivo (art. 5.º, n.º 2, da Lei n.º 28/98, de 26 de junho) e com o contrato de trabalho em funções públicas (art. 63.º, n.º 2, da Lei n.º 35/2014, de 20 de junho) onde a inobservância dos requisitos formais no contrato a termo dá origem à nulidade do pacto.

§ 3.2.3.2. Contrato de trabalho com atividade descontínua

Ao lado do contrato de trabalho a termo, também o contrato de trabalho com atividade descontínua está sujeito a forma escrita. Acresce que o contrato deve ainda conter um conjunto de formalidades ou menções: a identificação, assinaturas e domicílio ou sede das partes e a indicação do número anual de horas de trabalho ou do número anual de dias de trabalho a tempo completo.

Acrescenta o n.º 5, do artigo 13.º, que quando não tenha sido observada a forma escrita ou a falta da indicação do número anual de horas de trabalho ou do número anual de dias de trabalho a tempo completo, considera-se o contrato de trabalho celebrado sem período de inatividade. No fundo, há uma assimilação do contrato de trabalho ao modelo *standard*[437].

§ 3.2.3.3. Contrato de trabalho com pluralidade de empregadores

Como vimos, o EPAC permite a celebração de um contrato de trabalho com pluralidade de empregadores. Esse contrato está sujeito a forma escrita: cfr. artigo 14.º, n.º 2. Acresce que, para além da forma escrita, o documento deve ainda conter um conjunto de menções obrigatórias: a identificação, assinaturas e domicílio ou sede das partes, a indicação da atividade do trabalhador, do local e do período normal de trabalho, bem como a indicação do empregador que representa os demais no cumprimento dos deveres e no exercício dos direitos emergentes do contrato de trabalho, quando aplicável.

Posto isto, importa ter presente que a celebração de um contrato de trabalho com pluralidade de empregadores pode dar azo a dificuldades porque, no setor artístico, é comum que os contratos de trabalho sejam celebrados oralmente e, como vimos, o contrato depende de forma escrita. Contudo, segundo o entendimento que se crê consolidado, e que nos parece o melhor, a falta de forma escrita não impede a aplicação da figura, reconhecendo-se a pluralidade de empregadores de facto[438].

[437] Joana Nunes Vicente, *A invalidade parcial...*, cit., pp. 352 ss.

[438] Com efeito, quando a subordinação jurídica se revela simultaneamente perante duas ou mais entidades, isto é, quando o trabalhador presta trabalho em moldes subordinados para uma pluralidade de entidades, é a figura da pluralidade de empregadores que deve receber aplicação ainda que entre alguma das entidades envolvidas (ou até todas) e o trabalhador não haja um vínculo formal. Se é certo que a disposição legal que regula a figura da pluralidade de empregadores exige a verificação de um formalismo negocial, parecendo mesmo opor-se à sua constituição em caso de inobservância dessas formalidades, a verdade é que a doutrina e jurisprudência têm feito uma leitura bastante inteligente da norma possibilitando ao trabalhador a invocação da figura

mesmo nesses casos. Essencialmente, a doutrina e a jurisprudência amparam-se na filosofia de que "é a realidade factual que determina a forma jurídica e não o inverso" ou, mais enfaticamente, "é a realidade factual, a sua vida e a sua dinâmica que determina a forma jurídica e não o inverso, ou seja, a vontade das partes não pode afastar a subordinação jurídica quando ela estiver presente" (nestes termos, Catarina Carvalho, *Da mobilidade dos trabalhadores no âmbito dos grupos de empresas nacionais*, UCP Editora, Porto, 2001, p. 340, afirmação recuperada depois, Id., «Algumas questões sobre a empresa e o direito do trabalho no novo código do trabalho» in: *A reforma do Código do Trabalho*, Coimbra Editora, Coimbra, 2004, pp. 437-474, p. 440, Id., «Contrato de trabalho e pluralidade de empregadores», *Questões Laborais*, 26 (2005), pp. 209-239, p. 228, Id., «O equívoco jurisprudencial quanto à (in)admissibilidade do contrato de trabalho com pluralidade de empregadores antes da vigência do código do trabalho – comentário ao acórdão do STJ de 18/05/2006», *Questões Laborais*, 30 (2007), pp. 223-244, p. 240, e Id., «As perplexidades suscitadas pela regulamentação positiva de uma figura não inovadora: o contrato de trabalho celebrado com pluralidade de empregadores», *Prontuário de Direito do Trabalho*, 87 (2010), pp. 45-83, p. 52).
Estando prevista no artigo 101.º e, já antes, no artigo 92.º, do CT03, onde surge positivada pela primeira vez, a pluralidade de empregadores já era aceite no período que antecedeu o movimento codificador. Como escrevia João Zenha Martins, *Cedência de trabalhadores e grupos de empresas*, Almedina, Coimbra, 2002, p. 233, n. 469, devem existir "tantas entidades patronais quantas as entidades que conformam materialmente a actividade prestacional do trabalhador". No entanto, ao contrário do que sucedia anteriormente, estas normas codicísticas exigem agora o preenchimento de requisitos formais. Efetivamente, o artigo 101.º, n.º 2, tal como já antes o artigo 92.º, n.º 1, do CT03, exige forma escrita, formalismo esse particularmente exigente porque são várias as menções que devem constar no documento. Aparentemente, a inobservância dos requisitos formais só concede ao trabalhador "o direito de optar pelo empregador ao qual fica vinculado" (cfr. artigo 101.º, n.º 5, e, igualmente, o artigo 92.º, n.º 5, do CT03). Durante a vigência do CT03, Júlio Gomes, *Direito do Trabalho...*, cit., p. 233, escrevia que o legislador parecia "ter pretendido evitar que a nossa jurisprudência viesse a reconhecer a existência, de facto, no âmbito dos grupos de situações de genuína pluralidade de empregadores", acrescentando exclamativamente, em n. 625), "resta saber se se deverá aceitar tão flagrante violação do princípio do realismo que domina o direito do trabalho".
Sancionar a inobservância dos requisitos formais com a simples atribuição ao trabalhador de um direito de optar por uma das entidades introduzia resultados perversos. Na pluralidade de empregadores constituída licitamente, todas as entidades seriam chamadas à responsabilidade e em regime de solidariedade. Já no caso da pluralidade de empregadores constituída à revelia dos requisitos formais, o trabalhador apenas poderia, aparentemente, optar pelo empregador perante o qual queria ficar vinculado perdendo a hipótese de acionar os restantes. Esta interpretação surgia avalizada pelo teor literal do artigo 92.º, n.º 3, que fazia depender a responsabilidade solidária da celebração do contrato "nos termos dos números anteriores", ou seja, com respeito pelas formalidades. A doutrina questionava se não deveria valer também aqui aquele princípio elementar do Direito de quem não cumpre a lei não pode ficar em melhor posição do que aquele que a cumpre. Durante a vigência do CT03, uma parte da doutrina propunha uma interpretação corretiva-extensiva da norma por forma a abranger os casos de pluralidade irregular. Maria do Rosário Palma Ramalho, *Grupos empresariais e societários – incidências laborais*, Almedina, Coimbra, 2008, p. 410, mostrava-se cética em relação à possibilidade de uma pluralidade de facto, mas acabava por admiti-lo por intervenção "judicial" e "corretiva" dos tribunais, por forma a contornar situações materialmente injustas. Também José Andrade Mesquita, *Direito do Trabalho*, 2.ª ed., AAFDL, Lisboa, 2004, pp. 103-104,

§ 3.2.4. *Trabalhadores estrangeiros*

O regime contém uma disposição especial relativamente aos trabalhadores estrangeiros. Embora não se pronuncie sobre os pressupostos e forma do contrato, valendo as regras gerais previstas no CT09[439], o artigo 4.º, do EPAC, estabelece que "para efeitos da lei que define as condições e procedimentos de entrada, permanência, saída e afastamento de cidadãos estrangeiros do território português, presume-se que os profissionais das artes do espectáculo e do audiovisual realizam actividades altamente qualificadas".

Fundamentalmente, a lei define as condições para a entrada e permanência de cidadãos de Estados terceiros, nomeadamente sujeitando-os a visto

propunha uma "interpretação enunciativa lata" por forma a abranger as situações em que o contrato deveria ter sido celebrado de acordo com aquelas formalidades, defendendo que a inércia do trabalhador não impede o reconhecimento de uma situação de pluralidade de empregadores. Na jurisprudência, ver, entre outros, ac. de 27/03/2006 do TRP (Machado da Silva), proc. nr. 0516603, e ac. de 15/10/2007 do TRP (Domingos Morais), proc. nr. 0711034. Contra, registava-se, na doutrina, Joana Vasconcelos, «Contrato de trabalho com pluralidade de empregadores», *Revista de Direito e Estudos Sociais*, 2005, II-III-IV, pp. 283-299, pp. 292 ss.
Em face do CT09, é suficiente uma interpretação declarativa porque desapareceu a referência ao "contrato de trabalho celebrado nos termos dos números anteriores" da norma do CT03. Por outro lado, a norma não fecha a possibilidade de o trabalhador invocar a situação de pluralidade de facto. Literalmente, o legislador concede ao trabalhador a possibilidade de optar por um dos empregadores ficando em aberto a hipótese para o trabalhador, intencionalmente ou por inércia, de não tomar qualquer opção. Nada dizendo (da parte do trabalhador, bem entendido), deverá valer a responsabilidade solidária. Assim, exatamente, ac. de 29/02/2012 do STJ (Gonçalves Rocha), proc. nr. 163/09.0TTMTS.P1.S1. Contudo, a opção do trabalhador por um dos empregadores não deve precludir a responsabilidade solidária dos empregadores que estiverem envolvidos na execução da prestação pelas dívidas emergentes dessa situação. No limite, é o regime das invalidades que deve intervir aqui. No ac. de 12/09/2007 do STJ (Laura Leonardo), proc. nr. 07S820, o Tribunal considerou que se aplicava o regime de solidariedade porque não obstante a inobservância dos requisitos formais, sendo o negócio nulo, por essa razão, o negócio produz efeitos como se fosse válido. Igual posição é defendida por Maria do Rosário Palma Ramalho, *Grupos empresariais e societários...*, cit., p. 421 que também entende que deve valer um regime de solidariedade durante o tempo em que o contrato esteve em execução. Na jurisprudência mais recente ver o ac. de 19/06/2013 do TRL (Paula Sá Fernandes), proc. nr. 314/11.4TTFUN.L1-4, e o ac. de 11/03/2015 do TRL (Paula Sá Fernandes), proc. nr. 559/12.0TTLSB.L1-4. Contra, embora critique a norma legal, Luís Manuel Teles de Menezes Leitão, *Direito do Trabalho*, cit., p. 234. Também em sentido contrário, cfr. ac. de 14/06/2007 do TRC (Azevedo Mendes), proc. nr. 1190/04.9TTCBR.C1, ac. de 21/09/2005 do TRL (Ramalho Pinto), proc. nr. 3275/2005-4, e ac. de 12/05/2014 do TRP (Eduardo Petersen da Silva), proc. nr. 170/09.2TTOAZ.P1.

[439] Sobre os trabalhadores estrangeiros, em geral, Pedro Ortis Bettencourt, «Trabalho de estrangeiros» in: António Moreira [Coord.], *VI Congresso Nacional de Direito do Trabalho – Memórias*, Almedina, Coimbra, 2004, pp. 31-37.

e título de residência[440]. Estabelecem-se aí regras especiais para pessoas que desenvolvam "atividade altamente qualificada ou cultural" tanto para a obtenção de visto como de autorização de residência[441]. O EPAC esclarece que, para esses efeitos, estes trabalhadores se presumem como realizando atividades altamente qualificadas.

Naturalmente, este regime só vale para trabalhadores artísticos oriundos de fora da União Europeia, porque em relação aos trabalhadores do espaço europeu vale o princípio da liberdade de circulação e de estabelecimento, nos termos gerais[442].

§ 3.2.5. Contrato de estágio

A acrescentar ao contrato de trabalho, nas suas diversas modalidades, e ao contrato de prestação de serviços, o EPAC estabelece que a relação de trabalho artístico pode ser ainda formalizada através de contrato de estágio (artigo 10.º, n.º 2). O regime remete para o Decreto-Lei n.º 66/2011, de 1 de junho, que estabelece as regras a que deve obedecer a realização de estágios profissionais extracurriculares[443].

Sublinhamos que, à semelhança do que acontece com o contrato de prestação de serviços, o contrato de estágio pode esconder, na verdade, um contrato de trabalho, podendo ser qualificado como tal. De resto, aquele regime para o qual o EPAC remete estabelece expressamente que se considera exercida no âmbito de um contrato de trabalho a atividade profissional desenvolvida a coberto da realização de um estágio profissional que não obedeça aos requisitos previsto nesse regime, bem como a atividade desenvolvida

[440] Cfr. Lei n.º 23/2007, de 4 de julho, que define as condições e procedimentos de entrada, permanência, saída e afastamento de cidadãos estrangeiros do território português, bem como o estatuto de residente de longa duração.

[441] Cfr., respetivamente, os artigos 61.º e 90.º.

[442] Segundo informa Francisco Liberal Fernandes, *Liberdade de Circulação do Trabalhadores na Comunidade Europeia*, Coimbra Editora, Coimbra, 2002, p. 43, foi com o Regulamento (CEE) n.º 15/61, de 16 de agosto, que os artistas e músicos passaram a ser abrangidos. Forçando a nota, a Convenção Europeia relativa ao estatuto jurídico do trabalhador migrante excluía do seu âmbito de aplicação "os artistas, incluindo os artistas de variedades e animadores de espectáculos" (artigo 1.º, n.º 2, alínea b)).

[443] Sobre isto, com desenvolvimento, João Zenha Martins, «Estágios, formação profissional e trabalho: contratos e retratos», *Revista Electrónica de Direito*, 19 (2019), pp. 98-134 e Id., «Estágios profissionais, contratos de trabalho e emprego: algumas reflexões», *Minerva - Revista de Estudos Laborais*, 2019, I, pp. 51-91.

pelo estagiário na entidade promotora após a caducidade do contrato de estágio. E o regime acautela ainda o próprio funcionamento da presunção de laboralidade. A este respeito, pensamos que, uma vez que estamos no setor das artes, com um regime especial, a presunção a aplicar será aquela que decorre do artigo 7.º do EPAC e não a que decorre do artigo 12.º, para onde remete a norma do Decreto-Lei n.º 66/2011, de 1 de junho (artigo 13.º).

§ 3.3. Execução do contrato de trabalho

§ 3.3.1. Período experimental

Ao contrário do que acontece com o regime espanhol[444], o EPAC é lacónico em relação ao período experimental, estabelecendo apenas, no artigo 24.º, n.º 2, que "o contrato de trabalho pode ainda cessar por denúncia de qualquer das partes durante o período experimental, nos termos previstos no Código do Trabalho". A omissão pode servir duas leituras: por um lado, pode entender-se que o legislador quis excluir intencionalmente o período experimental desta relação especial de trabalho, atentas as suas especificidades. Por outro lado, e inversamente, pode defender-se que, tal como noutros aspetos, onde o legislador nada diz, será aplicável o regime laboral comum, considerando-se o período experimental compatível com a natureza do trabalho artístico, e, portanto, sendo aplicáveis as regras gerais, o contrato de trabalho contemplaria período experimental, salvo acordo das partes no sentido da sua exclusão, nos termos gerais.

A primeira tese é defendida por ALBINO MENDES BAPTISTA[445]. A favor deste entendimento estaria a convicção de que, no mundo das artes e dos espetáculos, os trabalhadores atingem uma notoriedade tal que o empregador já está mais do que ciente da capacidade laboral do profissional artístico.

[444] Cfr. artigo 4.º, do Real Decreto n.º 1435/1985, de 1 de agosto: "um período experimental pode ser combinado por escrito em contratos com duração superior a dez dias. A duração do período experimental não pode exceder cinco dias nos contratos de duração não superior a dois meses; de dez dias nos de duração não superior a seis meses, e de quinze dias nos demais. Em tudo o mais, o período de experiência será regido pelo disposto no Estatuto do Trabalhador". Ver ICÍAR ALZAGA RUIZ / INMACULADA BAVIERA PUIG / JOSEFA ROMERAL HERNÁNDEZ, «La relación laboral especial de los artistas...», cit., p. 292.

[445] Com esta posição, ALBINO MENDES BAPTISTA, «Subsídios para a criação de um regime...», cit., pp. 46-47.

Por outras palavras, a fase de estudo seria desnecessária quando os dotes e a performance do trabalhador são (re)conhecidos. Se, relembrando a lição de JORGE LEITE, o período experimental visa a "certificação *a posteriori* daquilo que não é possível certificar *a priori*"[446], no caso das artes e dos espetáculos acredita-se que as credenciais dos profissionais já são justamente reconhecidas *a priori*. Os argumentos utilizados pelo Autor são familiares e não surpreendem: a mesma linha de raciocínio foi desenvolvida no contexto do contrato de trabalho do praticante desportivo, onde uma franja doutrinal, onde se incluía ALBINO MENDES BAPTISTA, também entendia ser de excluir o período experimental, em parte com os mesmos argumentos[447].

A nosso ver, este entendimento parece partir de uma premissa que nos parece pouco rigorosa porque toma a parte pelo todo. De facto, a ideia de que a notoriedade permite ao empregador conhecer, de antemão, a capacidade laboral do trabalhador só faria porventura sentido nos artistas que, de facto, gozam desse estatuto ou vedetismo. Ora, como já dissemos, essa nata de profissionais representa uma minoria que não é representativa da classe. Dito de outra forma, em relação à generalidade dos profissionais dos espetáculos haverá um interesse em avaliar a sua aptidão e a sua capacidade.

446 JORGE LEITE, *Direito do Trabalho*, II, Coimbra, 1999, p. 77.

447 Eram desta opinião ALBINO MENDES BAPTISTA e JOÃO LEAL AMADO. O primeiro Autor sublinhava que a contratação de praticantes desportivos é frequentemente antecedida de fases de estudo dos atletas através de aturados processos de *scouting*, observação e avaliação médica, motivos pelos quais não faria sentido avaliar o que, logo à partida, já estaria avaliado (ALBINO MENDES BAPTISTA, «O período experimental no contrato de trabalho desportivo. Considerações a propósito do "Caso Miguel"» in: *Estudos sobre o contrato de trabalho desportivo*, Coimbra Editora, Coimbra, 2006, pp. 69-94; fazendo notar atualmente este aspeto, PEDRO MIGUEL HENRIQUES, «Período experimental» in: ALEXANDRE MIGUEL MESTRE [Coord.], *Enciclopédia de Direito do Desporto*, Gestlegal, Coimbra, 2019, pp. 312-314). O segundo Autor escrevia que "tendo em conta as elevadas verbas não raro envolvidas na contratação dos praticantes desportivos, natural será que a intenção das partes (*maxime* do empregador) seja a de estabelecer uma vinculação firme com o praticante, intenção esta dificilmente compaginável com a ampla faculdade de denúncia do contrato que corresponde ao período experimental" (JOÃO LEAL AMADO, *Vinculação* versus *liberdade — o processo de constituição e extinção da relação laboral do praticante desportivo*, Coimbra Editora, Coimbra, 2002, pp. 205-206). Essa não era, porém, a nossa opinião. Como escrevemos noutro lugar, "estes últimos argumentos não tinham correspondência com a letra da lei e com as finalidades do período experimental. De facto, o argumento de ALBINO MENDES BAPTISTA esquece que o período experimental é uma fase de estudo que aproveita às duas partes e não apenas ao empregador" (VICTOR HUGO VENTURA, *O regime do contrato de trabalho...*, cit., p. 118). O que é certo é que a questão foi, entretanto, resolvida pelo próprio legislador na medida em que o regime atualmente em vigor (Lei n.º 54/2017, de 14 de julho) veio resolver a questão no sentido do afastamento do período experimental, salvo estipulação expressa das partes.

Por outro lado, este entendimento encara o período experimental de forma redutora. Importa ter presente que o período experimental não tem apenas como objetivo avaliar a prestação propriamente dita. Durante o período experimental, as partes têm ainda interesse em avaliar aspetos periféricos ou envolventes da relação contratual, como é o perfil psicológico do trabalhador, o seu envolvimento com colegas, em suma, a sua integração na organização do empregador. Aliás, pensamos que estes elementos são particularmente importantes no trabalho artístico se nos lembrarmos que a concertação das prestações de todos os trabalhadores tem, no domínio dos espetáculos, uma importância acrescida. Dito de outra forma, o trabalhador até pode ser conhecido e reconhecido, mas mantém-se o interesse em avaliar a sua capacidade e as suas credenciais dentro de uma concreta organização. Finalmente, e como nota Frederico Durán López, neste setor o período experimental ainda servirá para perceber qual a reação e aceitação do público[448], fator que não pode ser menosprezado dada a importância do público na dinâmica desta relação de trabalho, como já demos nota introdutoriamente[449].

Esta tese é ainda redutora por uma outra razão: o período experimental não serve apenas os interesses do empregador, mas também do trabalhador. Numa palavra: o período experimental tem caráter bilateral[450]. Sendo certo que o trabalhador artístico pode denunciar o contrato de trabalho a todo o tempo, o período experimental permite fazê-lo com caráter imediato, ao contrário da denúncia comum, que exige um pré-aviso. E, de facto, o trabalhador artístico também pode ter, e muitas vezes tem, um interesse em avaliar as condições e o ambiente do empregador.

Por todas as razões acima expostas, e salvo melhor entendimento, somos da opinião de que o contrato de trabalho de profissional de espetáculos contém, supletivamente, período experimental, sem prejuízo de as partes, nos termos gerais, poderem estipular a sua exclusão[451]. Aliás, os nossos tribunais

[448] Frederico Durán López, «La relación laboral especial de los artistas», cit., p. 4.

[449] § 1.1. Razões da especialidade.

[450] Sublinhando que o período experimental serve os interesses do trabalhador, Maria Irene Gomes, «Calcorreando o período experimental ou período de prova» in: *Para Jorge Leite – Escritos Jurídico-Laborais*, vol. I, Coimbra Editora, Coimbra, 2014, pp. 349-365, p. 351 e Tatiana Guerra de Almeida, «Período experimental – breves notas para o estudo comparativo dos regimes jurídicos português e espanhol» in: *Estudos de Direito do Trabalho em Homenagem ao Professor Manuel Alonso Olea*, Almedina, Coimbra, 2004, pp. 589-611, especialmente, pp. 592-593.

[451] Parecendo sufragar este entendimento, Júlio Gomes, «Da fábrica à fábrica de sonhos...», cit., p. 214, n. 36.

entendem implicitamente que o contrato de trabalho do artista e profissional de espetáculos contempla período experimental. Com efeito, os nossos tribunais já decidiram, embora só tenhamos acesso ao sumário do acórdão, que "é de 180 dias o período experimental para o preenchimento do lugar de músico da Orquestra Nacional do Porto por o lugar, além de ser de complexidade técnica, exigir um alto grau de responsabilidade"[452].

§ 3.3.2. Local de trabalho

A revisão da matéria respeitante ao local de trabalho correspondia a uma reivindicação dos representantes desta classe. Nesse sentido, o EPAC decidiu, desde logo, rever a noção de local de trabalho, concebendo-a de forma mais ampla, por comparação com o RCTPE[453]. Solução que, bem vistas as coisas, se compreende se pensarmos que o local de trabalho é um conceito mais fluído no mundo das artes[454]: ao contrário da generalidade dos trabalhadores, que têm, em regra, um local de trabalho determinado, os profissionais de espetáculos necessitam, muitas vezes, de se deslocar para o desempenho da sua atividade. Basta pensar na exibição da peça nos teatros, nas *tours* dos artistas ou na vida nómada dos profissionais circenses, etc. Mesmo quando o profissional tem um local de referência, a natureza do seu papel pode exigir deslocações para outro local ou a realização das mais variadas atividades. Pense-se no ator que, deslocando-se diariamente para o estúdio, pode ter de gravar uma cena noutro local, ao ar livre, etc. De certa forma, o trabalhador artístico pode ser, *hoc sensu*, um trabalho itinerante[455] ou, para traficar a expressão de João Leal Amado, é o verdadeiro trabalhador *on the road*[456].

[452] Ver ac. de 02/12/2002 do TRP (Marinho Pires), proc. nr. 0240746 (sumário).

[453] Segundo o RCTPE, "o trabalhador está adstrito à prestação da sua actividade no local onde se realizam os ensaios ou os espectáculos públicos ou equivalentes" (artigo 17.º, n.º 1).

[454] Cfr. Decreto n.º 43190, de 23/09/1960: "os profissionais de espectáculos não podem ser obrigados a actuar, por força do contrato, fora do local normal de trabalho para efeitos de radiodifusão sonora ou visual" (artigo 26.º). Acrescentava o § único que "a actuação para os fins indicados neste artigo será sempre objecto de acordo separado".

[455] Maria do Rosário Palma Ramalho, *Tratado de Direito do Trabalho*..., cit., p. 352.

[456] João Leal Amado, João Leal Amado, «Modificação substancial das condições de trabalho: o caso da mobilidade geográfica (ou a submissão do novo Direito do Trabalho ao «imperialismo do contrato»)?», *Questões Laborais*, 32 (2010), pp. 169-181, p. 171.

Sem prejuízo das regras gerais sobre a contratualização do local de trabalho e os seus limites[457], o legislador decidiu conceber a noção de local de trabalho por referência ao artigo 7.º, n.º 2, do EPAC, e, assim sendo, abrangem-se "todos os locais pertencentes às entidades beneficiárias da prestação, que sejam ou não por elas determinados, incluindo ateliers e todos os locais onde se realizam trabalhos de desenvolvimento, pré-produção, ensaios, execução, finalização e pós-produção de manifestações de natureza cultural e artística ou outras atividades complementares ou acessórias do trabalho prestado" (artigo 22.º, n.º 1).

A este propósito, o n.º 2, da norma acima referida, vem determinar que "sempre que o trabalhador tenha um acréscimo de despesas por deslocações inerentes à actividade laboral, o empregador fornece os meios para a sua realização ou procede ao respectivo pagamento ou reembolso". Esta é uma regra que não tem paralelo no regime laboral comum, onde apenas a mudança de local de trabalho sujeita o empregador a essa obrigação. De acordo com a redação, o legislador parece deixar ao critério do empregador a escolha do meio para suprir estas despesas acrescidas[458].

§ 3.3.3. *Retribuição*

O contrato de trabalho do profissional de espetáculos é, como não poderia deixar de ser, um contrato oneroso, ou seja, o trabalhador presta trabalho a troco de uma contrapartida, designada como retribuição. O EPAC é, porém,

[457] Sobre isto, com reservas sobre o caráter ilimitado desta género de cláusulas, José João Abrantes, «Cláusulas de mobilidade geográfica do trabalhador – algumas questões» in: Júlio Gomes / Catarina de Oliveira Carvalho [Coord.], *Direito do Trabalho + Crise = Crise do Direito do Trabalho? Actas do Congresso de Direito do Trabalho*, Coimbra Editora, Coimbra, 2011, pp. 29-36, João Leal Amado, «Modificação substancial das condições de trabalho: o caso da mobilidade geográfica (ou a submissão do novo Direito do Trabalho ao «imperalismo do contrato»)?», *Questões Laborais*, 32 (2010), pp. 169-181, Id., «Local de trabalho, estabilidade e mobilidade: o paradigma do trabalhador *on the road*» in: Bernardo da Gama Lobo Xavier / Joana Vasconcelos [Org.], *O Direito do Trabalho nos grandes espaços – entre a codificação e a flexibilidade*, Universidade Católica Editora, Lisboa, 2005, pp. 155-165, Joana Nunes Vicente, «Cláusulas de definição do local de trabalho», *Questões Laborais*, 42 (2013), pp. 217-239, Id., *A invalidade parcial*..., cit., pp. 362 ss. e Id., «Mobilidade geográfica – alguns problemas numa óptica jurisprudencial» in: *III Jornadas regionais de Direito do Trabalho – memórias*, DGRQP, Ponta Delgada, 2020, pp. 33-45.

[458] Maria do Rosário Palma Ramalho, *Tratado de Direito do Trabalho*..., cit., p. 353, n. 408. Júlio Gomes, «Da fábrica à fábrica de sonhos...», cit., pp. 228-229, não deixando de exprimir algumas críticas.

omisso nesta matéria[459], embora, curiosamente, dedique algumas disposições no que diz respeito ao contrato de prestação de serviços[460].

A omissão do EPAC convoca as regras e os princípios gerais que governam esta matéria. Assim, e recuperando a noção de retribuição contida no CT09, considera-se retribuição a prestação obrigatória, contrapartida do trabalho, paga regular e periodicamente. É possível encontrar na nossa jurisprudência um acórdão qualificando como retribuição o subsídio de maquilhagem atribuído a uma bailarina[461]. No entanto, o acórdão foi prolatado num caso em que estava em causa um acidente de trabalho e o tribunal integrou o subsídio de maquilhagem no conceito de retribuição para efeitos de acidentes de trabalho. A decisão do tribunal não pode, claro está, ser extrapolada, na medida em que, para efeitos de acidentes de trabalho, o conceito de remuneração é mais amplo. Para efeitos estritamente jurídico-remuneratórios, o subsídio de maquilhagem não poderia ser concebido como retribuição porque falharia, a nosso ver, o requisito da contrapartida do trabalho: o subsídio de maquilhagem visa compensar despesas da trabalhadora com a aquisição de cosméticos.

Adicionalmente, cumpre ainda ter presente que o CT09 tem regras legais que, não estando direcionadas diretamente para o profissional de espetáculos, têm nesta atividade um privilegiado âmbito de aplicação. Estamos a pensar, concretamente, no artigo 266.º, n.º 3, do CT09, quando aí se esclarece que a majoração remuneratória do trabalho noturno ("o trabalho nocturno é pago com acréscimo de 25 % relativamente ao pagamento de trabalho equivalente prestado durante o dia") não é aplicável "... em atividade exercida exclusiva ou predominantemente durante o período noturno, *designadamente espetáculo ou diversão pública*" (itálico nosso)[462]. De facto, muitas atividades artísticas são

459 Ver, no Direito espanhol, o artigo 7.º do Real Decreto n.º 1435/1985, de 1 de agosto. O artigo 21.º-C, do RCTPE, estabelecia que "sem prejuízo do disposto no Código do Trabalho em matéria de retribuição, não integram o conceito de retribuição dos trabalhadores das artes do espectáculo e do audiovisual as importâncias despendidas pelo empregador a favor do trabalhador na constituição de seguros de doença, de acidentes pessoais e de seguros de vida que garantam exclusivamente o risco de morte, invalidez ou reforma por velhice, no último caso desde que o benefício seja garantido após os 55 anos de idade, desde que não garantam o pagamento e este se não verifique, nomeadamente por resgate ou adiantamento de qualquer capital em vida durante os primeiros cinco anos".

460 § 4.4. Remuneração.

461 Ac. de 19/06/2013 do TRL (Maria João Romba), CJ, 2013, III, pp. 127-129 / proc. nr. 2235/10.9TTLSB.L1-4. Seja como for, no acórdão até se dá como provado que o empregador fazia incidir descontos para a Segurança Social sobre esta prestação: "compulsados os recibos de retribuição juntos aos autos afigura-se-nos que a taxa de 11% para a Segurança Social incidiu sobre este subsídio".

462 Na nossa jurisprudência, embora não estando em causa artistas, ver ac. de 27/06/1999 do STJ (Vítor Deveza), BMJ, 488 (1999), pp. 259-262.

habitualmente prestadas durante a noite e a remuneração fixada atende justamente ao facto de se tratar de uma circunstância normal na prestação laboral, pelo que, nesses casos, não haverá lugar a um acréscimo remuneratório.

§ 3.3.4. Tempo de trabalho

O EPAC contém disposições especiais sobre a matéria do tempo de trabalho[463]. A opção compreende-se porque as regras gerais previstas no regime laboral comum não seriam adequadas a regular uma realidade tão diversa daquela que serve de paradigma ao modelo da relação de trabalho comum[464].

O regime começa por delimitar o conceito de tempo de trabalho: "considera-se tempo de trabalho o período de prestação efetiva da atividade autoral, artística, técnico-artística e mediação cultural, bem como todo o tempo em que o trabalhador está adstrito à execução da sua prestação, em especial para efeitos de ensaios, execução, pré e pós-produção, finalização, pesquisa e estudo, bem como outras atividades promocionais e de divulgação" (artigo 17.º, n.º 1)[465].

Desde logo, considera-se tempo de trabalho o tempo que corresponde à prestação artística propriamente dita ("...o período de prestação efetiva da atividade autoral, artística, técnico-artística e mediação cultural..."). Acresce que, a somar esses tempos, o EPAC considera ainda como tempo de trabalho "todo o tempo em que o trabalhador está adstrito à execução da sua prestação", o que, aliás, é uma solução em linha com a jurisprudência do TJ em matéria de tempo de trabalho[466].

[463] Para Maria do Rosário Palma Ramalho, *Tratado de Direito do Trabalho...*, cit., p. 353, numa apreciação generalidade, pode dizer-se que o EPAC contém regras que se podem considerar menos favoráveis aos trabalhadores.

[464] Maria do Rosário Palma Ramalho, «O contrato de trabalho dos profissionais...», cit., p. 243. No mesmo sentido, Sira Pérez Agulla, «Especialidades del régimen jurídico laboral de los artistas en espectáculos públicos», *Aranzadi Social*, 12 (2009), pp. 49-58, p. 55, fala de uma das mais significativas especificidades. Especificamente no setor da moda, Messias Carvalho/ Sónia de Carvalho, «Tempo de trabalho e direitos de conciliação da vida pessoal e familiar» in: João Fraga de Castro [Coord.], *Fashion Law – Direito da Moda*, Thomson Reuters – Aranzadi, Pamplona, 2019, pp. 563-603 e Enrique Ceca Gómez-Arevalillo / Helena Vila Rebolo, «Tiempo de trabajo y derechos de conciliación personal y familiar» in: Enrique Ortega Burgos [Dir.], *Fashion Law (Derecho de la Moda)*, Thomson Reuters – Aranzadi, Navarra, 2018, pp. 341-361.

[465] Note-se, no âmbito do trabalho intermitente, a norma do artigo 13.º, n.º 3, alínea a): "os tempos de trabalho efectivo correspondem à duração, promoção e preparação dos espectáculos públicos, aos tempos de deslocação quando se trate de espectáculos itinerantes e os tempos de não trabalho correspondem aos períodos de inactividade".

[466] Como sabemos, no Direito do Trabalho português, por força do Direito da União Europeia, o conceito de "tempo de trabalho" é um conceito que não se esgota na noção de tempo de trabalho

efetivo, pois, segundo a jurisprudência consolidada do TJ, à luz da qual esta matéria deve ser compreendida, e sobretudo aplicada, o conceito de tempo de trabalho deve ser lido com uma amplitude que abranja o chamado "tempo de disponibilidade", sobretudo quando essa disponibilidade se revela no local de trabalho ou em local determinado pelo empregador. Em síntese, em diversas ocasiões, o TJ foi chamado a interpretar o sentido e alcance do artigo 2.º, n.º 1, da Diretiva n.º 2003/88/CE, de 4 de novembro de 2003 (ou de versões anteriores desta Diretiva), segundo o qual é "tempo de trabalho" "qualquer período durante o qual o trabalhador está a trabalhar ou se encontra à disposição da entidade patronal e no exercício da sua actividade ou das suas funções, de acordo com a legislação e/ou a prática nacional". Sobre este conceito, cfr. os acórdãos *Vorel*, (proc. nr. C-437/05), *Simap* (proc. nr. C-303/98), *Jaeger* (proc. nr. C-151/02) e *Dellas* (proc. nr. C-14/04). Mais recentemente, esta jurisprudência conheceu um reforço nos acórdãos *Matzak* (proc. nr. C 518/15) *D. J. v. Radiotelevizija Slovenija* (proc. nr. C-344/19), *RJ v. Stadt Offenbach am Main* (proc. nr. C-580/19), *XR vs. Dopravní podnik hl. m. Prahy, akciová společnost* (proc. nr. C-107/19) e *MG vs. Dublin City Council* (proc. nr. C-214/20), precisando, nesta última jurisprudência, que "se resultar de uma apreciação global de todas as circunstâncias do caso, nomeadamente da amplitude e das modalidades dessa faculdade de exercer outra atividade profissional, e da inexistência de uma obrigação de participar em todas as intervenções asseguradas a partir desse quartel, que as restrições impostas ao referido trabalhador durante esse período não são de uma natureza tal que afetem objetiva e muito significativamente a faculdade de este último gerir livremente, durante o referido período, o tempo durante o qual os seus serviços profissionais enquanto sapador bombeiro não são solicitados". Sobre isto, numa análise que, naturalmente, já vem dos regimes legais anteriores à codificação, ver Francisco Liberal Fernandes, «Sobre o conceito de tempo de trabalho no Código do Trabalho», *Questões Laborais*, 27 (2006), pp. 135-137, pp. 135 ss., Id., «Notas sobre a flexibilização do tempo de trabalho» in: *Nos 20 anos do Código das Sociedades Comerciais — Homenagem aos Profs. Doutores A. Ferrer Correia, Orlando de Carvalho e Vasco Lobo Xavier*, Vol. II, Coimbra Editora, Coimbra, 2007, pp. 705-740, Id., *O tempo de trabalho – comentários aos artigos 197 a 236.º do Código do Trabalho (revisto pela Lei n.º 23/2012, de 25 de Junho)*, Coimbra Editora, Coimbra, 2012, Id., «Um breve olhar sobre a Directiva N.º 2003/88/CE, relativa à organização do tempo de trabalho», *Prontuário de Direito do Trabalho*, 93 (2012), pp. 101-121, Maria de Fátima Ribeiro, «Breves notas críticas sobre a evolução de alguns aspectos do regime da duração e organização do tempo de trabalho», *Questões Laborais*, 28 (2006), pp. 219-240, Id., «O tempo de trabalho e a Lei n.º 21/96» in: Juris *et de Jure – nos 20 Anos da Faculdade de Direito da Universidade Católica Portuguesa – Porto*, Publicações Universidade Católica, Porto, 1998, pp. 987-1029, Albino Mendes Baptista, «Tempo de trabalho efectivo, tempos de pausa e tempo de "terceiro tipo"», *Revista de Direito e de Estudos Sociais*, 2002, I, pp. 29-53 (também publicado em *V Congresso Nacional de Direito do Trabalho – Memórias*, Almedina, Coimbra, 2003, pp. 177-191 e *Jurisprudência do trabalho anotada – relação individual de trabalho*, 3.ª ed., Quid Iuris, Lisboa, 1998, pp. 363-372), António Vilar, «Tempo de trabalho – quando o trabalhador permanece adstrito à realização da prestação, mas não está a desempenhar a actividade» in: *VIII Congresso Nacional de Direito do Trabalho – Memórias*, Almedina, Coimbra, 2006, pp.133-144, Miguel Lopes Cardoso, «A duração e organização do tempo de trabalho - evolução de 2003 para 2009», *Revista de Ciências Empresariais e Jurídicas*, 15 (2009), pp. 285-310. Mais recentemente, Catarina Carvalho, «Reflexões sobre o conceito de tempo de trabalho no direito europeu e respetiva articulação com o direito nacional» in: *Estudos de Direito do Trabalho em Homenagem ao Professor António Monteiro Fernandes*, Parte I, Nova Causa, 2017, pp. 279-313; Francisco Liberal Fernandes, «Tempo de trabalho e tempo de descanso» in: Maria do Rosário Palma Ramalho / Teresa Coelho Moreira [Coord.], Tempo de trabalho e tempos de

Em relação às atividades que podem ser abrangidas pelos tempos de trabalho efetivo ou de "disponibilidade", o EPAC, numa lógica de "composição plural"[467], estabelece que os tempos de trabalho cobrem "ensaios, execução, pré e pós-produção, finalização, pesquisa e estudo, bem como outras atividades promocionais e de divulgação".

Num paralelismo evidente com o regime do contrato de trabalho do praticante desportivo[468], onde o desportista profissional também está sujeito a tempos de adestramento e preparação, o EPAC considerada tempo de trabalho não só os ensaios[469], mas também aquelas *démarches* vestibulares ou preparatórias da performance artística (pense-se na mudança de vestuário, na maquilhagem ou "caracterização"[470]). Acresce que, como se vê, o tempo de trabalho acompanha todo o ciclo do espetáculo, porque, de acordo com a lei, também são tempo de trabalho as atividades de pré e pós-produção, finalização, pesquisa e estudo. E são ainda abrangidas as atividades promocionais e de divulgação. Aliás, noutro contexto, já tínhamos sublinhado que certas atividades periféricas justamente relacionadas com a promoção e divulgação de um espetáculo (conferência de imprensa, entrevista, etc.) poderiam ser tempo de trabalho[471].

não trabalho, APODIT, Lisboa, 2018, pp. 11-23, João Zenha Martins, «Tempo de trabalho e tempo de repouso: qualificação e delimitação de conceitos» in: Maria do Rosário Palma Ramalho / Teresa Coelho Moreira [Coord.], *Tempo de trabalho e tempos de não trabalho,* APODIT, Lisboa, 2018, pp. 25-67 (= Revista do CEJ, 2017, II, pp. 209-249), Id., «Os tempos de trabalho e de repouso: breve panorâmica» in: *III Jornadas regionais de Direito do Trabalho – memórias,* DGRQP, Ponta Delgada, 2020, pp. 73-99, e Pedro Ferreira de Sousa / Fábio Nave Moreira, «O tempo de disponibilidade do trabalhador — perspetiva laboral, fiscal e contributiva», *Prontuário de Direito do Trabalho,* 2018, II, pp. 195-216.

[467] Pilar Palomino Saurina, «Pecularidades de la relación especial...», cit., p. 249.

[468] Cfr. artigo 16.º, n.º 1, da Lei n.º 54/2017, de 14 de julho: "considera-se compreendido no período normal de trabalho do praticante desportivo: a) O tempo em que o praticante está sob as ordens e na dependência da entidade empregadora desportiva, com vista à participação nas provas desportivas em que possa vir a tomar parte; b) O tempo despendido em sessões de apuramento técnico, tático e físico e em outras sessões de treino, bem como em exames e tratamentos clínicos, com vista à preparação e recuperação do praticante para as provas desportivas; c) O tempo despendido em estágios de concentração e em viagens que precedam ou se sucedam à participação em provas desportivas".

[469] Ficou a faltar apenas uma norma idêntica ao artigo 8.º, n.º 1, Real Decreto n.º 1435/1985, de 1 de agosto, que proíbe os ensaios prestados gratuitamente, ainda que acordados entre empregador e trabalhador, salvo se solicitados por este.

[470] Icíar Alzaga Ruiz, «Artistas en espectáculos...», cit., p. 193. No mesmo sentido, Sol Ruiz de la Cuesta Fernández, *El contrato laboral del artista...*, cit., p. 296.

[471] Victor Hugo Ventura, «À espera de um novo Bosman? A compatibilidade do regime do tempo de trabalho do praticante desportivo com o Direito da União Europeia», *Questões Laborais,* 54 (2019), pp. 81-97: "o atleta "escalado" para falar à comunicação social não presta trabalho?" (p. 90).

A qualificação destas atividades como tempo de trabalho tem, desde logo, a seguinte consequência: o tempo incorrido nestas atividades é computado para efeitos dos limites ao período normal de trabalho.

Em comentário à norma do RCTPE, Margarida Porto entendia que algumas das tarefas cujo desenvolvimento é considerado tempo de trabalho, como a pesquisa e o estudo, apenas deveriam ser consideradas tempo de trabalho se fossem desenvolvidas no local de trabalho, articulando este entendimento com a norma que define o local de trabalho[472]. Concordamos com esta interpretação, até porque defender algo diferente poderia conduzir a resultados impraticáveis. Reconhecendo-se que muitos artistas trabalham em casa — por exemplo, o ator que memoriza o guião ou ensaia à frente do espelho, em casa —, também é preciso considerar que muito dificilmente esses tempos poderiam ser controlados, designadamente, para efeitos de contabilização.

Ainda a propósito do conceito de tempo de trabalho, em Espanha discute-se se são qualificados como tempo de trabalho os tempos despendidos em viagens ou *tournées*[473]. Como se vê, e à exceção do que acontece com o contrato de trabalho em regime intermitente[474], o legislador não faz referência aos tempos despendidos em deslocações e não nos parece que eles possam ser subsumidos aos "trabalhos de preparação" a que se refere a norma. Na ausência de qualquer indicação do legislador nesse sentido, valerão as regras gerais do Direito do Trabalho comum. Como se sabe, os tempos de deslocação não são considerados, em regra, como tempo de trabalho. Esse entendimento conheceu, porém, uma importante precisão pela jurisprudência do TJ, quando se decidiu que já seria assim no caso dos trabalhadores itinerantes[475]. No entanto, sempre importará ter presente que, de acordo com

[472] Margarida Porto, *A participação de menor em espectáculo...*, cit., p. 137.

[473] Ver, por todos, Sol Ruiz de la Cuesta Fernández, *El contrato laboral del artista...*, cit., pp. 296 ss.

[474] Cfr. artigo 13.º, n.º 3, alínea a): "os tempos de trabalho efectivo correspondem (...) aos tempos de deslocação quando se trate de espectáculos itinerantes e os tempos de não trabalho correspondem aos períodos de inactividade".

[475] Com efeito, no ac. *Tyco* de 10/09/2015, proc. nr. C-266/14, decidiu-se que "durante o tempo necessário de deslocação, que, na maioria das vezes, não se pode reduzir, esses trabalhadores não podem dispor livremente do seu tempo e dedicar-se aos seus próprios interesses, pelo que, por conseguinte, estão à disposição da entidade patronal" (pt. 39), "tendo em conta que as deslocações são inseparáveis da qualidade de trabalhador que não tem local de trabalho fixo ou habitual, o local de trabalho desses trabalhadores não pode ser reduzido aos locais de intervenção física dos mesmos junto dos clientes da entidade patronal" (pt. 43), "seria contrário a esta diretiva que o tempo de descanso dos trabalhadores que não têm local de trabalho fixo ou habitual fosse reduzido

o EPAC, na norma relativa à definição do local de trabalho, "sempre que o trabalhador tenha um acréscimo de despesas por deslocações inerentes à atividade laboral, o empregador fornece os meios para a sua deslocação ou procede ao respetivo pagamento ou reembolso, que deve ser pago até à data de vencimento da retribuição relativa ao mês subsequente" (artigo 22.º, n.º 2).

Finalmente, o n.º 2, do artigo 17.º, do EPAC, prevê que "integram também o tempo de trabalho as interrupções e os intervalos previstos como tal no n.º 2 do artigo 197.º do Código do Trabalho, ou em instrumento de regulamentação coletiva de trabalho"[476].

Em matéria de período normal de trabalho, o EPAC inicia com uma remissão genérica para o regime laboral comum: "o contrato de trabalho sujeita-se aos limites máximos do período normal do trabalho previstos no Código do Trabalho, podendo ser aplicados os regimes do banco de horas, adaptabilidade do tempo de trabalho, horário concentrado, horário flexível e isenção de horário de trabalho, nos termos previstos naquele diploma" (artigo 18.º, n.º 1). Assim, ao trabalho artístico aplicam-se os limites de 8 horas diárias e 40 horas semanais, tal como estatuído no CT09, sem prejuízo do recurso aos mecanismos de flexibilização, tal como previsto naquela norma. E, como dissemos, nessa contabilização entram todos os tempos que o EPAC considera como tempo de trabalho.

devido à exclusão do tempo de deslocação residência-clientes do conceito de «tempo de trabalho»" (pt. 45) concluindo daí que "o artigo 2.º, ponto 1, da Diretiva n.º 2003/88 deve ser interpretado no sentido de que, em circunstâncias como as que estão em causa no processo principal, em que os trabalhadores não têm local de trabalho fixo ou habitual, constitui «tempo de trabalho», na aceção desta disposição, o tempo de deslocação que estes trabalhadores gastam diariamente entre a sua residência e o domicílio do primeiro e do último cliente designado pela sua entidade patronal" (pt. 50). Sobre este acórdão, na doutrina nacional, ver o recente estudo de Tiago Rocha, «Algumas considerações sobre o conceito de tempo de trabalho, em especial sobre o conceito de tempo de deslocação», *Questões Laborais*, 52 (2018), pp. 33-74.

[476] Segundo o artigo 197.º, n.º 2, do CT09, "consideram-se compreendidos no tempo de trabalho: a) A interrupção de trabalho como tal considerada em instrumento de regulamentação colectiva de trabalho, em regulamento interno de empresa ou resultante de uso da empresa; b) A interrupção ocasional do período de trabalho diário inerente à satisfação de necessidades pessoais inadiáveis do trabalhador ou resultante de consentimento do empregador; c) A interrupção de trabalho por motivos técnicos, nomeadamente limpeza, manutenção ou afinação de equipamento, mudança de programa de produção, carga ou descarga de mercadorias, falta de matéria-prima ou energia, ou por factor climatérico que afecte a actividade da empresa, ou por motivos económicos, designadamente quebra de encomendas; d) O intervalo para refeição em que o trabalhador tenha de permanecer no espaço habitual de trabalho ou próximo dele, para poder ser chamado a prestar trabalho normal em caso de necessidade; e) A interrupção ou pausa no período de trabalho imposta por normas de segurança e saúde no trabalho".

Em matéria de descanso, tópico sensível nesta profissão[477], o artigo 18.º, n.º 4 introduz um desvio relevante às regras gerais: "os dias de descanso semanal obrigatório e complementar podem não coincidir, respetivamente, com o domingo ou o sábado". A solução está em coerência com a natureza jurídica da atividade prestada por estes trabalhadores, deixando-se explicar facilmente: "a razão de ser desta limitação é fácil: as prestações artísticas estão destinadas a entreter, recrear, distrair, divertir ou deleitar outras pessoas, ou seja, a ocupar o tempo de ócio de que dispõem outros trabalhadores – coincidente normalmente com a tarde de sábado ou a manhã de segunda-feira e o dia completo de domingo –, período em que, por regra, se organizará o número máximo possível de espectáculos"[478].

§ 3.4.1. Horário de trabalho

O EPAC contempla, no seu artigo 19.º, um conjunto de regras sobre horários de trabalho. A norma começa por enunciar que o contrato de trabalho neste setor sujeita-se ao regime previsto no Código do Trabalho no que respeita ao horário de trabalho e aos intervalos de descanso (n.º 1).

Adicionalmente, no n.º 2, determina-se que, na determinação do horário de trabalho, o empregador pode estabelecer um ou mais intervalos de descanso ou um regime de trabalho flexível adequado à especificidade da atividade, do espetáculo ou do evento. A este respeito, refere o n.º 3, as horas de início e termo dos períodos de trabalho podem ser móveis, dentro dos limites máximos do período normal de trabalho, e os descansos diários podem ser superiores ao previsto no Código de Trabalho. Portanto, parece que o legislador permite uma forma especial de horário flexível, permitindo ao empregador estabelecer plataformas de início e de fim da jornada de trabalho. E, por outro lado, permite ao empregador determinar um intervalo de descanso superior ao previsto no regime laboral comum, que atualmente está fixado nas 2 horas. Da norma resulta, pois, que o empregador não pode fixar

[477] António Monteiro Fernandes, «Descanso semanal dos artistas teatrais», *Estudos Sociais e Corporativos*, 28 (1968), pp. 175-176, p. 176, frizava já na década de 60 que "muito particularmente no caso dos trabalhadores dos espectáculos, a simples formulação textual da obrigatoriedade do repouso hebdomadário teria bem reduzido alcance. Havia que ponderar, com efeito, a necessidade do estabelecimento de formas eficazes de controle e de um esquema justo e equilibrado de sanções para os transgressores (tanto empresas como trabalhadores)".

[478] Icíar Alzaga Ruiz / Inmaculada Baviera Puig / Josefa Romeral Hernández, «La relación laboral especial de los artistas...», cit., p. 307.

um período de descanso inferior ao previsto na lei (1 hora), mas tal não prejudica, salvo melhor opinião, essa possibilidade ao abrigo das regras gerais. Estas regras podem ceder, porém, perante acordo entre as partes (proémio do n.º 2).

Finalmente, retomando uma norma que já resulta do CT09, acrescenta-se que a alteração de horário de trabalho deve ser precedida de consulta aos trabalhadores envolvidos e à comissão de trabalhadores ou, na sua falta, à comissão sindical ou intersindical ou aos delegados sindicais, bem como, ainda que vigore o regime de adaptabilidade, ser afixada no local habitual de trabalho com antecedência de sete dias relativamente ao início da sua aplicação, ou três dias em caso de microempresa (n.º 4).

§ 3.4.2. Trabalho suplementar

O EPAC contém ainda uma disposição sobre trabalho suplementar. Depois de se afirmar, na linha do regime laboral comum, que "o trabalho prestado fora do horário de trabalho considera-se trabalho suplementar e rege-se pelo disposto no Código do Trabalho" (artigo 18.º, n.º 5), ressalva-se, *in fine*, "as especificidades constantes do número seguinte". Aí se prevê que "por conveniência da organização da atividade de natureza cultural ou artística, a compensação por trabalho prestado em dia de descanso semanal complementar do trabalhador deve efetuar-se no prazo máximo de três meses" (n.º 6). Como se vê, a lei atribui a faculdade de definir os descansos compensatórios à empresa, a qual define "por conveniência da organização da atividade de natureza cultural ou artística". Dado que o prazo para o fazer é particularmente largo (3 meses) e perante a formulação da lei, falando em razões de conveniência, é de concluir que a discricionariedade da empresa será praticamente total. Em todo o caso, a violação desta obrigação sempre configura contraordenação (n.º 7).

Repare-se que a o EPAC não fixa os valores a pagar pelo trabalho suplementar pelo que valerão as majorações gerais previstas no CT09.

§ 3.4.3. Trabalho noturno

Em matéria de trabalho noturno, estabelece o artigo 20.º, n.º 1, que se considera trabalho noturno "o prestado num período que tenha a duração mínima de 7 horas e máxima de 11, compreendendo o intervalo entre as 0 horas e as 6 horas". A regra afasta-se do regime laboral comum, o que se compreende porque em princípio os trabalhos artísticos são tipicamente prestados à noite[479].

O RCTPE continha uma norma semelhante que, em 2011, tinha conhecido uma alteração, acrescentando-se, *in fine*, que esse regime poderia ser derrogado por "aplicação de regime legal mais favorável". Sabendo-se que o CT09 era mais favorável, pois, como se disse, a amplitude aí reconhecida ao trabalhador era mais generosa para o trabalhador, alguma doutrina criticava o aditamento dessa referência, cujo efeito prático não se compreendia[480]. O legislador decidiu, no EPAC, deixar cair essa referência.

Acrescenta o n.º 2, do artigo 20.º, que "o período de trabalho noturno pode ser determinado por instrumento de regulamentação coletiva de trabalho, com observância do disposto no número anterior, considerando-se como tal, na falta daquela determinação, o compreendido entre as 0 horas de um dia e as 7 horas do dia seguinte". De notar que, na falta de contratação coletiva aplicável no setor, funciona aquela baliza legal.

§ 3.3.5. *Férias, Feriados e Faltas*

§ 3.3.5.1. Férias

Embora o EPAC seja omisso em relação à matéria das férias, aplicando-se, portanto, as regras gerais, é interessante perceber de que forma é que a marcação e regime das férias se articula com a prestação de trabalho em regime de intermitência, mais concretamente, durante os períodos de inatividade. Concretamente, pode o empregador agendar as férias para o período de inatividade do trabalhador? A solução seria evidentemente vantajosa porque permitiria ao organizador alocar os períodos de férias às janelas de inatividade do trabalhador, ficando o trabalhador plenamente ao seu serviço nos períodos de atividade.

À primeira vista, nada obstaria, até porque, como já se deu nota, os períodos de inatividade correspondem ao modo de funcionamento do contrato e não a um período de suspensão dos seus efeitos. No entanto, somos céticos em relação a esta possibilidade, por uma razão: uma vez que, durante o período de inatividade, o trabalhador pode exercer outra atividade,

[479] Maria do Rosário Palma Ramalho, *Tratado de Direito do Trabalho...*, cit., p. 354.

[480] Como escrevia a Autora, Margarida Porto, «Regime jurídico do contrato de trabalho...», cit., p. 753: "fica-se sem saber qual o efeito prático do art. 15.º".

a marcação das férias nestes períodos pode colidir com outra atividade do trabalhador, que a lei expressamente permite. Por esta razão, somos da opinião de que as férias devem ser tendencialmente agendadas para os períodos de atividade, sem prejuízo, claro está, da possibilidade de acordo entre as partes, nos termos gerais[481].

§ 3.3.5.2. Feriados

O EPAC contém uma disposição legal sobre os feriados (artigo 21.º). Segundo o n.º 1, "as atividades abrangidas pelo presente Estatuto podem ser prestadas em dia feriado". A norma não surpreende dado que, como se avançou introdutoriamente, a realização de espetáculos nos dias de feriado ocorre tipicamente quando a generalidade dos trabalhadores está em descanso.

Repare-se que a versão atual é diversa da redação do RCTPE, onde se dispunha que "as actividades de espectáculos públicos, bem como as actividades inerentes à sua preparação ou realização, podem ser prestadas em dia feriado" (artigo 16.º, n.º 1). O EPAC é bem mais abrangente, pois agora fala nas "atividades abrangidas pelo presente Estatuto" e, portanto, cobre mais realidades do que aquelas a que se referia o regime anterior, que parecia limitar o trabalho prestado em dia feriado ao espetáculo, à preparação e realização. Assim, a título de exemplo, o EPAC permite que se realizem em dia feriado a finalização, a pesquisa, o estudo, bem como outras atividades promocionais e de divulgação, no fundo, aquelas atividades que a própria lei até define como sendo tempo de trabalho (artigo 17.º, n.º 1).

Seja como for, o regime não define quais os feriados. Nos termos do CT09, são feriados obrigatórios: 1 de Janeiro, Sexta-Feira Santa, 25 de Abril, 1 de Maio, Corpo de Deus (festa móvel), 10 de Junho, 15 de Agosto, 5 de Outubro, 1 de Novembro, 1 de Dezembro, 8 de dezembro e 25 de Dezembro.

Há ainda outras disposições que também se podem considerar aplicáveis ao setor artístico. Assim, segundo o artigo 234.º, n.º 2, do CT09, "o feriado de Sexta-Feira Santa poderá ser observado em outro dia com significado local no período da Páscoa". Acresce que "poderão ainda ser observados como feriados a terça-feira de Carnaval e o feriado municipal, se existir" (artigo 235.º, n.º 1, do CT09). Também se estabelece, no regime laboral, que "em substituição de qualquer dos feriados referidos no número anterior, poderá ser observado,

[481] Joana Carneiro, «O contrato de trabalho intermitente», cit., p. 218.

a título de feriado, qualquer outro dia em que acordem a entidade patronal e os trabalhadores".

Salvo convenção em contrário, o trabalhador que realiza a prestação em dia feriado tem direito a um descanso compensatório de igual duração, a ser gozado nos 6 meses seguintes, ou ao acréscimo de 100 % da retribuição pelo trabalho prestado nesse dia, cabendo a escolha ao empregador (n.º 2). Quanto à remuneração nos dias de feriado, constata-se que existe um desfasamento em relação ao regime geral, que sofreu um corte significativo depois do pacote legislativo que resultou da intervenção da Troika. No entanto, tratando-se de um regime novo, terá sido certamente intencional por parte do legislador majorar o pagamento do trabalho suplementar realizado pelos profissionais da área da cultura[482].

Seja como for, é de notar que o regime comete ao empregador a escolha da contrapartida, ou seja, cabe ao empregador determinar, unilateralmente, se o trabalho prestado em dia feriado é compensado através de descanso compensatório ou pagamento a dobrar. Uma vez que o EPAC permite ao empregador artístico determinar o gozo do descanso nos 3 meses seguintes, é fácil de antever que dificilmente o profissional da área da cultura será pago bonificadamente pelo trabalho prestado em dia feriado, sobretudo se pensarmos que, dada a volatilidade deste setor, com oscilações acentuadas dos ritmos de trabalho, será fácil ao empregador encaixar o descanso compensatório em algum dos períodos de maior densidade de trabalho...

§ 3.3.5.3. Faltas

O EPAC contém uma disciplina sobre as faltas ao trabalho que era desconhecida do regime legal anterior. Com efeito, vem agora prever-se que "o trabalhador pode faltar justificadamente ao trabalho, com perda de retribuição, até três dias por ano, para efeitos de participação em espetáculo público realizado fora do país, devendo para o efeito informar o empregador da sua ausência com a antecedência mínima de trinta dias, acompanhada da

[482] À luz do RCTPE, na opinião de Maria do Rosário Palma Ramalho, *Tratado de Direito do Trabalho...*, cit., p. 355, "sendo o regime dos trabalhadores de espectáculos um regime especial e tendo as normas deste regime em matéria de tempo de trabalho uma lógica globalmente diferenciada, em função das particularidades temporárias inerentes à realização dos espectáculos públicos ou equivalentes, entende-se que o regime constante do art. 16.º da L. n.º 4/2008 prevalece globalmente sobre o regime geral do trabalho em dia feriado constante do Código do Trabalho".

indicação do motivo justificativo, desde que tal ausência não cause prejuízo sério ao normal funcionamento da organização laboral" (artigo 21.º, n.º 7).

Em primeiro lugar, a norma não deixa de introduzir em incoerência sistemática com a disposição legal, que estudaremos oportunamente, que prevê que o trabalhador, em caso de pluriemprego, pode exercer outra atividade desde que "...não seja incompatível por razão de horário, localização geográfica, profissional ou outra"[483]. Esta norma permite, bem vistas as coisas, que o trabalhador deixe de realizar a prestação a que se obrigou para assumir outros compromissos profissionais, ou seja, e para utilizar a expressão da lei, para efeitos de participação em espetáculo público realizado fora do país. O legislador quis porventura tutelar a projeção internacional do artista e até, de certa forma, da própria cultura nacional.

Ficam apenas salvaguardadas os casos em que o empregador demonstra que a ausência do trabalhador causará "prejuízo sério ao normal funcionamento da organização laboral". Servindo-se de um conceito indeterminado que é familiar à técnica legislativa laboral, pois surge nos mais variados contextos, pode pensar-se nos casos em que o artista é figura de cartaz de um determinado espetáculo e a sua ausência pode significar o desinteresse do público, tanto daquele que já adquiriu o ingresso como dos potenciais interessados. A norma estabelece que essas faltas determinam a perda da retribuição, uma hipótese especial a juntar àquelas que resultam do artigo 255.º, n.º 2, do CT09.

Acrescenta-se que "o trabalhador pode faltar justificadamente ao trabalho nos casos previstos na lei, mesmo quando a ausência coincida com a realização de um espetáculo ou evento público". Esta norma é certamente de utilidade duvidosa. Na verdade, parece-nos que, em qualquer caso, o trabalhador tem o direito a faltar, verificado que seja um dos motivos justificativos previstos na lei geral, ainda que o motivo da ausência coincida com a data do evento. Se o profissional da área da cultura adoece, está enlutado pela morte de um familiar ou tem de prestar assistência imprescindível e inadiável a um familiar, tem direito a faltar nos mesmos termos que a generalidade dos trabalhadores, ainda que, por capricho do destino, o motivo tenha ocorrido ou se estenda até à data do evento.

No mais, o EPAC não regula a matéria das faltas ao trabalho, motivo pelo qual se devem aplicar as regras gerais. É o que acontece, desde logo, com os motivos justificativos de faltas, que aqui têm perfeita aplicação. Aliás, embora

483 § 3.3.10. Pluriemprego e pacto de exclusividade.

não se refiram ao contexto laboral, não deixa de ser interessante constatar que, para efeitos didáticos, os civilistas costumem apontar como exemplo de impossibilidade de cumprir por causa não imputável ao devedor o caso do artista que, por motivo de doença, falta no dia agendado para o espetáculo[484].

Importa referir, porém, que, em matéria de faltas, existe o entendimento de que as ausências injustificadas do trabalhador artístico podem revestir uma gravidade superior à do trabalhador comum. De facto, basta pensar que o profissional de espetáculos que falta no dia da atuação pode comprometer e inviabilizar por completo a sua exibição, causando um dano substancial ao empregador. De resto, mesmo uma ausência para tarefas preparatórias pode causar um dano relevante, na medida em que, por exemplo, bastará que um ator não compareça para que a gravação de toda uma série de episódios fique comprometida.

A este respeito, importa recordar que, segundo as regras do CT09, "constituem, nomeadamente, justa causa de despedimento os seguintes comportamentos do trabalhador (...) g) faltas não justificadas ao trabalho que determinem directamente prejuízos ou riscos graves para a empresa, ou cujo número atinja, em cada ano civil, cinco seguidas ou 10 interpoladas, independentemente de prejuízo ou risco". Contudo, pode acontecer que um número de faltas inferior a esse limiar (menos de cinco faltas seguidas ou menos de dez faltas interpoladas) represente um prejuízo grave para empregador. Nesses casos, aceita-se que o empregador pode legitimamente desencadear um procedimento disciplinar tendente ao despedimento do trabalhador. Assim, à questão outrora colocada por António Monteiro Fernandes "se só a reiteração faz penetrar a não-comparência injustificada nas malhas do ordenamento disciplinar"[485], hoje a doutrina e a jurisprudência respondem negativamente.

Portanto, o facto de o trabalhador não completar um total de cinco faltas seguidas ou dez interpoladas não preclude a possibilidade de despedimento por justa causa. O que acontece é que se seguirá a regra geral do artigo 351.º, n.º 1, do CT09, isto é, caberá ao empregador a prova da culpa e do prejuízo graves. No limite, uma só falta pode justificar o despedimento do trabalhador. À luz do regime laboral comum, dá-se o exemplo do trabalhador que falta

[484] Dando este exemplo, Antunes Varela, *Das obrigações em geral*, 2.ª ed., vol. II, Almedina, Coimbra, 1978, p. 70: "A, artista de variedades, obriga-se a participar num espectáculo em certa data. Adoece gravemente nesse dia, ficando impossibilitado de cumprir: a obrigação extingue-se".

[485] António Monteiro Fernandes, «Alguns aspectos do regime das faltas ao trabalho», *Estudos Sociais e Corporativos*, 28 (1968), pp. 17-44, p. 37.

num dia particularmente importante para a empresa porque, por hipótese, nesse dia se fechará um negócio de monta e a ausência do trabalhador hipoteca essa possibilidade[486], ou a ausência ocorre num dia em que é necessário despachar uma encomenda importante para a empresa, estando bem consciente dessa importância[487].

Segundo pensamos, mais e melhores razões há para considerar que essa gravidade pode ocorrer no contexto dos espetáculos[488], podendo servir de fundamento para o despedimento com justa causa. Pense-se no artista que, numa atitude de total desconsideração pelos seus deveres laborais, falta injustificadamente no dia do espetáculo, acabando por "boicotar" a sua realização.

§ 3.3.6. Direitos de personalidade

Numa norma inovadora em relação ao regime legal anterior, o EPAC vem dispor sobre direitos de personalidade. Estatui o artigo 16.º, n.º 2, que o empregador deve respeitar os direitos de personalidade do trabalhador, nomeadamente a respetiva liberdade de expressão[489], criação, pensamento e opinião, integridade física e moral, reserva da intimidade da vida privada[490] e proteção de dados pessoais[491].

[486] Maria do Rosário Palma Ramalho, *Tratado de Direito do Trabalho,* Parte II – *Situações Laborais Individuais,* 4.ª ed., Almedina, Coimbra, 2012, p. 829, n. 280.

[487] Júlio Gomes, «Algumas reflexões sobre as faltas justificadas por doença (não profissional) do trabalhador» in: *Estudos em Homenagem ao Prof. Doutor Raúl Ventura,* vol. II, Coimbra Editora, Coimbra, 2003, pp. 717-749, p. 728.

[488] Júlio Gomes, «Da fábrica à fábrica de sonhos...», cit., p. 226.

[489] Sobre este tema, António Menezes Cordeiro, «A liberdade de expressão do trabalhador» in: António Moreira [Coord.], *II Congresso nacional de direito do trabalho - memórias,* Almedina, Coimbra, 1999, pp. 23-43.

[490] Sobre a proteção da privacidade e intimidade, Guilherme Dray, «O direito à reserva da intimidade privada da vida privada – o artigo 80.º do Código Civil de 1966» in: António Menezes Cordeiro, *Código Civil – Livro do Cinquentenário,* Vol. I *(Homenagem ao Prof. Doutor Fernando Pessoa Jorge),* Almedina, Coimbra, 1999, pp. 565-597 e David de Oliveira Festas, «O direito à reserva da intimidade da vida privada do trabalhador no Código do Trabalho», *Revista da Ordem dos Advogados,* 2004, I-II, pp. 369-458.

[491] Sobre a proteção dos dados pessoais no âmbito laboral, Catarina Sarmento e Castro, «A protecção dos dados pessoais dos trabalhadores», *Questões Laborais,* 19 (2002), pp. 27-60, Id. «A protecção dos dados pessoais dos trabalhadores», *Questões Laborais,* 20 (2002), pp. 139-163, Luís Manuel Teles de Menezes Leitão, «A proteção dos dados pessoais no contrato de trabalho» in: *A reforma do Código do Trabalho,* Coimbra Editora, Coimbra, 2004, pp. 123-138.

Verdadeiramente, a norma não tem conteúdo inovador em relação ao que já resulta do regime laboral comum. Salvo melhor opinião, esta previsão nunca poderia significar que, à luz do RCTPE, que era omisso nesta matéria, o profissional da área da cultura não gozava dos direitos de personalidade reconhecidos no âmbito da generalidade das relações de trabalho. O que acontece é que, à semelhança do que se passou com o legislador desportivo, o legislador artístico quis deixar sublinhado que o profissional da área da cultura goza destes direitos de personalidade[492], sobretudo aqueles que merecem um sublinhado especial neste setor, como a liberdade de expressão e de criação. A previsão tem, assim, carga simbólica porque o domínio das artes e dos espetáculos é um meio privilegiado de afirmação da personalidade. De resto, no setor da cultura, a liberdade de expressão surge rodeada de várias garantias institucionais, com valor constitucional, com vista à sua proteção[493].

Claro que, como também se sabe, a liberdade de expressão conhece limites. Sendo certo que, como alguém já escreveu, "quando o empregador contrata o trabalhador está a adquirir um pacote composto de virtudes e defeitos próprios do Homem"[494], mesmo os artistas que gozam de mediatismo e que são reconhecidos pelo seu mau génio não estão por isso habilitados a proferir opiniões fortes que representem já uma ofensa à integridade ou à reputação da organização que beneficia da prestação[495].

492 Como escrevemos no contexto do contrato de trabalho do praticante desportivo, "na verdade, esta norma representa uma "aparente" novidade pois, na prática, a tutela dos direitos de personalidade de trabalhador e, mais concretamente, a tutela contra o assédio moral, tal como está desenhada no regime laboral comum, sempre foi aplicável ao praticante desportivo, desconhecendo-se quem defenda ou tenha escrito que essa tutela é incompatível com a natureza desta atividade profissional. Portanto, o atleta tem à sua disposição, porque sempre teve, todos os mecanismos de reação a condutas assediantes, podendo, no limite, resolver o contrato com justa causa, nos termos gerais. No entanto, é de aplaudir a iniciativa legislativa, que tem pelo menos o efeito pedagógico de deixar sublinhado, à vista de todos os atores do teatro desportivo, que o praticante desportivo goza da proteção dos seus direitos de personalidade nos mesmos termos que qualquer outro trabalhador" (Victor Hugo Ventura, *O regime do contrato de trabalho...*, cit., p. 143).

493 Pense-se na liberdade de programação que "protege, nomeadamente, os autores, os realizadores, os programadores, os apresentadores que se encontrrem estrutural ou conjunturalmente ligados à actividade de radiodifusão, pública ou privada, juntamente com todos aqueles cuja actividade constitua pressuposto ou instrumento auxiliar do exercício da radiodifusão" (J. J. Gomes Canotilho / Jónatas E. M. Machado, *"Reality shows" e liberdade de programação*, cit., p. 32.)

494 Jorge Manuel Pereira Marques, *O contrato de trabalho a termo resolutivo...*, cit., p. 114.

495 Em geral, João Leal Amado, «Liberdade de expressão e infracção disciplinar», *Questões Laborais*, 37 (2011), pp. 129-143.

O EPAC não contém qualquer norma sobre direitos de imagem do trabalhador, mas, por razões evidentes, esta matéria tem nesta relação especial de trabalho um espaço privilegiado de aparecimento. Correndo o risco de ser redutor, pode dizer-se que "este trabalhador trabalha com a sua imagem"[496].

Como se sabe, o Direito do Trabalho tem particulares receios com a tutela da imagem do trabalhador, cuja exploração pelo empregador pretende limitar[497]. Por razões óbvias, o mundo das artes e do espetáculo dá uma relevância aos direitos de imagem do trabalhador[498]. Acontece que, pela própria natureza das coisas, o trabalhador artístico não pode ter uma razoável expetativa na não utilização da sua imagem. O profissional de espetáculos trabalha tendencialmente perante o público e, portanto, estamos sempre a falar de uma atividade que é objeto de exposição. Salvo se se tratar de funções técnico-artísticas ou de mediação, não pode o artista de cartaz invocar razoavelmente o seu direito de imagem para, por exemplo, impedir que a sua imagem seja colocada num *outdoor* ou num anúncio de divulgação do espetáculo.

A "interferência" nos direitos de imagem do profissional cultural vai muito para além da própria exposição do trabalhador. Segundo pensamos, e assim as circunstâncias o justifiquem, pode existir um interesse legítimo do empregador na definição do visual do artista. Pense-se, paradigmaticamente, na roupagem ou traje dos artistas[499] ou no setor da moda[500], ou no

[496] Júlio Gomes, «Da fábrica à fábrica de sonhos...», cit., p. 205.

[497] Sobre a limitação dos direitos de personalidade, com referência aos direitos de imagem e, concretamente, à liberdade de expressão e à escolha do vestuário, José João Abrantes, «Contrato de trabalho e direitos fundamentais» in: António Moreira [Coord.], *II Congresso nacional de direito do trabalho - memórias*, Almedina, Coimbra, 1999, pp. 105-114, «O novo Código do Trabalho e os direitos de personalidade do trabalhador» in: *Estudos sobre o Código do Trabalho*, Coimbra Editora, Coimbra, 2004, pp. 145-167 (= *A reforma do Código do Trabalho*, Coimbra Editora, Coimbra, 2004, pp. 139-160), Id., «Princípio da proporcionalidade e tutela da personalidade do trabalhador» in: *Estudos dedicados ao Professor Doutor Bernardo da Gama Lobo Xavier*, Universidade Católica Editora, Vol. II, Lisboa, 2015, pp. 319-332 e Id., «Labour contract and fundamental rights» in: *Estudos sobre o Código do Trabalho*, Coimbra Editora, Coimbra, 2004, pp. 169-187.

[498] Sobre isto, ver, no contexto específico dos toureiros, José Luis Goñi Sein, «Los derechos de imagen de los toreros subalternos», *Nueva Revista Española de Derecho del Trabajo*, 165 (2014), pp. 317-325.

[499] Ver, a este propósito, o caso decidido no ac. de 01/07/2016 do TRE (João Nunes), proc. nr. 329/08.0TTFAR.E1, já citado, onde o Tribunal valorou, para qualificar o contrato como prestação de serviços, que "sendo a actividade desenvolvida numa orquestra, não se vislumbra como para uma satisfatória e cabal actuação desta cada um dos músicos pudesse utilizar o traje que bem entendesse ou seguir as indicações artísticas que achasse convenientes".

[500] Sobre isto, María del Puy Abril Larrainzar / Marta Montes Rodríguez, «El poder disciplinario del empresario en el sector del lujo e la moda» in: Enrique Ortega Burgos [Dir.], *Fashion Law (Derecho de la Moda)*, Thomson Reuters – Aranzadi, Navarra, 2018, pp. 319-339, pp. 332 ss.

interesse legítimo na consideração da imagem do profissional no processo de recrutamento[501].

Ainda no contexto dos direitos de personalidade, acrescenta o EPAC que é proibida qualquer prática de discriminação no acesso ou execução do trabalho em razão, nomeadamente, de ascendência, idade, sexo, orientação sexual, identidade de género, estado civil, situação familiar, situação económica, instrução, origem ou condição social, património genético, capacidade de trabalho reduzida, deficiência, doença crónica, nacionalidade, origem étnica ou raça, território de origem, língua, religião, convicções políticas ou ideológicas e filiação sindical[502]. Mais uma vez, estamos perante uma norma que, verdadeiramente, não tem conteúdo inovador em relação ao que já resultaria da aplicação das regras gerais.

Mais se acrescenta que é proibida qualquer prática de assédio no acesso ou execução do trabalho, nomeadamente o assédio sexual, não podendo o empregador condicionar o acesso ou a participação em espetáculo ou evento cultural ou o desempenho de determinada atividade de interpretação artística à prática de comportamentos indesejados de caráter sexual[503]. O que se

[501] Sobre o problema do *lookism* ou "aspectismo" nas relações de trabalho, ver o interessante estudo de Milena Rouxinol, «O problema da discriminação em razão da aparência física - breve contributo», *Prontuário de Direito de Trabalho*, 2019, I, pp. 301-313 (= Id., «Algumas questões novas sobre a discriminação de género: o problema da identidade de género e o problema da diferenciação em função da aparência física» in: *Constitucionalismos e (con)temporaneidade – Estudos em Homenagem ao Professor Doutor Manuel Afonso Vaz*, Universidade Católica Editora, Porto, 2020, pp. 545-573, pp. 563 ss.).

[502] Sobre os direitos de personalidade, passando em revista as suas diversas manifestações, Paula Quintas, *Os direitos de personalidade consagrados no Código do Trabalho na perspetiva exclusiva do trabalhador subordinado – direitos (des)figurados*, Almedina, Coimbra, 2013. Ver também José João Abrantes, «Princípio da proporcionalidade e tutela da personalidade do trabalhador» in: *Estudos dedicados ao Professor Doutor Bernardo da Gama Lobo Xavier*, Universidade Católica Editora, vol. II, Lisboa, 2015, pp. 319-332, Teresa Coelho Moreira, «Direitos de personalidade» in: Paulo Morgado de Carvalho [Coord.], *Código do Trabalho – a revisão de 2009*, Coimbra Editora, Coimbra, 2011, pp. 93-114, Maria Regina Redinha, «Os direitos de personalidade no Código do Trabalho: actualidade e oportunidade da sua inclusão» in: *A reforma do Código do Trabalho*, Coimbra Editora, Coimbra, 2004, pp. 161-171, Maria do Rosário Palma Ramalho, «Contrato de trabalho e direitos fundamentais da pessoa» in: *Estudos de Direito do Trabalho*, vol. I, Almedina, Coimbra, 2003, pp. 157-178 e, em geral, João Leal Amado / Milena Rouxinol / Joana Nunes Vicente / Catarina Gomes Santos / Teresa Coelho Moreira, *Direito do Trabalho...*, cit., pp. 105 ss.

[503] Sobre o assédio moral e sexual, ver Alexandra Marques Sequeira, «Do assédio local de trabalho: um caso de *flirt* legislativo? Exercício de aproximação ao enquadramento jurídico do fenómeno», *Questões Laborais*, 28 (2006), pp. 241-258, Maria Regina Redinha, «Assédio moral ou *mobbing* no trabalho» in: *Estudos em Homenagem ao Prof. Doutor Raúl Ventura*, vol. II, Coimbra

disse anteriormente vale também para esta proclamação legal, que foi vertida na lei certamente tendo em mente os sucessivos escândalos públicos e a preocupação em evitar o eclipse ou saneamento de profissionais do setor das artes e da cultura quando não acedem a manobras de chantagem sexual[504].

§ 3.3.7. Direito à ocupação efetiva

No contexto da execução do contrato de trabalho, merece um sublinhado especial o tema do direito à ocupação efetiva. Segundo acreditamos, e não estamos sozinhos, este direito conhece, neste setor, um peso e dimensão superiores aos demais contratos[505].

Desde logo, não andará longe da verdade a afirmação de que o contrato de trabalho artístico desempenhou um papel de "batedor" na luta pela afirmação deste direito, que depois conheceu um alastramento à generalidade das relações de trabalho. É que os profissionais das artes representam o contingente de trabalhadores para os quais este direito foi originalmente pensado[506]. De facto, os Autores que, precursoramente, abordaram o problema do

Editora, Coimbra, 2003, pp. 833-847, Ana Cristina Ribeiro Costa, «Revisitando o assédio e o caminho para o seu enquadramento no regime dos acidentes de trabalho e doenças profissionais», *Prontuário de Direito do Trabalho*, 2017, II, pp. 281-314, Rita Garcia Pereira, «Mobbing» in: Paulo Morgado de Carvalho [Coord.], *Código do Trabalho – a revisão de 2009*, Coimbra Editora, Coimbra, 2011, pp. 115-121, Id., «Avaliação dos danos não patrimoniais do trabalhador resultantes de assédio e de violação do dever de ocupação efectiva - análise de jurisprudência», Prontuário de Direito do Trabalho, 2017, II, pp. 129-142, Id., «O assédio moral em Portugal» in: *III Jornadas regionais de Direito do Trabalho – memórias*, DREQP, Ponta Delgada, 2020, pp. 47-70, João Leal Amado, «Pessoal e profissional: entre o romance e o assédio – comentário ao acórdão da Relação de Évora, de 14/09/2017», *Questões Laborais*, 52 (2018), pp. 157-183.

504 O EPAC refere, no seu preâmbulo, que "o Estatuto prevê direitos e deveres específicos das partes que atendem à especificidade do setor", mas certamente que esta forma de tutela já era deferida a estes profissionais...

505 Joana Neto, «Redesenhar o trapézio...», cit., p. 147, afirma mesmo que, no contexto artístico, o direito deve ser "sobredimensionado". Falando também de uma proteção reforçada, Icíar Alzada Ruiz/Inmaculada Baviera Puig / Josefa Romeral Hernández, «La relación laboral especial de los artistas...», cit., p. 301.

506 Como lembra Júlio Gomes, «Da fábrica à fábrica de sonhos...», cit., pp. 226-227, "importa recordar que este foi um dos domínios em que tal direito nasceu e se afirmou com mais intensidade". Neste sentido, também Pedro Furtado Martins, *Despedimento ilícito, reintegração na empresa e dever de ocupação efectiva – contributo para o estudo dos efeitos da declaração da invalidade do despedimento*, Direito e Justiça — Revista da Faculdade de Direito da Universidade Católica Portuguesa – Suplemento, Lisboa, 1992, p. 176. Segundo nos informa Ricardo Nascimento, *Da cessação do contrato de trabalho – em especial por iniciativa do trabalhador*, Coimbra Editora,

"direito a trabalhar" começaram justamente por apontar estes profissionais (e também dos desportistas) como um dos casos em que esse direito deveria ser reconhecido[507].

As razões deixam-se explicar facilmente. Como se sabe, e prescindindo de desenvolvimentos, o direito à ocupação efetiva nasce da constatação de que o contrato de trabalho não pode ser concebido como uma mera relação económica de intercâmbio entre trabalho e salário. Independentemente da visão religiosa ou laica do trabalho, o trabalhador envolve e compromete a sua pessoa na execução da prestação e o trabalho ou ocupação profissional surgem para ele, em maior ou menor medida, como uma forma de realização pessoal. Esse interesse legítimo na ocupação efetiva merece a tutela do Direito e exprime-se, pois, no reconhecimento de um verdadeiro direito do trabalhador ou, se quisermos colocar em perspetiva inversa, no dever de ocupação efetiva do empregador[508].

Mais e melhores razões há para o reconhecimento desse direito no setor das artes e dos espetáculos. Desde logo, e como já sublinhámos a traço carregado, o profissional da cultura cunha a prestação com um elemento de pessoalidade que torna o trabalho, no limite, um veículo de afirmação da sua personalidade. Por outro lado, o direito à ocupação efetiva faz tanto mais sentido se pensarmos que o público desempenha um papel fundamental na visibilidade do artista e, consequentemente, no seu progresso profissional[509].

Coimbra, 2007, p. 204, "historicamente, este dever surgiu em 1910, para os trabalhadores do espectáculo que para além da retribuição tinham necessidade de pisar o palco e de receber o aplauso do público, como forma de serem conhecidos do grande público e granjearem fama e notoriedade".

[507] Bernardo da Gama Lobo Xavier, «Contratos de trabalho dos profissionais...», cit., p. 124, afirmava o direito à "efectividade do serviço" (sublinhando, p. 124, n. 23, que o contrário poderia ser uma "violação contratual"). No mesmo sentido, João Moreira da Silva, *Direitos e deveres dos sujeitos da relação individual de trabalho*, Almedina, Coimbra, 1983, p. 109, referindo-se aos "actores profissionais", e António Nunes de Carvalho, *Das carreiras profissionais no Direito do Trabalho*, Dissertação de Mestrado dactilografa, Lisboa, 1990, p. 490. Num estudo publicado em 1991, Jorge Leite, «Direito de exercício da actividade profissional no âmbito do contrato de trabalho», *Revista do Ministério Público*, 47 (1991), pp. 9-34, p. 17, afirmava que "naturalmente, a notoriedade, o prestígio, o «público» que os executantes de certas profissões podem alcançar constituem, frequentemente, um factor de aumento da sua «cotação no respectivo mercado»". Referindo-se a estes trabalhadores, Pedro Furtado Martins, «A relevância dos elementos pessoais na situação jurídica de trabalho subordinado – considerações em torno de uma manifestação típica: o dever de ocupação efectiva», *Revista do Ministério Público*, 47 (1991), pp. 35-93, p. 39.

[508] Joana Neto, «Redesenhar o trapézio...», cit., p. 147, afirma mesmo uma preferência pela perspetiva do trabalhador.

[509] De resto, a violação do direito à ocupação efetiva do artista é potencialmente geradora de danos patrimoniais ressarcíveis. Embora o Tribunal não tenha feito referência à qualificação do trabalhador como artista ou profissional de espetáculos, ver o interessante ac. de 18/01/2006 do STJ

Se é costume dizer "longe da vista, longe do coração", no setor dos espetáculos faz ainda mais sentido utilizar a expressão de João Leal Amado, dita no contexto dos desportistas profissionais, "longe da vista, baixa de cotação"[510]. Daí a necessidade do reconhecimento do profissional da cultura como uma "parte ativa e visível"[511].

Reconhecendo a dimensão "verdadeiramente estruturante"[512], não estranha, assim, que a matéria mereça menção no EPAC, como, aliás, já o merecia no RCTPE e, de resto, forçando a nota, no regime espanhol[513].

Acontece que, segundo a lei, o direito à ocupação efetiva é moldado em moldes relativamente restritos. Com efeito, e na linha do regime anterior, o EPAC prevê, no artigo 16.º, n.º 6, que "o trabalhador tem direito à ocupação efetiva quanto à execução de ensaios e demais atividades preparatórias e de pós-produção do espetáculo, evento cultural ou realização de filmagens, não podendo ser excluído destas atividades sem justificação"[514].

Como se vê, o direito abrange só as fases preparatórias ou de pós-produção, mas já não o espetáculo propriamente dito[515]. Assim, numa opção legislativa que encontra paralelo no Desporto profissional[516], o EPAC não vai ao

(Sousa Peixoto), CJ (STJ), 2006, I, pp. 244-247, já citado, onde uma locutora/animadora de rádio, muito considerada pelos seus ouvintes, foi colocada a fazer a relação de músicas, o que lhe causou uma depressão, tendo o Supremo arbitrado uma indemnização de 12.500,00 euros (reduzindo o valor que as instâncias inferiores haviam arbitrado, de 15.000,00 euros). Sobre isto, Rita Garcia Pereira, «Avaliação dos danos não patrimoniais do trabalhador...», cit., pp. 129 ss.

510 João Leal Amado, *Contrato de trabalho desportivo...* [1995], cit., p. 45.

511 Joana Neto, «Redesenhar o trapézio...», cit., p. 147.

512 Albino Mendes Baptista, «Subsídios para a criação de um regime...», cit., p. 47.

513 Cfr. artigo 6.º, n.º 3, do Real Decreto n.º 1435/1985, de 1 de agosto.

514 De acordo com a redação anterior, o artigo 11.º, n.º 3, do RCTPE, "o trabalhador tem direito à ocupação efectiva quanto à realização de ensaios e demais actividades preparatórias do espectáculo público, não podendo ser excluído destas actividades sem justificação".

515 Com esta opinião, Maria do Rosário Palma Ramalho, *Tratado de Direito do Trabalho...*, cit., p. 350. Inclina-se para uma interpretação mais lata Júlio Gomes, «Da fábrica à fábrica de sonhos...», cit., p. 227. Diz o Autor que "pode questionar-se se certas situações em que o artista seja afastado do próprio espectáculo sem justificação não poderão também constituir uma violação do direito à ocupação efectiva ou, pelo menos, da boa fé na execução do contrato". Defendendo-o *de iure condendo*, Joana Neto, «Redesenhar o trapézio...», cit., p. 154, afirmando mesmo que a solução seria da "mais elementar justiça e perfeitamente ajustável com a especificidade do setor".

516 Cfr., atualmente, o artigo 11.º, alínea b), da Lei n.º 54/2017, de 14 de julho, onde se dispõe que o clube deve, em especial, "proporcionar aos praticantes desportivos as condições necessárias à participação desportiva, bem como a participação efetiva nos treinos e outras atividades preparatórias ou instrumentais da competição desportiva". Traçando o paralelismo, Margarida Porto, *A participação de menor em espectáculo...*, cit., p. 134, n. 218.

ponto de garantir ao profissional da cultura "a possibilidade de pisar o palco e de receber o aplauso do público"[517].

Compreende-se que assim seja porque não seria praticável que o trabalhador tivesse o direito a exigir a sua atuação no espetáculo, à revelia do poder de gestão do organizador do evento. No mundo das artes, esse cenário é dificilmente pensável podendo acontecer, pontualmente, por exemplo, nas companhias de bailado[518]. Consequentemente, nada impede que, por exemplo, o realizador da novela ou do filme descarte certas cenas gravadas (ou segmentos) de acordo com a forma como idealiza o resultado final. O trabalhador artístico — no caso, o ator — não pode ter a legítima pretensão de controlar o resultado final que é colocado à disposição do público.

Em relação às atividades preparatórias, ou de pós-produção, o EPAC determina, assim, que o profissional da área da cultura não pode ser excluído "sem justificação". Tal significa, pois, que, mediante justificação, o empregador pode excluir o trabalhador. Como seria de esperar, a lei não define em que casos é que essa prerrogativa pode ser utilizada, deixando esse entendimento entregue ao casuísmo. Em face da natureza deste setor, podem pensar-se alguns exemplos: pense-se no artista que chega atrasado ao ensaio de tal forma que a sua inclusão obrigaria a retomar os trabalhos desde o início. Pense-se, por hipótese, no artista que, por qualquer motivo, teve de faltar, ou faltou injustificadamente, e obrigou o organizador do evento a suprir a sua ausência com outro trabalhador. Ao regressar, o empregador pode, legitimamente, recusar a integração do profissional se isso o obrigasse a reconstruir novamente todo o ensaio com o trabalhador entretanto regressado.

§ 3.3.8. *Direito à autonomia e dever de diligência*

O reconhecimento de que o profissional dos espetáculos pode ser um trabalhador subordinado não impede que lhe seja reconhecida autonomia até porque, como também se disse, é essa liberdade que cunha a prestação artística. Como dissemos introdutoriamente, a autonomia e liberdade artísticas do profissional dos espetáculos jogam um papel fundamental nesta relação de trabalho ao ponto de até ter provocado um atrito na incorporação destes profissionais no raio de ação do Direito do Trabalho[519].

[517] Júlio Gomes, *Direito do Trabalho...*, cit., p. 553.

[518] Sol Ruiz de la Cuesta Fernández, *El contrato laboral del artista...*, cit., pp. 346-351.

[519] § 1.1. Razões da especialidade.

A autonomia técnica destes profissionais implica, assim, a tutela da sua individualidade[520] ou, se quisermos, aquela é consequência desta. Como expressão disso mesmo, o EPAC consagra que "o empregador deve respeitar a autonomia técnica da direção, supervisão e realização das atividades culturais e artísticas, nas suas vertentes criativas" (artigo 16.º, n.º 5). Por exemplo, como já foi apontado por certa doutrina, esta tutela da "liberdade de criação artística"[521] tornaria ilícito o despedimento de um chefe de orquestra porque a sua atuação é contrária ao gosto do organizador do evento[522].

Contudo, importa não esquecer que o trabalho artístico é prestado subordinadamente. Isso significa, desde logo, que a autonomia do trabalhador não pode prejudicar, em geral, o poder de direção do empregador, pelo menos ao nível organizatório[523].

Por outro lado, a autonomia do artista convive com um dever de diligência mais acentuado, pelo menos por comparação com a generalidade dos trabalhadores. Antes da revisão de 2011, o RCTPE, tal como a lei espanhola[524], sujeitava o profissional de espetáculos a um "dever de especial diligência"[525]. Esse dever de diligência qualificado surge agora, embora com menos ênfase, no artigo 16.º, n.º 9, do EPAC. Nele se lê que "quando a actividade artística é desenvolvida em grupo, o trabalhador tem um especial dever de colaboração com os restantes membros do grupo, tendo em vista a execução da actividade em comum". Como se vê, o artista que presta trabalho no âmbito de um grupo (pense-se numa orquestra ou num corpo de bailado) está sujeito a um especial dever de colaboração, embora nos pareça que, independentemente

520 Maria do Rosário Palma Ramalho, *Tratado de Direito do Trabalho...*, cit., p. 351, não deixa de propor uma interpretação restritiva do preceito, no que diz respeito apenas aos aspectos artísticos da prestação.

521 Bernardo da Gama Lobo Xavier, «Contratos de trabalho dos profissionais...», cit., p. 124.

522 Assim, exatamente, com este exemplo, baseado na jurisprduência alemã, António Menezes Cordeiro, «Contrato de trabalho e objecção de consciência» in: *Estudos em Homenagem ao Prof. Doutor Raúl Ventura*, Coimbra Editora, vol. II, Coimbra, 2003, pp. 673-693, p. 690 (= Id., *Manual de Direito do Trabalho...*, cit., p. 152).

523 António Menezes Cordeiro, *Manual de Direito do Trabalho...*, cit., p. 154, refere justamente que "o maestro que aceite dirigir a orquestra de ópera não pode, ao abrigo da liberdade artística, modificar sem mais a índole do agrupamento".

524 Cfr. artigo 6.º, n.º 2, do Real Decreto n.º 1435/1985, de 1 de agosto.

525 A título de nota histórica, o artigo 125.º, do Decreto-Lei n.º 13564, de 06/05/1927, previa um regime sancionatório organizado pela Inspecção Geral dos Teatros em caso de incumprimento do artista ("quando os artistas contratados faltarem, sem justa causa, aos compromissos assumidos nos seus contratos") sendo que § único da norma ressalvava que "não haverá lugar à sanção designada neste artigo quando do respectivo contrato conste penalidade especial a que o artista se tenha sujeitado".

da natureza grupal da prestação, o artista, como previsto no RCTPE, está vinculado a um especial dever de diligência.

Aparentemente, há legítimas razões, desde logo textuais, para acreditar que o dever de diligência previsto para os artistas é qualitativamente distinto do "dever de realizar o trabalho com zelo e diligência" que obriga, em geral, os trabalhadores nos precisos termos do artigo 128.º, n.º 1, alínea c), do CT09[526], sobretudo se pensarmos que esta norma já é lida por referência à capacidade concreta do trabalhador[527]. Com efeito, pensamos que a lei não quis apenas dizer que o trabalhador está obrigado a uma diligência e esmero consentâneos com as circunstâncias concretas[528]. Na leitura que nos parece a melhor, esta norma pretende sujeitar a diligência do trabalhador ao seu próprio parâmetro subjetivo, isto é, se nos contratos vale, também, a diligência de um "bom pai de família" colocado na posição do contraente real, aqui o que se pretende é que o artista atue de acordo com os seus "créditos firmados"[529], especiais qualidades[530] essas que, bem vistas as coisas, na maior parte dos casos ditaram precisamente a sua contratação[531]. De certa

[526] De resto, num naipe de considerações sobre aquela norma codicística, JÚLIO GOMES, *Direito do Trabalho...*, cit., p. 544, escreve que "em certos trabalhos – por exemplo, os altamente criativos – existe uma óbvia componente pessoal, ao passo que noutros tal componente se esbate consideravelmente; em todos eles, contudo, o trabalho poderá ser prestado com maior ou menor zelo e diligência".

[527] Sobre isto, JOÃO MOREIRA DA SILVA, *Direitos e deveres dos sujeitos...*, cit., p. 59.

[528] Relembrando a lição de ANTÓNIO MENEZES CORDEIRO, *Manual de Direito do Trabalho...*, cit., p. 654, "o esforço exigível aos trabalhadores é determinado em abstracto, mas de acordo com as circunstâncias do caso concreto. Vale, pois, o padrão do *bonus pater familias*, inserido na posição do concreto trabalhador, isto é, a bitola do que possa ser exigido, em termos de normalidade e de regularidade, de acordo com as concepções socialmente dominantes, àquele trabalhador concretamente considerado. Esta bitola é sensível ao caso concreto: parece claro que o esforço exigido ao cientista, ao quadro superior ou ao pessoal dirigente, especialmente contratados por força das suas qualidades, deve, socialmente, ser mais elevado".

[529] Neste sentido, JOANA NETO, «Redesenhar o trapézio...», cit., p. 146.

[530] Interrogativamente, à luz do RCTPE, JÚLIO GOMES, «Da fábrica à fábrica de sonhos...», cit., p. 226, refere que a finalidade seria a de "avaliar com maior severidade atitudes como a do artista que incomodado com a pateada do público abandona a cena e interrompe abruptamente a prestação"

[531] ICÍAR ALZAGA RUIZ / INMACULADA BAVIERA PUIG / JOSEFA ROMERAL HERNÁNDEZ, «La relación laboral especial de los artistas en espectáculos públicos» in: ANTÓNIO V. SEMPERE NAVARRO / MIGUEL CARDENAL CARRO, *El contrato de Trabajo II Relaciones Laborales Especiales y Contratos con Particularidades*, Aranzadi, Pamplona, 2011, pp. 279-318, p. 301: "a razão da introdução deste critério subjectivo está fundamentalmente na potenciação do carácter pessoalíssimo da actividade artística, prestação em que cada trabalhador é único e onde, portanto, a comparação com o resto dos trabalhadores e companheiros é bastante difícil. Deste modo, para estimar se a diligência do artista se ajusta ou não à regra de valoração, há que comparar o seu rendimento com o observado normalmente pelo próprio trabalhador e com base nas aptidões pelas quais foi contratado".

forma, e como explica ANDREA NICOLUSSI, há certos aspetos da prestação que fogem à sinalagmaticidade do contrato e que devem ser tutelados, como é caso do credor que espera que o devedor empreste a sua vocação pessoal à prestação[532].

A respeito do dever de diligência dos artistas, e à semelhança do que também acontece no contrato de trabalho do praticante desportivo, a atividade artística pode, em certos casos, justificar certos constrangimentos à dimensão extra-laboral da vida do trabalhador[533]. Por exemplo, em matéria de alimentação, hábitos de vida ou a proibição de prática de desportos de risco[534]. Estamos, pois, perante aquilo que alguém já sugeriu como "modelos contratuais que impõem uma malha especialmente apertada de diligência (...) em que o objecto contratado pressupõe uma diligência acrescida do trabalhador"[535].

Uma nota final para referir que este dever de diligência também sai reforçado no plano da assiduidade e pontualidade porque "na actividade artística o calendário tem uma importância que não tem paralelo na relação laboral comum" pelo que "a falta (injustificada) de pontualidade que provoque atrasos no espectáculo ou mesmo o seu cancelamento ou suspensão poderia ser enquadrada legalmente como uma falta muito grave"[536]. Ninguém duvida que, no mundo do espetáculo, certos desvios ao programa contratual podem desconcertar por completo a organização do espetáculo. Pense-se, por exemplo, no artista que não comparece aos ensaios ou a um espetáculo[537].

De resto, segundo a posição da nossa doutrina e dos nossos tribunais, uma só falta injustificada pode servir de fundamento válido para o despedimento conquanto o empregador demonstre que, no caso concreto, o trabalhador agiu com culpa grave e causou um prejuízo sério para a empresa. Contudo,

532 ANDREA NICOLUSSI, «Ética del contratto e "contratti di durata" per l'esistenza della persona» in: LUCA NOGLER / UDO REIFNER [Ed.], *Life time contracts*, Eleven – International Publishing, Netherlands, 2014, pp. 123-167, p. 148.

533 MARIA DO ROSÁRIO PALMA RAMALHO, *Tratado de Direito do Trabalho...*, cit., p. 328, refere que "o facto de a prestação de trabalho se consubstanciair numa actividade artística pode exigir uma configuração especial dos deveres do trabalhador e do empregador".

534 ICÍAR ALZAGA RUIZ, «Artistas en espectáculos...», cit., p. 191.

535 RITA CANAS DA SILVA, «Alguns problemas sobre o regime jurídico das faltas» in: MARIA DO ROSÁRIO PALMA RAMALHO / TERESA COELHO MOREIRA [Coord.], *Tempo de trabalho e tempos de não trabalho – o regime nacional do tempo de trabalho à luz do Direito Europeu e Internacional*, APODIT, Lisboa, 2018, pp. 275-284, p. 277.

536 Assim, ALBINO MENDES BAPTISTA, «Subsídios para a criação de um regime...», cit., p. 48.

537 Dando este exemplo, JOANA NETO, «Redesenhar o trapézio...», cit., p. 147.

estes casos representam um cenário excecional. Em princípio, numa relação laboral comum, o trabalhador ausente pode ser, com maior ou menor dificuldade, substituído por outro trabalhador. O mesmo não se passa no mundo dos espetáculos, como, de resto, já tínhamos dado nota introdutoriamente, quando sublinhámos o caráter *intuitus personae* desta relação de trabalho. O artista que não comparece a um ensaio ou a um espetáculo, ou que cumpre defeituosamente, não só compromete como preclude irremediavelmente aquelas atuações.

§ 3.3.9. Segurança e saúde no trabalho

Num traço que já vem dos regimes anteriores, o EPAC é omisso em matéria de segurança e saúde no trabalho. Pensamos que a omissão do legislador convida à aplicação das regras gerais nesta matéria, as quais nos parecem perfeitamente compatíveis com a natureza jurídica desta relação especial de trabalho. De resto, a regulamentação nacional resulta de transposição da Diretiva n.º 89/391/CEE, de 29 de junho, em cujo âmbito de aplicação se estabelece a sua aplicação a "todos os sectores de actividade, privados ou públicos (actividades industriais, agrícolas, comerciais, administrativas, de serviços, educativas, *culturais*, de ocupação de tempos livres, etc.)" (itálico nosso). Assim, não só o regime geral da segurança e saúde no trabalho[538] é aplicável a estes trabalhadores, bem como o regime dos acidentes de trabalho[539].

Certamente que as exigências em matéria de segurança e saúde no trabalho têm diferentes intensidades. O chamado "ponto" do teatro, que lê as contracenas, o ator de uma qualquer peça teatral ou o pianista certamente que não prestam trabalho num contexto de grandes riscos associados ao desenvolvimento da sua prestação. Mas o mesmo já não se poderá dizer, certamente, do trapezista, do domador de feras, do mágico com números de facas, do *stuntman* ou do duplo, em relação aos quais, dada a especial perigosidade do seu trabalho, se impõe uma tutela mais enérgica, tutela essa tanto mais

538 Lei n.º 102/2009, de 10 de setembro.
539 Lei n.º 98/2009, de 4 de setembro.

acrescida que, inclusivamente, em certos setores, os profissionais até gozam de certas especificidades, como acontece com o toureiro[540] ou o bailarino[541].

Mais concretamente em relação à matéria dos acidentes de trabalho, o local de trabalho a que este regime se reporta deve ser sintonizado com o conceito amplo de local de trabalho a que se refere agora o EPAC[542], ou seja, deverão ser tutelados os sinistros ocorridos em "todos os locais onde se realizam trabalhos de desenvolvimento, pré-produção, ensaios, execução, finalização e pós-produção de manifestações de natureza cultural e artística ou outras atividades complementares ou acessórias do trabalho prestado"[543] (artigo 22.º, n.º 1, do EPAC).

Ainda em matéria de acidentes de trabalho, importa referir o regime aplicável aos menores que prestem trabalho artístico. Segundo o artigo 4.º, da Lei n.º 105/2009, de 14 de setembro, "o menor tem direito a reparação de danos emergentes de acidente de trabalho, nos termos do correspondente regime geral, assumindo, para este efeito, a entidade promotora a posição de empregadora". Nesse sentido, a entidade promotora deve transferir a responsabilidade por acidente de trabalho para entidade autorizada por lei a realizar este seguro.

§ 3.3.10. Pluriemprego e pacto de exclusividade

Replicando uma norma que já constava do regime legal anterior, o EPAC prevê que "é admitido o pluriemprego, salvo se as partes estabelecerem, por escrito, que o trabalhador realiza a sua actividade artística em exclusivo para

[540] Segundo a Lei n.º 31/2015, de 23 de abril, que estabelece o regime de acesso e exercício da atividade de artista tauromáquico e de auxiliar de espetáculo tauromáquico, "todos os artistas e auxiliares intervenientes nos espetáculos tauromáquicos em território nacional devem estar cobertos por um seguro de acidentes pessoais ou garantia ou instrumento financeiro equivalentes, cuja constituição é da responsabilidade do promotor, do próprio ou das respetivas organizações ou associações sectoriais" (artigo 8.º, n.º 1).

[541] Cfr. artigo 4.º, da Lei n.º 22/2019, de 26 de fevereiro: "os profissionais de bailado beneficiam de seguro obrigatório de acidentes de trabalho específico e correspondente às situações previstas no presente regime".

[542] § 3.3.2. Local de trabalho.

[543] Cfr., neste sentido, a Proposta da GDA. Mais se acrescentava que o regime deveria estabelecer o modo de proceder, por parte das entidades empregadoras, junto das empresas de seguros, para a identificação dos locais que lhe pertencem, fossem ou não por ela determinados, incluindo todos os locais onde se realizam trabalhos de desenvolvimento, préprodução, ensaios, execução, finalização e pós-produção de manifestações de natureza cultural e artística ou outras atividades complementares ou acessórias do trabalho prestado.

o empregador, mediante a fixação de uma compensação adequada para a prestação do trabalho em regime de exclusividade" (artigo 15, n.º 1).

A norma começa por afirmar, em geral, o direito de o profissional de espetáculos prestar trabalho a favor de mais do que uma entidade, ou seja, e por outras palavras, a possibilidade de cumular diferentes contratos de trabalho com várias entidades. O legislador quis esclarecer que o pluriemprego é admitido no setor da cultura, das artes e do espetáculo[544]. Parecendo desnecessária essa referência, dado que, como é pacífico, o pluriemprego é a regra[545], a especialidade da relação de trabalho artístico poderia fazer questionar essa possibilidade.

Repare-se que o legislador visou esclarecer a admissibilidade do pluriemprego a favor de mais do que uma entidade. No entanto, o pluriemprego a favor da mesma entidade também é igualmente admissível[546], pois, como tem sido entendido pela maioria da doutrina, é possível cumular mais do que um contrato de trabalho com a mesma entidade[547], conquanto essa cumulação não sirva para defraudar regras e garantias legais do trabalho (mormente, em matéria de tempo de trabalho).

Em complemento do n.º 1, o n.º 2 estabelece que "quando não exista contrato de exclusividade, celebrado nos termos do número anterior, os trabalhadores das artes do espectáculo e do audiovisual podem celebrar contratos simultâneos com mais de uma entidade empregadora, desde que o cumprimento do objecto dos diferentes contratos não seja incompatível por razão de horário, localização geográfica, profissional ou outra".

Depois de declarar a admissibilidade do pluriemprego, o EPAC não deixa de lhe introduzir limitações. Para além do pacto de exclusividade, de que já trataremos, e que, claro, depende de estipulação das partes, a lei determina, independentemente de qualquer acordo nesse sentido, que a prestação de trabalho a favor de várias entidades não pode precludir a possibilidade de prestar trabalho a favor da entidade empregadora (desde que "...não seja

[544] No entender de JOANA NETO, «Redesenhar o trapézio...», cit., p. 148: "redimensiona o dever de não concorrência".

[545] Pese embora o "desamparo normativo quase absoluto" (JOÃO ZENHA MARTINS, «Os pactos de exclusividade como instrumento de densificação...», cit., p. 321).

[546] Sobre isto, ANTÓNIO NUNES DE CARVALHO, «Apontamento sobre os limites à duração do tempo de trabalho em situação de pluriemprego», *Prontuário de Direito do Trabalho*, 2019, II, pp. 165-182.

[547] Sobre isto, ver PEDRO FURTADO MARTINS, «O pluriemprego no direito do trabalho» in: ANTÓNIO MOREIRA [Coord.], *II Congresso nacional de direito do trabalho - memórias*, Almedina, Coimbra, 1999, pp. 191-210, especialmente, p. 197.

incompatível por razão de horário, localização geográfica, profissional ou outra"). A norma não deixa de ser curiosa porque, em rigor, não define que vínculo laboral é que não pode ser prejudicado. Explicando-nos melhor, o trabalhador não pode prejudicar o empregador X em virtude de um outro compromisso assumido com o empregador Y, mas, da mesma forma, a prestação de trabalho a favor deste último não poderá, lida a norma ao pé da sua letra, ser prejudicada pelo vínculo assumido perante aquela primeira entidade. Quer-nos parecer, recuperando a velhinha regra *prior in tempore, potior in iure*, que inclusivamente já chegou a vigorar justamente no setor artístico[548], que se pretende fazer prevalecer o contrato de trabalho que tiver sido celebrado em primeiro lugar em relação aos contratos de trabalho supérstites. Por outro lado, embora, em rigor, o pluriemprego diga respeito à cumulação de contratos de trabalho, pensamos que a norma deve ser lida amplamente, vinculando o trabalhador artístico à obrigação de não prejudicar a prestação de trabalho com outras atividades, mormente, com prestação de serviços que "seja incompatível por razão de horário, localização geográfica, profissional ou outra".

Para além da ressalva acima transcrita, diz-se ainda, no n.º 2, que o pluriemprego não pode prejudicar os "deveres que não pressupõem a prestação da atividade laboral". A nosso ver, até porque a fórmula legal é utilizada noutros contextos legais com um semelhante sentido[549], parece-nos que o legislador quis ressalvar o cumprimento do dever de lealdade ao empregador e, neste caso, em relação a todos os empregadores perante quem estiver vinculado. Concretamente, o trabalhador não pode, através do pluriemprego, prestar trabalho concorrente ao(s) empregador(es) com quem tiver vínculo de trabalho.

Para além destas limitações de natureza legal, o EPAC possibilita ainda às partes a estipulação de limitações, ou seja, por via contratual. Concretamente, e à semelhança do regime espanhol, onde também se inclui a figura

[548] Segundo o Decreto n.º 43190, de 23/09/1960, "os profissionais de espectáculos só podem realizar contratos com duas ou mais empresas, quando devam ser cumpridos simultâneamente, desde que, de forma expressa, assim se permita nos diversos contratos e daí não resulte prejuízo na actuação a que cada um os obrigue" (artigo 27.º). Acrescentava o § único que "verificada a impossibilidade de cumprir simultânea e inteiramente todos os contratos, prevalecem os mais antigos".

[549] Estamos a pensar no artigo 295.º, n.º 1, do CT09, respeitante à suspensão do contrato de trabalho, onde se lê que "durante a redução ou suspensão, mantêm-se os direitos, deveres e garantias das partes que não pressuponham a efectiva prestação de trabalho".

do *pacto de dedicación*[550], o EPAC prevê a possibilidade de as partes estipularem um pacto de exclusividade. O pacto de exclusividade não surge regulado no regime laboral comum, embora a sua estipulação seja admitida pacificamente pela doutrina e jurisprudência[551]. Não espanta que a figura seja uma construção pretoriana no âmbito do regime laboral comum e apareça expressamente neste regime especial: o domínio das artes e do espetáculo é "terreno fértil para o seu aparecimento"[552] sendo mesmo, não raro, um pressuposto negocial da contratação[553].

Várias razões podem justificar o pacto de exclusividade sob o ponto de vista do empregador: para além de um reforço da obrigação de não concorrência[554], que, naturalmente, está limitada a atividades que se possam considerar... concorrentes[555], um pacto de exclusividade impede que o trabalhador se desgaste e perca a sua aptidão para a prestação que depende, muitas vezes, de uma otimização das suas capacidades físicas, um pouco como acontece, paralelamente, com a prática desportiva profissional[556].

Numa primeira aproximação ao regime dos pactos de exclusividade, importa desde já adiantar que, segundo nos quer parecer, esta norma apenas vale para os contratos de trabalho sem regime de intermitência porque, para estes, como vimos[557], esses pactos devem considerar-se nulos: o legislador é claro ao referir que o trabalhador pode exercer outra atividade durante os períodos de inatividade, ainda que não seja admitida a atividade concorrente.

[550] Cfr. artigo 6.º, n.º 4, do Real Decreto n.º 1435/1985, de 1 de agosto. De resto, também o ET espanhol prevê a figura: cfr. artigo 21.º, n.º 1.

[551] Representando até um indício de laboralidade: cfr. José Andrade Mesquita, *Direito do Trabalho*, cit., p. 376.

[552] João Zenha Martins, «A onerosidade dos pactos de exclusividade laboral» in: *Estudos Comemorativos dos 20 anos da FDUP*, vol. I, Almedina, Coimbra, 2017, pp. 699-718, p. 710 (= Id., *Dos pactos de limitação...*, cit., p. 514).

[553] Frederico Durán López, «La relación laboral especial de los artistas», cit., p. 7.

[554] Embora, como repara Margarida Porto, «Regime jurídico do contrato de trabalho...», cit., p. 752, a obrigação de não concorrência pode ser tão ampla que, em termos práticos, até pode consumir a utilidade de um pacto de exclusividade.

[555] Como refere João Zenha Martins, «Os pactos de exclusividade como instrumento de densificação...», cit., p. 340, o pacto de exclusividade "torna desnecessário qualquer juízo de valor acerca da deslealdade subjacente".

[556] João Zenha Martins, «Os pactos de exclusividade como instrumento de densificação...», cit., p. 326: "salvaguarda do desgaste físico do trabalhador em profissões implicativas de níveis de concentração, rigor técnico e dedicação elevados".

[557] § 3.2.2.4. Contrato de trabalho com atividade descontínua.

Sendo certo que o EPAC prevê os pactos de exclusividade, a sua regulamentação está concentrada apenas na norma acima transcrita. Pese embora a frugalidade do regime, dele é possível extrair vários aspetos. Desde logo, e como resulta claro da sua redação, o pacto de exclusividade é oneroso, envolvendo, como tal, uma contrapartida a pagar ao trabalhador pela limitação à sua liberdade de trabalho. A solução não é certamente uma novidade porque, no âmbito do regime laboral comum, também tem valido o entendimento de que a obrigação de exclusividade envolve o pagamento de uma compensação[558]. A este respeito, a lei fala numa "compensação adequada"[559], conceito que nos remete para todo o lastro doutrinal e jurisprudencial que os pactos de limitação à liberdade de trabalho têm merecido no regime laboral comum, sobretudo no que diz respeito aos pactos de não concorrência: embora o CT09 fale, quanto a estes, meramente de uma "compensação", tem sido entendido que a predicação da adequação é requisito da compensação.

Tal como acontece no regime dos pactos de não concorrência, o legislador não fornece qualquer critério para a determinação do valor da compensação: o critério é unicamente qualitativo, justamente, a "adequação" da compensação[560]. Repare-se que o ponto é da maior importância porque, ainda que a lei não o diga, parece que, à semelhança do que acontece em relação aos pactos de não concorrência e à generalidade dos pactos de exclusividade, é de concluir que uma compensação que não seja adequada determina a nulidade do pacto (naturalmente, apenas dessa cláusula, não afetando, segundo acreditamos, a validade do contrato de trabalho, salvo se, de acordo com as regras gerais, for possível concluir que o contrato não ser teria celebrado sem essa cláusula o que, como já sugerimos *supra*, não é um cenário que se possa dizer meramente académico, dada a importância que este pacto pode ter na formação da vontade de contratar)[561]. À falta de um critério quantitativo ou percentual, que sempre favoreceria a segurança jurídica, a adequação vai

[558] Ver Pedro Furtado Martins, «O pluriemprego no direito do trabalho», cit. p.205.

[559] Que parece ter natureza retributiva, pois, como refere João Zenha Martins, *Dos pactos de limitação...*, cit., p. 518, "a contrapartida, embora destinda a compensar o trabalhador pela não fruição plena do seu direito ao trabalho, entronca no acréscimo de disponibilidade para o exercício das funções compreendidas no contrato de trabalho". No mesmo sentido, Id., «Os pactos de exclusividade como instrumento de densificação...», cit., p. 344.

[560] Júlio Gomes, «Da fábrica à fábrica de sonhos...», cit., p. 228, n. 57, sugeria o recurso ao lugar paralelo da compensação retributiva a pagar aos profissionais de espetáculos durante o período de inatividade quando fosse convencionada essa exclusividade (caso em que a compensação retributiva seria de 50%).

[561] Defendendo, em geral, a nulidade, João Zenha Martins, *Dos pactos de limitação...*, cit., p. 520.

depender do caso concreto, mas uma coisa é certa: o montante não pode ser irrisório, estando vedada "a não desnaturação do alcance compensatório que, por definição, a contrapartida traz consigo"[562].

Do ponto de vista formal, o pacto de exclusividade obedece a forma escrita, que nos parece um requisito de validade do negócio. O ponto é importante, pois, em regra, o contrato de trabalho artístico não obedece a forma especial, como vimos[563]. De certa forma, a celebração de um pacto de exclusividade estimulará a formalização do contrato de trabalho embora, em rigor, também seja possível estipular esse acordo *a latere*, por escrito, convivendo o pacto com um contrato de trabalho celebrado informalmente.

Como se adiantou, o EPAC é omisso em relação a variados aspetos relacionados com estes pactos e, neste caso, não é possível contar com o recurso subsidiário ao regime laboral comum, uma vez que, como também já se disse, o pacto de exclusividade não está contemplado no CT09, embora isso não prejudique a sua admissibilidade, como fizemos igualmente notar. A falta de um regime legal ou de regras expressas não invalida, no entanto, o recurso ao desenvolvimento que esta matéria tem conhecido junto da doutrina e dos tribunais[564].

Desde logo, e conforme tem sido sublinhado pela nossa doutrina e pelos nossos tribunais, o pacto de exclusividade não é de estipulação livre, pois depende de um interesse legítimo do empregador, interesse esse que deve se aferido de acordo com uma ideia de boa-fé[565]. Assim, a título de exemplo,

[562] João Zenha Martins, *Dos pactos de limitação...*, cit., p. 519 (= Id., «Os pactos de exclusividade como instrumento de densificação...», cit., p. 346). No mesmo sentido, Júlio Gomes, «Da fábrica à fábrica de sonhos...», cit., p. 228.

[563] § 3.2.3. Forma e formalidades.

[564] Forçando a nota, e como refere João Zenha Martins, «Os pactos de exclusividade como instrumento de densificação...», cit., p. 338, a obrigação de exclusividade também vigora durante as férias e durante uma eventual suspensão do contrato de trabalho.

[565] No âmbito do regime geral, Júlio Gomes, *Direito do Trabalho...*, cit., p. 631, António Monteiro Fernandes, *Direito do Trabalho...*, cit., p. 367, Paula Martins, «Algumas reflexões em torno da cláusula de exclusividade em Direito do Trabalho: liberdade ou escravidão» in: AAVV [Coord.], *Estudos de Direito do Trabalho em Homenagem ao Professor António Monteiro Fernandes*, Vol. II, Nova Causa, Braga, 2017, pp. 396-427, pp. 415-416 e João Zenha Martins, «Da convivência entre as cláusulas de exclusividade e o trabalho a tempo parcial: reflexão a propósito da proibição genérica de exclusividade no Reino Unido para os contratos "zero horas"», *Revista do Ministério Público*, 142 (2015), pp. 59-77, pp. 67 ss.

fará sentido uma cláusula que proíba um músico de dar aulas de piano[566] ou do exercício de outras atividades não remuneradas[567]?

Em relação a outros aspetos não visados pela regulamentação, é, também, delicada a questão de saber se o pacto de exclusividade pode ter, ou não, uma cláusula penal que liquide antecipadamente o dano em caso de incumprimento por parte do trabalhador. Essa possibilidade é admitida expressamente no regime espanhol — conquanto sempre sujeita a "controlo" por parte do tribunal, caso o valor se revele abusivo —, mas, como se sabe, a estipulação de cláusulas penais nas relações de trabalho é, em geral, controversa entre nós. A questão tem sido sobretudo levantada no contexto dos pactos de não concorrência, onde parte da doutrina e da jurisprudência tem admitido a sua estipulação[568]. Da nossa parte, a não ser que a lei fixe, em abstrato, valores "liberatórios", como no caso dos pactos de permanência, pensamos que será lícita a estipulação de uma cláusula penal, até pela especial dificuldade que rodeia a prova e liquidação de danos em caso de incumprimento do trabalhador[569]. Contudo, a cláusula penal, sendo estipulada, não deixará de ficar sujeita ao controlo judicial em caso de abuso, nos termos gerais previstos, de resto, no Código Civil.

Outra questão que frequentemente se coloca é a de saber se o trabalhador pode fazer cessar *ad nutum* este pacto. Mais uma vez, este problema não é exclusivo dos pactos de exclusividade, sendo compartilhado por outros institutos limitadores da liberdade de trabalho. Segundo a doutrina que nos parece maioritária, essa possibilidade é concedida ao trabalhador convocando as normas gerais em matéria de limitação aos direitos de personalidade, concretamente, ao abrigo do artigo 81.º, do Código Civil[570].

[566] Recorrendo ao exemplo de JÚLIO GOMES, «Da fábrica à fábrica de sonhos...», cit., p. 225.

[567] Contra, PEDRO FURTADO MARTINS, «O pluriemprego no direito do trabalho», cit. pp. 204-205.

[568] Pronunciando-se favoravelmente, RUI VALENTE, «Proteção do segredo, cláusula penal e desvinculação do pacto de não concorrência» in: LOURDES MELLA MÉNDEZ [Dir.] / DUARTE ABRUNHOSA E SOUSA [Coord.], *Los actuales cambios sociales y laborales: nuevos retos para el mundo del trabajo – cambios en la relación individual de trabajo: España, Portugal, México, Francia*, Vol. IV, Peter Lang, Suiça, 2017, pp. 351-376, especialmente, pp. 356-357.

[569] Admitindo-o, JOÃO ZENHA MARTINS, *Dos pactos de limitação...*, cit., p. 539, n. 1976.

[570] Com esta posição, PEDRO FURTADO MARTINS, «O pluriemprego no direito do trabalho», cit. p. 205, RICARDO NASCIMENTO, *Da cessação do contrato de trabalho...*, cit., p. 352, JOÃO ZENHA MARTINS, *Dos pactos de limitação...*, cit., pp. 521 ss., ANTÓNIO MENEZES CORDEIRO, *Manual de Direito do Trabalho...*, cit., p. 551 e JOANA VASCONCELOS, «Sobre a aplicação do artigo 81.º do Código Civil às cláusulas de limitação da liberdade de trabalho» in: *Estudos dedicados ao Professor Doutor Bernardo da Gama Lobo Xavier*, Vol. II, UCP Editora, Lisboa, 2015, pp. 201-223, especialmente, pp. 220 ss.

Já no que diz respeito ao empregador, a questão é mais controversa, havendo quem admita a possibilidade de o empregador fazer cessar o pacto de exclusividade por via da caducidade do contrato de trabalho, quando a cessação da obrigação de exclusividade assumir, legitimamente, um papel fundamental na economia do contrato de trabalho, o que acontece, indiciariamente, quando o pacto de exclusividade é celebrado *ab initio*[571], o que, como se disse, até é típico da contratação artística, pois os contratos de trabalho são justamente celebrados nesse pressuposto.

Uma última referência merece a possibilidade de estipular uma cláusula de exclusividade em relação a um trabalhador contratado a tempo parcial, cenário que pode colocar-se com frequência no setor artístico dada a frequência com que vários trabalhadores na área da cultura são contratados a tempo parcial. Uma vez mais, a questão tem sido debatida no âmbito do regime laboral comum, havendo uma divisão entre os Autores. No essencial, quem defende essa possibilidade afirma que nada na lei impede expressamente a estipulação dessas cláusulas, devendo essa estipulação ser considerada, por isso, válida, havendo, claro está, um interesse legítimo por parte do empregador, exigência a que já fizemos referência *supra* e que valeria, naturalmente, para as cláusulas de exclusividade apostas em contratos de trabalho a tempo parcial[572].

Para a corrente oposta, essas estipulações seriam inadmissíveis na medida em que colocam o trabalhador numa situação de grande fragilidade — o que, acrescentaríamos nós, seria particularmente visível no caso dos artistas. De facto, o trabalhador contratado a tempo parcial não só recebe uma remuneração correspondente apenas a um período normal de trabalho reduzido, como lhe estaria vedada a hipótese de "complementar" essa remuneração com um outro emprego. Acresce que é possível ensaiar a aplicação por via

571 Sobre isto, João Zenha Martins, *Dos pactos de limitação...*, cit., pp. 525 ss. Também na opinião de Pedro Furtado Martins, «O pluriemprego no direito do trabalho», cit. pp. 205-206, o contrato de trabalho, nesses casos, até poderia caducar por impossibilidade.

572 Admitindo a estipulação e, por isso, a validade, destes pactos, João Zenha Martins, *Dos pactos de limitação...*, cit., pp. 490 ss., Id., «Da convivência entre as cláusulas de exclusividade e o trabalho a tempo parcial: reflexão a propósito da proibição genérica de exclusividade no Reino Unido para os contratos "zero horas"», *Revista do Ministério Público*, 142 (2015), pp. 59-77, pp. 66 ss., Id., «Os pactos de exclusividade como instrumento de densificação do dever de não concorrência?» in: Lourdes Mella Méndez [Dir.] / Duarte Abrunhosa e Sousa [Coord.], *Los actuales cambios sociales y laborales: nuevos retos para el mundo del trabajo – cambios en la relación individual de trabajo: España, Portugal, México, Francia*, Vol. IV, Peter Lang, Suíça, 2017, pp. 319-349, especialmente, pp. 328 ss. e Paula Martins, «Algumas reflexões em torno da cláusula de exclusividade...», cit., pp. 412-414.

analógica do regime do trabalho intermitente, quando aí se prevê que o trabalhador pode exercer outra atividade, o que seria incompatível, segundo até já se disse, com os pactos de exclusividade. Ora, na medida em que existe uma certa proximidade entre os contratos de trabalho em regime intermitente e os contratos de trabalho a tempo parcial — em ambos os casos, o trabalhador dispõe de períodos de "não trabalho" — seria possível chegar à aplicação, por via analógica, daquela regra[573]. Essa interpretação faria também sentido no âmbito artístico já que, como se viu, também o EPAC prevê, à semelhança do regime anterior, uma semelhante norma em relação ao contrato de trabalho em regime intermitente. Com base nestes argumentos, que acompanhamos, também somos da opinião de que não é válida uma cláusula de exclusividade aposta num contrato de trabalho a tempo parcial.

§ 3.3.11. Direitos de Propriedade Intelectual

Um dos traços que torna esta relação laboral especial é justamente a dimensão criativa da prestação artística. Na medida em que a prestação configura uma obra, o trabalho artístico recebe a interferência jusautoral, isto é, a prestação do trabalhador tem, muitas vezes, relevo jusautoral[574], o que faz com que "o estatuto deste tipo de trabalhadores é híbrido"[575].

O EPAC ocupa-se desta matéria nas suas disposições gerais. Dispõe-se que "os direitos de propriedade intelectual decorrentes da atividade autoral e artística dos trabalhadores e dos prestadores de serviços abrangidos pelo presente Estatuto regem-se pelo Código do Direito de Autor e dos Direitos Conexos e pelo disposto no artigo 40.º do presente Estatuto, sem prejuízo do disposto no número seguinte". No essencial, o legislador remete para as regras gerais em matéria jus-autoral[576], o que já acontecia no regime

[573] João Leal Amado / Milena Silva Rouxinol / Joana Nunes Vicente / Catarina Gomes Santos / Teresa Coelho Moreira, *Direito do Trabalho...*, cit., pp. 451-452. Exprimindo dúvidas, Júlio Gomes, *Direito do Trabalho...*, cit., p. 631.

[574] Sobre a tutela autoral do ator de cinema, ver o estudo, no contexto italiano, de Enzo Maria Incutti, «I contratti del settore cinematografico tra tendenze del mercato e prospettive evolutive», *Contratto e Impresa*, 37 (2021), pp. 202-243.

[575] Victória Rocha, «A titularidade das criações intelectuais no âmbito da relação de trabalho» in: *Nos 20 anos do Código das Sociedades Comerciais — Homenagem aos Profs. Doutores A. Ferrer Correia, Orlando de Carvalho e Vasco Lobo Xavier*, Vol. I, Coimbra Editora, Coimbra, 2007, pp. 167-199, p. 168.

[576] Sobre a tutela autoral no âmbito do contrato de trabalho, ver, em geral, Júlio Gomes, *Direito do Trabalho...*, cit., pp. 568 ss. Mais em especial, Alberto de Sá e Mello, «Trabalho criativo subordinado – a criação de obras intelectuais em execução de contrato de trabalho» in: *Estudos dedicados*

anterior[577]. Esta remissão deve ser encarada de forma dinâmica, ou seja, para o quadro normativo que, em cada momento, vier a vigorar.

O trabalho prestado pelos artistas consiste muitas vezes numa interpretação que dá um novo cunho à obra original, ao ponto de, por vezes, superar a própria obra interpretada. A partir do momento em que a atuação dos artistas, outrora efémera e recordada apenas na memória dos espetadores, passou a ser fixada para posterior transmissão e difusão rapidamente se sentiu a necessidade de deferir a estes profissionais uma tutela semelhante àquela que era garantida aos autores[578]. Nasceu assim a convicção de que estas criações merecem a tutela do Direito. E, mais concretamente, dão origem a direitos conexos. Como repara Luís Menezes Leitão, "a atribuição dos direitos conexos aos artistas é plenamente justificada, dado que a protecção concedida aos autores esmagou os artistas, obrigando estes a reclamar uma protecção própria"[579].

Naturalmente, o artista só goza de proteção se e na medida em que a sua prestação envolva uma dimensão criativa. Assim, o artista de circo, na medida em que não interpretar qualquer obra, não goza de proteção autoral.[580] Mas já poderá gozar a artista de *jazz* ou o maestro da Orquestra, na medida em que, se for o caso, "interpretam" a obra original[581].

ao Professor Doutor Bernardo da Gama Lobo Xavier, vol. I, Universidade Católica Editora, Lisboa, 2015, pp. 79-110, Nuno Sousa e Silva, «Direitos conexos (ao Direito de Autor)», *Revista da Ordem dos Advogados*, 2016, pp. 355-445, Maria Victória Rocha, «A titularidade das criações intelectuais no âmbito da relação de trabalho» in: *Nos 20 anos do Código das Sociedades Comerciais — Homenagem aos Profs. Doutores A. Ferrer Correia, Orlando de Carvalho e Vasco Lobo Xavier*, vol. I, Coimbra Editora, Coimbra, 2007, pp. 167-199 e José João Abrantes, «Contratos de propriedade intelectual e contrato de trabalho» in: Carlos Ferreira de Almeida / Luís Couto Gonçalves / Cláudia Trabuco [Org.], *Contratos de Direito de Autor e de Direito Industrial*, Almedina, Coimbra, 2011, pp. 79-91.

577 Na sua versão originária, o RCTPE dispunha: "os direitos de propriedade intelectual decorrentes da actividade artística dos trabalhadores de espectáculos públicos regem-se pelo Código do Direito de Autor e dos Direitos Conexos, sem prejuízo de poderem ser exercidos in-dividualmente se for essa a vontade expressa dos respectivos titulares, comunicada a entidade de gestão colectiva de direitos dos artistas" (artigo 18.º).

578 Assim, exatamente, Luís Brito Correia, *Direito da Comunicação Social*, vol. II, *Direito de Autor e da Publicidade*, Almedina, Coimbra, 2005, p. 131.

579 Luís Menezes Leitão, *Direito de Autor...*, cit., p. 249.

580 Sobre isto, Nuno Sousa e Silva, «Direitos conexos (ao Direito de Autor)», cit., p. 384.

581 Luís Menezes Leitão, *Direito de Autor...*, cit., pp. 250-251. Como escreve Nuno Sousa e Silva, «Direitos conexos (ao Direito de Autor)», cit., p. 385, "é necessário que ocorra uma interpretação, isto é, que a pessoa entre em contacto com a obra de forma pessoal e que a exteriorize de forma individual". No entanto, José Alberto Vieira, *Direito de Autor – dogmática básica*, Almedina, Coimbra, 2020, p. 460, entende que "ao contrário da proteção da obra pelo direito de autor, em que intervém um juízo valorativo de criatividade da expressão, a proteção da prestação não supõe

De acordo com as regras gerais em matéria de Direito de Autor, a obra é da titularidade do seu autor, isto é, do trabalhador[582]. O profissional da área da cultura é, sendo esse o caso, titular de direitos conexos, que merecem regime diverso[583]. Segundo o artigo 178.º, do CDADC, assiste ao artista intérprete ou executante o direito exclusivo de fazer ou autorizar, por si ou pelos seus representantes, a radiodifusão e a comunicação ao público, por qualquer meio, da sua prestação, exceto quando a prestação já seja, por si própria, uma prestação radiodifundida ou quando seja efectuada a partir de uma fixação. Assim, se o artista tem o direito a impedir a difusão da obra, não fará sentido impedir a transmissão da prestação quando a contratação já é feita com esse preciso intuito, o que está expressamente ressalvado na lei quando aí se contempla "a radiodifusão e a comunicação ao público, por qualquer meio, da sua prestação, excepto *quando a prestação já seja, por si própria, uma prestação radiodifundida ou quando seja efectuada a partir de uma fixação*" (artigo 178.º, n.º 1, alínea a), do CDADC).

qualquer avaliação, de criatividade ou outra. Por vezes, alguns autores argumentam no sentido da criatividade da representação e, assim, de uma aproximação à lógica de protecção da obra. Nada disso convence e, sobretudo, se adequa com o regime jurídico dos direitos conexos. A prestação do artista intérprete ou executante pode ser medíocre, deplorável, como pode ser sublime, inesquecível. O que o direito conexo protege é sempre o trabalho performativo, a prestação, qualquer que seja a qualidade desta. Artistas desinspirados ou com fraca vocação de carreira recebem a mesma proteção dos artistas laureados e aclamados pela crítica".

582 Segundo o artigo 14.º, do CDADC, a titularidade do direito de autor relativo a obra feita por encomenda ou por conta de outrem, quer em cumprimento de dever funcional quer de contrato de trabalho, determina-se de harmonia com o que tiver sido convencionado. Na falta de convenção, presume-se que a titularidade do direito de autor relativo a obra feita por conta de outrem pertence ao seu criador intelectual. A circunstância de o nome do criador da obra não vir mencionado nesta ou não figurar no local destinado para o efeito segundo o uso universal constitui presunção de que o direito de autor fica a pertencer à entidade por conta de quem a obra é feita. Ainda quando a titularidade do conteúdo patrimonial do direito de autor pertença àquele para quem a obra é realizada, o seu criador intelectual pode exigir, para além da remuneração ajustada e independentemente do próprio facto da divulgação ou publicação, uma remuneração especial: a) Quando a criação intelectual exceda claramente o desempenho, ainda que zeloso, da função ou tarefa que lhe estava confiada; b) Quando da obra vierem a fazer-se utilizações ou a retirar-se vantagens não incluídas nem previstas na fixação da remuneração ajustada.

583 Assim, afirmando que os direitos conexos têm, em geral, uma finalidade de proteção do investimento, salvo no casos dos artistas-intérpretes, "atento o carácter verdadeiramente criativo da respetiva prestação", Nuno Sousa e Silva, *Concorrência desleal e propriedade intelectual – os atos de aproveitamento*, Almedina, Instituto do Conhecimento Abreu Advogados, Coimbra, 2020, p. 369.

Acontece que, de acordo com o artigo 189.º, n.º 2, do CDADC, a proteção outorgada ao artista não abrange a prestação decorrente do exercício de dever funcional ou de contrato de trabalho. Esta norma, duramente criticada pela doutrina[584], é passível de diversas interpretações. Numa interpretação enunciativa, parece que o artista não é titular de quaisquer direitos de propriedade intelectual, posição também sufragada por Luiz Francisco Rebello, "salvo se outra coisa tiver sido convencionada entre o trabalhador e o empregador"[585].

Esta não é, porém, a interpretação de Alberto de Sá e Mello. Partindo da premissa de que não fará sentido excluir os artistas da proteção que, em regra, é deferida aos autores, o Autor entende que o sentido útil da norma só pode ser o de "libertar as prestações artísticas para utilização pelo empregador ou pelo comitente que a encomende"[586]. Maria Victória Rocha, tentando também salvar a utilidade da norma legal, também refere que se devem aplicar as regras gerais sobre direitos conexos. Assim, partindo do exemplo do trabalhador que canta ao vivo no bar, "não será lícito à entidade empregadora, sem o consentimento do artista intérprete, utilizar a prestação para fins diversos dos decorrentes do contrato de trabalho. Por exemplo, não poderá fixar e distribuir ou vender fonogramas ou videogramas com a prestação em causa. Sem o acordo do intérprete, não poderá comunicá-la fora do contexto das apresentações ao vivo no bar"[587].

584 Maria Victória Rocha, «A titularidade das criações intelectuais...», cit., pp. 188 ss. A Autora começa com a afirmação, p. 188, de que "os artistas intérpretes (e executantes) são de todos os criadores dependentes os menos bem tratados", falando de uma "anomalia" (p. 190). No mesmo sentido, Susana Isabel Pinto Ferreira dos Santos, *O enquadramento jurídico-laboral...*, cit., p. 146: "esta discriminação feita aos artistas intérpretes ou executantes que estão vinculados por um contrato de trabalho, deixa-nos indignados". Também José João Abrantes, «Contratos de propriedade intelectual...», cit., p. 86, n. 26, fala de uma norma "que lhes retira quaisquer direitos conexos sobre as suas prestações". No mesmo sentido, José de Oliveira Ascensão, *Direito de Autor e Direitos Conexos*, cit., p. 558: "é um princípio muito grave e de consequências vastas"

585 Luiz Francisco Rebello, *Código do Direito de Autor e dos Direitos Conexos*, Âncora Editora, Lisboa, 2002, p. 248. Contra, Patrícia Akester, *Código do Direito de Autor e Direitos Conexos anotado*, 2.ª ed., Almedina, Coimbra, 2019, pp. 276-277, refere que "o artigo 189 (2) do CDADC de 1985 não menciona a possibilidade de haver convenção em contrário". No mesmo sentido, Alberto de Sá e Mello, *Manual de Direito de Autor...*, cit., p. 412. Igualmente, José de Oliveira Ascensão, *Direito de Autor e Direitos Conexos*, cit., p. 558.

586 Alberto de Sá e Mello, *Manual de Direito de Autor...*, cit., pp. 412 ss.

587 Maria Victória Rocha, «A titularidade das criações intelectuais...», cit., p. 191.

§ 3.4. Cessação do contrato de trabalho

O RCTPE era omisso quanto ao regime de cessação, entendendo-se que as formas de cessação previstas no regime laboral comum seriam aplicáveis à relação de trabalho artístico[588]. O EPAC vem agora arrolar as formas de cessação do contrato de trabalho: ele pode cessar por revogação[589], despedimento por facto imputável ao trabalhador, despedimento coletivo, despedimento por extinção de posto de trabalho, despedimento por inadaptação, resolução e denúncia pelo trabalhador (artigo 24.º, n.º 1). A estas causas de cessação gerais acrescenta-se a denúncia durante o período experimental (n.º 2).

Esta norma acaba por ser de pouca ou nenhuma utilidade porque, logo no n.º 3, se acrescenta que "a cessação do contrato rege-se pelo disposto no Código do Trabalho, com as especificidades constantes do presente Estatuto"[590].

§ 3.4.1. Cessação do contrato promovida pelo empregador

Embora a preveja, o EPAC não regula, em geral, a cessação do contrato de trabalho promovida pelo empregador. A omissão do legislador promove, naturalmente, a aplicação do regime laboral comum. Concretamente, o empregador pode fazer cessar o contrato de trabalho com fundamento em justa causa subjetiva (com fundamento disciplinar[591]) ou objetiva (despedi-

588 Joana Neto, «Redesenhar o trapézio...», cit., p. 150 e Id., *Na boca de cena da (des)regulação...*, cit., p. 124.

589 Cfr. Decreto n.º 43190, de 23/09/1960: "a rescisão dos contratos por acordo só poderá provar-se por documento escrito e assinado por ambas as partes, com as assinaturas reconhecidas por notário" (artigo 32.º). Acrescentava o § único que "quando os contratos ao mês ou por tempo superior forem rescindidos por mútuo acordo antes de findos os primeiros 30 dias, o reconhecimento será sempre presencial, sem o que o documento não terá validade".

590 Numa norma que não transitou para a versão final, o Projeto estabelecia que cessado o contrato de trabalho, deveria ser entregue ao trabalhador "certificado de trabalho deve indicar também o número do cartão do profissional da área da cultura, se aplicável" e "a pedido do trabalhador, deve ser entregue certificado de trabalho comprovativo da respetiva experiência profissional".

591 Embora não tratando diretamente desta questão, Margarida Porto, *A participação de menor em espectáculo...*, cit., p. 246, fala do caso do artista "chegar sistematicamente atrasado às gravações, atrasando toda a actividade e prejudicando o cumprimento do número de horas de actividade dos restantes".

mento coletivo, por extinção do posto de trabalho ou por inadaptação), nos termos gerais previstos no CT09[592].

Ainda que omissa a esse respeito, pensamos que ninguém discutirá que a exigência de justa causa – constitucionalmente garantida – também escuda os trabalhadores deste setor. Tal equivale a dizer que o artista ou profissional de espetáculos só pode ser despedido com justa causa.

As especificidades do trabalho artístico podem levantar, contudo, uma interrogação que já colocámos a propósito do contrato de trabalho do praticante desportivo[593]: tal como aí problematizámos, as especificidades desta relação especial de trabalho podem fazer questionar qual o perímetro de eventos que permitem afirmar a existência de justa causa de despedimento ou, porventura mais rigorosamente, da resolução do contrato de trabalho pelo empregador. No fundo, será que a natureza especial desta relação laboral pode legitimar um alargamento do conceito de justa causa, possibilitando ao empregador artístico a resolução do contrato de trabalho em casos em que, à partida, nas demais relações de trabalho, não seria possível[594]?

A hipótese foi aventada, entre nós, por BERNARDO DA GAMA LOBO XAVIER. Como ponto de partida, e dando a palavra ao Autor, constata-se que "a fragilidade e precaridade dos laços que unem os trabalhadores de espectáculos às respectivas empresas exige métodos de desvinculação que nada podem ter a ver com os esquemas vigentes do comum dos contratos de trabalho. Estão estes últimos assentes no bloqueamento estrutural dos despedimentos (...) um regime destes é indesejável para a actividade de espectáculos". A observação merece depois desenvolvimento. Escreve o Autor: "a pessoalidade e a correlativa fragilidade do contrato não consentem situações de estabilidade artificialmente criadas: o Direito não pode dispor meios fictícios para a sobrevivência de uma relação ténue e precária, que depende não só da adesão e recíproca confiança entre o profissional e o empresário, como também de um especial entendimento entre os membros do grupo executante, e em que

[592] Em geral, NUNO NOGUEIRA, «O poder disciplinar do empregador no sector da moda» in: JOÃO FRAGA DE CASTRO [Coord.], *Fashion Law – Direito da Moda*, Thomson Reuters – Aranzadi, Pamplona, 2019, pp. 553-561 e MARÍA DEL PUY ABRIL LARRAINZAR / MARTA MONTES RODRÍGUEZ, «El poder disciplinario del empresario en el sector del lujo e la moda» in: ENRIQUE ORTEGA BURGOS [Dir.], *Fashion Law (Derecho de la Moda)*, Thomson Reuters – Aranzadi, Navarra, 2018, pp. 319-339.

[593] VICTOR HUGO VENTURA, *O regime do contrato de trabalho...*, cit., pp. 216 ss.

[594] PIERRE-MICHEL MENGER, *Retrato do artista enquanto trabalhador...*, cit., p. 102, falava em "contratar e despedir consoante as necessidades, sem barreira nem à entrada nem à saída, com custo zero na prospecção como no despedimento".

o público tem ainda a sua palavra a dizer. Na verdade, como se poderá coagir o empresário a manter relações contratuais com um executante que «não faz equipe» com os seus colegas? ou com um artista que caia no desagrado do público?"[595].

A observação do Autor condensa, no essencial, o que está aqui em causa. Tal como vimos introdutoriamente, uma das características que diferencia esta relação de trabalho — tornando-a, afinal, uma relação especial de trabalho — é a circunstância de o trabalhador desempenhar a sua atividade perante o público. E, como também avançámos, mais do que o destinatário natural da prestação, constata-se que, factualmente, o público acaba por desempenhar o papel de verdadeiro escrutinador da prestação de tal forma que, muitas vezes, até acaba por se impor ao próprio... empregador[596]. Portanto, a importância do público na dinâmica do espetáculo não pode ser ignorada, mormente no plano da cessação do contrato de trabalho[597].

Neste contexto, também ALBINO MENDES BAPTISTA entende que esta especificidade da relação jurídica dos artistas e profissionais de espetáculos "co-envolve a abertura a situações de rompimento contratual diversas das que se conhecem na relação laboral comum, que funciona, em regra, de acordo com um modelo bipolar muito menos complexo"[598]. A "bipolaridade" a que Autor se refere, e que considera redutora neste contexto, é o esquema geométrico trabalhador-empregador. Essa importância e

[595] BERNARDO DA GAMA LOBO XAVIER, «Contratos de trabalho dos profissionais...», cit., pp. 131-132. Em termos próximos, PEDRO ROMANO MARTINEZ, «Trabalho subordinado e trabalho autónomo», cit., p. 282: "para estas situações, justificar-se-ia o estabelecimento de regimes laborais diferenciados, em que, nomeadamente, não deveria prevalecer o princípio da estabilidade do emprego, pois o contrato de trabalho no modelo paradigmático não se ajusta bem a modalidades em que predomina a autonomia técnica ou a criatividade artística".

[596] FERNANDO VALDÉS DAL-RÉ, «Jurisprudencia en unificación de doctrina y relaciones especiales: alguns puntos críticos», *Relaciones Laborales: Revista Crítica de Teoría y Práctica*, 1998, II, pp. 1-11 (editorial), p. 11: "a «aceitação do público» é um argumento que, exprimido na sua realidade crua, atende descarnadamente aos interesses do empresário artístico e cuja tradução mais fiel no regime comum do trabalho seria a «aceitação do mercado»".

[597] FRANSCISCO JAVIER TOROLLO GONZÁLEZ, «Las relaciones laborales especiales de los deportistas...», cit., p. 196: "o público como receptor e cliente da actividade de serviços do artista ergue-se como o verdadeiro termómetro da sua aceitação e, definitivamente, em causa externa mais evidente da novação contratual, de renovações sucessivas [do contrato] e, nalguns casos, resolução do contrato de trabalho". Reitera o Autor, p. 200, ao afirmar que "o empresário poderá extinguir o contrato previamente ao cumprimento da dita condição ou propor a prorrogação da relação laboral em função dos factores indicados".

[598] ALBINO MENDES BAPTISTA, «Subsídios para a criação de um regime...», cit., p. 35.

jusfundamentalidade do público na dinâmica da relação de trabalho artístico passaria pelo reconhecimento daquilo que o próprio Autor designa como "justa causa objectiva relacionada com a performance profissional"[599].

Se reconhecemos que estas premissas têm algum fundo de verdade, não sabemos bem como é que, do ponto de vista técnico-jurídico, o papel do público se pode projetar na consistência prática e jurídica da cessação do contrato de trabalho, sujeitando o trabalhador e a sorte do contrato de trabalho à lotaria dos apetites e temperamento do público, por exemplo, levando à cessação do contrato de trabalho se o profissional colhe hostilidade perante o público. Lembrando PIERRE-MICHEL MENGER, que escrevia que "as obras são lançadas como foguetões para o céu incerto da crítica e do público"[600], fará sentido deixar a sorte do contrato ao sabor dos apetites flutuantes do público?

É verdade que é dever do trabalhador, nos termos da lei geral, "respeitar e tratar...as pessoas que se relacionem com a empresa com urbanidade e probidade" (artigo 128.º, n.º 1, a), do CT09, que é, como é natural, aplicável a esta relação especial de trabalho). Não desconhecemos que a relação do profissional da cultura com o público é qualitativamente diversa daquela que se gera entre o trabalhador comum e a clientela do empregador. Reconhecemos, ainda, que o trabalhador artístico terá sobre si um maior cuidado no seu comportamento "extralaboral", cujo mediatismo poderá, mais facilmente, ter repercussão na imagem e crédito do empregador, originando aquilo que vulgarmente se chama de "transferência da imagem negativa". No entanto, nos casos em que estamos a pensar, o trabalhador não revela uma falta de lisura ou desrespeito para com o público. Na prática, estas situações estão fora do controlo (razoável) do trabalhador e também, de resto, do empregador[601].

599 ALBINO MENDES BAPTISTA, «Subsídios para a criação de um regime...», cit., p. 54. Também MARGARIDA PORTO, «Regime jurídico do contrato de trabalho...», cit., p. 733, começa por notar que "a relação laboral do trabalhador do espectáculo, em especial do artista, é uma relação que depende muito não só da sua aptidão profissional, como também da existência de espectáculos, da relação de confiança existente entre ele e o empresário, da sua relação com os colegas de trabalho e, no limite, da comunicação social, justificando-se que em muitos casos a relação seja meramente temporária".

600 PIERRE-MICHEL MENGER, *Retrato do artista enquanto trabalhador...*, cit., p. 60.

601 EVA GARRIDO PÉREZ, «Los artistas en espectáculos...», cit., p. 338, frisa justamente o público como "facto altamente aleatório e cambiante quanto a gostos e apetites, e decisivo em última instância na permanência ou não da actividade artística (...) um factor aleatório sobre cuja conformação e orientação o empregador ou organizador do espectáculo público possuem escassa capacidade de decisão ou influência. A aceitação ou não pelo público da actividade artística contratada reflecte uma incerteza dos comportamentos que afectam ou condicionam a duração dos contratos,

Acresce que esta construção teórica tem graves inconvenientes práticos. Se nos é permitida a ironia, basta ao empregador invocar o rácio de lenços brancos e os décibeis dos apupos vindos da plateia? Como apurar, objetivamente, a responsabilidade individual de um artista quando a sua prestação concorre para um resultado compósito, em que, inclusivamente, o produto apresentado até é mais do que a soma das partes[602]? Numa palavra: como racionalizar aquilo que um Autor já descreveu sugestivamente como um "factor meta-jurídico"[603]?

Claro que o empregador pode, perante o *feedback* do público, promover a cessação de um contrato de trabalho a termo, fazendo caducar o contrato no seu termo, por não estar interessado em manter o trabalhador ao seu serviço. Diferentemente, não nos parece que o regime da cessação do contrato de trabalho — em relação ao qual o EPAC é omisso, convém lembrá-lo — consinta que o empregador possa promover a resolução do contrato de trabalho com fundamento numa pretensa incompatibilidade com o público. De resto, essa possibilidade daria azo a que o empregador utilizasse esse expediente para fazer cessar o contrato, alegando discricionariamente essas razões[604].

§ 3.4.1.1. Condição resolutiva

Embora o EPAC não contenha qualquer disposição sobre esta matéria, as especificidades do trabalho artístico têm levado a que já se considerasse que o contrato de trabalho pode cessar através de condição resolutiva, ou seja, subordinando a cessação a um evento futuro e incerto: ALBINO MENDES

de modo que sem prejuízo de estar pré-fixada ou ainda determinando-se uma duração inicial pode provocar o fim da actividade artística em qualquer momento, entendendo-se com isso cumprida a obra ou serviço contratado com o objectivo de proceder à extinção do contrato".

602 Como repara PIERRE-MICHEL MENGER, *Retrato do artista enquanto trabalhador...*, cit., p. 85, "a imputação da responsabilidade do sucesso ou do fracasso de um projecto a um ou outro dos seus actores principais é problemático, na medida em que é impossível medir a contribuição de cada um para o resultado global".

603 FERNANDO VALDÉS DAL-RÉ, «La relación de los artistas: notas sobre su configuración», *Relaciones Laborales*, 2008, II, 99-108, p. 100.

604 Com cautela, ALBINO MENDES BAPTISTA, «Subsídios para a criação de um regime...», cit., pp. 35-36, não deixa de escrever: "não se defende que o profissional de espectáculo possa ser despedido na sequência, por exemplo, da "hostilização do público" (situação, aliás, de enqua-dramento muito complexo), que se poderia traduzir numa fragilização inadmissível da respectiva posição contratual. O que se pretende é equacionar a adequação de certas normas comuns às especificidades do sector (...) pense-se, por agora, por exemplo, na necessidade de enquadrar legalmente a "relevância do público", inclusive para efeitos de definição de deveres laborais ou de criação de novas formas de cessação do contrato ou na reconfiguração destas regras, como será o caso da "tutela reintegratória"".

Baptista, em escrito sobre o contrato de trabalho do treinador desportivo, escrevia, *a latere*, que não via inconveniente em aceitar a aposição no contrato de trabalho uma condição resolutiva nos termos da qual o contrato cessaria caso uma manequim engordasse 5 kg (!)[605].

Em princípio, o Direito do Trabalho não admite a aposição de condições resolutivas no contrato de trabalho, pois, caso contrário, seria possível defraudar as regras gerais em matéria de cessação e, mais concretamente, a proibição de despedimentos sem justa causa[606]. Pense-se, por exemplo, na hipótese de prever contratualmente que o contrato de trabalho cessa caso o trabalhador falte 3 vezes seguidas ou 8 vezes interpoladamente quando, nos termos gerais, são 5 e 10 faltas, respetivamente, aquelas que justificam, ou podem justificar, o despedimento do trabalhador com base em faltas injustificadas.

Acontece que, segundo se crê, o jogo de interesses da atividade profissional artística pode tornar juridicamente admissíveis — e até aconselháveis — as condições resolutivas, um pouco como acontece, aliás, com o contrato de trabalho do praticante desportivo onde, pese embora não exista uma norma legal geral sobre a matéria, se tem entendido a sua admissibilidade[607].

No entanto, parece-nos que o paralelismo com o contrato de trabalho desportivo não é um argumento convincente porque, aí, estas cláusulas têm sido admitidas na medida em que também podem servir o interesse do trabalhador desportivo. Este, impedido de denunciar o contrato, pode encontrar na condição resolutiva uma forma de desvinculação que, de outra forma, não teria.

Bem pelo contrário, o trabalhador artístico pode cessar o contrato de trabalho por denúncia, nos termos gerais. Dito de outra forma, uma condição resolutiva em nada serviria os interesses do profissional da área da cultura. Acresce que estes trabalhadores merecem a tutela constitucional contra os

[605] Albino Mendes Baptista, «É o regime laboral comum aplicável...», cit., p. 130.

[606] Sobre isto, ver, em geral, João Leal Amado, «Contrato de trabalho e condição resolutiva (breves considerações a propósito do Código do Trabalho)» in: *Estudos de Direito do Trabalho em Homenagem ao Professor Manuel Alonso Olea*, Almedina, Coimbra, 2004, pp. 343-356 (= *Temas Laborais*, Coimbra Editora, Coimbra, 2005, pp. 41-55), Albino Mendes Baptista, «A aponibilidade da condição resolutiva ao contrato de trabalho», *Revista do Ministério Público*, 74 (1998), pp. 121-129, Archer Azevedo, «(In)aponibilidade da condição resolutiva ao contrato de trabalho», *Questões Laborais*, 50 (2017), pp. 153-178, João Leal Amado / Milena Silva Rouxinol / Joana Nunes Vicente / Catarina Gomes Santos / Teresa Coelho Moreira, *Direito do Trabalho*..., cit., pp. 425 ss. Admitindo as condições resolutivas, embora num quadro legal diverso, António Menezes Cordeiro, *Manual de Direito do Trabalho*..., cit., p. 600.

[607] Sobre isto, Victor Hugo Ventura, *O regime do contrato de trabalho*..., cit., pp. 283 ss.

despedimentos sem justa causa. E, assim sendo, vemos com francas dificuldades que um contrato de trabalho possa conter uma semelhante cláusula[608].

§ 3.4.1.2. Tutela jurisdicional do profissional de espetáculos

Sendo despedido ilicitamente, o trabalhador artístico teria à sua disposição os mecanismos gerais de reação para contestar a validade ou regularidade do despedimento, impugnando-o e, em consequência, exigindo a sua reintegração. Acontece que, entre nós, há quem defenda que a natureza especial da relação de trabalho artístico justifica exclui a tutela reintegratória: é a posição, ainda que não substanciada, de ALBINO MENDES BAPTISTA[609] e sugerida, ainda que timidamente, por BERNARDO DA GAMA LOBO XAVIER[610] e MARGARIDA PORTO[611].

Numa primeira aproximação ao problema, importa notar que a tutela reintegratória já não é um valor absoluto no Direito do Trabalho. O próprio CT09 prevê já regras especiais onde a reintegração do trabalhador pode ser excluída ou, pelo menos, condicionada. E, noutros lugares especiais, o legislador prevê a exclusão da reintegração em homenagem à especificidade de certas relações de trabalho. Estamos a pensar, concretamente, no contrato de trabalho doméstico onde o regime legal estabelece que, no caso de ilicitude do despedimento, só há reintegração por acordo entre as partes[612]. Nesses casos, o legislador faz prevalecer certos interesses do empregador sobre o princípio da proibição dos despedimentos sem justa causa, de que a reintegração é um corolário.

[608] Sobre a validade de *clauses couperets*, ver o estudo de JEAN SAVATIER, «Quel âge limite pour le personnel d'un corps de ballet ?», *Droit Social*, 1996, IV, pp. 359-362.

[609] ALBINO MENDES BAPTISTA, «Subsídios para a criação de um regime...», cit., pp. 35-36: "pense-se, por agora, por exemplo, na necessidade de enquadrar legalmente a "relevância do público", inclusive para efeitos de definição de deveres laborais ou de criação de novas formas de cessação do contrato ou na reconfiguração destas regras, como será o caso da "tutela reintegratória" e, *passim*, p. 56.

[610] Embora não aborde diretamente a questão, BERNARDO DA GAMA LOBO XAVIER, «Contratos de trabalho dos profissionais...», cit., p. 129, n. 27, adverte que a proibição constitucional dos despedimentos sem justa causa não implica necessariamente a reintegração forçada dos trabalhadores: "deixamos aqui esta nota por mera cautela, para que não se sustente sem mais a aplicabilidade do regime comum da cessação do contrato de trabalho, também no caso do trabalho do sector dos espectáculos, por mero efeito do art. 53.º da Constituição".

[611] Ainda que no contexto dos artistas menores, exprimindo dúvidas sobre a aplicação do regime laboral comum, MARGARIDA PORTO, *A participação de menor em espectáculo...*, cit., p. 246.

[612] Sobre isto, ver VICTOR HUGO VENTURA, *O regime do contrato de serviço doméstico*, AAFDL Editora, Lisboa, 2021, pp. 161 ss.

E, mesmo quando o legislador não sentencia a exclusão da reintegração, a doutrina entende que, noutros domínios, não há lugar a reintegração. De facto, não falta mesmo quem defenda que "mesmo na ausência de regimes especiais é possível defender que em certas situações não é aplicável a norma legal que atribui o direito à reintegração na empresa"[613] e, por isso, a tutela reintegratória está afastada noutros casos em que a relação de confiança assim o imponha[614]. Fundamentalmente, o entendimento tem um esteio comum: "quando, seja por que razão for, a relação de trabalho esteja completamente deteriorada, nenhuma lei tem os poderes sobrenaturais necessários para reconstruir algo que nunca mais poderá existir"[615].

Seguindo esta linha argumentativa, acredita-se que, no setor artístico, a reintegração pode revelar-se altamente prejudicial. Não só a reincorporação do trabalhador na empresa poderia causar perturbação entre os demais artistas que compõem o elenco como também poderia ser encarada como provocatória pelo próprio público, sobretudo se as razões do despedimento forem conhecidas da grande audiência.

Compreendemos os argumentos invocados. No entanto, perguntamo-nos: se a partir do momento em que a reintegração é um corolário da garantia constitucional dos trabalhadores à segurança no emprego[616], será essa interpretação conforme ao Direito Constitucional Laboral? Somos naturalmente sensíveis ao argumento de que o comportamento gerador de um despedimento pode alimentar mal-estar com o público e com os restantes companheiros de trabalho, com os quais a prestação é desejavelmente harmoniosamente concertada. No entanto, e recuperando algumas críticas que já fizemos no contexto do contrato de trabalho do praticante desportivo[617], não deixamos de exprimir pesadas cautelas sobre este entendimento, sobretudo porque, como muitas vezes acontece, ela pode cometer o erro de generalizar situações limite, ou seja, situações que não correspondem aos casos-padrão. De facto, em que medida é que será realmente perturbador

[613] Pedro Furtado Martins, *Despedimento ilícito...*, cit., p. 30.

[614] Pedro Furtado Martins, *Despedimento ilícito...*, cit., p. 28, dando o exemplo, p. 29, de várias relações jurídicas onde a regra da reintegração não está prevista (trabalho em partidos políticos, instituições religiosas), etc.

[615] António Menezes Cordeiro, «Inovações e aspectos constitucionais sobre o anteprojecto de Código do Trabalho» in: *Código do Trabalho — Pareceres*, Lisboa, 2003, pp. 7-96, p. 70.

[616] Assim, expressamente, José Joaquim Gomes Canotilho / Vital Moreira, *Constituição da República Portuguesa anotada*, vol. I, Coimbra Editora, Coimbra, 2007, p. 710 (anotação ao artigo 53.º).

[617] Criticamente, Victor Hugo Ventura, *O regime do contrato de trabalho...*, cit., pp. 278 ss.

reintegrar o flautista de uma Orquestra? A reintegração de um ator pode causar mal-estar no elenco, mas e se a razão do despedimento nada tiver que ver com os restantes colegas, sendo antes um problema com outros elementos da organização?

§ 3.4.2. *Caducidade do contrato de trabalho*

O contrato de trabalho do profissional da área da cultura pode ainda cessar por caducidade. Como sabemos, a caducidade é um fenómeno que agrega situações diferenciadas[618] e, no âmbito do EPAC, merece ainda uma regulamentação própria.

§ 3.4.2.1. Caducidade pela verificação do termo

O contrato de trabalho do profissional da área da cultura pode caducar pela verificação do termo. Nos termos do regime laboral comum, a caducidade necessita de ser invocada pelas partes, mediante comunicação dirigida à contraparte, quer seja trabalhador ou empregador. Pelo contrário, no EPAC, entendemos que a caducidade opera automaticamente, conclusão que se infere do facto de a renovação depender de acordo das partes (artigo 11.º, n.º 4)[619]. Assim, não é necessário que as partes comuniquem que o contrato caducará se o contrato está, à partida, talhado para caducar, salvo acordo escrito no sentido da sua renovação[620]. Para tomar de empréstimo a expressão de Júlio Gomes, utilizada noutro contexto, não é necessário dar corda ao relógio[621]. A explicação está, aparentemente, na natural transitoriedade dos espetáculos[622].

[618] António Menezes Cordeiro, *Manual de Direito do Trabalho*..., cit., pp. 789 ss.

[619] A título de curiosidade histórica, o Decreto n.º 43190, de 23/09/1960, continha uma regra especial: "os contratos por tempo superior a 30 dias só se renovam automàticamente quando as partes assim o estipularem de forma expressa" (artigo 31.º).

[620] Júlio Gomes, «Da fábrica à fábrica de sonhos...», cit., p. 215. O Autor, p. 216, não deixa de levantar uma interrogação: "mas terá sido aqui intenção da lei afastar a denúncia para que a caducidade ocorra?". Joana Neto, «Redesenhar o trapézio...», cit., p. 124, defende a aplicação subsidiária das regras do CT09. No regime espanhol, a caducidade depende de comunicação: cfr. artigo 10.º, n.º 3, do Real Decreto n.º 1435/1985, de 1 de agosto. A possibilidade de acordar na renovação automática pode colocar problemas para os artistas menores, dado que está sempre dependente de autorização das entidades competentes: dando nota desta dificuldade, Margarida Porto, *A participação de menor em espectáculo*..., cit., p. 256.

[621] Júlio Gomes, *Direito do Trabalho*..., cit., p. 924.

[622] Maria do Rosário Palma Ramalho, «O contrato de trabalho dos profissionais...», cit., p. 236.

A caducidade do contrato de trabalho a termo levanta a questão de saber se o profissional de espetáculos tem direito à compensação prevista na lei. O EPAC é omisso em relação a esta questão. Entre nós, há quem defenda, embora à luz do regime anterior, que os profissionais de espetáculos têm direito à compensação pela verificação do termo[623], mas é necessário contar com um acórdão do Supremo Tribunal de Justiça em sentido contrário[624]. No ordenamento jurídico espanhol, a compensação pela caducidade do contrato de trabalho está expressamente prevista na lei[625].

Uma resposta a esta questão está dependente da resposta à pergunta de saber quais são os fundamentos ou *ratio legis* da compensação. Segundo a tese dominante na doutrina, a compensação pela caducidade do contrato de trabalho a termo surge como um efeito de anestesia ou paliativo à precarização associada à contratação a termo: no comum dos contratos de trabalho a termo, o empregador beneficia da possibilidade de assumir um compromisso temporário — desde que, naturalmente, se verifiquem os correspondentes pressupostos de ordem formal e substancial —, mas fica obrigado a abonar ao trabalhador uma compensação legal. Ela surgiria, assim, como uma espécie de moeda de troca pela precariedade do vínculo, compensando o trabalhador pela frustração das suas expetativas em poder vir a ter um vínculo por tempo indeterminado[626]. Por outro lado, perante a hipótese de fazer

[623] Admitindo-o, Joana Neto, *Na boca de cena da (des)regulação...*, cit., p. 89 e Id., «Redesenhar o trapézio...», cit., pp. 124-125. A Autora exclui apenas o direito à compensação no caso de constar do contrato que o contrato não se renova. No entanto, esta posição sempre suscita dois comentários. Em primeiro lugar, e como se disse, não é necessário que as partes estabeleçam que o contrato não se renova porque, por defnição, a própria renovação depende de estipulação das partes. Depois, importa referir que o artigo da Autora é anterior à reforma operada pela Lei n.º 93/2019, de 4 de setembro, que alterou a redação do artigo 344.º, do CT09, podendo inferir-se que também em caso de cláusula de não renovação o trabalhador mantém o direito à compensação.

[624] Ac. de 21/04/2016 do STJ (Ana Luísa Geraldes), proc. nr. 2716/13.2TTLSB.L1.S1.

[625] Cfr. art. 10.º, n.º 2, do Real Decreto n.º 1435/1985, de 1 de agosto.

[626] Sobre as finalidades da compensação legal, cfr. Francisco Liberal Fernandes, «Sobre a indemnização em caso de caducidade do contrato a termo do trabalhador reformado que continua ao serviço da mesma entidade patronal», *Questões Laborais*, 20 (2002), pp. 221-231, p. 231 ("a referida compensação está estrutural e funcionalmente ligada à precariedade inscrita no contrato a termo e, consequentemente, ao facto de este não se transformar em contrato de duração indeterminada"), Júlio Gomes, *Direito do Trabalho...*, cit., p. 924 (defendendo que a compensação visa compensar o trabalhador pela precariedade do vínculo e sublinhando que o valor da compensação varia de acordo com a antiguidade do trabalhador), Paula Ponces Camanho, «Algumas reflexões sobre o regime jurídico do contrato de trabalho a termo» in: *Juris et de Jure – Nos 20 anos da Faculdade de Direito da Universidade Católica Portuguesa – Porto*, Universidade Católica Portuguesa, Porto, 1998, pp. 969-986, p. 985 ("o estabelecimento

caducar o contrato, o empregador encontra na compensação uma certa forma de incentivo à manutenção do trabalhador. Por outras palavras, o cenário de ter de pagar uma compensação ao trabalhador levaria o empregador a, pelo menos, considerar a hipótese de "oferecer" um contrato de trabalho por tempo indeterminado (*ex novo* ou automaticamente, com a continuidade do trabalhador após o termo) ou, pelo menos, a permitir a renovação do vínculo, se ainda fosse legalmente possível.

Se for de aceitar estas premissas como válidas, a regra que prevê o pagamento de uma compensação pela verificação do termo seria incompatível com esta relação especial de trabalho. Desde logo porque, como vimos, o contrato de trabalho caduca automaticamente, ou seja, sem necessidade de comunicação por qualquer uma das partes. Assim sendo, não se pode falar de uma expetativa na continuidade do vínculo, pois o trabalhador artístico sabe, de antemão, que o seu contrato de trabalho, em princípio, caducará, salvo acordo em sentido contrário.

Acontece que este entendimento é fundado em premissas que têm sido questionadas ou, pelo menos, relativizadas. Por um lado, a tese de que a compensação legal visa reparar as expectativas frustradas do trabalhador tem sido disputada por importante doutrina até porque não encontra um reflexo perfeito nos dados legais. Há quem saia em defesa do entendimento de que

daquele direito destina-se a compensar o trabalhador pela situação de precariedade em que se encontra(ou)"), FILIPE FRAÚSTO DA SILVA, «Implicações do Código do Trabalho em matéria de admissibilidade de termo resolutivo do contrato», *Prontuário de Direito do Trabalho*, 69 (2004), pp. 105-117, pp. 116 (falando de uma "natureza mista": "por um lado, ela justifica-se na actuação, embora lícita, do empregador (responsabilidade por acto lícito); por outro, não se alheia do grau de precariedade do vínculo, variando conforme a duração do contrato"), PEDRO ROMANO MARTINEZ, *Direito do Trabalho*..., cit., p. 943 ("trata-se de uma situação excecional resultante da precariedade do vínculo"), MARIA DO ROSÁRIO PALMA RAMALHO, *Tratado de Direito do Trabalho, Parte II – Situações Laborais Individuais*, Almedina, Coimbra, 6.ª ed., 2016, p. 766 (visa "compensar os trabalhadores pela maior incerteza da sua situação juslaboral"), LUÍS MANUEL TELES DE MENEZES LEITÃO, «Formas de cessação do contrato de trabalho e procedimentos» in: *Temas Laborais — Estudos e Pareceres*, vol. I, Almedina, Coimbra, 2006, pp. 107-122, p. 111 ("trata-se de uma compensação pela natureza precário do vínculo (...) através da qual se visa tornar mais onerosa para o empregador a contratação a termo"), ID., «Natureza jurídica da compensação decorrente da caducidade do contrato a termo e sua elegibilidade no âmbito do Fundo Social Europeu — Parecer» in: *Temas Laborais — Estudos e Pareceres*, vol. I, Almedina, Coimbra, 2006, pp. 189-203, especialmente, pp. 195-197, ANTÓNIO MENEZES CORDEIRO, *Manual de Direito do Trabalho*..., cit., p. 639, fala de um "suplemento de tutela ao trabalhador contratado a termo e ainda, em geral, desincentivar a contratação precária" e ALICE PEREIRA DE CAMPOS, *Contrato de trabalho a termo – uma forma de trabalho precário?*, Universidade Católica Editora, Lisboa, 2013, pp. 203 ss.

a compensação legal visa, na verdade, compensar o trabalhador pura e simplesmente pela perda do emprego ou pela sua situação de precariedade, não faltando quem veja aqui uma simples compensação pelo exercício lícito de uma faculdade, ou seja, uma espécie de responsabilidade por factos lícitos[627]. Aliás, a nova redação do artigo 344.º, n.º 2, do CT09, recentemente aprovada pela Lei n.º 93/2019, de 4 de setembro, segundo a qual "em caso de caducidade de contrato de trabalho a termo certo por verificação do seu termo, o trabalhador tem direito a compensação correspondente a 18 dias de retribuição base e diuturnidades por cada ano completo de antiguidade, calculada nos termos do artigo 366.º, *salvo se a caducidade decorrer de declaração do trabalhador*" (sublinhado nosso), reforça esta ideia[628] pois, segundo a única interpretação que é possível extrair da nova redação, o trabalhador terá direito a compensação caso do contrato de trabalho conste uma cláusula de não renovação, ou seja, nos casos em que o trabalhador sabe, de antemão, que o contrato de trabalho não se renovará[629] o que, aliás, vai ao encontro do que já era

[627] Assim, Filipe Fraústo da Silva, «30 anos de contrato de trabalho a termo» in: *A reforma do Código do Trabalho*, Coimbra Editora, Coimbra, 2004, pp. 215-275, p. 273. No mesmo sentido, Cláudia Madaleno, «Compensação pela cessação de contrato a termo», *Revista de Direito e de Estudos Sociais*, 2014, I, pp. 275-307, p. 279.

[628] Neste sentido, João Leal Amado / Milena Silva Rouxinol / Joana Nunes Vicente / Catarina Gomes Santos / Teresa Coelho Moreira, *Direito do Trabalho – Relação Individual*, Almedina, Coimbra, 2019, p. 420 ("trata-se de uma clarificação que dissipa as dúvidas em torno da *ratio* desta compensação: compensação pela perda do emprego, não tanto pela natureza precária do vínculo contratual"), Sara Leitão, «Duração, renovação e sucessão de contratos a termo: alterações introduzidas pela Lei n.º 93/2019, de 4 de setembro», *Revista de Direito e de Estudos Sociais*, 2019, I-IV, pp. 201-236, p. 225 ("parecem definitivamente arredadas as dúvidas sobre a função e natureza da compensação por caducidade (...) esta compensação passa a destinar-se a compensar o trabalhador pela cessação do contrato de trabalho a termo certo, o que se justifica sempre que tal cessação não tenha origem na vontade deste último"), Leonor Mascarenhas, «Ainda sobre o regime do contrato de trabalho a termo, após a Lei n.º 93/2019, de 4 de setembro», *Revista do CEJ*, 2020, II, pp. 241-257, p. 254 ("fica assim clara a opção do legislador quanto à *ratio* da compensação: ela destina-se a reparar o trabalhador pela perda do seu emprego, ou visto de uma outra perspectiva, dir-se-á que a compensação tem uma dupla finalidade: por um lado, visa compensar o trabalhador pela precariedade do vínculo laboral e, por outro lado, tem o propósito de desincentivar o empregador a fazer uso da contratação a termo, na medida em que encarece esta prática") e Alexandra Marques Sequeira / Victor Hugo Ventura, «O impacto da nova redação do artigo 344.º, n.º 2, do Código do Trabalho, no conceito de "desemprego involuntário" para efeitos de atribuição do subsídio de desemprego», *Questões Laborais*, 55 (2019), pp. 169-178.

[629] Neste sentido, João Leal Amado / Milena Silva Rouxinol / Joana Nunes Vicente / Catarina Gomes Santos / Teresa Coelho Moreira, *Direito do Trabalho...*, cit., pp. 418 ss. e Sara Leitão, «Duração, renovação e sucessão...», cit., pp. 222 ss.

entendido pela doutrina maioritária[630]. De resto, que a compensação não visa compensar expetativas frustradas é demonstrado ainda pelo regime do contrato de trabalho a termo incerto[631] bem como por outros lugares paralelos[632].

Por outro lado, agora já não é sequer possível invocar que o contrato de trabalho a termo não surge com os traços de excecionalidade que ele conhece no regime laboral comum. Perante o RCTPE, o legislador parece que quis

[630] Na vigência do regime legal anterior, Assim, MARIA IRENE GOMES, «Considerações sobre o regime jurídico do contrato de trabalho a termo certo no Código do Trabalho», *Questões Laborais*, 24 (2004), pp. 137-169, pp. 167 ss., PAULO MORGADO DE CARVALHO, «Percurso pelo regime da cessação do contrato de trabalho, no Código do Trabalho», *Sub Judice*, 27 (2004), pp. 11-39, p. 17, ALBINO MENDES BAPTISTA, «Inovações do Código do Trabalho em matéria de contrato a termo resolutivo», *Prontuário de Direito do Trabalho*, 68 (2004), 53-78, p. 72, JOÃO LEAL AMADO, «De novo sobre uma velha questão: a compensação por caducidade nos contratos a termo certo», *Revista da Ordem dos Advogados*, 2014, II, pp. 411-424, JOÃO ZENHA MARTINS, «O princípio da não discriminação dos trabalhadores com contrato de trabalho a termo na jurisprudência do Tribunal de Justiça: algumas notas», *Questões Laborais*, 54 (2019), pp. 49-79, pp. 66 ss.. e, na sua edição mais recente, PEDRO FURTADO MARTINS, *Cessação do contrato de trabalho*, 4.ª ed., Principia, Cascais, 2017, pp. 55 ss. Na vigência do regime anterior, pronunciando-se contra o direito à compensação, PAULA PONCES CAMANHO, «O contrato de trabalho a termo» in: *A reforma do Código do Trabalho*, Coimbra Editora, Coimbra, 2004, pp. 302-303, n. 23, CLÁUDIA MADALENO, «Compensação pela cessação...», cit., p. 286.

[631] Nas palavras de JOÃO LEAL AMADO, «De novo sobre uma velha questão: a compensação por caducidade nos contratos a termo certo», *Revista da Ordem dos Advogados*, 2014, II, pp. 411-424, p. 419, "a lei não criou esta compensação em ordem a ressarcir o trabalhador que despertou e viu o seu sonho renovatório desvanecer-se bruscamente; tudo visto e ponderado, parece que a lei concebeu esta figura em moldes mais latos e abrangentes, como forma de compensar o trabalhador pela perda do seu emprego. É isso que explica, parece-nos, que tal compensação seja devida no âmbito de contratos a termo não renováveis (...) os quais se extinguem automaticamente aquando da verificação do evento resolutivo e nos quais, portanto, o trabalhador não depositou nem poderia depositar quaisquer expectativas de renovação. esse trabalhador, contudo, perde o emprego e, por isso mesmo, a lei entendeu compensá-lo, constituindo o empregador na obrigação de satisfazer esse crédito suplementar ao trabalhador".

[632] Estamos a pensar no artigo 293.º, n.º 3, da Lei do Contrato de Trabalho em Funções Públicas, aprovada pela Lei n.º 35/2014, de 20 de junho, onde se prevê que "exceto quando decorra da vontade do trabalhador, a caducidade do contrato a termo certo confere ao trabalhador o direito a uma compensação, calculada nos termos previstos no Código do Trabalho para os contratos a termo certo". Acompanhando o raciocínio do ac. de 17/12/2014 do STA (FONSECA DA PAZ), proc. nr. 0588/14, "se a razão de ser das normas que estabelecem a compensação têm como objectivo compensar uma situação de menor estabilidade, essa razão de ser sai até reforçada no sector público, porque não há conversão do contrato a termo certo em contrato com termo indeterminado. Por outro lado, na perspectiva do trabalhador, nos casos em que o contrato atinge o limite máximo de duração justifica-se por maioria de razão a compensação, por prolongar a situação de precariedade e insegurança do trabalhador".

liberalizar o recurso ao contrato de trabalho a termo, desde que estivessem em causa atividades artísticas. Essa abertura do ordenamento jurídico não parecia compatível com uma ideia de "penalização" do empregador. Ora, tal já não acontece com o EPAC, onde, como vimos, o regime da contratação a termo já está mais próximo do paradigma do regime laboral comum[633].

Os elementos legais referidos parecem apontar no sentido de que a compensação está associada à perda do emprego, a qual só não será devida se for unicamente imputável ao trabalhador. Assim, ficando a questão em aberto, pensamos que há argumentos para sustentar que também o trabalhador artístico tem direito à compensação legal pela verificação do termo.

§ 3.4.2.2. Caducidade por impossibilidade superveniente

O contrato de trabalho do profissional da área da cultura também pode cessar por impossibilidade absoluta, superveniente e definitiva de prestar trabalho por causa não imputável ao trabalhador (artigo 343.º, alínea b), do CT09). Cabem aqui os casos paradigmáticos de acidente ou doença profissional que impedem a continuidade da relação de trabalho. No entanto, e como é natural, esta impossibilidade deve ir sempre referida à prestação do trabalhador. De facto, não fica necessariamente impossibilitado de trabalhar o ilusionista que fica mudo, mas já ditará a impossibilidade a mudez do tenor, o trompetista que sofre do síndrome de Satchmo[634], o trapezista que sofre um acidente com dano irreversível na sua cervical ou o artista impedido, por qualquer razão, de exercer a sua profissão[635]. Como diz António Monteiro Fernandes, Autor que tem pugnado pela "relatividade" da situação de impossibilidade, "há, pois, impossibilidades e impossibilidades"[636].

633 § 3.2.2.2. Contrato de trabalho a termo.

634 Sobre isto, numa perspetiva médico-jurídica, F. Maneiro, «Ruptura del músculo orbicular de los labios en un músico de viento (síndrome de Satchmo), a propósito de un caso», *Medicina y Seguridad del Trabajo*, 237 (2014), pp. 779-789.

635 Assim, embora sem tocar nas incidências laborais, no ac. de 04/04/1978 do TRE (João de Sá Alves Cortês), BMJ, 280 (1978), p. 409 (sumário), um toureiro foi punido com a inibição de tourear.

636 António Monteiro Fernandes, «Entre a caducidade e o despedimento», JURISMAT, 12 (2020), pp. 267-283, p. 277. Ver também Id., «Uma figura com máscara: a caducidade do contrato de trabalho», *Revista Internacional de Direito do Trabalho*, 2021, I, pp. 635-670 e *Direito do Trabalho*..., cit., pp. 655-656.

Ditam ainda a caducidade do contrato de trabalho a impossibilidade absoluta, definitiva e total de a entidade empregadora receber o trabalho (artigo 343.º, alínea b), do CT09). É o caso típico da extinção da entidade empregadora, situação que aqui não merece especificidades, por razões evidentes[637].

No que diz respeito ao trabalhador, os casos referidos retratam eventos "súbitos" ou "patológicos" que impedem a execução do contrato. Acontece que, muitas vezes, a incapacidade do artista resulta do processo natural de desgaste, sobretudo quando estão em causa profissões artísticas particularmente exigentes do ponto de vista físico. Pense-se nas mais variadas artes circenses: a idade revela-se madrasta para a contorcionista ou para o trapezista, embora não necessariamente para o domador de feras ou para o palhaço.

Ainda que, nalguns casos, o legislador preveja sistemas de reforma antecipada, a situação de incapacidade pode revelar-se de forma mais prematura, dados os processos de desgaste natural que atingem certos profissionais. O que, de certa maneira, pode ser inevitável: ao contrário do que acontece, por exemplo, com o contrato de trabalho do praticante desportivo, que também está sujeito a estes processos naturais de desgaste, mas que está sempre balizado por um contrato de trabalho a termo destinado a caducar, o artista pode ser titular de um contrato de trabalho por tempo indeterminado o que torna este fenómeno quase inevitável.

Na falta de disposição legal especial que tutelasse os trabalhadores artísticos, o empregador poderia, em princípio, fazer caducar o contrato de trabalho, até porque, segundo o entendimento que nos parece o melhor, não existe qualquer obrigação ou "ónus de ocupação substitutiva" do empregador no sentido de uma "reclassificação" do trabalhador: esses casos, previstos na lei, são excecionais[638] e não podem merecer aplicação analógica.

[637] Sobre a polémica à volta da extinção da empresa pública que geria o Teatro Nacional de São Carlos, e a consequente cessação dos contratos de trabalho dos respectivos trabalhadores por caducidade, ver o ac. de 08/07/1992 do TC (Luís Nunes de Almeida), BMJ, 419 (1992), pp. 176-195. A respeito desta questão, ver o comentário de Bernardo da Gama Lobo Xavier / António Nunes de Carvalho, «Um caso especial de caducidade: extinção de empresas públicas – indemnização aos trabalhadores – anotação ao acórdão da secção social da Relação de Lisboa de 3 de Julho de 1991», *Revista de Direito e de Estudos Sociais*, 1992, I-II-III, pp. 67-111.

[638] Em geral, com esta posição, António Monteiro Fernandes, «Uma figura com máscara: a caducidade do contrato de trabalho», *Revista Internacional de Direito do Trabalho*, 2021, I, pp. 635-670, p. 652 ("o empregador não tem o dever de procurar a reintegração profissional do trabalhador, através da atribuição de um posto de trabalho compatível com a sua condição. Mas a situação abre-lhe um campo de livre escolha - no sentido de diligenciar, ou não, em favor da manutenção do trabalhador ao seu serviço, tendo em conta a capacidade de trabalho") (= Id., «Entre a caducidade

Acontece que, nesta matéria, o EPAC oferece respostas especiais, prevendo um desvio importante em relação ao regime laboral comum[639]. Com efeito, numa solução claramente mais protetiva para o trabalhador[640], prevê o n.º 1, do artigo 23.º, que "se o trabalhador perder, de forma absoluta, superveniente e definitiva a aptidão para a execução da atividade artística e técnico-artística para que foi contratado, por motivo decorrente das características da própria atividade, o empregador, mediante parecer fundamentado de uma comissão, deve atribuir-lhe, sem perda de retribuição, outras funções compatíveis com as suas qualificações profissionais, mesmo que não incluídas no objeto do contrato de trabalho, devendo assegurar-lhe a formação profissional adequada" (n.º 1)[641]. Arrumada sistematicamente no contexto da execução da prestação laboral (Secção III) e com uma nova epígrafe (o EPAC fala de uma "reconversão profissional", lá onde o artigo 19.º do RCTPE se referia a uma "reclassificação profissional"), o legislador estabelece justamente uma obrigação de reclassificação do trabalhador que se vê impossibilitado de exercer as funções inerentes ao objeto do contrato de trabalho[642].

Repare-se que, como se vê, a norma está limitada à perda da aptidão para a execução de atividade artística e técnico-artística. De fora ficam, até por razões óbvias, as atividades de mediação e, também, as atividades de natureza autoral. A exclusão destas últimas também seja menos compreensível se

e o despedimento», cit., p. 278). Sobre isto, convocando um critério de ponderação de interesses, Ricardo Nascimento, *Da cessação do contrato de trabalho...*, cit., pp. 100-101. Contra, afirmando o dever de recolocação, exigindo uma interpretação exigente do conceito de impossibilidade, Milena Rouxinol, «Revisitando a caducidade do contrato de trabalho devia a impossibilidade superveniente, absoluta e definitiva de o trabalhador prestar trabalho (máxime, por doença)», *Prontuário de Direito do Trabalho*, 2016, II, pp. 131-152, pp. 147 ss., Milena Rouxinol / Joana Nunes Vicente, «Entre o direito à saúde e o direito a estar doente - comentário ao Acórdão do Tribunal da Relação de Lisboa, de 29 de Maio de 2007», *Questões Laborais*, 31 (2008) 89-114, pp. 112 ss., Joana Nunes Vicente / Milena Rouxinol, «VIV/SIDA e contrato de trabalho» in: *Nos 20 anos do Código das Sociedades Comerciais – Homenagem aos Profs. Doutores A. Ferrer Correia, Orlando de Carvalho e Vasco Lobo Xavier*, Vol. II, Coimbra Editora, Coimbra, 2007, pp. 789-847, pp. 837 ss. e Júlio Gomes, *Direito do Trabalho...*, cit., p. 919.

639 E que, na opinião de Joana Neto, «Redesenhar o trapézio...», cit., p. 149, deveria ser estendida ao regime geral.

640 Maria do Rosário Palma Ramalho, *Tratado de Direito do Trabalho...*, cit., p. 356.

641 Maria do Rosário Palma Ramalho, *Tratado de Direito do Trabalho...*, cit., p. 355, fala aqui de uma "alternativa ao regime geral".

642 Para Maria do Rosário Palma Ramalho, *Tratado de Direito do Trabalho...*, cit., p. 357, a reclassificação pode ser para uma categoria inferior.

atendermos a que, bem vistas as coisas, sempre podem revelar um parentesco performativo mais próximo do que as atividades técnico-artísticas...

No essencial, o legislador manteve o regime que já resultava do RCTPE, mas perdeu a oportunidade de esclarecer certos aspetos que, já perante o regime anterior, suscitavam dúvidas. Assim sendo, esta norma, tal como a anterior, merece, por isso mesmo, vários comentários.

Em primeiro lugar, concordamos com Maria do Rosário Palma Ramalho quando a Autora escreve que a impossibilidade a que se refere a norma é uma impossibilidade nascida dos processos naturais de desgaste físico e envelhecimento relacionados com a atividade ("...por motivo decorrente das características da própria actividade...")[643]. Portanto, não cabe no âmbito desta norma, por exemplo, a incapacidade nascida no contexto de um acidente de trabalho, precisamente porque o risco de acidente de trabalho deve cair na alçada das regras gerais. Reconhecendo que muitos setores de atividade expõem o profissional de espetáculos ao risco de sinistro laboral, a verdade é que nos parece que a norma quis tutelar o processo de desgaste próprio desta atividade, que é desconhecido da generalidade das profissões.

Em segundo lugar, numa alteração que pode passar despercebida, o legislador refere-se agora a uma incapacidade absoluta, elemento que não constava do RCTPE, que apenas exigia a definitividade e superveniência da perda de aptidão. À luz do regime anterior, havia quem entendesse que a impossibilidade não deveria ser necessariamente absoluta, bastando a excessiva onerosidade[644]. O legislador esclareceu o ponto.

Em terceiro lugar, a reconversão opera "mediante parecer fundamentado de uma comissão" (n.º 1). A regulamentação é, infelizmente, lacunosa em relação ao modo de funcionamento da comissão a que se refere a norma[645]. Desde logo, não é totalmente claro qual é o seu objeto da apreciação. Será que a comissão apenas se pronuncia sobre a reclassificação do trabalhador ou os poderes cognitivos e de pronúncia podem ir mais longe, avaliando também a incapacidade funcional do trabalhador[646]? Depois, não é totalmente claro

[643] Maria do Rosário Palma Ramalho, «O contrato de trabalho dos profissionais...», cit., p. p. 245, n. 22.

[644] Com esta opinião, à luz do RCTPE, Margarida Porto, *A participação de menor em espectáculo...*, cit., p. 139 e Id., «Regime jurídico do contrato de trabalho...», cit., p. 754.

[645] Por exemplo, nada se estabelece quanto a prazos de apreciação e decisão: criticamente, Joana Neto, «Redesenhar o trapézio...», cit., p. 150.

[646] Defendendo-o, embora sempre tomando como referência o relatório médico, Joana Neto, «Redesenhar o trapézio...», cit., p. 149.

qual o valor jurídico do parecer emitido por esta comissão. O dissenso na doutrina que se gerou na vigência do regime anterior mantém-se no EPAC[647]. A nosso ver, a formulação legal sugere o carácter vinculativo do parecer quando aí se diz que "o empregador, mediante parecer fundamentado de uma comissão, *deve* atribuir-lhe outras funções compatíveis..." (itálico nosso).

Em quarto lugar, o legislador decidiu dar um novo enquadramento dogmático ao regime da reconversão. De acordo com o n.º 3, "no caso de o trabalhador não aceitar a reconversão proposta pelo empregador ou de não existirem outras funções compatíveis com as suas qualificações profissionais, são aplicáveis as regras do despedimento por inadaptação previstas no Código do Trabalho". O enquadramento é bem diferente daquele que resultava do RCTPE que estabelecia que "no caso de o trabalhador não aceitar a reclassificação proposta pelo empregador ou não existirem outras funções compatíveis com as suas qualificações profissionais, o contrato de trabalho caduca".

Portanto, ao passo que no RCTPE a caducidade decorria, aparentemente, da declaração (de recusa) do trabalhador, o EPAC quis enquadrar a cessação como promovida pelo empregador, mais concretamente, por via do enquadramento no despedimento por inadaptação. Pensamos que esta remissão estará relacionada com as alterações significativas (e controversas...) que o regime do despedimento por inadaptação conheceu, abrangendo agora as situações de inaptidão superveniente do trabalhador, resultantes de uma "modificação substancial da prestação realizada pelo trabalhador", ainda que não relacionada com modificações introduzidas no posto de trabalho, mas sim, em suma, determinada pelo modo de exercício de funções do trabalhador. O parentesco é tanto mais próximo se pensarmos que, assim configurado, o despedimento por inadaptação (na "sub-espécie" de inaptidão), cobre agora os "casos em que o trabalhador, sem culpa, ou com um grau inferior de culpa, manifeste uma redução ou mesmo cessação das aptidões físicas, psíquicas ou técnicas que levaram à sua contratação e serviram de suporte à sua prestação de trabalho até certo momento. Tal situação surgirá com especial frequência nas

[647] No sentido de que o parecer não é vinculativo, MARIA DO ROSÁRIO PALMA RAMALHO, «O contrato de trabalho dos profissionais...», cit., p. 246, n. 23. Inclinando-se a responder em sentido inverso, MARGARIDA PORTO, *A participação de menor em espectáculo...*, cit., p. 140 e ID., «Regime jurídico do contrato de trabalho...», cit., p. 755. No mesmo sentido, isto é, de que os pareceres são vinculativos, JOANA NETO, «Redesenhar o trapézio...», cit., p. 149. Também parece ser essa a posição de JÚLIO GOMES, «Da fábrica à fábrica de sonhos...», cit., p. 229, quando escreve que "parece que este dever [do empregador] só existirá se o parecer da comissão for nesse sentido".

chamadas «profissões de desgaste»"[648]. O que é certo é que, assim sendo, ficam definitivamente esbatidas as fronteiras entre a caducidade e este instituto[649].

Salvo melhor opinião, a remissão para o regime do despedimento por inadaptação significará, apenas, a aplicação da marcha procedimental aí prevista, com as devidas adaptações. Parece-nos, com efeito, que os requisitos substanciais são aqueles que decorrem deste normativo especial e não os que resultam do regime do despedimento por inadaptação, na sua "sub-modalidade" de inaptidão", tal como previsto no CT09. Consequentemente, caso o trabalhador não aceite a reconversão proposta pelo empregador ou não existiam outras funções compatíveis com as suas qualificações profissionais, o empregador comunica, por escrito, ao trabalhador e, caso este seja representante sindical, à associação sindical respetiva indicando os motivos justificativos. Repare-se que, segundo o regime laboral, essa comunicação deve ir acompanhada da "cópia dos documentos relevantes, da apreciação da atividade antes prestada, com descrição circunstanciada dos factos, demonstrativa de modificação substancial da prestação, bem como de que se pode pronunciar por escrito sobre os referidos elementos em prazo não inferior a

[648] António Monteiro Fernandes, «A "Reforma Laboral" de 2012 - observações em torno da Lei 23/2012», *Revista da Ordem dos Advogados*, 2012, II-III, pp. 545-573, p. 571.

[649] Sobre isto, Raquel Cabral Ferreira, «Despedimento por inadaptação e inaptidão: algumas considerações à luz da reforma legislativa operada pela Lei 23/2012, de 25 de junho», *Questões Laborais*, 44 (2014), pp. 49-83, p. 74: "se a situação de inaptidão para ser qualificada como tal e ser motivo de resolução do contrato tem de ser absolutamente irreversível, afinal o que difere esta modalidade de despedimento da caducidade do contrato de trabalho? Na verdade, a caducidade mais não é, de acordo com o disposto na alínea b) do art. 343.º, do que "a impossibilidade superveniente, absoluta e defintiva de o empregador receber o labor do trabalhador". Apesar da clara similutude, as duas figuras diferem num elemento fundamental e que é tão caracterizante do despedimento por inaptidão: neste, a causa de inaptidão tem obrigatoriamente de resultar, ainda que sem culpa, do exercício de funções do trabalhador. Por outro lado, a caducidade do contrato de trabalho resulta de fatores externos à atuação do trabalhador, não podendo ser integrada por uma modificação substancial da prestação do trabalhador causada pelo modo como o mesmo exerce as suas funções". Em geral, Joana Neto, *Despedimento por inadaptação – reforma ou consagração legal do despedimento sem justa causa?*, 2.ª ed., Almedina, Coimbra, 2016, João Leal Amado / Milena Silva Rouxinol / Joana Nunes Vicente / Catarina Gomes Santos / Teresa Coelho Moreira, *Direito do Trabalho...*, pp. 1058 ss., Júlio Gomes, «Algumas reflexões sobre as alterações introduzidas no Código do Trabalho pela lei n.º 23/2012, de 25 de Junho», *Revista da Ordem dos Advogados*, 2012, II-III, pp. 575-617, especialmente, pp. 591 ss., António Monteiro Fernandes, «A "Reforma Laboral" de 2012 - observações em torno da Lei 23/2012», *Revista da Ordem dos Advogados*, 2012, II-III, pp. 545-573, especialmente, pp. 570 ss.

cinco dias úteis" (alínea b), do n.º 2, do artigo 375.º, *ex vi* alínea b), do n.º 1, do artigo 376.º, ambos do CT09), mais se acrescentando que, "após a resposta do trabalhador ou decorrido o prazo para o efeito, o empregador lhe comunique, por escrito, ordens e instruções adequadas respeitantes à execução do trabalho, com o intuito de a corrigir, tendo presentes os factos invocados por aquele" (alínea c), do n.º 2, do artigo 375.º, *ex vi* alínea b), do n.º 1, do artigo 376.º, ambos do CT09). De acordo com a nossa leitura, parece que aquela fundamentação pode ser feita por remissão para o parecer da comissão prevista naquele regime especial e que, dadas as circunstâncias especiais, não há lugar, neste caso, a esta espécie de "interpelação admonitória"[650] para que o trabalhador corrija a sua performance, pois, como se referiu, é da própria natureza desta atividade que aptidão se relacione com a perda "natural" das aptidões.

No RCTPE acrescentava-se que "a caducidade a que se refere o número anterior confere o direito à compensação prevista no artigo 366.º do Código do Trabalho, salvo se o trabalhador recusar injustificadamente a reclassificação"[651]. Significava, pois, que o trabalhador tinha direito a 12 dias por cada ano de antiguidade. A norma não surge no EPAC, mas a sua supressão é coerente com a decisão de enquadrar a cessação no âmbito do despedimento por inadaptação, que já atribui ao trabalhador o direito a uma compensação legal equivalente a 12 dias por cada ano completo de antiguidade.

Finalmente, acrescenta o n.º 4 que "quando existam regimes especiais de segurança social aplicáveis, a cessação do contrato de trabalho decorrente da inadaptação do trabalhador, nos termos do número anterior, não prejudica a aplicação desses regimes, tendo os trabalhadores direito ao subsídio de desemprego ou à reforma por velhice logo que estejam preenchidos os respetivos pressupostos legais em vigor".

§ 3.4.3. Liberdade pós-contratual

Numa norma inovadora em relação ao regime legal anterior, estabelece o EPAC que são nulas as cláusulas de contrato de trabalho ou de instrumento de regulamentação coletiva de trabalho que, por qualquer forma, possam prejudicar o exercício da liberdade de trabalho após a cessação do contrato, salvo nos casos previstos na lei. A norma é inovadora, mas é familiar: o legislador

[650] Raquel Cabral Ferreira, «Despedimento por inadaptação e inaptidão...», cit., pp. 75-76.

[651] A norma referia o artigo 401.º, do CT09, mas tratava-se de um lapso manifesto.

introduziu, em contexto jurídico-laboral artístico, uma disposição semelhante àquela que existe no regime laboral comum[652] e em contexto desportivo[653].

O legislador terá sido porventura inspirado pela norma desportiva porque, também aqui, há um certo paralelo entre os mundos do Desporto e dos espetáculos. Embora também os artistas de especial nomeada tenham competências diferenciadas, a mobilidade destes trabalhadores é algo de interesse geral[654]. Acresce que, em bom rigor, a liberdade pós-contratual tem, salvo melhor opinião, em contexto desportivo, um peso (bem) diverso: não só a liberdade pós-contratual serve de contrapeso à falta de liberdade de desvinculação do praticante desportivo durante a execução do contrato de trabalho (o desportista não pode denunciar o seu contrato de trabalho) como serve para acautelar a curta carreira que, em regra, os desportistas têm: ver-se limitado após a cessação do contrato de trabalho seria o equivalente a condicionar ou até suprimir uma parte substancial da sua carreira. O mesmo não se passa no setor artístico. Em primeiro lugar, o profissional da área da cultura não está impedido de denunciar o seu contrato de trabalho, nos termos gerais[655]. Em segundo lugar, do ponto de vista da sua longevidade, os profissionais dos espetáculos têm uma carreira comparável à generalidade dos trabalhadores, salvo em alguns setores de atividade onde as exigências quanto à aptidão física são equivalentes ou até superiores às dos praticantes desportistas (pense-se na bailarina ou no trapezista).

Porventura com estas diferenças em mente, o próprio legislador consente limitações à liberdade pós-contratual "nos casos previstos na lei". Embora a lei laboral consinta várias cláusulas limitadoras da liberdade de trabalho, apenas uma delas condiciona verdadeiramente a liberdade pós-contratual

[652] Cfr. artigo 136.º, n.º 1, do CT09: "é nula a cláusula de contrato de trabalho ou de instrumento de regulamentação colectiva de trabalho que, por qualquer forma, possa prejudicar o exercício da liberdade de trabalho após a cessação do contrato".

[653] Cfr. artigo 19.º, n.º 1, da Lei n.º 54/2017, de 14 de julho: "são nulas as cláusulas inseridas em contrato de trabalho desportivo visando condicionar ou limitar a liberdade de trabalho do praticante desportivo após o termo do vínculo contratual".

[654] Sobre isto, Nuno Sousa e Silva, «A concorrência desleal como limite à mobilidade de trabalhadores» in: Lourdes Mella Méndez [Dir.] / Duarte Abrunhosa e Sousa [Coord.], *Los actuales cambios sociales y laborales: nuevos retos para el mundo del trabajo – cambios en la relación individual de trabajo: España, Portugal, México, Francia*, Vol. IV, Peter Lang, Suíça, 2017, pp. 263-294, especialmente, pp. 280 ss.

[655] Cfr. § 3.4. Cessação do contrato de trabalho.

laboral do trabalhador: o pacto de não concorrência[656]. O EPAC não deixa de esclarecer uma questão que era suscitável no âmbito do RCTPE. O regime anterior admitia a validade dos pactos de exclusividade, mas era omisso em relação aos pactos de não concorrência. No entanto, à luz do regime anterior, seria possível chegar a essa conclusão, não só por aplicação subsidiária do regime laboral comum, como por inferência do próprio sistema: se o regime admitia os pactos de exclusividade, então, por maioria de razão, o pacto de não concorrência[657].

O EPAC não introduz qualquer especificidade em relação ao regime laboral comum, replicando apenas a norma codicística. Como tal, os pactos de não concorrência são estipuláveis na mesma medida em que são admitidos à luz do regime laboral comum. Desde logo, será de exigir um interesse sério e legítimo do empregador — como acontece, como vimos, nos pactos de exclusividade[658] —, o que muitas vezes acontecerá dada a natureza muitas vezes "diferencial" da prestação do trabalhador artístico[659]. Depois, a obrigação de não concorrência pós-contratual está dependente do pagamento de uma compensação adequada, que, infelizmente, não se concretiza numérica ou quantitativamente na lei. No entanto, ela deve ser adequada e, segundo o entendimento que nos parece mais adequado, paga no momento da cessação do contrato de trabalho ou durante a vigência da obrigação de não concorrência[660]. Em relação à cessação do acordo, alguma doutrina e a jurisprudência têm entendido, mais recentemente, que o trabalhador pode

[656] Sobre os pactos de não concorrência, João Zenha Martins, *Dos pactos de limitação...*, cit., pp. 543 ss. Duarte Abrunhosa e Sousa, «Pactos de não concorrência laborais como instrumento de (des)incentivo da economia – o case study do Estado da Califórnia» in: Lourdes Mella Méndez [Dir.] / Duarte Abrunhosa e Sousa [Coord.], *Los actuales cambios sociales y laborales: nuevos retos para el mundo del trabajo – cambios en la relación individual de trabajo: España, Portugal, México, Francia*, vol. IV, Peter Lang, Suíça, 2017, pp. 295-317, Maria Irene Gomes, «Questões a propósito dos requisitos exigidos para a lícita constituição da cláusula de não concorrência no âmbito do contrato de trabalho», *Questões Laborais*, 42 (2013), pp. 241-263 e Beatriz Gonçalves, «As cláusulas de não concorrência no contrato de trabalho desportivo» in: Alexandre Miguel Mestre [Coord.], *Compêndio de Direito do Desporto*, Gestlegal, Lisboa, 2020, pp. 287-310, especialmente, pp. 287-298.

[657] Assim, João Zenha Martins, *Dos pactos de limitação...*, cit., p. 644.

[658] § 3.3.10. Pluriemprego e pacto de exclusividade.

[659] Maria do Rosário Palma Ramalho, *Tratado de Direito do Trabalho...*, cit., p. 351.

[660] Maria Irene Gomes, «Questões a propósito dos requisitos...», cit., p. 254. Admitindo o pagamento apenas no fim do período de inatividade, Beatriz Gonçalves, «As cláusulas de não concorrência...», cit., p. 297.

renunciar[661], mas já não o empregador[662]. Por outro lado, relativamente ao incumprimento da obrigação de não concorrência, quer a doutrina como a jurisprudência têm admitido a aposição de cláusulas penais[663], sem prejuízo do controlo do valor abusivo[664].

§ 3.5. Relações coletivas de trabalho

No uso da autorização prevista no OE2021, que dava ao Governo o poder para "prever o direito de associação e representação coletiva dos profissionais da área da cultura", o EPAC estabelece que "os trabalhadores com contrato de trabalho têm o direito de constituir associações representativas

[661] A favor dessa possibilidade, João Zenha Martins, *Dos pactos de limitação...*, cit., p. 741 ("a desvinculação *ad nutum* do trabalhador não suscita grandes dificuldades"), Maria Irene Gomes, «Questões a propósito dos requisitos...», cit., p. 261 e Beatriz Gonçalves, «As cláusulas de não concorrência...», cit., p. 290. Contra, mais recentemente, Pedro Petrucci de Freitas, «Da livre renúncia ao pacto de não concorrência pelo trabalhador após a cessação do contrato de trabalho», *Revista de Direito Público*, 9 (2013), pp. 63-73, Benjamim Mendes / Sara Leitão, «Da (in)admissibilidade da revogação unilateral do pacto de não concorrência por iniciativa do trabalhador», *Revista Internacional de Direito do Trabalho*, 2021, II, pp. 267-298 e Joana Vasconcelos, «Sobre a aplicação do artigo 81.º do Código Civil às cláusulas de limitação da liberdade de trabalho» in: *Estudos dedicados ao Professor Doutor Bernardo da Gama Lobo Xavier*, vol. II, UCP Editora, Lisboa, 2015, pp. 201-223.

[662] Neste sentido, João Zenha Martins, *Dos pactos de limitação...*, cit., pp. 741 ss. Júlio Gomes, «Algumas novas questões sobre as cláusulas ou pactos de não concorrência em Direito do Trabalho», *Revista do Ministério Público*, 127 (2011), pp. 77-99, pp. 97 ss. e Maria Irene Gomes, «Questões a propósito dos requisitos...», cit., p. 261. Defendendo a validade de uma estipulação nesse sentido, mesmo na ausência de qualquer acordo, pela via do artigo 437.º do Código Civil, Rui Valente, «Proteção do segredo, cláusula penal...», cit., pp. 362 ss. e Ricardo Nascimento, *Da cessação do contrato de trabalho...*, cit., pp. 361 ss.

[663] Pronunciando-se favoravelmente, João Zenha Martins, *Dos pactos de limitação...*, cit., pp. 771 ss. Rui Valente, «Proteção do segredo, cláusula penal e desvinculação do pacto de não concorrência» in: Lourdes Mella Méndez [Dir.] / Duarte Abrunhosa e Sousa [Coord.], *Los actuales cambios sociales y laborales: nuevos retos para el mundo del trabajo – cambios en la relación individual de trabajo: España, Portugal, México, Francia*, Vol. IV, Peter Lang, Suíça, 2017, pp. 351-376, especialmente, pp. 356-357, Maria Irene Gomes, «Questões a propósito dos requisitos...», cit., p. 263 e Beatriz Gonçalves, «As cláusulas de não concorrência...», cit., p. 291.

[664] Cfr. o ac. nr. 256/04 do TC (Araújo Torres), proc. nr. 674/02: "se tiver sido estabelecida "cláusula penal", que a doutrina justifica como meio de obviar à dificuldade de prova e de quantificação dos danos sofridos pelo antigo empregador (isto é, como liquidação antecipada desses prejuízos), existirá sempre a possibilidade da sua redução pelo tribunal de acordo com a equidade, quando for manifestamente excessiva (artigo 812.º, n.º 1, do Código Civil)".

dos trabalhadores para defesa e promoção coletivas dos seus direitos e interesses socioprofissionais, nomeadamente comissões de trabalhadores e associações sindicais, incluindo o direito a negociar e celebrar instrumentos de regulamentação coletiva de trabalho, nos termos do Código do Trabalho". Acrescenta-se ainda que "é reconhecido aos trabalhadores o direito à greve, nos termos gerais".

Sendo certo que estas normas representam uma novidade em relação ao RCTPE, estes direitos fundamentais já resultariam certamente da aplicação das regras gerais, das quais os profissionais da área da cultura não estavam certamente arredados[665], ainda que se possa colocar a questão relativamente aos trabalhadores independentes com dependência económica[666]. De resto, e como prova disso, bastará fazer referência ao CENA-STE, o sindicato dos Trabalhadores de Espetáculos, do Audiovisual e dos Músicos[667], embora a contratação coletiva não tenha expressão[668].

[665] Sobre a contratação coletiva no setor da moda, em geral, SÓNIA DE CARVALHO / NUNO NOGUEIRA / PEDRO LAVAJO / JOÃO PEDRO SILVA, «A negociação colectiva no sector da moda» in: JOÃO FRAGA DE CASTRO [Coord.], *Fashion Law – Direito da Moda*, Thomson Reuters – Aranzadi, Pamplona, 2019, pp. 537-551 e ALBERTO NOVOA MENDOZA / JUAN PASCUAL CABALLERO, «La negociación colectiva en el sector de la moda y el lujo» in: ENRIQUE ORTEGA BURGOS [Dir.], *Fashion Law (Derecho de la Moda)*, Thomson Reuters – Aranzadi, Navarra, 2018, pp. 289-318.

[666] Cfr, § 3.1.3. Contratos legalmente equiparados.

[667] Foi fundado em 15 de Maio de 2017 e resulta da fusão do CENA (Sindicato dos Músicos, dos Profissionais do Espetáculo e do Audiovisual) e do STE (Sindicato dos Trabalhadores de Espetáculos). O STE foi fundado em 2 de Setembro de 1975, dando prolongamento ao Sindicato Nacional dos Artistas Teatrais, de 30 de Julho de 1938, cuja origem remonta à Associação de Classe dos Artistas Dramáticos, criada em 21 de Maio de 1908. O CENA foi fundado em Dezembro de 2011 e surge do alargamento do Sindicato dos Músicos, ex-Associação de Classe dos Músicos Portugueses, fundada por carta régia em 1909 (e herdeira da Irmandade de Santa Cecília, criada em 1603, e do Montepio Filarmónico, de 1843), à Plataforma dos Intermitentes do Espetáculo e do Audiovisual (2006) e ao CPAV - Centro Profissional Sector Audiovisual (2007).

[668] Cfr. o Acordo de Empresa celebrado entre o CENA-STE e o OPART - Organismo de Produção Artística, EPE, publicado no BTE 40 (2020), com alteração publicada no BTE 5 (2021).

§ 4. CONTRATO DE PRESTAÇÃO DE SERVIÇOS

Dentro da intenção do novo regime em alargar o seu âmbito de aplicação, e no seguimento da autorização do OE2021[669], o EPAC veio introduzir a regulamentação do contrato de prestação de serviços no setor da cultura. No entanto, o corpo normativo não é tão detalhado como aquele que é dedicado ao contrato de trabalho. Opção que se compreende dado que a laboralidade do vínculo impõe uma intervenção mais apertada do que no contrato de prestação de serviços, contrato onde, em princípio, deve dominar a autonomia privada das partes[670].

Claro está que, lá onde o contrato de prestação de serviço revele, na sua execução, subordinação jurídica ou, pelo menos, dependência económica, o regime a aplicar será o do contrato de trabalho ou dos contratos legalmente equiparados, respetivamente. E, para aquele primeiro efeito, o prestador de serviços pode inclusivamente lançar mão da presunção de laboralidade, especialmente prevista neste regime[671].

A frugalidade do regime é parcialmente resolvida remetendo-se para as regras civilísticas gerais: "ao profissional que exerça uma atividade autoral, artística, técnico-artística ou de mediação cultural em regime de prestação de serviço aplica-se, em tudo o que não estiver previsto no presente Estatuto,

[669] O OE2021 autorizou o Governo a "criar regras quanto à formação e ao conteúdo do contrato de prestação de serviço e do contrato legalmente equiparado dos profissionais da área da cultura, definindo os direitos e deveres de ambas as partes".

[670] António Menezes Cordeiro, *Tratado de Direito Civil*, XII..., cit., p. 388: "a vontade das partes é determinante: estamos numa área onde são poucas as normas restritivas".

[671] § 3.1.1. Presunção de laboralidade.

o disposto no Código Civil, aprovado pelo Decreto-Lei n.º 47344/66, de 25 de novembro, na sua redação atual".

A remissão tem, bem vistas as coisas, um efeito de cascata porque, como se sabe, o próprio Código Civil não disciplina o contrato de prestação de serviço, remetendo praticamente *in totum* para o regime do contrato de mandato[672]. Portanto, e sem prejuízo das regras especiais previstas no EPAC, é nas regras relativas ao contrato de mandato e na sua aplicação por via de remissão do Código Civil que se vão encontrar as regras subsidiárias aplicáveis ao contrato de prestação de serviço artístico.

O ponto é pertinente dado que, de acordo com a jurisprudência dos nossos tribunais, as regras relativas ao mandato devem aplicar-se *cum grano salis* ao contrato de prestação de serviço, cautela que se recomenda em dose redobrada quando a prestação de serviços em causa tem natureza artística. Com efeito, se o regime do contrato de mandato é o "quadro normativo fundamental para relações de *agere pro altero*", no contrato de prestação de serviço não está em causa um agir por conta de outrem, mas a favor de outrem[673].

§ 4.1. Âmbito

Segundo o artigo 25.º, n.º 1, do EPAC, "o contrato de prestação de serviço é aquele pelo qual uma das partes se obriga a proporcionar à outra, com autonomia, certo resultado de uma atividade autoral, artística, técnico-artística ou de mediação cultural, com ou sem retribuição".

Como facilmente se vê, o contrato de prestação de serviços é definido em termos relativamente próximos ao contrato de trabalho, mas aparecendo com as notas da autonomia e visando a produção de um resultado. A verdade é que a autonomia deve ser entendida habilmente no contexto desta atividade. Como já se disse introdutoriamente, a autonomia é compatível com a existência de um contrato de trabalho, sendo essa, aliás, um traço que torna esta relação laboral uma relação especial de trabalho. A autonomia a que se

[672] Sobre o mandato, sobretudo quanto à cessação, Adelaide Menezes Leitão, «"Revogação unilateral" do mandato, pós-eficácia e responsabilidade pela confiança» in: *Estudos em Homenagem ao Professor Doutor Inocêncio Galvão Telles*, Vol. I, Direito Privado e Vária, Almedina, Coimbra, 2002, pp. 305-346, Manuel Januário da Costa Gomes, *Em tema de revogação do mandato civil*, Almedina, Coimbra, 1989.

[673] Em termos próximos, Tiago Azevedo Ramalho, *Contratos (Legitimidade. Contratos obrigacionais e aquisitivos. Contratos dispositivos. Atuação por conta de outrem)*, Gestlegal, Coimbra, 2021, pp. 391-392.

refere a norma é aquela que significa a ausência de subordinação jurídica, no sentido já estudado. Por seu turno, a questão do resultado também é um elemento cuja utilidade como critério de demarcação está há muito em relativa crise, como já demos conta a propósito da noção do contrato de trabalho[674].

Em segundo lugar, e como se pode ver, o contrato de prestação de serviço não exige, ao contrário do que acontece com o contrato de trabalho, que a relação de trabalho seja encabeçada, do lado do trabalhador, por uma pessoa singular, pelo que pode ser indistintamente celebrado por uma pessoa coletiva.

Em relação ao conceito de contrato de prestação de serviços, a definição termina com uma referência à retribuição. A linguagem poderia certamente ter sido outra, pois a noção de retribuição pertence ao léxico laboral e, tratando-se de um contrato de prestação de serviços, seria certamente mais aconselhado utilizar outra terminologia para evitar qualquer confusão de águas. Sendo certo que o próprio Código Civil utiliza essa linguagem ao definir o contrato de prestação de serviços[675], a verdade é que esta matéria conheceu desenvolvimentos desde a aprovação do Código Civil, que data dos anos 60... Em resumo, o legislador poderia ter dado uso a outra terminologia.

Seja como for, o EPAC permite que o contrato de prestação de serviço artístico seja oneroso ou gratuito. No que, afinal, se distingue do contrato de trabalho, que é necessariamente um contrato oneroso, ou seja, envolve o pagamento de uma contrapartida económica, como já vimos[676]. No entanto, atendendo a que o prestador do serviço será, em princípio, um profissional do ramo, o contrato presume-se oneroso (artigo 1158.º, n.º 1, do Código Civil, *ex vi* artigo 1156.º).

Não deixa de ser curioso que, ao lado desta figura, geral, o legislador introduziu uma sub-modalidade que não estava incluída no Projeto divulgado para discussão pública: a "prestação de serviço na modalidade «chave-na-mão»", contrato segundo o qual "a prestação de serviço na modalidade «chave-na-mão» inclui a conceção, produção, transporte, montagem e desmontagem de obra artística, salvo disposição em contrário" (artigo 33.º).

674 § 3. Contrato de trabalho.

675 Cfr. artigo 1154.º: "contrato de prestação de serviço é aquele em que uma das partes se obriga a proporcionar à outra certo resultado do seu trabalho intelectual ou manual, com ou sem retribuição".

676 § 3. Contrato de trabalho.

§ 4.2. Capacidade

O EPAC não regula a capacidade para a celebração do contrato de prestação de serviço artístico. Tal não significa, porém, que se devam aplicar as regras gerais do Código Civil, em matéria de capacidade. Isto porque, como dissemos a propósito da capacidade para celebrar contrato de trabalho, a Lei n.º 105/2009, de 14 de setembro, que regulamenta o CT09, e para a qual, de resto, o EPAC também remete, é justamente dedicado à "participação de menor em actividade de natureza cultural, artística ou publicitária" que não distingue consoante a natureza laboral ou civil da prestação artística, como dissemos. Portanto, serão aplicáveis essas regras, que farão certamente mais sentido neste contexto, dada a dificuldade em articular a laboralidade do vínculo com o regime aí previsto[677].

§ 4.3. Formação

O EPAC dedica algumas regras à formação do contrato de prestação de serviço. Em primeiro lugar, confirmando o princípio da liberdade de forma, estabelece-se que "o contrato de prestação de serviço não depende da observância de forma especial" (artigo 30.º, n.º 1). A solução não é de estranhar porque não só no Direito Civil vale o princípio da liberdade de forma (artigo 219.º do Código Civil) como o próprio contrato de trabalho, tal como regulado no EPAC, não está sujeito a forma escrita, salvo no que diz respeito a algumas das suas modalidades, como vimos[678].

O EPAC não deixa de conter, porém, uma norma para os casos em que as partes decidem verter o acordo por escrito. Já lhe fizemos referência: estabelece-se que "a qualificação pelas partes de um contrato enquanto contrato de prestação de serviço não afasta a aplicação da presunção da existência de contrato de trabalho a que se refere o artigo 7.º" (artigo 25.º, n.º 3). Como dissemos, a norma não tem certamente conteúdo inovador porque parece consensual o entendimento de que o *nomen iuris* escolhido pelas partes não é fator determinante para a qualificação do acordo como contrato de trabalho (como, aliás, de resto, dos contratos em geral).

[677] § 3.2.1. Capacidade.

[678] § 3.2.3. Forma e formalidades.

A este respeito, numa norma no mínimo intrigante, estabelece o n.º 2, do artigo 30.º, que "a entidade beneficiária da prestação, que disponha ou deva dispor de contabilidade organizada, deve comunicar à IGAC e à Autoridade Tributária e Aduaneira (AT), mediante formulário único eletrónico definido por portaria dos membros do Governo responsáveis pelas áreas das finanças, da cultura e da segurança social, a celebração de contrato de prestação de serviço antes do início da sua produção de efeitos, ilidindo fundamentadamente a presunção da existência de contrato de trabalho prevista no artigo 7.º". A Portaria n.º 13-A/2022, de 4 de janeiro, regulamenta essa comunicação.

Repare-se que esta obrigação de comunicação apenas vale para as entidades que tenham, ou devam ter, contabilidade organizada. O legislador valorou a circunstância de estas entidades terem estruturas que as capacitam a cumprir estas formalidades, o que não acontece com as demais entidades.

O artigo 7.º faz presumir a existência de contrato de trabalho verificando-se certos factos que constituem indícios de laboralidade[679]. Presunção essa que, de acordo com a norma aqui em comentário, a entidade deve ilidir na comunicação. Na prática, não se compreende como é que a empresa vai ilidir a presunção, mormente através do formulário, e fazê-lo – assim diz a lei – fundamentadamente. Sendo certo que semelhante encargo probatório recai sobre as entidades beneficiárias de uma atividade quando têm de discutir judicialmente a qualificação de um contrato, a verdade é que, nesse contexto, é comum a produção de prova testemunhal, porque a autonomia ou subordinação revelam-se, sobretudo, e decisivamente, na forma como o contrato é executado.

O EPAC coloca a cargo do beneficiário da atividade um dever de informação perante o artista que, de certa forma, é um decalque do dever de informação a cargo do empregador, num âmbito de uma relação de trabalho subordinado[680]. Com efeito, a informação arrolada no artigo 26.º, que deve ser prestada ao profissional da cultura em regime de prestação de serviço

[679] § 3.1.1. Presunção de laboralidade.

[680] O beneficiário da atividade deve informar o prestador de serviço sobre os aspetos relevantes do contrato de prestação de serviço, designadamente: a) Da respetiva identificação, nomeadamente, sendo sociedade, da existência de uma relação de coligação societária, de participações recíprocas, de domínio ou de grupo, bem como da sede ou domicílio; b) Do local de prestação da atividade ou, não havendo um fixo ou predominante, a indicação de que a atividade é prestada em vários locais; c) Das tarefas que vão ser desempenhadas pelo prestador de serviço; d) Da data de início e termo do contrato; e) Da duração do contrato; f) Do valor e da periodicidade da retribuição, caso exista".

tem uma evidente semelhança com o artigo 106.º, n.º 3, do CT09, isto é, com o dever de informação a cargo de um empregador[681].

Acontece que também o prestador do serviço está vinculado a um dever de informação, devendo informar o organizador do evento sobre a respetiva identificação, nomeadamente, nome, morada, número de identificação fiscal, número de identificação da segurança social e número do cartão do profissional da área da cultura, devendo também informar a entidade sobre o número da apólice de seguro obrigatório de acidentes de trabalho para trabalhadores independentes (artigo 26.º, n.º 3)[682].

Em relação à formação do contrato, o artigo 27.º, n.º 1, do EPAC, estabelece que "quem negoceia com outrem para a conclusão de um contrato de prestação de serviço deve, tanto nos preliminares como na formação dele, proceder segundo as regras de boa fé, sob pena de responder pelos danos culposamente causados". A norma soa certamente familiar, pois é uma incorporação *ipsis verbis* do artigo 227.º, do Código Civil, presente também no CT09[683], representando, pois, a afirmação de um dever de diligência a cargo dos contraentes na fase vestibular do contrato, isto é, durante a sua formação. Recuperando a célebre passagem de Rudolf von Jhering, que condensa, no essencial, a afirmação deste dever, "quem contrata, sai deste modo do círculo de deveres puramente negativo do tráfico extracontratual e entra no positivo da esfera contratual (...) e a primeira e mais geral obrigação que assim assume é a seguinte: aplicar a necessária *diligentia* logo no próprio contratar. Não são apenas as relações contratuais formadas, mas antes logo as que estão em formação que têm de estar sob a protecção das regras"[684]. A norma não tem, por isso, conteúdo inovador[685] e todo o lastro doutrinal e jurisprudencial nesse domínio tem aqui perfeita aplicação[686].

[681] Forçando a nota, não deixa assim de ser irónico que, como aponta Pedro Romano Martinez, *Direito do Trabalho*..., cit., p. 327, "se o beneficiário da atividade, por escrito, prestou as informações impostas pelo art. 106.º do CT, haverá indícios de se estar perante um contrato de trabalho"...

[682] Cfr. o Decreto-Lei n.º 159/99, de 11 de maio, que regulamenta o seguro de acidentes de trabalho para os trabalhadores independentes.

[683] Cfr. artigo 102.º do CT09.

[684] Rudolf von Jhering, *Culpa in contrahendo ou a indemnização em contratos nulos ou não chegados à perfeição* (trad. de Paulo Mota Pinto), Almedina, Coimbra, 2008, p. 32.

[685] Sobre este dever, com maior desenvolvimento, embora no âmbito do contrato de trabalho, Diogo Pereira Duarte, «A formação do contrato de trabalho e o período experimental» in: *Estudos do Instituto de Direito do Trabalho*, vol. VIII, Almedina, Coimbra, 2020, pp. 49-90, pp. 52 ss.

[686] Para além do histórico Rudolf von Jhering, *Culpa in contrahendo ou a indemnização em contratos nulos ou não chegados à perfeição* (trad. de Paulo Mota Pinto), Almedina, Coimbra, 2008, veja-se

O EPAC acrescenta, porém, um elemento inovador, ao estatuir que "considera-se contrário às regras da boa fé o cancelamento injustificado e com uma antecedência inferior a 15 dias de atividade cultural para o qual o prestador de serviço tenha sido convidado a participar enquanto profissional da área da cultura, sem prejuízo de regime mais favorável constante da lei aplicável ou do contrato" (artigo 27.º, n.º 2).

Esta norma, sem paralelo no ordenamento jurídico positivo, merece algumas observações.

Em primeiro lugar, fica a dúvida de saber se, mais do que um caso de *culpa in contrahendo*, este não será um caso de incumprimento puro e simples do contrato. Por outras palavras, uma vez firmado o acordo, o organizador do evento responderia perante o profissional da cultura por frustrar injustificadamente a realização da prestação. Reconhecemos, porém, que a expressão "tenha sido convidado a participar" pareça sugerir que, nessa fase, ainda não se deu a celebração de qualquer acordo e, portanto, ainda se estará na fase pré-contratual ou negocial. Saber se já foi firmado um contrato ou se as partes ainda negoceiam é algo que é deixado às regras de formação do negócio jurídico[687] e da interpretação negocial, nos termos gerais.

Haja ou não um acordo celebrado, o dano pelo cancelamento do evento artístico não pode correr por conta do artista, pelo menos quando o cancelamento tenha ficado injustificadamente a dever-se ao beneficiário da atividade e quando tenha ocorrido com uma antecedência inferior a 15 dias. Da leitura da norma, parece resultar que os dois requisitos são cumulativos, ou seja, um cancelamento com antecedência inferior a 15 dias não é, necessariamente, contrário à boa-fé, devendo também ser injustificado. E, da mesma forma, sendo injustificado, não é contrário à boa-fé se for comunicado com uma antecedência superior a 15 dias. Confessamos que esta interpretação nos parece particularmente contraditória com o espírito da norma que, em última análise, pretende tutelar o profissional da cultura contra comportamentos injustificados que, como tal, são contrários à boa-fé.

Sem prejuízo deste traço especificador, o EPAC não concretiza quais as consequências da violação deste dever. Salvo melhor opinião, o que não está

também ANA PRATA, *Notas sobre a responsabilidade pré-contratual*, Almedina, Coimbra, 2020 (reimp.), referindo a diligência acrescida em contextos profissionais (pp. 159-160),

[687] Conforme estabelece o artigo 232.º, do Código Civil, "o contrato não fica concluído enquanto as partes não houverem acordado em todas as cláusulas sobre as quais qualquer delas tenha julgado necessário o acordo".

isento de dificuldades, como se sabe[688], o profissional da área da cultura pode ser indemnizado, por exemplo, pela inutilização das despesas incorridas em material e equipamento para a sua performance[689].

Aparentemente, a responsabilidade do organizador do evento não existe quando o cancelamento é justificado. O que acontece, e aconteceu, concretamente, quando os organizadores de eventos, quando nada o fazia prever, são surpreendidos com o decretamento do encerramento das suas instalações ou da suspensão das suas atividades, como se deu no contexto da pandemia COVID-19. De referir, porém, que o EPAC não deixar de assinalar que as entidades que exploram espetáculos e eventos artísticos podem contratar seguros que cubram o risco de cancelamento de espetáculos e eventos (artigo 83.º, alínea c)).

Em relação à formação do contrato, prevê-se ainda que "ao contrato de prestação de serviço do qual constem cláusulas contratuais gerais elaboradas sem prévia negociação individual, que destinatários indeterminados se limitem a aceitar, bem como às cláusulas constantes de contratos individualizados, mas cujo conteúdo previamente elaborado o destinatário não pode influenciar, aplica-se o regime legal das cláusulas contratuais gerais, aprovado pelo Decreto-Lei n.º 446/85, de 25 de outubro, na sua redação atual" (artigo 29.º)[690].

688 Relembrando as palavras de Ana Mafalda Castanheira Neves de Miranda Barbosa, *Lições de responsabilidade civil*, Principia, Cascais, 2017, p. 441, "a simplicidade enunciativa do preceito encerra múltiplas dificuldades".

689 Sobre isto, ver, por todos, Maria de Lurdes Pereira, *A indemnização de despesas inutilizadas na responsabilidade obrigacional*, Gestlegal, Coimbra, 2020, sublinhando que "a justificação da indemnização de despesas inutilizadas supõe que se assuma que, apesar de não serem prejuízos causados pela violação, o devedor tem, não obstante, de responder por elas: o cumprimento ou um resultado alcançado por meio do cumprimento foi uma razão necessária da decisão de realizar essas despesas e a violação da obrigação roubou-lhes essa razão" (p. 658).

690 Forçando a nota, em relação aos contratos de trabalho vale o disposto no artigo 105.º, do CT09, onde se estabelece que "o regime das cláusulas contratuais gerais aplica-se aos aspectos essenciais do contrato de trabalho que não resultem de prévia negociação específica, mesmo na parte em que o seu conteúdo se determine por remissão para instrumento de regulamentação colectiva de trabalho". Sobre a interpretação deste preceito, Daniela Mirante, «Os contratos de adesão e o regime das cláusulas contratuais gerais: o caso especial do contrato de trabalho de adesão – contributo para o estudo da questão», *Questões Laborais*, 46 (2015), pp. 47-86 e Alexandre Mota Pinto, «O contrato de trabalho de adesão no Código do Trabalho: notas sobre a aplicação do regime das cláusulas contratuais gerais ao contrato de trabalho» in: *A reforma do Código do Trabalho*, Coimbra Editora, Coimbra, 2004, pp. 191-213.

§ 4.4. Remuneração

Em relação à remuneração, importa recordar que da noção de contrato de prestação de serviço artístico resulta expressamente que o contrato não é necessariamente oneroso. No entanto, recrutando as regras civilísticas, o contrato de prestação de serviços presume-se oneroso quando o prestador é um profissional ((artigo 1158.º, n.º 1, do Código Civil, *ex vi* artigo 1156.º), cabendo à contraparte (certamente, o beneficiário da atividade) demonstrar que a atividade artística era prestada em regime de gratuitidade. Contudo, o legislador estabelece que "para efeitos do presente Estatuto, o contrato de prestação de serviço presume-se oneroso" (cfr. artigo 25.º, n.º 2). Aparentemente, basta que o serviço a prestar esteja abrangido pelo âmbito de aplicação do EPAC para que o contrato se presuma oneroso, ainda que o prestador não seja profissional, o que, como também dissemos, parece não ser requisito de aplicação do EPAC.

Estabelece-se também que a retribuição, estabelecida por acordo entre as partes, deve estar à disposição do prestador de serviço no prazo acordado. Na ausência de estipulação sobre o prazo, considera-se que o pagamento deve ocorrer até ao final do mês subsequente ao da prestação do serviço contratado (artigo 28.º, n.º 2), incorrendo em mora a partir desse dia, nos termos gerais.

O beneficiário da atividade que faltar culposamente ao pagamento da retribuição, nos termos dos números anteriores, é obrigado a pagar ao prestador de serviço os correspondentes juros de mora à taxa legal em vigor ou — num cenário que nos parece difícil de conceber... —, numa taxa estabelecida por acordo entre as partes (artigo 28.º, n.º 3).

§ 4.5. Cessação

No essencial, o EPAC é omisso em relação à cessação do contrato de prestação de serviço artístico e, portanto, essa ausência de regulamentação faz funcionar a remissão para as regras gerais do Código Civil, a que já fizemos referência. Importa recordar que o Código Civil remete o regime do contrato de prestação de serviços para o regime do mandato. Assim sendo, em regra, o contrato de prestação de serviços é livremente denunciável por qualquer uma das partes[691].

[691] Cfr. ac. de 06/07/2011 do TRL (ANABELA CALAFATE), proc. nr. 29188/10.0T2SNT.L1-1 (estando em causa "serviços profissionais de actor em programas de ficção").

A este propósito, e como tem decidido uniformemente a nossa jurisprudência, a essa conclusão não obsta que a prestação de serviços seja remunerada[692].

O EPAC não deixa de prever algumas regras especiais para a cessação do contrato de prestação de serviços artísticos. A propósito do dever de informação a cargo da entidade beneficiária, o regime estabelece que "em caso de alteração das condições previstas (...) o prestador de serviço pode resolver o contrato, com direito a indemnização, nos termos gerais" (artigo 26.º, n.º 2). Esta remissão não deixa de ser enigmática, por várias razões. Desde logo, a norma sugere que a entidade beneficiária pode alterar as condições inicialmente acordadas ou supostas, concedendo-se ao profissional da cultura a hipótese de resolver o contrato com um fundamento semelhante à alteração superveniente das circunstâncias (artigo 437.º, do Código Civil). Acontece que o regime também concede ao profissional o direito a uma indemnização, a ser definida "nos termos gerais", remissão um tanto ou quanto enigmática porque parece sugerir que, no fim de contas, o legislador encara esta resolução como imputável à contraparte (o beneficiário da atividade), fazendo assim nascer uma obrigação de indemnização a calcular segundo as regras da responsabilidade civil contratual.

Numa norma que parece decalcada do Direito do Trabalho, mas com traços civilistas[693], determina-se, finalmente, que "cessando o contrato de prestação de serviço, a entidade beneficiária da prestação deve entregar ao prestador de serviços um certificado de atividade, indicando o nome do profissional, o número do cartão do profissional da área da cultura, se aplicável, e as datas de admissão e de cessação do contrato" (artigo 31.º, n.º 1), mais se acrescentando que "caso o prestador de serviço o requeira, o certificado de atividade deve descrever a atividade por si desempenhada para a entidade beneficiária" (n.º 2).

[692] Contra, António Menezes Cordeiro, *Tratado de Direito Civil*, XII..., cit., p. 387: "o serviço retribuído opera, também, no interesse do prestador, pelo que o contrato não poderá ser revogado sem justa causa, por via do artigo 1170.º/2".

[693] Dando este exemplo, António Menezes Cordeiro, «Da pós-eficácia das obrigações» in: *Estudos de Direito Civil*, vol. I, Almedina, Coimbra, 1987, pp. 143-197, p. 171.

§ 5. SEGURANÇA SOCIAL

A matéria da Segurança Social representa, definitivamente, um dos pontos que mais expetativa gerou à volta do EPAC, sobretudo junto dos profissionais do setor. De facto, a matéria assumia importância capital: pese embora as deficiências técnicas do regime anterior, já apontadas, os grandes movimentos de contestação sempre tiveram o seu ponto de mira apontado à fragilidade da proteção dos profissionais da área da cultura no plano da Segurança Social, mais concretamente, na proteção contra as eventualidades, sobretudo no desemprego.

As críticas eram fundadas: alternando períodos de atividade, ligados a projetos de curta duração, com períodos de inatividade, muitas vezes de longa duração, era difícil, se não mesmo impossível, ao trabalhador artístico construir uma carreira contributiva contínua e consistente, que lhe permitisse, desde logo, preencher os prazos de garantia gerais e, com isso, aceder à proteção contra as eventualidades[694]. Por exemplo, exigir um registo de remunerações de 12 meses nos últimos 24 meses para o acesso ao subsídio de desemprego nem sempre estaria ao alcance da generalidade dos profissionais da cultura. Numa palavra: o que se pretendia era e é uma "securização das trajectórias"[695].

[694] Ver o *Regime Especial de Segurança Social dos Profissionais de Espectáculos e Audiovisual e Pessoal Técnico e Auxiliar* da autoria de Glória Teixeira e Sérgio Silva (disponível em http://plateia-apac.blogspot.com/2007/12/proposta-de-lei-segurana-social.html).

[695] Para utilizar a expressão de Maria de Lourdes Lima dos Santos, em introdução à obra de Pierre-Michel Menger, *Retrato do artista enquanto trabalhador...*, cit., p. 40.

Acresce que, mesmo nos períodos de trabalho, a informalidade desta relação laboral sempre prejudicou a construção dessa carreira contributiva ou, pelo menos, o cumprimento dos prazos de garantia necessários para o acesso à proteção contra as eventualidades[696]. De facto, a constante fuga para o contrato de prestação de serviços, e, mesmo neste contexto, muitas vezes na chamada economia paralela, à margem de qualquer enquadramento previdencial e da declaração de rendimentos, deixava o profissional de espetáculos desamparado de qualquer tutela previdencial[697].

Mesmo sabendo que o mundo artístico conhece formas de apoio nascidas espontaneamente no seu seio[698], eram pedidas respostas específicas e claras por parte do legislador, diferentes daquelas que já resultam para os trabalhadores independentes em geral[699]. Valeria aqui em cheio a ideia fundamental de que as relações especiais de trabalho devem conhecer especificidades e desvios às regras gerais, lá onde elas se justifiquem[700]. Portanto, "são razões constitucionais e legais de justiça, igualdade e equidade que fundamentam e justificam a aplicação de um regime especial de segurança social a este tipo de profissionais"[701]. Mais em profundidade, não falta mesmo quem afirme que a proteção previdencial do artista contra as eventualidades e a velhice seria a contrapartida pública ou forma de reconhecimento ao legado deixado ao

[696] Maria de Lourdes Lima dos Santos, em introdução à obra de Pierre-Michel Menger, *Retrato do artista enquanto trabalhador...*, cit., p. 37: "os dois eixos — flexibilidade / precariedade — exprimem-se em termos de desemprego, sub-emprego e aumento dos trabalhadores temporários nos vários sectores".

[697] Cfr. prefácio do Projeto de Lei n.º 324/X, apresentado pelo Partido Comunista Português (PCP), falando do "esbatimento ou desaparecimento do papel do empregador e consequente perda da consciência e responsabilidades sociais".

[698] Cite-se o caso da Apoiarte (mais conhecida por Casa do Artista) que visa garantir condições dignas para os artistas que tenham terminado a sua carreira.

[699] Conceição Soares, «A proteção social dos trabalhadores - a mudança de paradigma na proteção social dos trabalhadores independentes e o reforço da proteção da parentalidade no Código do Trabalho» in: Jorge Campino / Nuno Monteiro Amaro / Suzana Fernandes da Costa, *Segurança Social - sistema, proteção, solidariedade e sustentabilidade*, AAFDL, Lisboa, 2020, pp. 407-416.

[700] Fruto destas especificidades, não admira também que alguns dos profissionais deste setor, sobretudo quando exercem profissionais de desgaste rápido, gozem de uma idade de acesso à reforma mais favorável, como acontece na profissão de bailado clássico. Cfr. Decreto-Lei n.º 70/2020, de 16 de setembro (alínea d) do artigo 2.º).

[701] Conforme se lê na nota preambular na proposta de *Regime Especial de Segurança Social dos Profissionais de Espectáculos e Audiovisual e Pessoal Técnico e Auxiliar*, acima referido.

artista[702], pois, de certa forma, "o Estado Providência garante do bem cultural público"[703].

O RCTPE continha, nas suas disposições finais, é certo, um capítulo autónomo sobre o regime da segurança social destes profissionais. Começando por declarar a aplicação das regras do Código Contributivo, o regime continha depois um conjunto de regras especiais, que inclusivamente o legislador teve o cuidado de afirmar que era especial em relação às regras gerais do Código Contributivo. Acontece que o regime não dava uma resposta cabal aos problemas acima referidos. Prevendo que o trabalhador do setor das artes e dos espetáculos tinha direito à proteção nas eventualidades e ainda a um subsídio de reconversão, o regime não respondia ao problema a montante – cumprimento dos prazos de garantia para acesso a essas formas de tutela – e os apoios não se adaptavam às necessidades especiais deste setor, até por essa razão.

Autorizado pelo OE2021[704], o Governo introduziu no EPAC um novo regime em matéria previdencial. Numa primeira aproximação às novidades legislativas, as primeiras observações são de ordem sistemática: dando mostras da importância desta matéria, a opção do legislador em incluir esta regulamentação no EPAC não tem paralelo nas demais relações especiais de trabalho, onde o regime da Segurança Social aparece tipicamente no próprio Código Contributivo, ainda que em capítulos especiais, como acontece com o contrato de trabalho desportivo, o serviço doméstico, entre outros. E dando mais mostras da importância do regime previdencial, o capítulo que o legislador dedica à Segurança Social (Capítulo V – Proteção social dos profissionais da área da cultura) representa praticamente metade do corpo normativo de todo o regime, uma clara evolução em relação ao regime legal anterior.

702 Assim, Pierre-Michel Menger, *Retrato do artista enquanto trabalhador...*, cit., pp. 62-63.

703 Pierre-Michel Menger, *Retrato do artista enquanto trabalhador...*, cit., p. 69.

704 Que autorizava o Governo a "definir o regime contributivo e de segurança social aplicável aos profissionais da área da cultura, tendo em vista a sua proteção na eventualidade de doença, parentalidade, doenças profissionais, invalidez, velhice e morte, garantidas pelo regime de segurança social dos trabalhadores por conta de outrem e trabalhadores independentes, e a sua proteção na eventualidade de desemprego, garantida pelo regime jurídico da proteção social na eventualidade de desemprego dos trabalhadores por conta de outrem".

§ 5.1. Âmbito

No que diz respeito ao regime propriamente dito, o EPAC utiliza uma técnica semelhante ao regime substantivo: depois de um corpo de disposições gerais (artigos 34.º a 40.º), o regime diferencia, pelo menos em certos pontos, o regime previdencial em função da natureza do vínculo, a saber, contém um conjunto de regras aplicáveis aos trabalhadores titulares de contratos de trabalho de muito curta duração (artigos 41.º a 46.º), aos trabalhadores independentes (artigos 47.º a 53.º) e aos profissionais da área da cultura em trabalho intelectual (artigos 54.º e 55.º).

Um ponto que salta imediatamente à vista é que o legislador dedica a sua atenção aos trabalhadores com contratos de trabalho de muito curta duração e aos trabalhadores independentes, deixando de fora os trabalhadores titulares de um contrato de trabalho a termo comum. O ponto é da maior importância porque, como veremos, o legislador defere aos trabalhadores com contratos de trabalho a termo de muito curta duração uma proteção previdencial que não reconhece aos demais trabalhadores subordinados.

§ 5.1.1. Contrato de trabalho de muito curta duração

Como se disse, o EPAC dedica um conjunto de disposições previdenciais aos trabalhadores com contrato de trabalho a termo de muito curta duração. A definição do âmbito de aplicação coincide com o âmbito laboral (artigo 41.º)[705].

O EPAC começa por estabelecer que, sem prejuízo das regras especiais contidas no regime, ao trabalhador titular de um contrato de trabalho de muito curta duração é aplicável o enquadramento geral. Tal significa, desde logo, que os profissionais da área da cultura em regime de contrato de trabalho de muito curta duração têm direito à proteção nas eventualidades de doença, parentalidade, doenças profissionais, invalidez, velhice e morte, e também, como veremos *infra*, ao subsídio por suspensão da atividade cultural (artigo 42.º).

A base de incidência contributiva dos profissionais da área da cultura com contrato de trabalho de muito curta duração corresponde à remuneração efetivamente auferida e declarada pela entidade empregadora.

[705] § 3.2.2.3. Contrato de trabalho a termo de muito curta duração.

Em matéria de taxas contributivas, foi clara a intenção do legislador em penalizar o recurso às modalidades contratuais menos protetivas para os trabalhadores, agravando as taxas contributivas (37,1 %, sendo 26,1 % da responsabilidade da entidade empregadora e 11 % do trabalhador).

§ 5.1.2. Trabalhadores independentes

O EPAC também prevê um conjunto de regras especiais relativamente aos trabalhadores independentes[706]. Quanto aos trabalhadores que sejam titulares de um contrato de prestação de serviços, o EPAC prevê que eles têm direito à proteção nas eventualidades de doença, parentalidade, doenças profissionais, invalidez, velhice e morte, nos termos dos respetivos regimes jurídicos. A proteção da eventualidade de desemprego destes profissionais é assegurada através da atribuição do subsídio por suspensão da atividade cultural[707].

Em relação à taxa contributiva dos trabalhadores independentes, o EPAC prevê que, no que diz respeito ao trabalhador, é de 25,2 %, e a taxa contributiva da responsabilidade da entidade beneficiária da prestação é de 5,1 %. Aparentemente, não é necessário que o trabalhador seja economicamente dependente, tal como resulta das regras gerais.

Em relação ao processamento das contribuições, a lei distingue consoante o beneficiário da atividade tenha ou deva ter, ou não, contabilidade organizada. Tendo-a, compete à entidade beneficiária a retenção na fonte e entrega das contribuições à Segurança Social, nos termos gerais. Caso não tenha e não deva ter, compete ao trabalhador entregar o valor a pagar (cfr. alíneas a) e b), do n.º 1, do artigo 50.º, do EPAC).

[706] Forçando a nota, segundo o artigo 9.º, n.º 15, do Código do IVA, "estão isentas do imposto... as prestações de serviços efectuadas aos respectivos promotores: a) Por actores, chefes de orquestra, músicos e outros artistas, actuando quer individualmente quer integrados em conjuntos, para a execução de espectáculos teatrais, cinematográficos, coreográficos, musicais, de music-hall, de circo e outros, para a realização de filmes, e para a edição de discos e de outros suportes de som ou imagem; b) Por desportistas e artistas tauromáquicos, actuando quer individualmente quer integrados em grupos, em competições desportivas e espectáculos tauromáquicos".

[707] Não sendo aplicável, assim, o Decreto-Lei n.º 65/2012, de 15 de março, que estabelece, no âmbito do sistema previdencial, o regime jurídico de proteção social na eventualidade de desemprego dos trabalhadores que se encontrem enquadrados no regime dos trabalhadores independentes e que prestam serviços maioritariamente a uma entidade contratante.

§ 5.1.3. Trabalhadores intelectuais

O EPAC também dedica uma disposição aos trabalhadores intelectuais (artigo 54.º). Estatui-se aí que os profissionais da área da cultura que desenvolvam atividades autorais e artísticas que estejam em processo de criação intelectual e que não estejam nem devam estar abrangidos por regimes contributivos de inscrição obrigatória, como acontece, tipicamente, com os trabalhadores por conta de outrem, podem requerer a inscrição no regime de seguro social voluntário (n.º 1).

Acrescenta-se ainda que os profissionais da área da cultura que desenvolvam atividades autorais e artísticas, estando ou não em processo de criação intelectual, que estejam ou devam estar abrangidos por regimes contributivos de inscrição obrigatória ficam isentos da obrigação contributiva prevista no artigo 50.º (trabalhadores independentes) no que respeita aos rendimentos provenientes da propriedade intelectual (n.º 2).

No entanto, os profissionais da área da cultura que desenvolvam atividades autorais e artísticas podem optar, em cada recibo eletrónico ou fatura-recibo eletrónico, pela aplicação do regime previsto para os trabalhadores independentes, ficando as entidades beneficiárias da prestação também sujeitas ao respetivo regime (n.º 3).

Os rendimentos provenientes da propriedade intelectual não são considerados no apuramento do rendimento relevante, para efeitos contributivos, dos trabalhadores independentes que disponham ou devam dispor de contabilidade organizada, previsto no CIRS, podendo o respetivo titular optar pela sua consideração (n.º 4).

Nestes dois últimos casos, dispõe o artigo 55.º, do EPAC, que os profissionais da área da cultura têm direito à atribuição do subsídio por suspensão da atividade cultural.

§ 5.2. Apoios

§ 5.2.1. Subsídio por suspensão da atividade cultural

Em relação ao subsídio por suspensão da atividade cultural, que já existia no RCTPE, ele "tem por objetivo garantir rendimentos em consequência da verificação de uma situação involuntária de suspensão da atividade artística por parte do profissional da área da cultura" (artigo 56.º).

Este subsídio está acessível aos profissionais da área da cultura que desenvolvam a sua atividade artística como trabalhadores por conta de outrem com contrato de trabalho de muito curta duração ou como trabalhadores independentes, incluindo os empresários em nome individual, que à data da apresentação do requerimento reúnam as respetivas condições de atribuição e estejam inscritos no RPAC.

Repare-se que o regime restringe este apoio aos trabalhadores independentes e aos trabalhadores com contratos de trabalho de muito curta duração, o que, como facilmente se vê, exclui uma franja muito significativa de trabalhadores. Portanto, trabalhadores contratados por tempo indeterminado ou a termo, certo e incerto (excluindo os contratos de trabalho de muito curta duração), não têm acesso a este subsídio ainda que tenham de fazer face a uma situação involuntária de suspensão da atividade. Para esses profissionais, não restará outra hipótese se não a de recorrer aos mecanismos gerais, como o subsídio de desemprego, se estiverem habilitados para o efeito.

Por outro lado, é condição de acesso o registo no RPAC. Este requisito é da maior importância porque, recuperando o artigo 5.º, n.º 4, do EPAC, ao profissional da área da cultura que não se encontre registado aplica-se o regime de proteção social constante do Código do Contributivo.

O acesso a este subsídio está ainda dependente do cumprimento de diversos requisitos, como a residência (artigo 59.º, n.º 1)[708] e a um prazo de garantia que, como já se tinha adiantado, é um dos aspetos mais sensíveis para o acesso à tutela previdencial. A este respeito, o EPAC estabelece 180 dias de exercício de atividade na área da cultura, com o correspondente pagamento efetivo de contribuições (artigo 60.º, n.º 1). A lei determina diferentes formas

[708] Cfr. artigo 59.º, n.º 2: "considera-se residência legal em território nacional o disposto no artigo 19.º da Lei Geral Tributária, aprovada em anexo ao Decreto-Lei 398/98, de 12 de dezembro, na sua redação atual". A redação do artigo 62.º, n.º 2, do Projeto tornado público era diferente: "consideram-se residentes legais em território nacional: a) Os cidadãos nacionais com residência habitual em território nacional; b) Os nacionais de Estado-Membro da União Europeia, de Estado que faça parte do Espaço Económico Europeu ou de um Estado terceiro que tenha celebrado um acordo de livre circulação de pessoas com a União Europeia que possuam certificado de registo de cidadãos comunitários emitido pela câmara municipal da área de residência do interessado; c) Os apátridas e os nacionais de Estados não mencionados na alínea anterior, detentores de visto de estada temporária, visto de residência, autorização de residência temporária e autorização de residência permanente, concedidos ao abrigo do regime jurídico de entrada, permanência, saída e afastamento de estrangeiros do território nacional, desde que se encontrem em território nacional e nele tenham permanecido com qualquer dos títulos atrás mencionados pelo menos durante um ano, salvo se ao titular tiver sido concedido o estatuto de refugiado".

de cálculo para efeitos de apuramento do cumprimento dos prazos de garantia, consoante esteja em causa um trabalhador titular de um contrato de trabalho de muito curta duração[709] ou um trabalhador independente[710].

Quanto ao requisito capital para o acesso a este subsídio, a suspensão da atividade, a lei estabelece que "verifica-se a existência de suspensão da atividade cultural do profissional da área da cultura com contrato de trabalho de muito curta duração nas situações de cessação do contrato de trabalho" (artigo 61.º, n.º 1). Repare-se que a lei não distingue consoante a modalidade de cessação do contrato, mas, atenta a finalidade e o espírito do regime, que visa proteger o trabalhador nos casos de suspensão involuntária, parece que o subsídio está dependente, justamente, de uma situação de inatividade alheia à vontade do trabalhador ou, pelo menos, que ao trabalhador não seja imputável, um pouco à semelhança do que já defendemos, noutro lugar, relativamente ao subsídio de desemprego[711].

Já quanto ao valor do subsídio dispõe o artigo 63.º. O montante diário do subsídio é de 65 % da remuneração de referência e calculado na base de 30 dias por mês. A remuneração de referência corresponde à remuneração média definida por R/360, em que R representa o total das remunerações registadas nos últimos 12 meses civis que precedem o mês anterior ao da data da suspensão da atividade cultural. O rendimento corresponde ao valor da remuneração mensal do trabalho por conta de outrem ou, no caso de trabalhador independente, dos valores dos recibos eletrónicos mensais ou ao rendimento relevante médio mensal do trimestre anterior, se inferior. O montante do subsídio é recalculado trimestralmente sempre que se verifique a alteração dos valores dos recibos eletrónicos mensais ou do rendimento médio.

O montante mensal do subsídio tem como limite máximo a remuneração efetiva ou o rendimento relevante médio mensal declarado do profissional

[709] Nestes casos, o prazo de garantia é calculado segundo a fórmula (VRM) / (2,5 IAS/30) em que o *VRM* é a soma do valor das remunerações recebidas em cada mês pela atividade da cultura que constituam base de incidência contributiva e o IAS é o Indexante de Apoios Sociais, atualmente fixado nos € 443,20 (Portaria n.º 294/2021, de 13 de dezembro) (artigo 44.º do EPAC).

[710] Já nestes casos, o prazo de garantia é calculado segundo a fórmula (VRE) / (2,5 IAS/30), em que *VRE* é a soma do valor dos recibos eletrónicos emitidos em cada mês pela atividade da cultura que constituam base de incidência contributiva e o IAS é o Indexante de Apoios Sociais, atualmente fixado, como já se disse, nos € 443,20 (Portaria n.º 294/2021, de 13 de dezembro) (artigo 53.º do EPAC).

[711] Alexandra Marques Sequeira / Victor Hugo Ventura, «O impacto da nova redação do artigo 344.º, n.º 2, do Código do Trabalho, no conceito de "desemprego involuntário" para efeitos de atribuição do subsídio de desemprego», *Questões Laborais*, 55 (2019), pp. 169-178.

da área da cultura, apurado de acordo com a fórmula anterior, com o limite máximo de 2,5 IAS e com o limite mínimo de 1 IAS[712]. Para estes efeitos, apenas relevam as remunerações registadas decorrentes de atividade profissional da área da cultura, nos termos previstos no presente Estatuto.

O subsídio pode ser atribuído de forma parcial quando o profissional da área cultura tem rendimentos de trabalho decorrentes de outra atividade cujo valor seja inferior ao do subsídio de suspensão da atividade cultural atribuído. Nesses casos, o montante do subsídio parcial corresponde à diferença entre o montante do subsídio e 80 % do rendimento da atividade exercida em acumulação[713].

O subsídio é atribuído a cada profissional da área da cultura apenas uma vez em cada ano civil. Para acesso ao subsídio por suspensão de atividade cultural são considerados os registos de remunerações específicos do profissional da área da cultura inscrito no RPAC a que se referem os artigos 44.º e 53.º, resultantes de contratos de trabalho de muito curta duração, e de prestação de serviço ou de produção e venda de bens do trabalhador independente, ocorridos após cessação do último subsídio por suspensão de atividade atribuído.

§ 5.2.2. Subsídio por reconversão profissional

Em relação a este subsídio, já previsto no RCTPE, ele visa os profissionais que, em função da especificidade das suas atividades, tenham cessado o exercício da sua atividade antes de poderem beneficiar de uma pensão de velhice (artigo 74.º, n.º 1, do EPAC)[714].

O regime do EPAC não se distancia do que já resultava do regime anterior, concretamente, no que diz respeito às condições de atribuição, que dependem da verificação dos seguintes requisitos: a) os profissionais terem exercido, comprovadamente, uma atividade artística como profissionais durante

[712] O valor do IAS para o ano de 2022 é de € 443,20 (Portaria n.º 294/2021, de 13 de dezembro).

[713] De notar que, de acordo com o artigo 46.º, "ao profissional da área da cultura em regime de contrato de trabalho de muito curta duração que tenha direito ao subsídio referido no n.º 2 do artigo 42.º aplica-se, durante os meses de concessão do subsídio, com as devidas adaptações, o pagamento de contribuições pelo valor mínimo, previsto no n.º 2 do artigo 163.º do Código dos Regimes Contributivos do Sistema Previdencial de Segurança Social, para efeitos de registo de remunerações por equivalência, sendo o respetivo valor de contribuição deduzido ao montante do subsídio pago mensalmente e retido pelo Fundo".

[714] Cfr. artigo 21.º-B do RCTPE.

um período não inferior a 10 anos, com registo de remunerações nos últimos cinco anos; b) terem cessado o exercício da atividade artística há mais de seis meses e menos de dois anos; c) terem rendimentos inferiores à remuneração mínima mensal garantida (artigo 74.º, n.º 1).

O montante do subsídio de reconversão profissional é de 65 % da remuneração de referência, a qual corresponde à remuneração média registada nos 60 meses civis anteriores à data do pedido de atribuição de subsídio de reconversão profissional, mas não pode exceder o valor de 12 IAS.

O subsídio de reconversão profissional pode ser atribuído por uma só vez ou em prestações mensais que não podem exceder os 24 meses. O subsídio de reconversão profissional é atribuído a cada profissional da área da cultura apenas uma vez[715].

[715] Cfr. também o Despacho n.º 7131/2011, de 3 de maio.

§ 6. REGIME CONTRAORDENACIONAL

Um dos problemas mais apontados ao RCTPE estava relacionado com a sua inefetividade. Ora, para além dos mecanismos reforçados, corporizados na lei pela presunção de laboralidade e pelos mecanismos administrativos e judiciais para o seu reconhecimento, o EPAC pretendeu ainda reforçar o cumprimento dos direitos e deveres emergentes desta relação de trabalho, estabelecendo que a sua violação representa contraordenação, de gravidade variável.

São contraordenações muito graves:

- O não cumprimento dos requisitos substanciais para a celebração do contrato de trabalho a termo (artigo 11.º, n.º 5);
- Qualquer prática de discriminação no acesso ou execução do trabalho em razão, nomeadamente, de ascendência, idade, sexo, orientação sexual, identidade de género, estado civil, situação familiar, situação económica, instrução, origem ou condição social, património genético, capacidade de trabalho reduzida, deficiência, doença crónica, nacionalidade, origem étnica ou raça, território de origem, língua, religião, convicções políticas ou ideológicas e filiação sindical (artigo 16.º, n.º 11);
- Qualquer prática de assédio no acesso ou execução do trabalho, nomeadamente o assédio sexual, não podendo o empregador condicionar o acesso ou a participação em espetáculo ou evento cultural ou o desempenho de determinada atividade de interpretação artística à prática de comportamentos indesejados de caráter sexual (artigo 16.º, n.º 11);

- O incumprimento da obrigação de conceder uma compensação por trabalho prestado em dia de descanso semanal complementar ao trabalhador no prazo máximo de 3 meses (artigo 18.º, n.º 7);
- A entidade beneficiária da prestação que, dispondo ou deva dispor de contabilidade organizada, não comunique à IGAC e à Autoridade Tributária e Aduaneira (AT), mediante formulário único eletrónico definido por portaria dos membros do Governo responsáveis pelas áreas das finanças, da cultura e da segurança social, a celebração de contrato de prestação de serviço antes do início da sua produção de efeitos, ilidindo fundamentadamente a presunção da existência de contrato de trabalho (artigo 30.º, n.º 3);
- O recurso indevido do subsídio de suspensão de atividade cultural constitui contraordenação muito grave (artigo 80.º, n.º 1).

São contraordenações graves:

- A violação do período de antecedência de 30 ou 20 dias, consoante o caso, para convocar o trabalhador em regime de trabalho intermitente (artigo 13.º, n.º 14);
- A violação dos direitos do trabalhador em regime de intermitência durante os períodos de inatividade (artigo 13.º, n.º 14);
- O incumprimento das obrigações específicas do empregador no contrato de trabalho em atividade descontínua (artigo 13.º, n.º 14);
- A violação dos requisitos substanciais e formais para a celebração de um contrato de trabalho com pluralidade de empregadores (artigo 14.º, n.º 6);
- O não cumprimento da obrigação de garantir um descanso compensatório de igual duração ao trabalho suplementar prestado ou ao acréscimo de 100 % da retribuição pelo trabalho prestado nesse dia (artigo 21.º, n.º 3);
- O não cumprimento da obrigação de reter as contribuições, pela entidade beneficiária da prestação, sempre que aquela seja uma pessoa coletiva ou uma pessoa singular que disponha ou deva dispor de contabilidade organizada, quando o incumprimento durar mais do que 30 dias (artigo 51.º, n.º 5);
- O não cumprimento, pela entidade beneficiária da prestação, da obrigação de pagar à segurança social juntamente com a contribuição da sua responsabilidade, entre os dias 10 e 20 do mês seguinte, identificando o prestador de serviços, o mês a que se refere o pagamento e o valor da

retribuição paga, quando o incumprimento durar mais do que 30 dias (artigo 51.º, n.º 5);

- O incumprimento do dever declarar aos serviços da segurança social, no prazo de cinco dias úteis a contar da data da respetiva ocorrência, se o incumprimento se prolongar por mais do que 30 dias (artigo 70.º, n.º 2);
- O incumprimento do dever da entidade beneficiária de entregar ao profissional da área da cultura com contrato de trabalho de muito curta duração a declaração da situação de cessação da atividade cultural, no prazo de 10 dias úteis a contar data em que aquele a tenha solicitado, se o incumprimento se prolongar por mais do que 30 dias (artigo 71.º, n.º 2).

São contraordenações leves:

- O não cumprimento, pela entidade beneficiária da prestação, da obrigação de reter as contribuições sempre que aquela seja uma pessoa coletiva ou uma pessoa singular que disponha ou deva dispor de contabilidade organizada, se o incumprimento durar menos do que 30 dias (artigo 51.º, n.º 5);
- O não cumprimento da obrigação de pagar à segurança social pela entidade beneficiária da prestação, juntamente com a contribuição da sua responsabilidade, entre os dias 10 e 20 do mês seguinte, identificando o prestador de serviços, o mês a que se refere o pagamento e o valor da retribuição paga, se o incumprimento durar menos do que 30 dias (artigo 51.º, n.º 5);
- O incumprimento do dever declarar aos serviços da segurança social, no prazo de cinco dias úteis a contar da data da respetiva ocorrência, as situações determinantes de suspensão ou cessação da prestação, quando seja cumprido nos 30 dias subsequentes ao termo do prazo (artigo 70.º, n.º 2);
- O incumprimento do dever da entidade beneficiária de entregar ao profissional da área da cultura com contrato de trabalho de muito curta duração a declaração da situação de cessação da atividade cultural, no prazo de 10 dias úteis a contar data em que aquele a tenha solicitado, quando seja cumprida nos 30 dias subsequentes ao termo do prazo (artigo 71.º, n.º 2).

Em relação à matéria contraordenacional, e no seguimento do que já decorria do OE2021, o EPAC determina que é aplicável o regime previsto nos artigos 548.º a 566.º, do CT09, bem como o regime processual aplicável às contraordenações laborais e de segurança social.

JURISPRUDÊNCIA

Ac. de 30/05/2019 do STJ (Catarina Serra), proc. nr. 336/18.4T8OER.L1.S1

Ac. de 15/09/2016 do STJ (Ana Luisa Geraldes), proc. nr. 329/08.0TTFAR.E1.S1

Ac. de 01/07/2016 do TRE (João Nunes), proc. nr. 329/08.0TTFAR.E1

Ac. de 21/04/2016 do STJ (Ana Luísa Geraldes), proc. nr. 2716/13.2TTLSB.L1.S1.

Ac. de 17/03/2016 do TRE (Conceição Ferreira), proc. nr. 29563/10.0T2SNT.E1

Ac. de 01/07/2015 do TRL (Sérgio Almeida), proc. nr. 49/14.6TTFUN.L1-4.

Ac. de 24/02/2014 do TRP (João Nunes), proc. nr. 361/12.9TTMTS.P1.

Ac. de 20/11/2013 do STJ (Mário Belo Morgado), proc. nr. 2867/06.TTLSB.L2.S1

Ac. de 19/06/2013 do TRL (Maria João Romba), CJ, 2013, III, pp. 127-129 / proc. nr. 2235/10.9TTLSB.L1-4

Ac. de 22/09/2011 do STJ (Sampaio Gomes), proc. nr. 192/07.8TTLSB.L1.S1

Ac. de 06/07/2011 do TRL (Anabela Calafate), proc. nr. 29188/10.0T2SNT.L1-1

Ac. de 03/03/2010 do STJ (Sousa Grandão), proc. nr. 4390/06.3TTLSB.S1 (sumário):

Ac. de 16/03/2005 do STJ (Sousa Peixoto), proc. nr. 04S4754.

Ac. de 28/05/2002 do STJ (Reis Figueira), proc. nr. 03A332

Ac. de 12/12/2002 do STJ (Lopes Pinto), proc. nr. 02A3897

Ac. de 27/11/1991 do STJ (Barbieri Cardoso), BMJ, 411 (1991), pp. 375-381

Ac. de 31/01/1990 do TRL (Cunha e Silva), proc. nr. 0057374 (sumário)

Ac. de 11/04/1989 do TRE (Loureiro Pipa), CJ, 1989, II, pp. 301-303.

Ac. de 21/02/1989 do TRE (Paiva Carvalho), CJ, 1989, I, pp. 272-273

Ac. de 22/06/1983 do TRL (Correia de Paiva), CJ, 1983, III, pp. 209-210

Ac. de 09/07/1982 do STJ (Baptista da Fonseca), AcD, 252 (1982), pp. 1604-1608 / BMJ, 319 (1982), pp. 205-209 / proc. nr. 000317 (sumário).

Ac. de 30/06/1980 do TRL (Leite Ferreira), BMJ, 302 (1981), pp. 304-305 (sumário)
Ac. de 04/04/1978 do TRE (João de Sá Alves Cortês), BMJ, 280 (1978), p. 409 (sumário)
Ac. de 25/07/1967 do STA (Fernando Pereira da Silva), *Estudos Sociais e Corporativos*, 23 (1967), pp. 210-212

BIBLIOGRAFIA

AAVV.,

— *Código do Trabalho Anotado*, 12.ª ed., Almedina, Coimbra, 2020.

Adelaide Menezes Leitão,

— «"Revogação unilateral" do mandato, pós-eficácia e responsabilidade pela confiança» in: *Estudos em Homenagem ao Professor Doutor Inocêncio Galvão Telles*, vol. I, Direito Privado e Vária, Almedina, Coimbra, 2002, pp. 305-346.

Adrían Todolí Signes,

— El contrato de trabajo en los deportes electrónicos (eSports)», *Revista Aranzadi de Derecho del Deporte y Entretenimiento*, 56 (2017), pp. 113-137.

Alain Supiot,

— *Transformações do trabalho e futuro do Direito do Trabalho na Europa*, Coimbra Editora, Coimbra, 2003.

Alberto Arons de Carvalho / António Monteiro Cardoso / José Pedro Figueiredo,

— *Direito da Comunicação Social*, 3.ª ed., Texto dos Editores, Alfragide, 2012.

Alberto de Sá e Mello,

— «Trabalho criativo subordinado – a criação de obras intelectuais em execução de contrato de trabalho» in: *Estudos dedicados ao Professor Doutor Bernardo da Gama Lobo Xavier*, Vol. I, Universidade Católica Editora, Lisboa, 2015, pp. 79-110.

— *Manual de Direito de Autor e Direitos Conexos*, 3.ª ed., Almedina, Coimbra, 2019.

Alberto Novoa Mendoza / Juan Pascual Caballero,

— «La negociación colectiva en el sector de la moda y el lujo» in: Enrique Ortega Burgos [Dir.], *Fashion Law (Derecho de la Moda)*, Thomson Reuters – Aranzadi, Navarra, 2018, pp. 289-318.

Albino Mendes Baptista,

— «A aponibilidade da condição resolutiva ao contrato de trabalho», *Revista do Ministério Público*, 74 (1998), pp. 121-129.

— «É o regime laboral comum aplicável aos contratos entre clubes e treinadores profissionais?», *Revista do Ministério Público*, 80 (1999), pp. 129-139.

— «Tempo de trabalho efectivo, tempos de pausa e tempo de "terceiro tipo"», *Revista de Direito e de Estudos Sociais*, 2002, I, pp. 29-53 (= *V Congresso Nacional de Direito do Trabalho – Memórias*, Almedina, Coimbra, 2003, pp. 177-191 e *Jurisprudência do trabalho anotada – relação individual de trabalho*, 3.ª ed., Quid Iuris, Lisboa, 1998, pp. 363-372).

— «Qualificação contratual e presunção de laboralidade», *Revista do Ministério Público*, 97 (2004), pp. 87-102 (= *Estudos sobre o Código do Trabalho*, Coimbra Editora, 2.ª ed., Coimbra, 2006, pp. 63-81).

— «Subsídios para a criação de um regime jurídico do contrato de trabalho do profissional de espectáculo» in: *Estudos Jurídicos em Homenagem ao Prof. Doutor António Motta Veiga*, Almedina, Coimbra, 2004, pp. 27-58.

Alexandra Marques Sequeira,

— «Do assédio local de trabalho: um caso de *flirt* legislativo? Exercício de aproximação ao enquadramento jurídico do fenómeno», *Questões Laborais*, 28 (2006), pp. 241-258.

Alexandra Marques Sequeira / Victor Hugo Ventura,

— «O impacto da nova redação do artigo 344.º, n.º 2, do Código do Trabalho, no conceito de "desemprego involuntário" para efeitos de atribuição do subsídio de desemprego», *Questões Laborais*, 55 (2019), pp. 169-178.

Álvaro Cunhal,

— *A arte, o artista e a sociedade*, 2.ª ed., Caminho, Lisboa, 1998.

Ana Cristina Ribeiro Costa,

— «Revisitando o assédio e o caminho para o seu enquadramento no regime dos acidentes de trabalho e doenças profissionais», *Prontuário de Direito do Trabalho*, 2017, II, pp. 281-314.

Ana Lambelho,

— «Trabalho autónomo economicamente dependente: da necessidade de um regime jurídico próprio» in: *Para Jorge Leite – Escritos Jurídico-Laborais*, Coimbra Editora, Vol. I, Coimbra, 2014, pp. 433-454.

Ana Mafalda Castanheira Neves de Miranda Barbosa,

— *Lições de responsabilidade civil*, Principia, Cascais, 2017.

André Almeida Martins,

— «O trabalho intermitente como instrumento de flexibilização da relação laboral: o regime do Código de Trabalho de 2009» in: *I Congresso Internacional de Ciências Jurídico-Empresariais: as novas relações laborais – actas*, Leiria, 2012, pp. 66-97 (disponível *online*).

André Augusto Duarte Monção,
— «Particularidades do contrato de trabalho do atleta profissional de futebol - no Direito português e no Direito Brasileiro», *Data Venia - Revista Jurídica Digital*, 6 (2016), pp. 379-394.
Andrea Fortunat,
— «Contratto a termine – spettacolo», *Revista Italiana de Diritto del Lavoro*, 2003, I, pp. 102-105.
Andrea Nicolussi,
— «Ética del contratto e "contratti di durata" per l'esistenza della persona» in: Luca Nogler / Udo Reifner [Ed.], *Life time contracts*, Eleven – International Publishing, Netherlands, 2014, pp. 123-167.
Angelina Teixeira,
— «O outro lado do bilhete do espectáculo», *Data Venia - Revista Jurídica Digital*, 8 (2018), pp. 389-412.
António Garcia Pereira,
— «(Muito) orgulho e (ainda maior) preconceito – o Direito do Trabalho e a ideologia do capitalismo financeiro» in: *Para Jorge Leite – Escritos Jurídico-Laborais*, Coimbra Editora, Coimbra, 2014, pp. 681-695.
António Luís Bentes de Oliveira,
— «Trabalho de menores em espectáculos e publicidade», *Questões Laborais*, 16 (2000), pp. 190-213.
António Menezes Cordeiro,
— «Da pós-eficácia das obrigações» in: *Estudos de Direito Civil*, vol. I, Almedina, Coimbra, 1987, pp. 143-197.
— *Manual de Direito do Trabalho*, Coimbra Editora, Coimbra, 1997.
— «A liberdade de expressão do trabalhador» in: António Moreira [Coord.], *II Congresso nacional de direito do trabalho - memórias*, Almedina, Coimbra, 1999, pp. 23-43.
— «Contrato de trabalho e objecção de consciência» in: *Estudos em Homenagem ao Prof. Doutor Raúl Ventura*, Vol. II, Coimbra Editora, Coimbra, 2003, pp. 673-693.
— «Inovações e aspectos constitucionais sobre o anteprojecto de Código do Trabalho» in: *Código do Trabalho — Pareceres*, Lisboa, 2003, pp. 7-96.
— *Direito do trabalho*, I, Almedina, Coimbra, 2018.
— *Tratado de Direito Civil*, XII (*Contratos em especial*), Parte II, Almedina, Coimbra, 2018.
António Monteiro Fernandes,
— «Alguns aspectos do regime das faltas ao trabalho», *Estudos Sociais e Corporativos*, 28 (1968), pp. 17-44.
— «Descanso semanal dos artistas teatrais», *Estudos Sociais e Corporativos*, 28 (1968), pp. 175-176.
— «A "Reforma Laboral" de 2012 - observações em torno da Lei 23/2012», *Revista da Ordem dos Advogados*, 2012, II-III, pp. 545-573.

— «O triste fado dos maestros titulares ou o problema da subordinação invisível – anotação ao Acórdão do Supremo Tribunal de Justiça de 20/11/2013», *Revista de Direito e de Estudos Sociais,* 2013, IV, pp. 119-140 (= *Escritos de Direito do Trabalho,* Almedina, Coimbra, 2018, pp. 107-126).
— *Direito do Trabalho,* 19.ª ed., Almedina, Coimbra, 2019.
— «Uma jurisprudência consolidada: a presunção de laboralidade», *Minerva: Revista de Estudos Laborais,* 2019, I, pp. 225-248.
— «Entre a caducidade e o despedimento», JURISMAT, 12 (2020), pp. 267-283.
— «Uma figura com máscara: a caducidade do contrato de trabalho», *Revista Internacional de Direito do Trabalho,* 2021, I, pp. 635-670.
— «A presunção de contrato de trabalho na jurisprudência: breves reflexões críticas», *De Legibus - Revista de Direito da Universidade Lusófona Lisboa,* 2021, I, pp. 29-55.

ANTÓNIO NUNES DE CARVALHO,
— *Das carreiras profissionais no Direito do Trabalho,* Dissertação de Mestrado dactilografa, Lisboa, 1990.
— «Breves notas sobre alguns aspectos da sistematização do projecto de Código d Trabalho» in: BERNARDO DA GAMA LOBO XAVIER / JOANA VASCONCELOS [Org.], *O Direito do Trabalho nos grandes espaços – entre a codificação e a flexibilidade,* Universidade Católica Editora, Lisboa, 2005, pp. 103-113.
— «Considerações sobre o trabalho intermitente» in: *Estudos dedicados ao Professor Doutor Bernardo da Gama Lobo Xavier,* Universidade Católica Editora, Vol. I, Lisboa, 2015, pp. 327-376.
— «Apontamento sobre os limites à duração do tempo de trabalho em situação de pluriemprego», *Prontuário de Direito do Trabalho,* 2019, II, pp. 165-182.

ANTÓNIO PINTO MONTEIRO,
— «Revisitando a lei da agência 30 anos depois», *Revista de Legislação e de Jurisprudência,* 4001 (2016) pp. 72-88.
— *Contrato de agência: anotação ao Decreto-Lei 178/86, de 3 de julho,* 8ª ed., Almedina, Coimbra, 2017.

ANTÓNIO VILAR,
— «Tempo de trabalho – quando o trabalhador permanece adstrito à realização da prestação, mas não está a desempenhar a actividade» in: *VIII Congresso Nacional de Direito do Trabalho – Memórias,* Almedina, Coimbra, 2006, pp.133-144.

ANTÓNIO VITORINO / CLÁUDIA MARTINS,
— «Contrato de tradução e outros contratos de transformação de obra» in: CARLOS FERREIRA DE ALMEIDA / LUÍS COUTO GONÇALVES / CLÁUDIA TRABUCO [Org.], *Contratos de Direito de Autor e de Direito Industrial,* Almedina, Coimbra, 2011, pp. 297-312.

ANTUNES VARELA / PIRES DE LIMA,
— *Código Civil anotado,* vol. III, Coimbra Editora, Coimbra, 1986.

ANTUNES VARELA,

— *Das obrigações em geral*, 2.ª ed., vol. II, Almedina, Coimbra, 1978.

ARCHER AZEVEDO,

— «(In)aponibilidade da condição resolutiva ao contrato de trabalho», *Questões Laborais*, 50 (2017), pp. 153-178.

AUGUSTO PEREIRA PORTELA,

— *O estatuto profissional do artista – regime laboral e segurança social: relatório de levantamento do regime nacional e dos regimes estrangeiros*, Fundação GDA, 2018.

BEATRIZ GONÇALVES,

— «As cláusulas de não concorrência no contrato de trabalho desportivo» in: ALEXANDRE MIGUEL MESTRE [Coord.], *Compêndio de Direito do Desporto*, Gestlegal, Lisboa, 2021, pp. 287-310.

BENJAMIM MENDES / SARA LEITÃO,

— «Da (in)admissibilidade da revogação unilateral do pacto de não concorrência por iniciativa do trabalhador», *Revista Internacional de Direito do Trabalho*, 2021, II, pp. 267-298.

BERNARDO DA GAMA LOBO XAVIER / ANTÓNIO NUNES DE CARVALHO,

— «Um caso especial de caducidade: extinção de empresas públicas – indemnização aos trabalhadores – anotação ao acórdão da secção social da Relação de Lisboa de 3 de Julho de 1991», *Revista de Direito e de Estudos Sociais*, 1992, I-II-III, pp. 67-111.

BERNARDO DA GAMA LOBO XAVIER,

— «Contratos de trabalho dos profissionais de espectáculos (direito aplicável)», *Revista de Direito e de Estudos Sociais*, 1986, I, pp. 103-139.

BLANCA MERCADO GRANDE / SONIA MANRIQUE GARCÍA-JARANA,

— «El marco laboral del sector de la moda y el lujo» in: ENRIQUE ORTEGA BURGOS [Dir.], *Fashion Law (Derecho de la Moda)*, Thomson Reuters – Aranzadi, Navarra, 2018, pp. 261-287.

CARLOS FERREIRA DE ALMEIDA,

— «Contratos de propriedade intelectual – uma síntese» in: CARLOS FERREIRA DE ALMEIDA / LUÍS COUTO GONÇALVES / CLÁUDIA TRABUCO [Org.], *Contratos de Direito de Autor e de Direito Industrial*, Almedina, Coimbra, 2011, pp. 9-24.

CARMEN FLORIT FERNÁNDEZ,

— «Kidfluencers: menores de edad emancipados autónomos en internet», *Actualidad Civil*, 2021, II (versão digital).

CATARINA CARVALHO,

— *Da mobilidade dos trabalhadores no âmbito dos grupos de empresas nacionais*, UCP Editora, Porto, 2001.

— «Algumas questões sobre a empresa e o direito do trabalho no novo código do trabalho» in: *A Reforma do Código do Trabalho*, Coimbra Editora, Coimbra, 2004, pp. 437-474.

— «Contrato de trabalho e pluralidade de empregadores», *Questões Laborais*, 26 (2005), pp. 209-239.
— «O equívoco jurisprudencial quanto à (in)admissibilidade do contrato de trabalho com pluralidade de empregadores antes da vigência do código do trabalho – comentário ao acórdão do STJ de 18/05/2006», *Questões Laborais*, 30 (2007), pp. 223-244.
— «As perplexidades suscitadas pela regulamentação positiva de uma figura não inovadora: o contrato de trabalho celebrado com pluralidade de empregadores», *Prontuário de Direito do Trabalho*, 87 (2010), pp. 45-83.
— «A desarticulação do regime legal do tempo de trabalho» in: Júlio Gomes / Catarina de Oliveira Carvalho [Coord.], *Direito do Trabalho + Crise = Crise do Direito do Trabalho? Actas do Congresso de Direito do Trabalho*, Coimbra Editora, Coimbra, 2011, pp. 359-406.
— «Reflexões sobre o conceito de tempo de trabalho no direito europeu e respetiva articulação com o direito nacional» in: *Estudos de Direito do Trabalho em Homenagem ao Professor António Monteiro Fernandes*, Parte I, Nova Causa, Braga, 2017, pp. 279-313.

Catarina Sarmento e Castro,
— «A protecção dos dados pessoais dos trabalhadores», *Questões Laborais*, 19 (2002), pp. 27-60
— «A protecção dos dados pessoais dos trabalhadores», *Questões Laborais*, 20 (2002), pp. 139-163.

Conceição Soares,
— «A proteção social dos trabalhadores - a mudança de paradigma na proteção social dos trabalhadores independentes e o reforço da proteção da parentalidade no Código do Trabalho» in: Jorge Campino / Nuno Monteiro Amaro / Suzana Fernandes da Costa, *Segurança Social - sistema, proteção, solidariedade e sustentabilidade*, AAFDL, Lisboa, 2020, pp. 407-416.

Cristina M. A. Dias,
— «O trabalho infantil à luz da lei de proteção de crianças e jovens em perigo» in: *Para Jorge Leite – Escritos Jurídico-Laborais*, Coimbra Editora, Vol. I, Coimbra, 2014, pp. 307-326.

Daniela Mirante,
— «Os contratos de adesão e o regime das cláusulas contratuais gerais: o caso especial do contrato de trabalho de adesão – contributo para o estudo da questão», *Questões Laborais*, 46 (2015), pp. 47-86.

David de Oliveira Festas,
— «O direito à reserva da intimidade da vida privada do trabalhador no Código do Trabalho», *Revista da Ordem dos Advogados*, 2004, I-II, pp. 369-458.

Diogo Vaz Marecos,
— *Código do Trabalho anotado*, 2.ª ed., Coimbra Editora, Coimbra, 2012.

DUARTE ABRUNHOSA E SOUSA,

— «Pactos de não concorrência laborais como instrumento de (des)incentivo da economia – o case study do Estado da Califórnia» in: LOURDES MELLA MÉNDEZ [Dir.] / DUARTE ABRUNHOSA E SOUSA [Coord.], *Los actuales cambios sociales y laborales: nuevos retos para el mundo del trabajo – cambios en la relación individual de trabajo: España, Portugal, México, Francia*, Vol. IV, Peter Lang, Suíça, 2017, pp. 295-317.

— «Educação e carácter empreendedor como forma de inclusão dos trabalhadore jovens» in: THEREZA NAHAS / FERNANDO FITA ORTEGA [Coord.], *OIT 100 años: una visión de sus principios fundamentales desde el siglo XXI*, Thomson Reuters, Aranzadi, Pamplona, 2018, pp. 357-368.

EDUARDO SANTOS JÚNIOR,

— *Da responsabilidade civil de terceiro por lesão do direito de crédito*, Colecção Teses, Almedina, Coimbra, 2003.

ENRIQUE CECA GÓMEZ-AREVALILLO / HELENA VILA REBOLO,

— «Tiempo de trabajo y derechos de conciliación personal y familiar» in: ENRIQUE ORTEGA BURGOS [Dir.], *Fashion Law (Derecho de la Moda)*, Thomson Reuters – Aranzadi, Navarra, 2018, pp. 341-361.

ENZO MARIA INCUTTI,

— «I contratti del settore cinematografico tra tendenze del mercato e prospettive evolutive», *Contratto e Impresa*, 37 (2021), pp. 202-243.

F. MANEIRO,

— «Ruptura del músculo orbicular de los labios en un músico de viento (síndrome de Satchmo), a propósito de un caso», *Medicina y Seguridad del Trabajo*, 237 (2014), pp. 779-789.

FERNANDA CAMPOS,

— «Contrato de trabalho e presunção de laboralidade» in: PAULO MORGADO DE CARVALHO [Coord.], *Código do Trabalho – a revisão de 2009*, Coimbra Editora, Coimbra, 2011, pp. 75-91.

FERNANDO RIBEIRO LOPES,

— «Trabalho subordinado ou trabalho autónomo: um problema de qualificação», *Revista de Direito e de Estudos Sociais*, 1987, I, pp. 57-80.

FERNANDO VALDÉS DAL-RÉ,

— «Jurisprudencia en unificación de doctrina y relaciones especiales: alguns puntos críticos», *Relaciones Laborales: Revista Crítica de Teoría y Práctica*, 1998, II, pp. 1-11.

— «La relación de los artistas: notas sobre su configuración», *Relaciones Laborales*, 2008, II, 99-108;

FRANCISCO JAVIER GÓMEZ ABELLEIRA,

— «La conversión en indefinido por reiteración discontinua y por utilización sucesiva de contratos temporales en la relación especial de artistas», *Revista de información laboral*, 2015, I, pp. 37-43.

Francisco Javier Torollo González,
— «Las relaciones laborales especiales de los deportistas y artistas en espectáculos públicos» in: *El Estatuto de los Trabajadores Veinte Años después – Edición Especial del Número 100 de Revista Española de Derecho del Trabajo,* Civitas, Madrid, 2000, pp. 177-204.
Francisco Liberal Fernandes,
— *Liberdade de circulação do trabalhadores na Comunidade Europeia,* Coimbra Editora, Coimbra, 2002.
— «Sobre a indemnização em caso de caducidade do contrato a termo do trabalhador reformado que continua ao serviço da mesma entidade patronal», *Questões Laborais,* 20 (2002), pp. 221-231.
— «Sobre o conceito de tempo de trabalho no Código do Trabalho», *Questões Laborais,* 27 (2006), pp. 135-137.
— «Notas sobre a flexibilização do tempo de trabalho» in: *Nos 20 anos do Código das Sociedades Comerciais — Homenagem aos Profs. Doutores A. Ferrer Correia, Orlando de Carvalho e Vasco Lobo Xavier,* Vol. II, Coimbra Editora, Coimbra, 2007, pp. 705-740.
— *O tempo de trabalho – comentários aos artigos 197 a 236.º do Código do Trabalho (revisto pela Lei n.º 23/2012, de 25 de Junho),* Coimbra Editora, Coimbra, 2012.
— «Um breve olhar sobre a Directiva N.º 2003/88/CE, relativa à organização do tempo de trabalho», *Prontuário de Direito do Trabalho,* 93 (2012), pp. 101-121.
— «Tempo de trabalho e tempo de descanso» in: Maria do Rosário Palma Ramalho / Teresa Coelho Moreira [Coord.], *Tempo de trabalho e tempos de não trabalho,* APODIT, Lisboa, 2018, pp. 11-23.
— «A contratação colectiva fora da zona de conforto: o trabalho autónomo» in: *III Jornadas regionais de Direito do Trabalho – memórias,* DGRQP, Ponta Delgada, 2020, pp. 101-118.
Frederico Durán López,
— «La relación laboral especial de los artistas», *La Ley,* 152 (2001), versão digital.
G. H. Camerlynck,
— *Droit du Travail: le contrat de travail,* I, 12.ª ed., Dalloz, 1982.
Glória Teixeira,
— «O regime fiscal dos artistas, promotores e intermediários em sede de IVA à luz do Direito interno e do Direito Comparado», *Revista da Faculdade de Direito da Universidade do Porto,* 9 (2012), pp. 169-180.
Guilherme Dray,
— «Autonomia privada e igualdade na formação e execução de contratos individuais de trabalho» in: Pedro Romano Martinez [Coord.], *Estudos do Instituto de Direito do Trabalho,* Vol. I, Almedina, Coimbra, 2001, pp. 21-105.
— «O direito à reserva da intimidade privada da vida privada – o artigo 80.º do Código Civil de 1966» in: António Menezes Cordeiro, *Código Civil – Livro do Cinquentenário,*

Vol. I *(Homenagem ao Prof. Doutor Fernando Pessoa Jorge)*, Almedina, Coimbra, 1999, pp. 565-597.

GUY DEBORD,

— *A sociedade do espectáculo*, Antígona, Lisboa, 2012 (trad. de FRANCISCO ALVES e AFONSO MONTEIRO).

ICÍAR ALZADA RUIZ,

— «Artista en espectáculos públicos (D.º del Trabajo y Seguridad Social)» in: ALFREDO MONTOYA MELGAR [Dir.] *Enciclopedia Laboral Básica*, Vol. I, CIVITAS, Madrid, 1995, pp. 583-585.

— «El contrato de grupo de los artistas en espectáculos públicos», Aranzadi *Revista Jurídica de Deporte y Entretenimiento*, 16 (2006), pp. 139-150.

— «La relación laboral especial de los artistas en espetáculos públicos: balance a los treinta años de su aprobación», *Revista del Ministerio de Empleo y Seguridad Social*, 118 (2015), pp. 127-155.

ICÍAR ALZADA RUIZ / INMACULADA BAVIERA PUIG / JOSEFA ROMERAL HERNÁNDEZ,

— «La relación laboral especial de los artistas en espectáculos públicos» in: ANTÓNIO V. SEMPERE NAVARRO / MIGUEL CARDENAL CARRO [Org.], *Relaciones laborales especiales y contratos con particularidades*, Aranzadi, Thomson Reuters, Vol. II, Navarra, pp. 279-318.

J. J. GOMES CANOTILHO / JÓNATAS E. M. MACHADO,

— *"Reality shows" e liberdade de programação*, Coimbra Editora, Coimbra, 2003.

JEAN SAVATIER,

— «Quel âge limite pour le personnel d'un corps de ballet ?», *Droit Social*, 1996, IV, pp. 359-362.

JESSICA KRIEG,

— «There's no business like show business: child entertainers and the law», *U. Pa. Journal Of Labor And Employment Law*, 6 (2004), pp. 429-449.

JOANA CARNEIRO,

— «O contrato de trabalho intermitente – a relação laboral cimentada na segurança do emprego através do trabalho descontínuo», *Questões Laborais*, 35-36 (2010), pp. 203-242.

JOANA NETO,

— *Despedimento por inadaptação – reforma ou consagração legal do despedimento sem justa causa?*, 2.ª ed., Almedina, Coimbra, 2016.

— *Na boca de cena da (des)regulação: o regime jurídico do contrato de trabalho dos profissionais do espetáculo*, Editorial Novembro, Vila Nova de Famalicão, 2019.

— «Redesenhar o trapézio sem rede da proteção laboral dos artistas — problemas e pistas para alterações à Lei 4/2008, de 12 de fevereiro», *Questões Laborais*, 54 (2019), pp. 107-158.

JOANA NUNES VICENTE,
— «Noção de contrato de trabalho e presunção de laboralidade» in: PAULO MORGADO DE CARVALHO [Coord.], *Código do Trabalho – a revisão de 2009*, Coimbra Editora, Coimbra, 2011, pp. 59-73.
— «Cláusulas de definição do local de trabalho», *Questões Laborais*, 42 (2013), pp. 217-239.
— «A disciplina do contrato a termo dos profissionais de espectáculo: relações de tensão entre a Lei 4/2008, de 7 de Fevereiro e a CRP e o Direito da União Europeia», *Prontuário de Direito do Trabalho*, 2017, II, pp. 259-279.
— *A invalidade parcial do contrato de trabalho*, Gestlegal, Coimbra, 2017.
— «Trabalho a tempo parcial e trabalho intermitente» in: MARIA DO ROSÁRIO PALMA RAMALHO / TERESA COELHO MOREIRA [Coord.], *Tempo de trabalho e tempos de não trabalho – o regime nacional do tempo de trabalho à luz do Direito Europeu e Internacional*, APODIT, Lisboa, 2018, pp. 247-274.
— «Mobilidade geográfica – alguns problemas numa óptica jurisprudencial» in: *III Jornadas regionais de Direito do Trabalho – memórias*, DGRQP, Ponta Delgada, 2020, pp. 33-45.
JOANA NUNES VICENTE / MILENA ROUXINOL,
— «VIV/SIDA e contrato de trabalho» in: *Nos 20 anos do Código das Sociedades Comerciais – Homenagem aos Profs. Doutores A. Ferrer Correia, Orlando de Carvalho e Vasco Lobo Xavier*, Vol. II, Coimbra Editora, Coimbra, 2007, pp. 789-847.
JOANA VASCONCELOS,
— «Contrato de trabalho com pluralidade de empregadores», *Revista de Direito e Estudos Sociais*, 2005, II-III-IV, pp. 283-299.
— «Sobre a aplicação do artigo 81.º do Código Civil às cláusulas de limitação da liberdade de trabalho» in: *Estudos dedicados ao Professor Doutor Bernardo da Gama Lobo Xavier*, Vol. II, UCP Editora, Lisboa, 2015, pp. 201-223.
JOÃO LEAL AMADO,
— «Presunção de laboralidade: nótula sobre o art. 12.º do novo Código do Trabalho e o seu âmbito temporal de aplicação», *Prontuário de Direito do Trabalho*, 82 (2009), pp. 159-170.
— «Modificação substancial das condições de trabalho: o caso da mobilidade geográfica (ou a submissão do novo Direito do Trabalho ao «imperalismo do contrato»)?», *Questões Laborais*, 32 (2010), pp. 169-181.
— «Liberdade de expressão e infracção disciplinar», *Questões Laborais*, 37 (2011), pp. 129-143.
— «Contrato de trabalho intermitente: uma aposta falhada?» in: MARIA DO ROSÁRIO PALMA RAMALHO / TERESA COELHO MOREIRA [Coord.], *Tempo de trabalho e tempos de não trabalho – o regime nacional do tempo de trabalho à luz do Direito Europeu e Internacional*, APODIT, Lisboa, 2018, pp. 231-245.
— «Pessoal e profissional: entre o romance e o assédio – comentário ao acórdão da Relação de Évora, de 14/09/2017», *Questões Laborais*, 52 (2018), pp. 157-183.

— *Contrato de trabalho – noções básicas*, 3.ª ed., Almedina, Coimbra, 2019.

João Leal Amado / Milena Rouxinol / Joana Nunes Vicente / Catarina Gomes Santos / Teresa Coelho Moreira,

— *Direito do Trabalho – relação individual*, Almedina, Coimbra, 2019.

João Leal Amado / Milena Rouxinol,

— «A *partitura* da subordinação jurídica – observações em torno do Acórdão do STJ, de 21 de Novembro de 2013», *Revista de Legislação e de Jurisprudência*, 3985 (2014), pp. 252-285.

João Moreira da Silva,

— *Direitos e deveres dos sujeitos da relação individual de trabalho*, Almedina, Coimbra, 1983.

João Rato,

— «A acção de reconhecimento da existência de contrato de trabalho – interrogações sobre a intervenção do Ministério Público e outras perplexidades» in: *Para Jorge Leite – Escritos Jurídico-Laborais*, Coimbra Editora, Vol. I, Coimbra, 2014, pp. 779-797.

João Reis,

— *O conflito colectivo de trabalho*, Gestlegal, Coimbra, 2017.

João Zenha Martins,

— «Da convivência entre as cláusulas de exclusividade e o trabalho a tempo parcial: reflexão a propósito da proibição genérica de exclusividade no Reino Unido para os contratos "zero horas"», *Revista do Ministério Público*, 142 (2015), pp. 59-77.

— *Dos pactos de limitação à liberdade de trabalho*, Almedina, Coimbra, 2016.

— «A onerosidade dos pactos de exclusividade laboral» in: *Estudos Comemorativos dos 20 anos da FDUP*, Vol. I, Almedina, Coimbra, 2017, pp. 699-718.

— «Os pactos de exclusividade como instrumento de densificação do dever de não concorrência?» in: Lourdes Mella Méndez [Dir.] / Duarte Abrunhosa e Sousa [Coord.], *Los actuales cambios sociales y laborales: nuevos retos para el mundo del trabajo – cambios en la relación individual de trabajo: España, Portugal, México, Francia*, Vol. IV, Peter Lang, Suíça, 2017, pp. 319-349.

— «Tempo de trabalho e tempo de repouso: qualificação e delimitação de conceitos» in: Maria do Rosário Palma Ramalho / Teresa Coelho Moreira [Coord.], *Tempo de trabalho e tempos de não trabalho*, APODIT, Lisboa, 2018, pp. 25-67 (= *Revista do CEJ*, 2017, II, pp. 209-249).

— «Estágios, formação profissional e trabalho: contratos e retratos», *Revista Electrónica de Direito*, 19 (2019), pp. 98-134.

— «Estágios profissionais, contratos de trabalho e emprego: algumas reflexões», *Minerva - Revista de Estudos Laborais*, 2019, I, pp. 51-91.

— «Os tempos de trabalho e de repouso: breve panorâmica» in: *III Jornadas regionais de Direito do Trabalho – memórias*, DREQP, Ponta Delgada, 2020, pp. 73-99.

Joaquim de Sousa Ribeiro,
— «As fronteiras juslaborais e a (falsa) presunção de laboralidade do artigo 12.º do Código do Trabalho» in: *Direito dos Contratos — Estudos*, Coimbra Editora, Coimbra, 2007, pp. 345-408 (= *Nos 20 anos do Código das Sociedades Comerciais – Homenagem aos Profs. Doutores A. Ferrer Correia, Orlando de Carvalho e Vasco Lobo Xavier*, vol. II, Coimbra Editora, Coimbra, 2007, pp. 931-989).
Jorge Leite,
— «Direito do Trabalho na crise (relatório geral)» in: *Temas de Direito do Trabalho – IV Jornadas Luso-Hispano-Brasileiras de Direito do Trabalho*, Coimbra Editora, Coimbra, 1990, pp. 21-49.
— «Direito de exercício da actividade profissional no âmbito do contrato de trabalho», *Revista do Ministério Público*, 47 (1991), pp. 9-34.
— *Direito do Trabalho*, II, Coimbra, 1999.
Jorge Manuel Pereira Marques,
— *O contrato de trabalho a termo resolutivo como instrumento de política económica – entre a eficiência e a validade*, Coimbra Editora, Coimbra, 2011.
José Alberto Vieira,
— *Direito de Autor – dogmática básica*, Almedina, Coimbra, 2020.
José de Oliveira Ascensão,
— *Direito de Autor e Direitos Conexos*, Coimbra Editora, Coimbra, 2008.
José Engrácia Antunes,
— «O estabelecimento individual de responsabilidade limitada: crónica de uma morte anunciada», *Revista da Faculdade de Direito da Universidade do Porto*, 2006, III, pp. 401-442.
José João Abrantes,
— «Contrato de trabalho e direitos fundamentais» in: António Moreira [Coord.], *II Congresso nacional de direito do trabalho - memórias*, Almedina, Coimbra, 1999, pp. 105-114.
— «O novo Código do Trabalho e os direitos de personalidade do trabalhador» in: *Estudos sobre o Código do Trabalho*, Coimbra Editora, Coimbra, 2004, pp. 145-167.
— «Labour contract and fundamental rights» in: *Estudos sobre o Código do Trabalho*, Coimbra Editora, Coimbra, 2004, pp. 169-187.
— «Cláusulas de mobilidade geográfica do trabalhador – algumas questões» in: Júlio Gomes / Catarina de Oliveira Carvalho [Coord.], *Direito do Trabalho + Crise = Crise do Direito do Trabalho? Actas do Congresso de Direito do Trabalho*, Coimbra Editora, Coimbra, 2011, pp. 29-36.
— «Princípio da proporcionalidade e tutela da personalidade do trabalhador» in: *Estudos dedicados ao Professor Doutor Bernardo da Gama Lobo Xavier*, Universidade Católica Editora, Vol. II, Lisboa, 2015, pp. 319-332.

José Luis Goñi Sein,
— «Los derechos de imagen de los toreros subalternos», *Nueva Revista Española de Derecho del Trabajo*, 165 (2014), pp. 317-325.

Juan Antonio Linares Polaino / Javier Velasco Lozano,
— «Contratación laboral y mercantil en el sector de la moda y el lujo» in: Enrique Ortega Burgos [Dir.], *Fashion Law (Derecho de la Moda)*, Thomson Reuters – Aranzadi, Navarra, 2018, pp. 363-383.

Júlio Gomes,
— «Algumas reflexões sobre as faltas justificadas por doença (não profissional) do trabalhador» in: *Estudos em Homenagem ao Prof. Doutor Raúl Ventura*, vol. II, Coimbra Editora, Coimbra, 2003, pp. 717-749.
— *Direito do Trabalho*, vol. I, *Relações Individuais de Trabalho*, Coimbra Editora, Coimbra, 2007.
— «Da fábrica à fábrica de sonhos – primeiras reflexões sobre o regime dos contratos de trabalho dos profissionais de espectáculos» in: *Novos Estudos de Direito do Trabalho*, Coimbra Editora, Coimbra, 2010, pp. 197-231 (231 (= Id., *Liberdade e Compromisso – Estudos dedicados ao Professor Mário Fernando de Campos Pinto*, vol. II, Universidade Católica Editora, Lisboa, 2009, pp. 247-280).
— «Algumas novas questões sobre as cláusulas ou pactos de não concorrência em Direito do Trabalho», *Revista do Ministério Público*, 127 (2011), pp. 77-99.
— «Algumas reflexões sobre as alterações introduzidas no Código do Trabalho pela lei n.º 23/2012 de 25 de Junho», *Revista da Ordem dos Advogados*, 2012, II-III, pp. 575-617.

Leonor Mascarenhas,
— «Ainda sobre o regime do contrato de trabalho a termo, após a Lei n.º 93/2019, de 4 de setembro», *Revista do CEJ*, 2020, II, pp. 241-257.

Luís Brito Correia,
— *Direito da Comunicação Social*, vol. I, Almedina, Coimbra, 2000.
— *Direito da Comunicação Social*, vol. II, *Direito de Autor e da Publicidade*, Almedina, Coimbra, 2005.

Luís Manuel Teles de Menezes Leitão,
— «A proteção dos dados pessoais no contrato de trabalho» in: *A reforma do Código do Trabalho*, Coimbra Editora, Coimbra, 2004, pp. 123-138.
— *Direito de Autor*, Almedina, Coimbra, 2011.
— *Direito do Trabalho*, 6.ª ed., Almedina, Coimbra, 2019.

Luiz da Cunha Gonçalves,
— *Tratado de Direito Civil em comentário ao Código Civil Português*, Vol. IV, Coimbra, 1931.
— *Tratado de Direito Civil em comentário ao Código Civil Português*, Vol. VII, Coimbra, 1933.

M. F. FÉRNANDEZ LÓPEZ,
— «Sobre la situación laboral de los profesores integrantes de una orquesta», *Relaciones Laborales*, 1987, II (versão digital *La Ley* 1022/2001).

MANUEL-JESÚS DOLZ LAGO,
— «La relacion laboral de caracter especial de los artistas de espectaculos publicos», *Revista de Derecho Privado*, 1983, pp. 122-166.

MANUEL LOPES ROCHA,
— «Contratos de produção cinematográfica e televisiva» in: CARLOS FERREIRA DE ALMEIDA / LUÍS COUTO GONÇALVES / CLÁUDIA TRABUCO [Org.], *Contratos de Direito de Autor e de Direito Industrial*, Almedina, Coimbra, 2011, pp. 229-243.

MARCELLO CAETANO,
— *Manual de Ciência Política e Direito Constitucional*, 6.ª ed., Coimbra Editora, Lisboa, 1972.

MARGARITA ISABEL RAMOS QUINTANA,
— «Trabajo en común y contrato de grupo» in: *El Estatuto de los Trabajadores Veinte Años después – Edición Especial del Número 100 de Revista Española de Derecho del Trabajo*, Civitas, Madrid, 2000, pp. 375-395.

MARIA DE FÁTIMA RIBEIRO,
— «Breves notas críticas sobre a evolução de alguns aspectos do regime da duração e organização do tempo de trabalho», *Questões Laborais*, 28 (2006), pp. 219-240.
— «O tempo de trabalho e a Lei N.º 21/96» in: *Juris et de Jure – Nos 20 Anos da Faculdade de Direito da Universidade Católica Portuguesa – Porto*, Publicações Universidade Católica, Porto, 1998, pp. 987-1029.

MARIA DE LURDES PEREIRA,
— *A indemnização de despesas inutilizadas na responsabilidade obrigacional*, Gestlegal, Coimbra, 2020.

MARIA DO ROSÁRIO PALMA RAMALHO,
— «Contrato de trabalho e direitos fundamentais da pessoa» in: *Estudos de Direito do Trabalho*, vol. I, Almedina, Coimbra, 2003, pp. 157-178.
— *Tratado de Direito do Trabalho*, Parte II – *Situações Laborais Individuais*, 4.ª ed., Almedina, Coimbra, 2012.
— «O contrato de trabalho dos profissionais de espectáculos: algumas notas» in: *Estudos de Direito do Trabalho em Homenagem ao Professor Doutor António Monteiro Fernandes*, Parte II, Nova Causa — Edições Jurídicas, 2017, pp. 224-246.
— *Tratado de Direito do Trabalho*, Parte IV – *Contratos de trabalho especiais*, Almedina, Coimbra, 2019.

MARGARIDA PORTO,
— *A participação de menor em espectáculo ou outra actividade de natureza cultural, artística ou publicitária – análise das especificidades do regime legal*, Almedina, Coimbra, 2010.

— «Regime jurídico do contrato de trabalho dos profissionais de espectáculos – algumas reflexões» in: *Para Jorge Leite – Escritos Jurídico-Laborais*, Coimbra Editora, Vol. I, Coimbra, 2014, pp. 733-755.

MARIA CONCEIÇÃO TAVARES DA SILVA,

— «Bibliografia – Recensão da obra de Spano (Spartaco) -L´attore nel rapporto di lavoro, Milão, Dott. A. Giuffré Ed., 1963, 219 pp.» *Estudos Sociais e Corporativos*, 10 (1964), pp. 242-244.

MARÍA DEL PUY ABRIL LARRAINZAR / MARTA MONTES RODRÍGUEZ,

— «El poder disciplinario del empresario en el sector del lujo y la moda» in: ENRIQUE ORTEGA BURGOS [Dir.], *Fashion Law (Derecho de la Moda)*, Thomson Reuters – Aranzadi, Navarra, 2018, pp. 319-339.

MARIA IRENE GOMES,

— «Questões a propósito dos requisitos exigidos para a lícita constituição da cláusula de não concorrência no âmbito do contrato de trabalho», *Questões Laborais*, 42 (2013), pp. 241-263.

— «Calcorreando o período experimental ou período de prova» in: *Para Jorge Leite – Escritos Jurídico-Laborais*, Coimbra Editora, vol. I, Coimbra, 2014, pp. 349-365.

MARIA REGINA REDINHA,

— «Assédio moral ou *mobbing* no trabalho» in: *Estudos em Homenagem ao Prof. Doutor Raúl Ventura*, vol. II, Coimbra Editora, Coimbra, 2003, pp. 833-847.

— «Os direitos de personalidade no Código do Trabalho: actualidade e oportunidade da sua inclusão» in: *A reforma do Código do Trabalho*, Coimbra Editora, Coimbra, 2004, pp. 161-171.

MÁRIO PINTO / PEDRO FURTADO MARTINS / ANTÓNIO NUNES DE CARVALHO,

— *Comentário às leis do trabalho*, vol. I, Lex, Lisboa, 1994.

MÁRIO PINTO,

— «Garantia de emprego e crise económica - contributo ensaístico para um novo conceito» in: *Direito e Justiça - Homenagem ao Prof. Doutor Manuel Gonçalves Cavaleiro de Ferreira*, vol. III, UCP Editora, 1987/1988, pp. 141-162.

MESSIAS CARVALHO/SÓNIA DE CARVALHO,

— «Tempo de trabalho e direitos de conciliação da vida pessoal e familiar» in: JOÃO FRAGA DE CASTRO [Coord.], *Fashion Law – Direito da Moda*, Thomson Reuters – Aranzadi, Pamplona, 2019, pp. 563-603.

MESSIAS CARVALHO,

— «Contratação» in: JOÃO FRAGA DE CASTRO [Coord.], *Fashion Law – Direito da Moda*, Thomson Reuters – Aranzadi, Pamplona, 2019, pp. 605-614

MIGUEL LOPES CARDOSO,

— «A duração e organização do tempo de trabalho - evolução de 2003 para 2009», *Revista de Ciências Empresariais e Jurídicas*, 15 (2009), pp. 285-310.

MILENA ROUXINOL,
— «Revisitando a caducidade do contrato de trabalho devia a impossibilidade superveniente, absoluta e definitiva de o trabalhador prestar trabalho (máxime, por doença)», *Prontuário de Direito do Trabalho,* 2016, II, pp. 131-152.
— «Contrato de trabalho – um modelo formoso e não seguro (ou quando o trabalhador é um "Adónis musculado deambulando pela praia")», *Questões Laborais,* 51 (2017), pp. 123-142.
— «O problema da discriminação em razão da aparência física - breve contributo», *Prontuário de Direito de Trabalho,* 2019, I, pp. 301-313.
— «Notas sobre a eficácia temporal do artigo 12º do Código do Trabalho — a propósito do Acórdão do Tribunal da Relação do Porto de 7 de Outubro de 2013», *Revista da Faculdade de Direito da Universidade Lusófona do Porto,* 2014, IV, pp. 70-83.
MILENA ROUXINOL / JOANA NUNES VICENTE,
— «Entre o direito à saúde e o direito a estar doente - comentário ao Acórdão do Tribunal da Relação de Lisboa, de 29 de Maio de 2007», *Questões Laborais,* 31 (2008) 89-114.
NICOLETTA FRASCA,
— «Il lavoro a termine ne settore radio-televisivo», *Rivista Giuridica del Lavoro de della Previdenza Sociale,* 2018, I, pp. 51-56.
NUNO CABRAL BASTOS,
— «Contratos especiais de trabalho – reflexões em torno do sistema positivo vigente», *Estudos Sociais e Corporativos,* 31 (1969), pp. 69-94.
NUNO NOGUEIRA,
— «O poder disciplinar do empregador no sector da moda» in: JOÃO FRAGA DE CASTRO [Coord.], *Fashion Law – Direito da Moda,* Thomson Reuters – Aranzadi, Pamplona, 2019, pp. 553-561.
NUNO DE SALTER CID,
— «Contrato de trabalho, contrato de prestação de serviço e utilização indevida deste: problemas e soluções», *Revista de Direito e de Estudos Sociais,* 2017, I-IV, pp. 171-202
NUNO SOUSA E SILVA,
— «Direitos conexos (ao Direito de Autor)», *Revista da Ordem dos Advogados,* 2016, pp. 355-445.
— «A concorrência desleal como limite à mobilidade de trabalhadores» in: LOURDES MELLA MÉNDEZ [Dir.] / DUARTE ABRUNHOSA E SOUSA [Coord.], *Los actuales cambios sociales y laborales: nuevos retos para el mundo del trabajo – cambios en la relación individual de trabajo: España, Portugal, México, Francia,* Vol. IV, Peter Lang, Suíça, 2017, pp. 263-294.
— *Concorrência desleal e propriedade intelectual – os atos de aproveitamento,* Almedina, Instituto do Conhecimento Abreu Advogados, Coimbra, 2020.

PAULA MARTINS,
— «Algumas reflexões em torno da cláusula de exclusividade em Direito do Trabalho: liberdade ou escravidão» in: AAVV [Coord.], *Estudos de Direito do Trabalho em Homenagem ao Professor António Monteiro Fernandes*, Vol. II, Nova Causa, Braga, 2017, pp. 396-427.
PAULA PONCES CAMANHO,
— «Acção de reconhecimento da existência de contrato de trabalho. Breves reflexões (e algumas perplexidades)» in: *Estudos dedicados ao Professor Doutor Bernardo da Gama Lobo Xavier*, Vol. III, Universidade Católica Editora, Lisboa, 2015, pp. 65-78.
PAULA QUINTAS,
— *Os direitos de personalidade consagrados no Código do Trabalho na perspetiva exclusiva do trabalhador subordinado – direitos (des)figurados*, Almedina, Coimbra, 2013.
PAULO MOTA PINTO,
— «Autonomia privada e discriminação – algumas notas» in: *Direitos de personalidade e Direitos fundamentais – estudos*, Gestlegal, Coimbra, 2018, pp. 123-183.
PEDRO FERREIRA DE SOUSA / FÁBIO NAVE MOREIRA,
— «O tempo de disponibilidade do trabalhador - perspetiva laboral, fiscal e contributiva», *Prontuário de Direito do Trabalho*, 2018, II, pp. 195-216.
PEDRO FURTADO MARTINS,
— «A relevância dos elementos pessoais na situação jurídica de trabalho subordinado – considerações em torno de uma manifestação típica: o dever de ocupação efectiva», *Revista do Ministério Público*, 47 (1991), pp. 35-93.
— *Despedimento ilícito, reintegração na empresa e dever de ocupação efectiva – contributo para o estudo dos efeitos da declaração da invalidade do despedimento*, Direito e Justiça — Revista da Faculdade de Direito da Universidade Católica Portuguesa – Suplemento, Lisboa, 1992.
— «O pluriemprego no direito do trabalho» in: ANTÓNIO MOREIRA [Coord.], *II Congresso nacional de direito do trabalho - memórias*, Almedina, Coimbra, 1999, pp. 191-210.
PEDRO ORTIS BETTENCOURT,
— «Trabalho de estrangeiros» in: ANTÓNIO MOREIRA [Coord.], *VI Congresso Nacional de Direito do Trabalho – Memórias*, Almedina, Coimbra, 2004, pp. 31-37.
PEDRO PETRUCCI DE FREITAS,
— «Da acção de reconhecimento da existência de contrato de trabalho», *Revista da Ordem dos Advogados*, 2013, IV, pp. 1423-1443.
— «Da livre renúncia ao pacto de não concorrência pelo trabalhador após a cessação do contrato de trabalho», *Revista de Direito Público*, 9 (2013) pp. 63-73.
PEDRO ROMANO MARTINEZ,
— «Trabalho subordinado e trabalho autónomo» in: *Estudos do Instituto de Direito do Trabalho*, Vol. I, Almedina, Coimbra, 2001, pp. 271-294.

— «Contratos de encomenda de criação intelectual» in: CARLOS FERREIRA DE ALMEIDA / LUÍS COUTO GONÇALVES / CLÁUDIA TRABUCO [Org.], *Contratos de Direito de Autor e de Direito Industrial*, Almedina, Coimbra, 2011, pp. 55-77.

— «Alterações ao Código do Trabalho (Lei n.º 93/2019, de 4 de Setembro)» in: *III Jornadas regionais de Direito do Trabalho – memórias*, DREQP, Ponta Delgada, 2020, pp. 21-32.

PIERRE-MICHEL MENGER,

— R*etrato do artista enquanto trabalhador — metamorfoses do capitalismo*, Roma Editora (trad. de VERA BORGES / DANIELLE PLACE / ISABEL GOMES), Lisboa, 2005.

PILAR PALOMINO SAURINA,

— «Pecularieda des de la relación especial de los artistas», *Anuario de la Facultad de Derecho*, 30 (2012-2013), pp. 247-268.

PRISCILA MARTÍN VALES,

— «El encadenamiento de contratos en la relación laboral especial de los artistas en espectáculos públicos: comentario a la Sentencia del Tribunal Supremo de 15 de enero de 2020», *Trabajo y derecho: nueva revista de actualidad y relaciones laborales*, 69 (2020), 6 pp.

RAFAEL GÓMEZ GORDILLO,

— «La naturaleza jurídica ordinaria de la relación de trabajo de los músicos en ceremonias fúnebres», *Nueva Revista Española de Derecho del Trabajo*, 221 (2019), pp. 257-262.

RAQUEL CABRAL FERREIRA,

— «Despedimento por inadaptação e inaptidão: algumas considerações à luz da reforma legislativa operada pela Lei 23/2012, de 25 de junho», *Questões Laborais*, 44 (2014), pp. 49-83.

RAÚL VENTURA,

— *Teoria da relação jurídica de trabalho – estudo de direito privado*, Porto, 1944.

REMEDIOS ROQUETA BUJ,

— «El régimen jurídico aplicable a los jugadores profesionales de videojuegos», *Revista Aranzadi de Derecho del Deporte y Entretenimiento*, 56 (2017), pp. 25-48.

RICARDO NASCIMENTO,

— *Da cessação do contrato de trabalho – em especial por iniciativa do trabalhador*, Coimbra Editora, Coimbra, 2007.

RITA CANAS DA SILVA,

— «Alguns problemas sobre o regime jurídico das faltas» in: MARIA DO ROSÁRIO PALMA RAMALHO / TERESA COELHO MOREIRA [Coord.], *Tempo de trabalho e tempos de não trabalho – o regime nacional do tempo de trabalho à luz do Direito Europeu e Internacional*, APODIT, Lisboa, 2018, pp. 275-284.

RITA GARCIA PEREIRA,

— «Mobbing» in: PAULO MORGADO DE CARVALHO [Coord.], *Código do Trabalho – a revisão de 2009*, Coimbra Editora, Coimbra, 2011, pp. 115-121.

— «Casa dos Segredos: Um novo templo para a subordinação jurídica?» in: *Para Jorge Leite – Escritos jurídico-laborais*, Volume II, Coimbra Editora, Coimbra, 2014, pp. 697-731.
— «A nova acção especial para reconhecimento de contrato de trabalho (Lei n.º 63/2013) – uma caixa de Pandora?» in: *Estudos dedicados ao Professor Doutor Bernardo da Gama Lobo Xavier*, Vol. III, Universidade Católica Editora, Lisboa, 2015, pp. 341-371.
— «Avaliação dos danos não patrimoniais do trabalhador resultantes de assédio e de violação do dever de ocupação efectiva - análise de jurisprudência», Prontuário de Direito do Trabalho, 2017, II, pp. 129-142.
— «O assédio moral em Portugal» in: *III Jornadas regionais de Direito do Trabalho – memórias*, DREQP, Ponta Delgada, 2020, pp. 47-70.

Rosalía Ortega Pradillo,
— «Pecularidade del régimen jurídico entrenadores y árbitros deportivos em españa» in: *Iº Congresso Internacional sobre o Regime Jurídico do Contrato de Trabalho Desportivo*, Vida Económica, Porto, 2018, pp. 203-228.

Rudolf von Jhering,
— *Culpa in contrahendo ou a indemnização em contratos nulos ou não chegados à perfeição* (trad. de Paulo Mota Pinto), Almedina, Coimbra, 2008.

Rui Valente,
— «Proteção do segredo, cláusula penal e desvinculação do pacto de não concorrência» in: Lourdes Mella Méndez [Dir.] / Duarte Abrunhosa e Sousa [Coord.], *Los actuales cambios sociales y laborales: nuevos retos para el mundo del trabajo – cambios en la relación individual de trabajo: España, Portugal, México, Francia*, Vol. IV, Peter Lang, Suíça, 2017, pp. 351-376.

Sergio Grasselli,
— «Attori cinematografici e lavoro subordinato», *Rivista di Diritto Civile*, 1975, II, pp. 577-591.

Sira Pérez Agulla,
— «Especialidades del régimen jurídico laboral de los artistas en espectáculos públicos — comentario a la STSJ de Murcia, de 10 de febrero de 2009 (AS 2009, 321) y STSJ de Cataluña, de 9 de febrero de 2009», *Aranzadi Social*, 12 (2009), pp. 49-58.

Sol Ruiz de la Cuesta Fernández,
— *El contrato laboral del artista*, Tirant lo Blanch, Valencia, 2007.

Sónia de Carvalho/Nuno Nogueira/Pedro Lavajo/João Pedro Silva,
— «O marco laboral do sector da moda» in: João Fraga de Castro [Coord.], *Fashion Law – Direito da Moda*, Thomson Reuters – Aranzadi, Pamplona, 2019, pp. 485-535.
— «A negociação colectiva no sector da moda» in: João Fraga de Castro [Coord.], *Fashion Law – Direito da Moda*, Thomson Reuters – Aranzadi, Pamplona, 2019, pp. 537-551.

TATIANA GUERRA DE ALMEIDA,
— «Período experimental – breves notas para o estudo comparativo dos regimes jurídicos português e espanhol» in: *Estudos de Direito do Trabalho em Homenagem ao Professor Manuel Alonso Olea*, Almedina, Coimbra, 2004, pp. 589-611.
— «O novo regime jurídico do trabalho intermitente» in: JÚLIO GOMES / CATARINA DE OLIVEIRA CARVALHO [Coord.], *Direito do Trabalho + Crise = Crise do Direito do Trabalho? Actas do Congresso de Direito do Trabalho*, Coimbra Editora, Coimbra, 2011, pp. 345-358.
TERESA COELHO MOREIRA,
— «A conduta e a orientação sexuais do trabalhador» in: *Estudos de Direito do Trabalho em Homenagem ao Professor Manuel Alonso Olea*, Almedina, Coimbra, 2004, pp. 613-645.
— «Direitos de personalidade» in: PAULO MORGADO DE CARVALHO [Coord.], *Código do Trabalho – a revisão de 2009*, Coimbra Editora, Coimbra, 2011, pp. 93-114.
TIAGO ROCHA,
— «Algumas considerações sobre o conceito de tempo de trabalho, em especial sobre o conceito de tempo de deslocação», *Questões Laborais*, 52 (2018), pp. 33-74.
XOSÉ MANUEL CARRIL VÁZQUEZ,
— «La decadencia de una vieja modalidade contractual laboral: el contrato de trabajo de grupo», *Revista Española de Derecho del Trabajo*, 128 (2005), pp. 459-468.
VICTOR CASTRO ROSA / ANTÓNIO HENRIQUES GASPAR,
— «Os contratos de representação cénica, recitação e execução em Direito de Autor» in: CARLOS FERREIRA DE ALMEIDA / LUÍS COUTO GONÇALVES / CLÁUDIA TRABUCO [Org.], *Contratos de Direito de Autor e de Direito Industrial*, Almedina, Coimbra, 2011, pp. 313-343.
VICTOR HUGO VENTURA,
— «À espera de um novo Bosman? A compatibilidade do regime do tempo de trabalho do praticante desportivo com o Direito da União Europeia», *Questões Laborais*, 54 (2019), pp. 81-97.
— *O regime do contrato de trabalho do praticante desportivo*, AAFDL Editora, Lisboa, 2020.
— *O regime do contrato de serviço doméstico*, AAFDL Editora, Lisboa, 2021.
VICTÓRIA ROCHA,
— «A titularidade das criações intelectuais no âmbito da relação de trabalho» in: *Nos 20 anos do Código das Sociedades Comerciais — Homenagem aos Profs. Doutores A. Ferrer Correia, Orlando de Carvalho e Vasco Lobo Xavier*, vol. I, Coimbra Editora, Coimbra, 2007, pp. 167-199.
VIRIATO REIS,
— «A ação de reconhecimento da existência de contrato de trabalho - controvérsias na sua aplicação», *Revista do CEJ*, 2015, I, pp. 211-243.

VÍTOR FERRAZ,
— «O regime jurídico do trabalho de menores» in: ANTÓNIO MOREIRA [Coord.], *II Congresso nacional de direito do trabalho - memórias*, Almedina, Coimbra, 1999, pp. 281-298.
VÍTOR RIBEIRO,
— «Contrato de trabalho e contrato de prestação de serviço: potencial valor indiciário do "Nomen Juris" aposto no contrato escrito», *Prontuário de Direito do Trabalho*, 52 (1997), pp. 65-66.
VÍTOR PALMELA FIDALGO,
— «Trabalho a tempo parcial, trabalho intermitente, trabalho por turnos e trabalho noturno» in: *Estudos do Instituto de Direito do Trabalho*, Vol. VIII, Almedina, Coimbra, 2020, pp. 149-181.
— «A greve» in: *Estudos do Instituto de Direito do Trabalho*, Vol. VIII, Almedina, Coimbra, 2020, pp. 353-385.
— «O regime jurídico do trabalho intermitente e a sua aplicabilidade prática», *Prontuário de Direito do Trabalho*, 2021, I, pp. 103-116.

DECRETO-LEI N.º 105/2021, DE 29 DE NOVEMBRO
ESTATUTO DOS PROFISSIONAIS DA ÁREA DA CULTURA

A Constituição da República Portuguesa determina que o Estado deve promover a democratização da cultura, incentivando e assegurando o acesso de todos os cidadãos à fruição e criação cultural. Para o efeito, importa criar as condições para o desenvolvimento de um setor cultural dinâmico e equilibrado, que garanta boas condições de trabalho aos seus profissionais, de forma a potenciar a respetiva criatividade e criação artística. A regulamentação das relações de trabalho que ocorram no setor da cultura, incluindo as relações de trabalho subordinadas e as autónomas, é um instrumento determinante para a produção e promoção culturais e deve, consequentemente, ser objeto da atenção do Estado.

Atendendo a que o setor da cultura é um setor de atividade com especificidades próprias, particularmente caracterizado pela intermitência, pela sazonalidade, pela ausência de estabilidade e pela existência de uma multiplicidade de relações jurídicas que fogem ao padrão normal das relações de trabalho de outros setores de atividade, justifica-se a existência de um regime jurídico autónomo, que atenda às particularidades próprias deste setor.

Historicamente, aliás, esta autonomização já existia, nomeadamente na sequência da aprovação da Lei n.º 4/2008, de 7 de fevereiro, na sua redação atual, que aprovou o regime dos contratos de trabalho e estabeleceu o regime de segurança social aplicável aos trabalhadores das artes do espetáculo e do audiovisual que desenvolvam uma atividade artística, técnico-artística ou de mediação destinada a espetáculos ou a eventos públicos. O setor da cultura justifica, porém, um tratamento mais abrangente do que aquele que resulta da citada lei, designadamente tendo em conta que, como a Lei n.º 4/2008, de 7 de fevereiro, na sua redação atual, apenas regula as relações de trabalho subordinado, muitas atividades culturais ficam excluídas do respetivo âmbito de aplicação, nomeadamente as relações de trabalho autónomas e sem subordinação jurídica, com ou sem dependência económica.

Ora, atendendo a que parte das atividades culturais se baseia em relações de trabalho com autonomia jurídica, justifica-se, por um lado, uma abordagem mais abrangente, que inclua também os profissionais da área da cultura que prestam a sua atividade sem subordinação jurídica, de forma a garantir-lhes boas condições de trabalho e um conjunto específico de direitos que hoje não estão devidamente consagrados.

Por outro lado, importa, também, criar um sistema de proteção social que seja adequado a estes profissionais e que os apoie nas diversas eventualidades que os podem afetar, nomeadamente na doença, parentalidade, desemprego, invalidez e velhice.

É nesse contexto que se justifica um estatuto para os profissionais da área da cultura que seja abrangente, equilibrado e que contribua para a criação de boas condições de trabalho para todos os profissionais que atuam neste setor, proporcionando-lhes quer um conjunto de regras que regulamenta a respetiva atividade profissional, quer um regime de proteção social que os apoie em todas as eventualidades.

Com tal objetivo em vista, o presente decreto-lei aprova o Estatuto dos Profissionais da Área da Cultura (Estatuto), que passa a aplicar-se aos profissionais das artes do espetáculo, do audiovisual, das artes visuais e da criação literária, que exerçam uma atividade autoral, artística, técnico-artística ou de mediação cultural.

De forma a abranger todas as relações de trabalho que se estabelecem no âmbito do setor da cultura, bem como o respetivo regime de proteção social, o Estatuto encontra-se dividido em três partes essenciais: (i) o registo dos profissionais da área da cultura (RPAC), (ii) o regime de contrato de trabalho e de prestação de serviço; e (iii) o regime de proteção social.

Em primeiro lugar, o RPAC tem por finalidade, para além da identificação individual dos profissionais da área da cultura, a estruturação e identificação estatística do setor da cultura para posterior definição de políticas públicas de valorização profissional e técnica, apoios e outros benefícios públicos. Apesar de o registo ser de inscrição facultativa, apenas os inscritos beneficiam da aplicação do regime contributivo especial previsto no Estatuto.

Em segundo lugar, e com o objetivo de ser amplo e abrangente, o Estatuto regula as diversas modalidades de prestação de atividade cultural, incluindo quer o contrato de trabalho, quer o contrato de prestação de serviços. Quanto ao contrato de trabalho, reafirmam-se os direitos e deveres individuais e coletivos dos profissionais da área da cultura e dos empregadores decorrentes do Código do Trabalho, aprovado em anexo à Lei n.º 7/2009, de 12 de fevereiro, na sua redação atual, mas sublinham-se e acolhem-se as especificidades decorrentes deste setor de atividade e das atividades desenvolvidas por estes profissionais. Destaca-se, pela sua especificidade, o contrato de trabalho com atividade descontínua, que consta deste Estatuto a par de outras modalidades contratuais igualmente previstas no Código do Trabalho, aprovado em anexo à Lei n.º 7/2009, de 12 de fevereiro, na sua redação atual, como sejam o contrato de trabalho por tempo indeterminado, o contrato de trabalho a termo, o contrato de trabalho de muito curta duração e o contrato de trabalho com pluralidade de empregadores. A propósito do contrato de trabalho a termo, mantêm-se as especificidades que já decorriam da Lei n.º 4/2008, de 7 de fevereiro, na sua redação atual, designadamente quanto à necessidade de justificação, prazo máximo e renovação. O Estatuto contém, também, regras próprias quanto ao local e tempo de trabalho. A propósito do local de trabalho, este passa a abranger, nomeadamente, os locais de ensaios, ao passo que a definição de horário de trabalho e períodos de pausa é igualmente adaptada para incluir os locais de apresentações, eventos e espetáculos.

Adicionalmente, o Estatuto prevê direitos e deveres específicos das partes que atendem à especificidade do setor. Em matéria laboral, destaca-se a proscrição de qualquer prática de assédio no acesso ou execução do trabalho, nomeadamente o assédio sexual, não podendo o empregador condicionar o acesso ou a participação em espetáculo ou evento cultural ou o desempenho de determinada atividade de interpretação artística à prática de comportamentos indesejados de caráter sexual. Estabelece-se, também, que o empregador deve respeitar a autonomia técnica da direção, supervisão e realização das atividades culturais e artísticas, nas suas vertentes criativas e que o trabalhador tem direito à ocupação efetiva quanto à execução de ensaios e demais atividades preparatórias e de pós-produção do espetáculo, evento cultural ou realização de filmagens, não podendo ser excluído destas atividades sem justificação.

O regime da prestação de serviço passa, igualmente, a ser objeto de regulamentação específica, estabelecendo-se, nomeadamente, um dever de informação recíproco entre as partes sobre aspetos relevantes do contrato. Por outro lado, criam-se prazos supletivos para o pagamento dos serviços realizados e para o cancelamento de espetáculos, estabelecendo-se que, em caso de incumprimento, há lugar ao pagamento de juros de mora ou a indemnização, consoante o caso.

Por fim, estabelece-se um regime próprio para fiscalização e regularização das situações que configurem falsas prestações de serviços, bem como uma presunção da existência de contrato de trabalho, de forma a evitar a proliferação de falsos contratos de prestação de serviço. Reforça-se, ainda, que os serviços da administração direta e indireta do Estado, da administração regional e da administração autárquica, bem como as empresas do setor empresarial do Estado e do setor empresarial local e as associações e fundações maioritariamente financiadas pelo Estado, que contratem profissionais da área da cultura para exercer uma atividade profissional com caráter de regularidade e permanência, devem fazê-lo em regime de contrato de trabalho, sempre que se verifique a presunção da existência de contrato de trabalho nos termos do Estatuto.

Em terceiro lugar, o Estatuto prevê um regime especial de proteção social, que abrange todos os profissionais da área da cultura inscritos no RPAC. Os trabalhadores por conta de outrem com contrato de trabalho de muito curta duração e os trabalhadores independentes, incluindo empresários em nome individual, passam a ter direito ao novo subsídio por suspensão da atividade cultural, com prazos de garantia e de concessão adequados à realidade da área da cultura. Este novo subsídio visa proteger os trabalhadores nos períodos em que estes não estão a prestar qualquer atividade profissional, sem se exigir que estes cessem a respetiva atividade junto dos serviços da segurança social e das finanças.

Concomitantemente, para aqueles que tenham idade igual ou superior a 55 anos e pelo menos cinco anos de registo de remunerações, contados desde a última concessão do subsídio de suspensão da atividade cultural ou de prestações de desemprego, é criado um subsídio mais prolongado. Para conferir maior proteção aos trabalhadores da área da cultura, são atualizadas as taxas contributivas a pagar pelos trabalhadores, pelas entidades empregadoras e pelas entidades beneficiárias da prestação. Em especial, prevê-se o pagamento de uma taxa contributiva por parte de todas as entidades beneficiárias da prestação de serviços, mesmo que os trabalhadores independentes não estejam inscritos no RPAC.

Por outro lado, simplifica-se o pagamento e a entrega das contribuições dos trabalhadores independentes junto da segurança social através da figura da retenção na fonte. A exemplo dos trabalhadores por conta de outrem, as entidades beneficiárias da prestação com contabilidade organizada passam a reter e a entregar as contribuições da responsabilidade do trabalhador, conjuntamente com as contribuições da sua responsabilidade.

De forma a agilizar a aplicação de todo o Estatuto, prevê-se a desmaterialização de informação, procedimentos e requerimentos necessários à inscrição dos profissionais da área da cultura. É, ainda, criada uma comissão de acompanhamento da implementação do Estatuto, a qual conta com a participação das associações representativas e sindicais do setor da cultura.

Por último, o presente decreto-lei revoga a Lei n.º 4/2008, de 7 de fevereiro, na sua redação atual, e prevê a revisão do Estatuto no prazo de dois anos.

Foram ouvidos os órgãos de governo próprio das Regiões Autónomas e a Associação Nacional de Municípios Portugueses.

Foram ouvidas as associações representativas do setor da cultura, bem como o Sindicato dos Trabalhadores de Espectáculos, do Audiovisual e dos Músicos.

O presente decreto-lei foi publicado na separata do Boletim do Trabalho e Emprego, n.º 9, de 5 de maio de 2021.

O presente decreto-lei foi objeto de consulta pública entre 5 de maio e 17 de junho de 2021.

Assim:

Nos termos do artigo 251.º da Lei n.º 75 -B/2020, de 31 de dezembro, na sua redação atual, e da alínea a) do n.º 1 do artigo 198.º da Constituição, o Governo decreta o seguinte:

ARTIGO 1.º
Estatuto dos Profissionais da Área da Cultura

É aprovado o Estatuto dos Profissionais da Área da Cultura, adiante designado por Estatuto, que se publica em anexo ao presente decreto-lei e do qual faz parte integrante.

ARTIGO 2.º
Comissão de Acompanhamento do Estatuto

1. É criada, pelo prazo de dois anos, a Comissão de Acompanhamento do Estatuto, adiante designada por Comissão, que funciona na dependência do membro do Governo responsável pela área da cultura.

2. A Comissão desempenha funções consultivas sobre a implementação do Estatuto.
3. A Comissão é constituída por um representante de cada uma das seguintes entidades:
   a) Inspeção-Geral das Atividades Culturais, que preside;
   b) Autoridade Tributária e Aduaneira;
   c) Direção-Geral das Artes;
   d) Direção-Geral do Livro, dos Arquivos e das Bibliotecas;
   e) Instituto do Cinema e Audiovisual, I. P.;
   f) Autoridade para as Condições do Trabalho;
   g) Direção-Geral da Segurança Social;
   h) Direção-Geral do Emprego e das Relações de Trabalho;
   i) Instituto da Segurança Social, I. P.
4. A Comissão é ainda constituída por um representante de cada uma das entidades representativas dos profissionais da área da cultura e associações sindicais representativas do setor, a indicar por despacho do membro do Governo responsável pela área da cultura.
5. Podem participar nas reuniões da Comissão representantes dos membros do Governo responsáveis pelas áreas governativas:
   a) Das finanças;
   b) Da cultura; e
   c) Do trabalho, solidariedade e segurança social.
6. Podem, ainda, participar, como observadores, quaisquer pessoas convidadas por iniciativa do presidente ou mediante solicitação que lhe seja dirigida por qualquer dos restantes membros da Comissão.
7. As reuniões têm uma periodicidade mínima trimestral, podendo ser realizadas reuniões extraordinárias, em qualquer momento, por iniciativa do presidente ou a pedido da maioria dos membros da Comissão.
8. Os membros da Comissão não são remunerados.

ARTIGO 3.º
Registo

Os profissionais da área da cultura validamente registados no registo nacional de profissionais do setor das atividades artísticas, culturais e de espetáculo são oficiosamente inscritos no registo dos profissionais da área da cultura (RPAC), quando observem os requisitos previstos no Estatuto e assim o consintam.

ARTIGO 4.º
Medidas de ação positiva para a celebração de contrato de trabalho

1. Os serviços da administração direta e indireta do Estado, da administração regional e da administração local, bem como as empresas do setor empresarial do Estado e do setor empresarial local e as associações e fundações maioritariamente financiadas pelo Estado, que contratem profissionais da área da cultura para exercer uma atividade profissional, devem fazê-lo em regime de contrato de trabalho, sempre que se verifique a presunção da existência de contrato de trabalho nos termos do Estatuto.
2. As entidades referidas no número anterior que contratem pessoas coletivas para a realização de atividades culturais devem contratar aquelas que:
   a) Tenham ao seu serviço profissionais da área da cultura contratados em regime de contrato de trabalho, quando este seja aplicável; e
   b) Afetem tais profissionais à realização das atividades contratadas.
3. O disposto no número anterior deve estar previsto nas peças dos procedimentos de formação de contratos públicos previstas no Código dos Contratos Públicos, aprovado em anexo ao Decreto-Lei 18/2008, de 29 de janeiro, na sua redação atual.

ARTIGO 5.º
Regularização de dívida à segurança social

1. Os profissionais da área da cultura abrangidos pelo regime dos trabalhadores independentes ficam isentos do pagamento de 75 % dos juros de mora e custas do processo de execução fiscal por dívidas à segurança social, se for caso disso, se no prazo de 12 meses a contar da entrada em vigor do presente decreto-lei pagarem os valores de contribuições em dívida.
2. A dívida referida no número anterior pode ser paga até 36 prestações mensais com isenção de 50 % dos juros de mora e custas do processo de execução fiscal, se o requerimento para pagamento em prestações for apresentado no prazo de seis meses a contar da data de entrada em vigor do presente decreto-lei.
3. O requerimento para pagamento é dirigido à Secção de Processo Executivo competente.
4. O plano prestacional a que se refere o presente artigo não depende da constituição de garantias, para além das que tenham sido constituídas.

5. A falta de pagamento das prestações mensais autorizadas determina a perda, com efeitos retroativos, dos benefícios concedidos no âmbito do presente artigo.
6. Ao incumprimento do plano prestacional é aplicável o regime previsto no n.º 1 do artigo 200.º do Código de Procedimento e de Processo Tributário, aprovado em anexo ao Decreto-Lei 433/99, de 26 de outubro, na sua redação atual.
7. O disposto na alínea a) do n.º 2 do artigo 208.º do Código dos Regimes Contributivos do Sistema Previdencial de Segurança Social, aprovado em anexo à Lei 110/2009, de 16 de setembro, na sua redação atual, é aplicável aos pagamentos em prestações a que se refere o presente artigo.
8. Os processos de execução fiscal extinguem-se com o pagamento da dívida nos termos previstos no presente artigo, independentemente da existência de outros executados responsáveis pela mesma dívida.

ARTIGO 6.º
Regime transitório

1. Os trabalhadores que se inscrevam no RPAC durante o ano de 2022:
   a) Podem iniciar a contagem do prazo de garantia de acesso ao subsídio de suspensão da atividade cultural, nos termos e nas condições previstos no Estatuto;
   b) Devem permanecer inscritos durante 36 meses, sob pena de restituição dos valores recebidos a título de subsídio de suspensão da atividade cultural.
2. O início da contagem do prazo de garantia para acesso ao subsídio de suspensão da atividade cultural tem lugar a partir de 1 de julho de 2022.
3. Os profissionais da área da cultura podem beneficiar do subsídio de suspensão da atividade cultural a partir de 1 de outubro de 2022.

ARTIGO 7.º
Regulamentação

As portarias de regulamentação previstas no Estatuto devem ser aprovadas no prazo de 90 dias após a publicação do presente decreto-lei.

ARTIGO 8.º
Revisão do Estatuto dos Profissionais da Área da Cultura

1. O Estatuto é revisto no prazo de dois anos a contar da data de entrada em vigor do presente decreto-lei.

2. Os serviços e organismos referidos no n.º 3 do artigo 2.º elaboram individualmente relatórios de avaliação de impacto relativos à aplicação do Estatuto.

ARTIGO 9.º
Regiões Autónomas

O Estatuto aplica-se às Regiões Autónomas dos Açores e da Madeira, sem prejuízo das competências cometidas aos respetivos órgãos de governo próprio e das adaptações que lhe venham a ser introduzidas por ato legislativo regional.

ARTIGO 10.º
Norma revogatória

São revogadas:

a) A Lei 4/2008, de 7 de fevereiro, na sua redação atual;
b) A Portaria 156/2017, de 21 de junho, na sua redação atual.

ARTIGO 11.º
Aplicação da lei no tempo

1. Ficam sujeitos ao regime previsto no Estatuto aprovado pelo presente decreto-lei os contratos de trabalho dos profissionais da área da cultura celebrados ao abrigo da Lei 4/2008, de 7 de fevereiro, na sua redação atual, salvo quanto a condições de validade e efeitos de factos ou situações totalmente ocorridas antes da entrada em vigor do presente decreto-lei.
2. Os trabalhadores independentes economicamente dependentes, que à data de entrada em vigor do presente decreto-lei tenham adquirido o direito a requerer o subsídio de cessação de atividade, mantêm tal direito pelo período de um ano, mantendo-se as respetivas condições de atribuição.

ARTIGO 12.º
Entrada em vigor e produção de efeitos

1. O presente decreto-lei entra em vigor no dia 1 de janeiro de 2022.
2. As disposições previstas no capítulo v do Estatuto produzem efeitos a partir do dia 1 de julho de 2022, com exceção do disposto nos artigos 45.º e 49.º do Estatuto, que produz efeitos a partir de 1 de outubro de 2022.

Visto e aprovado em Conselho de Ministros, de 21 de outubro de 2021. - Augusto Ernesto Santos Silva - João Rodrigo Reis Carvalho Leão - Alexandra Ludomila Ribeiro Fernandes Leitão - Graça Maria da Fonseca Caetano Gonçalves - Ana Manuel Jerónimo Lopes Correia Mendes Godinho.

Promulgado em 13 de novembro de 2021.
Publique-se.
O Presidente da República, Marcelo Rebelo de Sousa.
Referendado em 16 de novembro de 2021.
O Primeiro-Ministro, António Luís Santos da Costa.

ANEXO
(a que se refere o artigo 1.º)

CAPÍTULO I
Disposições gerais

ARTIGO 1.º
Objeto

O presente Estatuto dos Profissionais da Área da Cultura, adiante designado por Estatuto, estabelece, relativamente aos profissionais da área da cultura:

a) O registo dos profissionais da área da cultura (RPAC);
b) O regime do contrato de trabalho;
c) O regime do contrato de prestação de serviço;
d) O regime de proteção social.

ARTIGO 2.º
Âmbito subjetivo

1. O presente Estatuto é aplicável aos profissionais das artes do espetáculo, do audiovisual, das artes visuais e da criação literária, que exerçam uma atividade autoral, artística, técnico-artística ou de mediação cultural.
2. Para efeitos do disposto no número anterior, consideram-se:
a) Atividades autorais, as que envolvem criações intelectuais do domínio literário e artístico, por qualquer modo exteriorizadas,

que, como tais, são protegidas nos termos do Código do Direito de Autor e dos Direitos Conexos, aprovado em anexo ao Decreto-Lei n.º 63/85, de 14 de março, na sua redação atual;

b) Atividades de natureza artística, as que se encontram ligadas à interpretação e execução de obras no domínio das artes do espetáculo, das artes visuais e do audiovisual, bem como a outras interpretações ou execuções de natureza análoga, que se realizem perante público ou que se destinem à gravação, transmissão ou colocação à disposição para difusão pública, independentemente do meio ou do suporte utilizado;

c) Atividades de natureza técnico-artística, as que estejam relacionadas com os métodos de execução, os materiais, os equipamentos e os processos produtivos de obras de natureza artística destinadas à fruição pelo público, através dos diversos meios de difusão existentes;

d) Atividades de mediação cultural, as que estão relacionadas com a produção, a realização e divulgação de artes de espetáculo ou de audiovisual, incluindo a valorização e divulgação das obras e dos artistas.

3. Consideram-se profissionais que exerçam uma atividade autoral, artística, técnico-artística ou de mediação cultural aqueles que sejam:

a) Trabalhadores por conta de outrem, qualquer que seja a modalidade do contrato de trabalho;

b) Trabalhadores independentes, incluindo os empresários em nome individual;

c) Membros de órgãos estatutários de pessoas coletivas da área da cultura;

d) Os titulares de estabelecimentos de responsabilidade limitada da área da cultura.

4. As profissões e atividades abrangidas pelo presente Estatuto são definidas por portaria dos membros do Governo responsáveis pelas áreas das finanças, da modernização do Estado e da Administração Pública, da cultura e da segurança social.

ARTIGO 3.º
Regime aplicável

1. Ao profissional que exerça uma atividade autoral, artística, técnico-artística ou de mediação cultural em regime de contrato de trabalho aplica-se, em tudo o que não estiver previsto no presente

Estatuto, o disposto no Código do Trabalho, aprovado em anexo à Lei n.º 7/2009, de 12 de fevereiro, na sua redação atual.

2. Ao profissional que exerça uma atividade autoral, artística, técnico-artística ou de mediação cultural em regime de prestação de serviço aplica-se, em tudo o que não estiver previsto no presente Estatuto, o disposto no Código Civil, aprovado em anexo ao Decreto-Lei n.º 47344/66, de 25 de novembro, na sua redação atual.
3. São aplicáveis aos contratos regulados no presente Estatuto as normas sobre a participação de menores em espetáculos e outras atividades, estabelecidas no Código do Trabalho, e na Lei n.º 105/2009, de 14 de setembro, na sua redação atual.

ARTIGO 4.º
Direitos de propriedade intelectual

1. Os direitos de propriedade intelectual decorrentes da atividade autoral e artística dos trabalhadores e dos prestadores de serviços abrangidos pelo presente Estatuto regem-se pelo Código do Direito de Autor e dos Direitos Conexos e pelo disposto no artigo 54.º do presente Estatuto, sem prejuízo do disposto no número seguinte.
2. O presente Estatuto não se aplica a contratos de edição, fixação, autorização, licenciamento, transmissão ou qualquer outra forma de disposição de direitos de autor e direitos conexos.

CAPÍTULO II
Registo dos profissionais da área da cultura

ARTIGO 5.º
Registo

1. É criado, junto da Inspeção-Geral das Atividades Culturais (IGAC), o RPAC, ao qual está associada a atribuição de um cartão eletrónico do profissional da área da cultura.
2. O registo no RPAC é facultativo e tem as seguintes finalidades:
   a) Identificação individual, fazendo fé pública do exercício da respetiva atividade;
   b) Estruturação e identificação estatística do setor da cultura;
   c) Permitir a futura definição de políticas públicas de valorização profissional e técnica, apoios e outros benefícios públicos;

d) Aplicação do regime especial de proteção social constante do presente Estatuto.

3. O profissional da área da cultura só beneficia do regime especial de proteção social previsto no capítulo V enquanto se encontrar inscrito no RPAC.

4. Ao profissional da área da cultura que não se encontre inscrito no RPAC aplica-se o regime de proteção social constante do Código dos Regimes Contributivos do Sistema Previdencial de Segurança Social.

5. Da portaria referida no n.º 4 do artigo 2.º constam ainda os termos e as condições para efeitos de registo no RPAC.

6. Para efeitos de atualização e renovação do registo no RPAC, o profissional da área da cultura deve apresentar certificado de trabalho ou de atividade comprovativo da sua experiência profissional, o qual deve ser emitido a pedido do profissional da área da cultura pelo empregador ou pela entidade beneficiária da prestação.

7. O documento comprovativo referido no número anterior pode ser substituído por consulta às bases de dados da segurança social, mediante consentimento do profissional da área da cultura.

CAPÍTULO III
Contrato de trabalho

SECÇÃO I
Disposições gerais

ARTIGO 6.º
Noção

Para efeitos do presente Estatuto, contrato de trabalho é aquele pelo qual uma pessoa singular que desenvolva uma atividade autoral, artística, técnico-artística ou de mediação cultural se obriga, mediante retribuição, a prestar a sua atividade a outra ou outras pessoas, no âmbito de organização e sob a autoridade destas.

ARTIGO 7.º
Presunção

1. Presume-se a existência de contrato de trabalho quando, na relação entre a pessoa que presta uma atividade autoral, artística, técnico-artística ou de mediação cultural nos termos do presente Estatuto, e outra ou outras que dela beneficiam, se verifiquem algumas das características previstas no artigo 12.º do Código do Trabalho, com as especificidades constantes dos números seguintes.

2. Para efeitos da alínea a) do n.º 1 do artigo 12.º do Código do Trabalho, considera-se local de trabalho todos os locais pertencentes às entidades beneficiárias da prestação, que sejam ou não por elas determinados, incluindo ateliers e todos os locais onde se realizam trabalhos de desenvolvimento, pré-produção, ensaios, execução, finalização e pós-produção de manifestações de natureza cultural e artística ou outras atividades complementares ou acessórias do trabalho prestado.
3. Para efeitos da alínea c) do n.º 1 do artigo 12.º do Código do Trabalho, incluem-se nas horas de início e de termo da prestação determinadas pela entidade beneficiária da prestação aquelas que sejam observadas para a preparação, execução e finalização de obras e manifestações de natureza cultural e artística, mesmo que em locais escolhidos pelo prestador da atividade e que não sejam determinados pela entidade beneficiária da mesma.

ARTIGO 8.º
Forma

1. O contrato de trabalho não depende da observância de forma especial, salvo quando o Código do Trabalho ou o presente Estatuto a determinem.
2. Sempre que seja seguida a forma escrita, para além das menções obrigatórias previstas no Código do Trabalho, o contrato de trabalho deve conter o número do cartão do profissional da área da cultura, se aplicável.

ARTIGO 9.º
Trabalhador estrangeiro

1. Para efeitos da lei que define as condições e os procedimentos de entrada, permanência, saída e afastamento de cidadãos estrangeiros do território português, presume-se que os profissionais que exercem uma atividade autoral, artística, técnico-artística ou de mediação cultural realizam uma atividade altamente qualificada.
2. Os profissionais referidos no número anterior são suscetíveis de serem abrangidos, em sede do Imposto sobre o Rendimento das Pessoas

Singulares (IRS), pelo regime dos residentes não habituais, nos termos e nas condições previstas no Código do IRS, aprovado em anexo ao Decreto-Lei n.º 442 -A/88, de 30 de novembro, na sua redação atual, e demais legislação complementar, designadamente a Portaria n.º 230/2019, de 23 de julho.

SECÇÃO II
Modalidades de contrato de trabalho

ARTIGO 10.º
Modalidades

1. O contrato de trabalho reveste as seguintes modalidades:
a) Contrato de trabalho por tempo indeterminado;
b) Contrato de trabalho a termo resolutivo, certo ou incerto;
c) Contrato de trabalho de muito curta duração;
d) Contrato de trabalho com atividade descontínua;
e) Contrato de trabalho com pluralidade de empregadores.

2. Pode ainda ser celebrado contrato de estágio nos termos do disposto no Decreto-Lei n.º 66/2011, de 1 de junho, na sua redação atual.

ARTIGO 11.º
Contrato de trabalho a termo resolutivo

1. É admitida a celebração de contrato de trabalho a termo resolutivo, certo ou incerto, para a satisfação de necessidades temporárias, objetivamente definidas pela entidade empregadora e apenas pelo período estritamente necessário à satisfação dessas necessidades, tendo em vista o exercício das atividades enunciadas no presente Estatuto.

2. O contrato de trabalho a termo resolutivo, certo ou incerto, tem a duração máxima de quatro anos, incluindo renovações, não lhe sendo aplicável o regime previsto no Código do Trabalho em matéria de sucessão de contratos.

3. O contrato de trabalho a termo certo tem a duração que as partes estipularem expressamente por escrito.

4. O contrato de trabalho a termo certo pode ser renovado até três vezes, apenas podendo ser sujeito a renovação se as partes assim o estipularem expressamente por escrito.

5. Constitui contraordenação muito grave a violação do disposto no n.º 1.

ARTIGO 12.º
Contrato de trabalho de muito curta duração

1. É admitida a celebração de contrato de trabalho de muito curta duração para o desempenho das atividades enunciadas no presente Estatuto.
2. O contrato de trabalho de duração não superior a 35 dias não está sujeito a forma escrita, sem prejuízo das comunicações legalmente devidas à segurança social.
3. Nos casos previstos no número anterior, a duração total dos contratos de trabalho de muito curta duração que sejam celebrados entre o mesmo trabalhador e empregador não pode exceder 70 dias de trabalho em cada ano civil.
4. Em caso de violação do disposto em qualquer dos números anteriores, o contrato de trabalho considera-se celebrado pelo prazo de seis meses, contando-se a duração de contratos anteriores celebrados ao abrigo dos mesmos preceitos.

ARTIGO 13.º
Contrato de trabalho com atividade descontínua

1. Quando as atividades autorais, artísticas, técnico-artísticas e de mediação cultural não apresentem carácter de continuidade ou tenham intensidade variável, pode ser acordado entre trabalhador e empregador o exercício da prestação de trabalho de forma descontínua, sendo a prestação intercalada por um ou mais períodos de inatividade, nos termos dos números seguintes.
2. A prestação de trabalho referida no número anterior não pode ser inferior a cinco meses a tempo completo, por ano, dos quais pelo menos três meses devem ser consecutivos.
3. Para efeitos do disposto no número anterior:
   a) Os tempos de trabalho efetivo, para além do período de prestação efetiva da atividade autoral, artística, técnico-artística e mediação cultural, incluem também o período de preparação, promoção e finalização das atividades culturais e artísticas e os tempos de deslocação quando aquela implique deslocações ou itinerância;
   b) Os tempos de não trabalho correspondem aos períodos de inatividade.
4. O contrato de trabalho com atividade descontínua está sujeito a forma escrita e deve conter:
   a) Identificação, assinaturas e domicílio ou sede das partes;

b) Indicação do número anual de horas de trabalho ou do número anual de dias de trabalho a tempo completo.

5. Quando não tenha sido observada a forma escrita, ou na falta da indicação referida na alínea b) do número anterior, considera-se o contrato de trabalho celebrado sem período de inatividade.

6. Durante os períodos de inatividade, o trabalhador mantém a disponibilidade para iniciar a sua prestação de trabalho, desde que seja convocado pelo empregador com a antecedência acordada entre as partes, que não deve ser inferior a 30 dias na situação prevista na alínea a) do n.º 8, e a 20 dias nas restantes situações.

7. Nos períodos de inatividade, mantêm-se os direitos, deveres e garantias das partes que não pressuponham a prestação efetiva de trabalho.

8. Durante os períodos de inatividade, o trabalhador tem direito:

a) A exercer outra atividade, devendo informar o empregador desse facto, desde que salvaguardados os deveres laborais que não pressupõem a prestação da atividade;

b) A uma compensação retributiva, a pagar pelo empregador e a fixar por acordo das partes, com um mínimo de 30 % da retribuição base;

c) Aos subsídios de férias e de Natal, calculados com base nas médias dos valores de retribuições e compensações retributivas auferidas nos últimos 12 meses, ou no período de duração do contrato se esta for inferior.

9. Se o trabalhador exercer outra atividade durante o período de inatividade, o montante da correspondente retribuição é deduzido à compensação retributiva a que se refere a alínea b) do número anterior, nos casos em que a retribuição auferida noutro empregador seja igual ou superior à auferida pelo trabalhador em regime de contrato com atividade descontínua.

10. O montante da retribuição não é deduzido à compensação retributiva a que se refere a alínea b) do n.º 8 nos seguintes casos:

a) Relativamente a contratos de trabalho existentes previamente ao início do período de inatividade do trabalhador;

b) Se o valor da retribuição da nova atividade for igual ou inferior ao salário mínimo nacional.

11. Durante os períodos de inatividade o empregador fica obrigado a:

a) Pagar pontualmente a compensação retributiva, com periodicidade igual à da retribuição;

b) Não admitir novos trabalhadores ou renovar contratos para atividades autorais, artísticas, técnico-artísticas e de mediação cultural suscetíveis de poderem ser desempenhadas pelo trabalhador em situação de inatividade.

12. O contrato de trabalho com atividade descontínua não pode ser celebrado a termo resolutivo, mediante contrato de trabalho de muito curta duração ou em regime de trabalho temporário.

13. São subsidiariamente aplicáveis ao contrato de trabalho com atividade descontínua as normas relativas à modalidade contratual prevista nos artigos 157.º e seguintes do Código do Trabalho.

14. Constitui contraordenação grave a violação do disposto nos n.os 6 e 8 e nas alíneas a) e b) do n.º 11.

ARTIGO 14.º
Contrato de trabalho com pluralidade de empregadores

1. O trabalhador pode obrigar-se a prestar trabalho a vários empregadores entre os quais exista uma relação societária de participações recíprocas, de domínio ou de grupo, que tenham estruturas organizativas comuns, ou que organizem em conjunto espetáculos ou eventos culturais.
2. O contrato de trabalho com pluralidade de empregadores está sujeito a forma escrita e deve conter:
   a) Identificação, assinaturas e domicílio ou sede das partes;
   b) Indicação da atividade do trabalhador, do local e do período normal de trabalho;
   c) Indicação do empregador que representa os demais no cumprimento dos deveres e no exercício dos direitos emergentes do contrato de trabalho, quando aplicável.
3. Os empregadores são solidariamente responsáveis pelo cumprimento das obrigações decorrentes do contrato de trabalho, cujo credor seja o trabalhador ou terceiro.
4. Cessando a situação referida no n.º 1, considera-se que o trabalhador fica apenas vinculado ao empregador a que se refere a alínea c) do n.º 2, salvo acordo das partes em contrário.
5. A violação dos requisitos indicados nos n.os 1 ou 2 confere ao trabalhador o direito de optar pelo empregador ao qual fica vinculado.
6. Constitui contraordenação grave a violação do disposto nos n.os 1 e 2, sendo responsáveis pela mesma todos os empregadores, os quais são representados, para este efeito, por aquele a que se refere a alínea c) do n.º 2.

ARTIGO 15.º
Pluriemprego e regime de exclusividade

1. É admitido o pluriemprego, salvo se as partes estabelecerem, por escrito, que o trabalhador realiza a sua atividade em exclusivo para um único empregador, mediante a fixação de uma compensação adequada para a prestação do trabalho em regime de exclusividade.
2. Quando não exista acordo de exclusividade, os trabalhadores podem celebrar contratos simultâneos com mais de um empregador, desde que o cumprimento do objeto dos diferentes contratos não seja incompatível por razão de horário, localização geográfica ou profissional, devendo ser respeitados os deveres que não pressupõem a prestação da atividade laboral.

SECÇÃO III
Execução da prestação laboral

ARTIGO 16.º
Direitos e deveres

1. O trabalhador beneficia dos direitos e está sujeito aos deveres laborais previstos no Código do Trabalho, com as especificidades constantes do presente Estatuto.
2. O empregador deve respeitar os direitos de personalidade do trabalhador, nomeadamente a respetiva liberdade de expressão, criação, pensamento e opinião, integridade física e moral, reserva da intimidade da vida privada e proteção de dados pessoais.
3. É proibida qualquer prática de discriminação no acesso ou execução do trabalho em razão, nomeadamente, de ascendência, idade, sexo, orientação sexual, identidade de género, estado civil, situação familiar, situação económica, instrução, origem ou condição social, património genético, capacidade de trabalho reduzida, deficiência, doença crónica, nacionalidade, origem étnica ou raça, território de origem, língua, religião, convicções políticas ou ideológicas e filiação sindical.
4. É proibida qualquer prática de assédio no acesso ou execução do trabalho, nomeadamente o assédio sexual, não podendo o empregador condicionar o acesso ou a participação em espetáculo ou evento cultural ou o desempenho de determinada atividade de interpretação artística à prática de comportamentos indesejados de caráter sexual.

5. O empregador deve respeitar a autonomia técnica da direção, supervisão e realização das atividades culturais e artísticas, nas suas vertentes criativas.
6. O trabalhador tem direito à ocupação efetiva quanto à execução de ensaios e demais atividades preparatórias e de pós-produção do espetáculo, evento cultural ou realização de filmagens, não podendo ser excluído destas atividades sem justificação.
7. O trabalhador pode faltar justificadamente ao trabalho, com perda de retribuição, até três dias por ano, para efeitos de participação em espetáculo público realizado fora do país, devendo para o efeito informar o empregador da sua ausência com a antecedência mínima de 30 dias, acompanhada da indicação do motivo justificativo, desde que tal ausência não cause prejuízo sério ao normal funcionamento da organização laboral.
8. O trabalhador pode faltar justificadamente ao trabalho nos casos previstos na lei, mesmo quando a ausência coincida com a realização de um espetáculo ou evento público.
9. Quando a atividade artística é desenvolvida em grupo, o trabalhador tem um especial dever de lealdade e colaboração com os restantes membros do grupo, tendo em vista a execução da atividade em comum.
10. São nulas as cláusulas de contrato de trabalho ou de instrumento de regulamentação coletiva de trabalho que, por qualquer forma, possam prejudicar o exercício da liberdade de trabalho após a cessação do contrato, salvo nos casos previstos na lei.
11. Constitui contraordenação muito grave a violação do disposto nos n.os 3 e 4.

ARTIGO 17.º
Tempo de trabalho

1. Considera-se tempo de trabalho o período de prestação efetiva da atividade autoral, artística, técnico-artística e mediação cultural, bem como todo o tempo em que o trabalhador está adstrito à execução da sua prestação, em especial para efeitos de ensaios, execução, pré e pós-produção, finalização, pesquisa e estudo, bem como outras atividades promocionais e de divulgação.
2. Integram também o tempo de trabalho as interrupções e os intervalos previstos como tal no n.º 2 do artigo 197.º do Código do Trabalho, ou em instrumento de regulamentação coletiva de trabalho.

ARTIGO 18.º
Período normal de trabalho e descanso semanal

1. O contrato de trabalho sujeita-se aos limites máximos do período normal de trabalho previstos no Código do Trabalho, podendo ser aplicados os regimes do banco de horas, adaptabilidade do tempo de trabalho, horário concentrado, horário flexível e isenção de horário de trabalho, nos termos previstos naquele código.
2. O período normal de trabalho definido nos termos do n.º 2 do artigo 204.º do Código do Trabalho não pode exceder 50 horas em média no período de seis meses.
3. O trabalhador tem direito ao descanso diário e semanal, com as especificidades constante dos números seguintes.
4. Os dias de descanso semanal obrigatório e complementar podem não coincidir, respetivamente, com o domingo ou o sábado.
5. O trabalho prestado fora do horário de trabalho considera-se trabalho suplementar e rege-se pelo disposto no Código do Trabalho, com as especificidades constantes do número seguinte.
6. Por conveniência da organização da atividade de natureza cultural ou artística, a compensação por trabalho prestado em dia de descanso semanal complementar do trabalhador deve efetuar-se no prazo máximo de três meses.
7. Constitui contraordenação muito grave a violação do disposto no número anterior.

ARTIGO 19.º
Horário de trabalho e intervalos de descanso

1. O contrato de trabalho sujeita-se ao regime previsto no Código do Trabalho, no que respeita ao horário de trabalho e aos intervalos de descanso, com a especificidade constante do número seguinte.
2. Salvo acordo em contrário, na determinação do horário de trabalho o empregador pode estabelecer um ou mais intervalos de descanso ou um regime de trabalho flexível adequado à especificidade da atividade, do espetáculo ou do evento.
3. Para efeitos do disposto no número anterior, as horas de início e termo dos períodos de trabalho podem ser móveis, dentro dos limites máximos do período normal de trabalho, e os descansos diários podem ser superiores ao previsto no Código de Trabalho.

4. A alteração de horário de trabalho deve ser precedida de consulta aos trabalhadores envolvidos e à comissão de trabalhadores ou, na sua falta, à comissão sindical ou intersindical ou aos delegados sindicais, bem como, ainda que vigore o regime de adaptabilidade, ser afixada no local habitual de trabalho com a antecedência de sete dias relativamente ao início da sua aplicação, ou três dias em caso de microempresa.

ARTIGO 20.º
Trabalho noturno

1. Para os efeitos do presente Estatuto, considera-se trabalho noturno o prestado num período que tenha a duração mínima de 7 horas e máxima de 11, compreendendo o intervalo entre as 0 horas e as 6 horas.
2. O período de trabalho noturno pode ser determinado por instrumento de regulamentação coletiva de trabalho, com observância do disposto no número anterior, considerando-se como tal, na falta daquela determinação, o compreendido entre as 0 horas de um dia e as 7 horas do dia seguinte.

ARTIGO 21.º
Trabalho em dia feriado

1. As atividades abrangidas pelo presente Estatuto podem ser prestadas em dia feriado.
2. Salvo acordo em contrário, o trabalhador que realiza a prestação em dia feriado tem direito a um descanso compensatório de igual duração, a ser gozado nos termos do previsto no n.º 6 do artigo 18.º, ou ao acréscimo de 100 % da retribuição pelo trabalho prestado nesse dia, cabendo a escolha ao empregador.
3. Constitui contraordenação grave a violação do disposto no número anterior.

ARTIGO 22.º
Local de trabalho

1. Considera-se local de trabalho o disposto no n.º 2 do artigo 7.º, sendo aplicável, com as necessárias adaptações, para efeitos do regime de reparação de acidentes de trabalho e de doenças profissionais, previsto na Lei n.º 98/2009, de 4 de setembro, na sua redação atual.

2. Sempre que o trabalhador tenha um acréscimo de despesas por deslocações inerentes à atividade laboral, o empregador fornece os meios para a sua deslocação ou procede ao respetivo pagamento ou reembolso, que deve ser pago até à data de vencimento da retribuição relativa ao mês subsequente.

ARTIGO 23.º
Reconversão profissional

1. Se o trabalhador perder, de forma absoluta, superveniente e definitiva a aptidão para a execução da atividade artística e técnico-artística para que foi contratado, por motivo decorrente das características da própria atividade, o empregador, mediante parecer fundamentado de uma comissão, deve atribuir lhe, sem perda de retribuição, outras funções compatíveis com as suas qualificações profissionais, mesmo que não incluídas no objeto do contrato de trabalho, devendo assegurar-lhe a formação profissional adequada.
2. A comissão referida no número anterior é constituída por um representante do empregador, um representante do trabalhador e um representante indicado por acordo das partes.
3. No caso de o trabalhador não aceitar a reconversão proposta pelo empregador ou de não existirem outras funções compatíveis com as suas qualificações profissionais, são aplicáveis as regras do despedimento por inadaptação previstas no Código do Trabalho.
4. Quando existam regimes especiais de segurança social aplicáveis, a cessação do contrato de trabalho decorrente da inadaptação do trabalhador, nos termos do número anterior, não prejudica a aplicação desses regimes, tendo os trabalhadores direito ao subsídio de desemprego ou à reforma por velhice logo que estejam preenchidos os respetivos pressupostos legais em vigor.

SECÇÃO IV
Cessação do contrato de trabalho

ARTIGO 24.º
Modalidades de cessação do contrato de trabalho

1. Para além de outras modalidades legalmente previstas, o contrato de trabalho pode cessar por:

a) Caducidade;
b) Revogação;
c) Despedimento por facto imputável ao trabalhador;
d) Despedimento coletivo;
e) Despedimento por extinção de posto de trabalho;
f) Despedimento por inadaptação;
g) Resolução pelo trabalhador;
h) Denúncia pelo trabalhador.

2. O contrato de trabalho pode ainda cessar por denúncia de qualquer das partes durante o período experimental, nos termos previstos no Código do Trabalho.
3. A cessação do contrato rege-se pelo disposto no Código do Trabalho, com as especificidades constantes do presente Estatuto.

CAPÍTULO IV
Prestação de serviço

ARTIGO 25.º
Contrato de prestação de serviço

1. Para efeitos do presente Estatuto, o contrato de prestação de serviço é aquele pelo qual uma das partes se obriga a proporcionar à outra, com autonomia, certo resultado de uma atividade autoral, artística, técnico-artística ou de mediação cultural.
2. Para efeitos do presente Estatuto, o contrato de prestação de serviço presume-se oneroso.
3. A qualificação pelas partes de um contrato enquanto contrato de prestação de serviço não afasta a aplicação da presunção da existência de contrato de trabalho a que se refere o artigo 7.º

ARTIGO 26.º
Dever de informação

1. A entidade beneficiária da prestação deve informar o prestador de serviço sobre os aspetos relevantes do contrato de prestação de serviço, designadamente:
   a) Da respetiva identificação, nomeadamente, sendo sociedade, da existência de uma relação de coligação societária, de participações recíprocas, de domínio ou de grupo, bem como da sede ou domicílio;

b) Do local de prestação da atividade ou, não havendo um fixo ou predominante, a indicação de que a atividade é prestada em vários locais;
c) Das tarefas a serem desempenhadas pelo prestador de serviço;
d) Da data de início e termo do contrato;
e) Da duração do contrato;
f) Do valor e da periodicidade da retribuição.

2. Em caso de alteração das condições previstas no número anterior, o prestador de serviço pode resolver o contrato, com direito a indemnização, nos termos gerais.

3. O prestador de serviço deve informar a entidade beneficiária da prestação dos aspetos relevantes para a execução da prestação de serviço, designadamente:
a) Da respetiva identificação, nomeadamente, nome, morada, número de identificação fiscal, número de identificação da segurança social e número do cartão do profissional da área da cultura;
b) Do número da apólice de seguro obrigatório de acidentes de trabalho para trabalhadores independentes.

ARTIGO 27.º
Culpa na formação do contrato

1. Quem negoceia com outrem para a conclusão de um contrato de prestação de serviço deve, tanto nos preliminares como na sua formação, proceder segundo as regras de boa-fé, sob pena de responder pelos danos culposamente causados.

2. Para efeitos do número anterior, considera-se contrário às regras da boa-fé o cancelamento, injustificado e com uma antecedência inferior a 15 dias, de atividade cultural para a qual o prestador de serviço tenha sido convidado a participar enquanto profissional da área da cultura, sem prejuízo de regime mais favorável constante da lei aplicável ou do contrato.

ARTIGO 28.º
Pagamento da retribuição

1. A retribuição, estabelecida por acordo entre as partes, deve estar à disposição do prestador de serviço no prazo acordado.

2. Na ausência de estipulação sobre o prazo, considera-se que o pagamento deve ocorrer até ao final do mês subsequente ao da prestação do serviço contratado.

3. A entidade beneficiária da prestação que faltar culposamente ao pagamento da retribuição, nos termos dos números anteriores, é obrigada a pagar ao prestador de serviço os correspondentes juros de mora à taxa legal em vigor ou à taxa estabelecida por acordo entre as partes.

ARTIGO 29.º
Contratos de adesão

Ao contrato de prestação de serviço do qual constem cláusulas contratuais gerais elaboradas sem prévia negociação individual, que destinatários indeterminados se limitem a aceitar, bem como às cláusulas constantes de contratos individualizados, mas cujo conteúdo previamente elaborado o destinatário não pode influenciar, aplica-se o regime legal das cláusulas contratuais gerais, aprovado pelo Decreto-Lei n.º 446/85, de 25 de outubro, na sua redação atual.

ARTIGO 30.º
Liberdade de forma

1. O contrato de prestação de serviço não depende da observância de forma especial, sem prejuízo do disposto no número seguinte e nos n.os 1 e 3 do artigo 26.º
2. A entidade beneficiária da prestação, que disponha ou deva dispor de contabilidade organizada, deve comunicar à IGAC e à Autoridade Tributária e Aduaneira (AT), mediante formulário único eletrónico definido por portaria dos membros do Governo responsáveis pelas áreas das finanças, da cultura e da segurança social, a celebração de contrato de prestação de serviço antes do início da sua produção de efeitos, ilidindo fundamentadamente a presunção da existência de contrato de trabalho prevista no artigo 7.º
3. Constitui contraordenação muito grave a violação do disposto no número anterior.

ARTIGO 31.º
Documentos a entregar ao prestador de serviço

1. Cessando o contrato de prestação de serviço, a entidade beneficiária da prestação deve entregar ao prestador de serviços um certificado de atividade, indicando o nome do profissional, o número do cartão do profissional da área da cultura, se aplicável, e as datas de admissão e de cessação do contrato.

2. Caso o prestador de serviço o requeira, o certificado de atividade deve descrever a atividade por si desempenhada para a entidade beneficiária.

ARTIGO 32.º
Contrato de agência

Ao contrato de agência celebrado no âmbito do presente Estatuto é aplicável o disposto no Decreto-Lei n.º 178/86, de 3 de julho, na sua redação atual.

ARTIGO 33.º
Prestação de serviço na modalidade «chave-na-mão»

A prestação de serviço na modalidade «chave-na-mão» inclui a conceção, produção, transporte, montagem e desmontagem de obra artística, salvo disposição em contrário.

CAPÍTULO V
Proteção social dos profissionais da área da cultura

SECÇÃO I
Disposições gerais

ARTIGO 34.º
Regime especial de proteção social

1. O regime constante do presente capítulo é especial relativamente à aplicação do regime constante do Código dos Regimes Contributivos do Sistema Previdencial de Segurança Social.
2. É criado o Fundo Especial de Segurança Social dos Profissionais da Área da Cultura, adiante designado por Fundo.

ARTIGO 35.º
Fundo Especial de Segurança Social dos Profissionais da Área da Cultura

1. A atribuição e gestão do subsídio por suspensão da atividade cultural é efetuada através do Fundo.
2. A gestão administrativa e financeira do Fundo compete ao Instituto de Gestão Financeira da Segurança Social, I. P., que, para o efeito, articula com os serviços competentes do Instituto da Segurança Social, I. P. (ISS, I. P.), e das regiões autónomas dos Açores e da Madeira.

3. Constituem receitas do Fundo:

a) A contribuição correspondente a 7,5 % da taxa contributiva devida pelas entidades empregadoras no regime de contrato de muito curta duração a que se refere o artigo 45.º;

b) A contribuição correspondente a 5,1 % da taxa contributiva devida pelas entidades beneficiárias da prestação a que se refere o artigo 49.º;

c) A contribuição correspondente a 3,8 % da taxa contributiva devida pelos trabalhadores independentes a que se refere o artigo 49.º;

d) A afetação do produto das coimas laborais nos termos previstos no presente Estatuto;

e) Quaisquer receitas que legalmente lhe venham a ser atribuídas.

ARTIGO 36.º
Regulamentação específica

Compete aos membros do Governo responsáveis pelas áreas das finanças e da segurança social regulamentar os termos e as condições de aplicação do regime constante do presente capítulo.

ARTIGO 37.º
Regime contributivo aplicável

1. Os profissionais da área da cultura vinculados por contrato de trabalho estão abrangidos pelo regime geral dos trabalhadores por conta de outrem, nos termos previstos no Código dos Regimes Contributivos do Sistema Previdencial de Segurança Social, sem prejuízo das especificidades previstas no presente Estatuto.

2. Os profissionais da área da cultura que exerçam atividade profissional e se obriguem a prestar a outrem o resultado da sua atividade sem sujeição a contrato de trabalho estão abrangidos pelo regime dos trabalhadores independentes, sem prejuízo das especificidades previstas no presente Estatuto.

3. Os profissionais da área da cultura que não exerçam atividade profissional ou tenham cessado ou suspendido a atividade profissional e não estejam abrangidos pelos regimes contributivos de inscrição obrigatória podem requerer a inscrição no regime do seguro social voluntário, regulado nos termos dos artigos 169.º e seguintes do Código dos Regimes Contributivos do Sistema Previdencial de Segurança Social.

4. Os trabalhadores com contrato de trabalho com atividade descontínua previstos no artigo 13.º são equiparados, para efeitos de segurança social, a trabalhadores com contrato de trabalho intermitente.

ARTIGO 38.º
Acumulação de atividades

Sempre que o trabalhador da área da cultura exerça mais do que uma atividade aplica-se a cada uma delas o respetivo regime.

ARTIGO 39.º
Âmbito material da proteção social

1. Sem prejuízo da proteção nas eventualidades previstas nos regimes do sistema previdencial de segurança social, os profissionais da área da cultura têm direito à atribuição do subsídio por suspensão da atividade cultural, nos termos estabelecidos no presente Estatuto.
2. Os profissionais da área da cultura, nos casos referidos no artigo 74.º, têm ainda direito ao subsídio de reconversão profissional nos termos estabelecidos no presente Estatuto.

ARTIGO 40.º
Declaração de tempos de trabalho

1. Os tempos de trabalho são declarados em dias, independentemente de a atividade ser prestada a tempo completo ou a tempo parcial, nos termos do artigo 16.º do Decreto Regulamentar n.º 1 -A/2011, de 3 de janeiro, na sua redação atual.
2. O disposto no presente artigo não prejudica a contagem de tempos de trabalho para efeitos de acesso ao subsídio de suspensão da atividade cultural, nos termos do disposto nos artigos 44.º e 53.º

SECÇÃO II
Disposições especiais

SUBSECÇÃO I
Profissionais da área da cultura em regime de contrato de trabalho de muito curta duração

ARTIGO 41.º
Profissionais abrangidos

São abrangidos pelo regime geral dos trabalhadores por conta de outrem com as especificidades previstas na presente secção os profissionais da área da cultura em regime de contrato de trabalho de muito curta duração, nos termos definidos no Capítulo III do presente Estatuto.

ARTIGO 42.º
Âmbito material

1. Os profissionais da área da cultura em regime de contrato de trabalho de muito curta duração têm direito à proteção nas eventualidades de doença, parentalidade, doenças profissionais, invalidez, velhice e morte, nos termos estabelecidos na respetiva legislação.
2. Os profissionais da área da cultura em regime de contrato de trabalho de muito curta duração têm também direito à atribuição do subsídio por suspensão da atividade cultural, nos termos estabelecidos no presente Estatuto.

ARTIGO 43.º
Base de incidência contributiva

A base de incidência contributiva dos profissionais da área da cultura com contrato de trabalho de muito curta duração corresponde à remuneração efetivamente auferida e declarada pela entidade empregadora.

ARTIGO 44.º
Conversão do valor da remuneração mensal em dias de trabalho

1. Para efeitos de acesso ao subsídio de suspensão da atividade cultural, o prazo de garantia é calculado segundo a seguinte fórmula:

$$(VRM) : (2{,}5\,IAS/30)$$

2. Para efeitos do número anterior, VRM é a soma do valor das remunerações recebidas em cada mês pela atividade da cultura que constituam base de incidência contributiva e IAS é o Indexante de Apoios Sociais.
3. O disposto nos números anteriores é aplicável mesmo nas situações em que se verifique acumulação de atividades ou de regimes contributivos.

ARTIGO 45.º
Taxa contributiva

A taxa contributiva relativa aos profissionais da área da cultura em regime de contrato de trabalho de muito curta duração é de 37,1 %, sendo 26,1 % da responsabilidade da entidade empregadora e 11 % do trabalhador, sem prejuízo da aplicação de taxas contributivas mais favoráveis previstas no regime geral dos trabalhadores por conta de outrem.

ARTIGO 46.º
Registo de remuneração por equivalência

Ao profissional da área da cultura em regime de contrato de trabalho de muito curta duração que tenha direito ao subsídio referido no n.º 2 do artigo 42.º aplica-se, durante os meses de concessão do subsídio, com as devidas adaptações, o pagamento de contribuições pelo valor mínimo, previsto no n.º 2 do artigo 163.º do Código dos Regimes Contributivos do Sistema Previdencial de Segurança Social, para efeitos de registo de remunerações por equivalência, sendo o respetivo valor de contribuição deduzido ao montante do subsídio pago mensalmente e retido pelo Fundo.

SUBSECÇÃO II
Profissionais da área da cultura em regime de trabalho independente

ARTIGO 47.º
Âmbito material de proteção

1. Os profissionais da área da cultura abrangidos pelo regime dos trabalhadores independentes têm direito à proteção nas eventualidades de doença, parentalidade, doenças profissionais, invalidez, velhice e morte, nos termos dos respetivos regimes jurídicos.
2. A proteção da eventualidade de desemprego dos profissionais referidos no número anterior é assegurada através da atribuição do subsídio

por suspensão da atividade cultural, nos termos estabelecidos no presente Estatuto, não lhes sendo aplicável o disposto no Decreto-Lei n.º 65/2012, de 15 de março, na sua redação atual.

3. Os profissionais referidos no n.º 1 são enquadrados, para efeitos de taxa contributiva, como empresários em nome individual.

ARTIGO 48.º
Entidades beneficiárias da prestação do trabalho independente

São entidades beneficiárias da prestação abrangidas pelo regime constante da presente secção as pessoas coletivas e as pessoas singulares com ou sem atividade empresarial que beneficiam da prestação de serviço por profissionais da área da cultura, independentemente da sua atividade.

ARTIGO 49.º
Taxas contributivas

1. A taxa contributiva relativa aos trabalhadores independentes, incluindo os empresários em nome individual, da área da cultura é fixada em 25,2 %.
2. A taxa contributiva da responsabilidade da entidade beneficiária da prestação é de 5,1 %, não sendo aplicável o disposto no n.º 7 do artigo 168.º do Código dos Regimes Contributivos do Sistema Previdencial de Segurança Social.
3. A taxa contributiva da responsabilidade da entidade beneficiária da prestação é sempre devida, independentemente de o trabalhador estar ou não inscrito no RPAC.

ARTIGO 50.º
Modalidade contributiva dos trabalhadores independentes

1. A obrigação contributiva dos profissionais da área da cultura abrangidos pelo regime dos trabalhadores independentes, no que respeita ao exercício desta atividade, tem por base o valor de cada recibo ou fatura-recibo emitidos no portal da AT, com as seguintes modalidades:
   a) Recibo eletrónico ou fatura-recibo eletrónico com retenção na fonte, sempre que a entidade beneficiária da prestação seja uma pessoa coletiva ou uma pessoa singular que disponha ou deva dispor de contabilidade organizada;
   b) Recibo eletrónico ou fatura-recibo eletrónico sem retenção na fonte, sempre que a entidade beneficiária da prestação seja uma

pessoa singular que não disponha nem seja obrigada a dispor de contabilidade organizada.

2. São devidas mensalmente contribuições pelo trabalhador independente e pela entidade beneficiária da prestação com base nos recibos ou faturas-recibos eletrónicos emitidos em cada mês pelo exercício de atividade na área da cultura.
3. Excetuam-se do disposto nos números anteriores os recibos ou faturas-recibos referentes a propriedade intelectual, salvo nas situações previstas no n.º 3 do artigo 54.º
4. As contribuições devidas são calculadas pela aplicação da respetiva taxa contributiva sobre o valor de 70 % ou 20 %, consoante se trate de prestação de serviço ou produção e venda de bens, de cada recibo ou fatura-recibo eletrónica emitida.
5. As contribuições devidas pelo trabalhador independente abrangido pelo regime de contabilidade organizada previsto no Código do IRS são calculadas pela aplicação da taxa contributiva estabelecida no artigo anterior sobre o duodécimo do lucro coletável apurado no ano imediatamente anterior.
6. O trabalhador independente abrangido pelo n.º 1 está sujeito ao pagamento de contribuições pelo valor mínimo previsto no n.º 2 do artigo 163.º do Código dos Regimes Contributivos do Sistema Previdencial de Segurança Social.
7. O disposto no número anterior aplica-se durante os meses de atribuição do subsídio por suspensão da atividade cultural.
8. A contribuição devida pela entidade beneficiária da prestação é calculada pela aplicação da taxa aplicável ao valor de 70 % ou 20 % de cada recibo ou fatura-recibo eletrónica emitida pelos trabalhadores em cada mês, exclusivamente no que respeita à prestação de serviço ou produção e venda de bens da área da cultura, respetivamente.

ARTIGO 51.º
Pagamento de contribuições na modalidade de recibo eletrónico ou fatura-recibo eletrónico com retenção

1. As contribuições calculadas nos termos do artigo anterior são retidas pela entidade beneficiária da prestação, sempre que aquela seja uma pessoa coletiva ou uma pessoa singular que disponha ou deva dispor de contabilidade organizada.

2. As contribuições retidas são pagas à segurança social pela entidade beneficiária da prestação, juntamente com a contribuição da sua responsabilidade, entre os dias 10 e 20 do mês seguinte, identificando o prestador de serviços, o mês a que se refere o pagamento e o valor da retribuição paga.
3. Para efeitos do cumprimento da obrigação contributiva prevista nos números anteriores e do disposto nos artigos 105.º e 107.º do Regime Geral das Infrações Tributárias (RGIT), aprovado em anexo à Lei n.º 15/2001, de 5 de junho, na sua redação atual, a entidade beneficiária da prestação de serviço é equiparada a entidade empregadora.
4. A falta de pagamento à segurança social do valor das contribuições retidas constitui a respetiva entidade beneficiária da prestação em dívida, sendo devidos juros de mora até pagamento integral.
5. Sem prejuízo do disposto no RGIT, a violação do disposto nos n.os 1 e 2 constitui contraordenação leve quando seja cumprida nos 30 dias subsequentes ao termo do prazo e constitui contraordenação grave nas demais situações.
6. A falta de pagamento à segurança social, no prazo legal, das contribuições devidas pela entidade beneficiária da prestação não prejudica a qualificação da situação contributiva regularizada do profissional independente, nos termos do artigo 208.º do Código dos Regimes Contributivos do Sistema Previdencial de Segurança Social.

ARTIGO 52.º

Pagamento das contribuições na modalidade de recibo eletrónico ou fatura-recibo eletrónico sem retenção

1. A contribuição devida pela entidade beneficiária da prestação que não disponha nem seja obrigada a dispor de contabilidade organizada, bem como pelas entidades não residentes sem estabelecimento estável em território nacional, deve ser acrescida ao valor dos serviços prestados e entregue ao trabalhador independente da área da cultura.
2. O trabalhador independente da área da cultura deve entregar à segurança social a contribuição referida no número anterior, juntamente com as contribuições da sua responsabilidade.
3. A falta de pagamento à segurança social do valor das contribuições devidas e referidas nos números anteriores, no prazo indicado, constitui o trabalhador independente da área da cultura em dívida pelo valor em falta, sendo devidos juros de mora até pagamento integral.

4. Sem prejuízo do disposto nos artigos 105.º e 107.º do RGIT no que respeita à violação da contribuição referida no n.º 1, a violação do disposto nos n.os 1 e 2 constitui contraordenação leve quando seja cumprida nos 30 dias subsequentes ao termo do prazo e constitui contraordenação grave nas demais situações.

ARTIGO 53.º
Conversão do valor do recibo eletrónico em dias de trabalho

1. Para efeitos de acesso ao subsídio de suspensão da atividade cultural, o prazo de garantia é calculado segundo a seguinte fórmula:

$$(VRE): (2,5\ IAS/30)$$

2. Para efeitos do número anterior, VRE é a soma do valor dos recibos eletrónicos emitidos em cada mês pela atividade da cultura que constituam base de incidência contributiva e IAS é o Indexante de Apoios Sociais.
3. O disposto nos números anteriores é aplicável ainda que haja acumulação de atividades ou de regimes contributivos.

SUBSECÇÃO III
Profissionais da área da cultura em trabalho intelectual

ARTIGO 54.º
Trabalhadores intelectuais

1. Os profissionais da área da cultura que desenvolvam atividades autorais e artísticas que estejam em processo de criação intelectual e que não estejam nem devam estar abrangidos por regimes contributivos de inscrição obrigatória podem requerer a inscrição no regime de seguro social voluntário previsto no n.º 3 do artigo 37.º
2. Os profissionais da área da cultura que desenvolvam atividades autorais e artísticas, estando ou não em processo de criação intelectual, que estejam ou devam estar abrangidos por regimes contributivos de inscrição obrigatória ficam isentos da obrigação contributiva prevista no artigo 50.º no que respeita aos rendimentos provenientes da propriedade intelectual.
3. Sem prejuízo do disposto no número anterior, os profissionais da área da cultura que desenvolvam atividades autorais e artísticas podem

optar, em cada recibo eletrónico ou fatura-recibo eletrónico, pela aplicação do regime previsto nos artigos 47.º a 53.º, ficando as entidades beneficiárias da prestação também sujeitas ao respetivo regime.

4. Nos termos do disposto no n.º 4 do artigo 162.º do Código dos Regimes Contributivos do Sistema Previdencial de Segurança Social e na alínea e) do n.º 3 do artigo 62.º do Decreto Regulamentar n.º 1 -A/2011, de 3 de janeiro, na sua redação atual, os rendimentos provenientes da propriedade intelectual não são considerados no apuramento do rendimento relevante, para efeitos contributivos, dos trabalhadores independentes que disponham ou devam dispor de contabilidade organizada, previsto no Código do IRS, podendo o respetivo titular optar pela sua consideração.

ARTIGO 55.º
Âmbito material de proteção dos trabalhadores intelectuais

Os profissionais da área da cultura que exerçam as opções previstas nos n.os 3 e 4 do artigo anterior têm direito à atribuição do subsídio por suspensão da atividade cultural, nos termos estabelecidos no presente Estatuto.

SECÇÃO III
Subsídio por suspensão da atividade cultural

ARTIGO 56.º
Objetivo do subsídio

O subsídio por suspensão da atividade cultural, adiante designado por subsídio, tem por objetivo garantir rendimentos em consequência da verificação de uma situação involuntária de suspensão da atividade cultural por parte do profissional da área da cultura.

ARTIGO 57.º
Titularidade

O direito ao subsídio é reconhecido aos profissionais da área da cultura que desenvolvam a sua atividade como trabalhadores por conta de outrem com contrato de trabalho de muito curta duração ou como trabalhadores independentes, incluindo os empresários em nome individual, que à data da apresentação do requerimento reúnam as respetivas condições de atribuição e estejam inscritos no RPAC.

ARTIGO 58.º
Condições de atribuição

1. O reconhecimento do direito ao subsídio depende da apresentação de requerimento em modelo próprio e da verificação cumulativa das seguintes condições:
   a) Residência legal em território nacional;
   b) Cumprimento do prazo de garantia;
   c) Suspensão involuntária da atividade cultural;
   d) Disponibilidade para o exercício de atividade na área da cultura;
   e) Situação contributiva regularizada perante a segurança social.
2. Não é reconhecido o direito ao subsídio de suspensão da atividade cultural aos profissionais da área da cultura que à data do requerimento tenham idade normal ou pessoal de acesso à pensão de velhice, desde que se encontre cumprido o respetivo prazo de garantia, ou que sejam pensionistas.

ARTIGO 59.º
Residência legal em território nacional

1. Sem prejuízo do estabelecido em instrumento internacional a que Portugal se encontre vinculado ou de legislação especial aplicável, o reconhecimento do direito ao subsídio de suspensão da atividade cultural depende de o requerente ter residência legal em território nacional.
2. Para efeitos do disposto no número anterior, considera-se residência legal em território nacional o disposto no artigo 19.º da Lei Geral Tributária, aprovada em anexo ao Decreto-Lei n.º 398/98, de 12 de dezembro, na sua redação atual.

ARTIGO 60.º
Prazo de garantia

1. O prazo de garantia para atribuição do subsídio por suspensão de atividade cultural é de 180 dias de exercício de atividade na área da cultura, com o correspondente pagamento efetivo de contribuições.
2. Os períodos de registo de remunerações correspondentes a situações de equivalência não relevam para efeitos de verificação do prazo de garantia.

ARTIGO 61.º
Suspensão involuntária da atividade cultural

1. Verifica-se a existência de suspensão da atividade cultural do profissional da área da cultura com contrato de trabalho de muito curta duração nas situações de cessação do contrato de trabalho.
2. O profissional da área da cultura abrangido pelo regime dos trabalhadores independentes considera-se em situação de suspensão da atividade cultural sempre que, no último mês anterior ao mês da apresentação do requerimento do subsídio, tenha estado sujeito ao pagamento de contribuições pelo valor mínimo legalmente previsto.
3. O profissional da área da cultura abrangido pelo regime dos trabalhadores independentes, a contribuir com base no duodécimo do lucro tributável do ano imediatamente anterior, considera-se em situação de suspensão da atividade cultural sempre que, no último mês anterior ao mês da apresentação do requerimento do subsídio, se verifique a ausência total de faturação, sujeita a certificação pelo respetivo contabilista certificado e a verificação pelos serviços competentes da segurança social.
4. Ao profissional da área da cultura com contrato de trabalho de muito curta duração, inscrito como trabalhador independente, que tenha auferido nos últimos 12 meses mais de 50 % das remunerações nesta categoria, aplica-se, para acesso ao subsídio de suspensão da atividade cultural, o disposto no n.º 2.

ARTIGO 62.º
Disponibilidade para a atividade na área da cultura

A disponibilidade para o exercício de atividade na área da cultura afere-se:

a) Pela inscrição no RPAC; e
b) Pela manutenção da atividade aberta com uma profissão ou atividade na área da cultura a definir pela portaria referida no artigo 2.º

ARTIGO 63.º
Montante do subsídio

1. O montante diário do subsídio é de 65 % da remuneração de referência e calculado na base de 30 dias por mês.
2. A remuneração de referência corresponde à remuneração média definida por R/360, em que R representa o total das remunerações registadas nos últimos 12 meses civis que precedem o mês anterior ao da data da suspensão da atividade cultural.

3. O montante mensal do subsídio tem como limite máximo a remuneração efetiva ou o rendimento relevante médio mensal declarado do profissional da área da cultura nos termos do número anterior, com o limite máximo de 2,5 IAS e com o limite mínimo de 1 IAS.
4. Para efeitos do disposto nos números anteriores apenas relevam as remunerações registadas decorrentes de atividade profissional da área da cultura, nos termos previstos no presente Estatuto.
5. O subsídio pode ser atribuído de forma parcial quando o profissional da área cultura tem rendimentos de trabalho decorrentes de outra atividade cujo valor seja inferior ao do subsídio de suspensão da atividade cultural atribuído.
6. Nos casos previstos no número anterior, o montante do subsídio parcial corresponde à diferença entre o montante do subsídio e 80 % do rendimento da atividade exercida em acumulação.
7. O rendimento da atividade exercida corresponde ao valor da remuneração mensal do trabalho por conta de outrem ou, no caso de trabalhador independente, dos valores dos recibos eletrónicos mensais ou ao rendimento relevante médio mensal do trimestre anterior, se inferior.
8. O montante do subsídio é recalculado trimestralmente sempre que se verifique a alteração dos valores dos recibos eletrónicos mensais ou do rendimento médio referido no número anterior.
9. O subsídio é atribuído a cada profissional da área da cultura apenas uma vez em cada ano civil.
10. Para acesso ao subsídio por suspensão de atividade cultural são considerados os registos de remunerações específicos do profissional da área da cultura inscrito no RPAC a que se referem os artigos 44.º e 53.º, resultantes de contratos de trabalho de muito curta duração, e de prestação de serviço ou de produção e venda de bens do trabalhador independente, ocorridos após cessação do último subsídio por suspensão de atividade atribuído.

ARTIGO 64.º
Início da concessão do subsídio

1. O subsídio é devido a partir da data da apresentação do requerimento devidamente instruído.
2. O requerimento considera-se devidamente instruído quando se encontre acompanhado de todos os elementos comprovativos das condições de atribuição do subsídio.

ARTIGO 65.º
Período de concessão do subsídio por suspensão da atividade cultural

1. O período de concessão do subsídio aos profissionais da área da cultura depende do número acumulado de dias por conversão dos valores das remunerações efetivas, nos termos previstos nos artigos 44.º e 53.º, e corresponde a:

a) 90 dias, se o prazo de garantia for inferior a 12 meses;

b) 120 dias, se o prazo de garantia for igual ou superior a 12 meses e inferior a 24 meses;

c) 150 dias, se o prazo de garantia for igual ou superior a 24 meses e inferior a 48 meses;

d) 180 dias, se o prazo de garantia for igual ou superior a 48 meses.

2. O período de concessão do subsídio de suspensão da atividade cultural é de 360 dias desde que o profissional da área da cultura detenha, cumulativamente e à data do requerimento, os seguintes requisitos:

a) Idade igual ou superior a 55 anos de idade; e

b) Registo de remunerações efetivas igual ou superior a 84 meses, contados desde a última data de concessão do subsídio por suspensão da atividade cultural ou de prestações de desemprego.

3. Sem prejuízo do disposto no n.º 1, o profissional da área da cultura com idade igual ou superior a 55 anos pode beneficiar do período de concessão a que se refere o número anterior até ao limite de uma vez.

4. Para efeitos do presente artigo, considera-se 1 mês por cada 30 dias de registo de remuneração por conversão.

ARTIGO 66.º
Suspensão do subsídio

1. Determinam a suspensão do direito ao subsídio as seguintes situações:

a) Exercício de atividade profissional da área da cultura como trabalhador independente ou por conta de outrem com rendimento superior ao valor do subsídio por período igual ou inferior a 30 dias;

b) Atribuição, por regimes de proteção social nacionais ou estrangeiros, de prestações de segurança social substitutivas do rendimento de trabalho no âmbito das eventualidades de doença, maternidade, paternidade, adoção e desemprego.

2. Cessando a causa de suspensão, a concessão do subsídio é retomada após a data da cessação da causa da suspensão e pelo período remanescente.

ARTIGO 67.º
Cessação do subsídio

1. O direito ao subsídio cessa quando se verifique uma das seguintes situações:
   a) O seu titular deixe de ter residência legal em território nacional, nos termos do disposto no n.º 2 do artigo 59.º;
   b) Exercício de atividade profissional da área da cultura com rendimento superior ao valor do subsídio por período superior a 30 dias;
   c) Cancelamento da inscrição no RPAC;
   d) Cessação da atividade profissional na área da cultura na AT;
   e) Atribuição de pensão de invalidez;
   f) Verificação da idade normal ou pessoal de acesso à pensão de velhice, se o seu titular tiver cumprido o respetivo prazo de garantia;
   g) Termo do período de concessão do subsídio.
2. O regime de antecipação da pensão de velhice nas situações de desemprego involuntário de longa duração não se aplica aos profissionais da área da cultura no termo do período de concessão do subsídio.

ARTIGO 68.º
Acumulação com outras prestações sociais

O subsídio não é cumulável com prestações do sistema de segurança social que visem compensar a perda de rendimento de trabalho ou a garantir mínimos de subsistência.

ARTIGO 69.º
Articulação dos subsídios com prestações de desemprego

1. A atribuição do subsídio não prejudica o reconhecimento do direito a prestações de desemprego, desde que se encontrem reunidas as condições de atribuição, nos termos previstos nos respetivos regimes jurídicos, sem prejuízo do disposto no número seguinte.
2. Nas situações de atribuição sucessiva do subsídio e de prestações de desemprego, os períodos de concessão do subsídio atribuídos nos 36 meses anteriores ao início de atribuição das prestações de desemprego são deduzidos aos períodos de concessão das prestações de desemprego.

ARTIGO 70.º
Deveres do titular do subsídio

1. O titular do subsídio deve declarar aos serviços da segurança social, no prazo de cinco dias úteis a contar da data da respetiva ocorrência, as situações determinantes de suspensão ou cessação da prestação, que se reportem, designadamente:
   a) À residência;
   b) Ao início ou fim da atividade profissional na área da cultura;
   c) Ao cancelamento da inscrição no RPAC;
   d) Cessação da atividade profissional na área da cultura na AT.
2. Sem prejuízo do disposto sobre a responsabilidade emergente do pagamento indevido de prestações de segurança social, nos termos do Decreto-Lei n.º 133/88, de 20 de abril, na sua redação atual, o incumprimento do dever referido no número anterior constitui contraordenação leve quando seja cumprido nos 30 dias subsequentes ao termo do prazo, e constitui contraordenação grave nas demais situações.

ARTIGO 71.º
Dever da entidade beneficiária da prestação

1. A entidade beneficiária da prestação está obrigada a entregar ao profissional da área da cultura com contrato de trabalho de muito curta duração a declaração da situação de cessação da atividade cultural, no prazo de 10 dias úteis a contar data em que aquele a tenha solicitado.
2. O incumprimento do dever referido no número anterior constitui contraordenação leve quando seja cumprida nos 30 dias subsequentes ao termo do prazo, e constitui contraordenação grave nas demais situações.

ARTIGO 72.º
Requerimento

1. A atribuição do subsídio é requerida no prazo de 30 dias consecutivos a contar da data da suspensão involuntária da atividade cultural.
2. A apresentação do requerimento e respetiva documentação decorrido o prazo referido no número anterior determina a redução do período de concessão das prestações na respetiva proporção do atraso.
3. O requerimento é apresentado na Segurança Social Direta.

ARTIGO 73.º
Comprovativo da suspensão da atividade cultural

1. No caso dos trabalhadores com contrato de trabalho de muito curta duração, o requerimento do subsídio é instruído com documento da entidade empregadora comprovativo da situação de cessação da atividade cultural nos termos previstos no n.º 1 do artigo 71.º e da data a que se reporta a última remuneração.
2. A entidade empregadora pode, mediante autorização do trabalhador, apresentar na Segurança Social Direta o documento comprovativo previsto no número anterior, apresentando desde logo àquele o respetivo comprovativo da entrega.
3. O trabalhador tem o dever de conservar os originais dos meios de prova, pelo prazo de cinco anos, bem como o dever de os apresentar sempre que solicitados pelos serviços da segurança social.

SECÇÃO IV
Reconversão profissional

ARTIGO 74.º
Subsídio de reconversão profissional

1. Sem prejuízo de regimes especiais, os profissionais da área da cultura que, em função da especificidade das suas atividades, tenham cessado o exercício da sua atividade antes de poderem beneficiar de uma pensão de velhice têm direito à atribuição de um subsídio de reconversão profissional, desde que preencham os seguintes requisitos:
   a) Terem exercido uma atividade cultural como profissionais durante um período não inferior a 10 anos, com registo de remunerações nos últimos 5 anos;
   b) Terem cessado o exercício da atividade cultural há mais de seis meses e menos de dois anos;
   c) Terem rendimentos inferiores à remuneração mínima mensal garantida.
2. O cartão do profissional da área da cultura constitui o meio de prova preferencial da qualidade de profissional da área da cultura.
3. O montante do subsídio de reconversão profissional é de 65 % da remuneração de referência, a qual corresponde à remuneração média

registada nos 60 meses civis anteriores à data do pedido de atribuição de subsídio de reconversão profissional.

4. O montante do subsídio de reconversão profissional não pode exceder o valor de 12 IAS.
5. O subsídio de reconversão profissional pode ser atribuído por uma só vez ou em prestações mensais que não podem exceder os 24 meses.
6. Os encargos correspondentes ao pagamento do subsídio de reconversão profissional são suportados conjuntamente por verbas do Ministério da Cultura e por verbas do Instituto do Emprego e Formação Profissional, I. P.
7. Ao subsídio de reconversão profissional são aplicáveis os procedimentos constantes do Despacho n.º 7131/2011, de 3 de maio, publicado no Diário da República, 2.ª série, n.º 91, de 11 de maio de 2011, e demais legislação aplicável.
8. O subsídio de reconversão profissional não é cumulável com prestações do sistema de segurança social que visem compensar a perda de remuneração ou garantir mínimos de subsistência.
9. O subsídio de reconversão profissional é atribuído a cada profissional da área da cultura apenas uma vez.

SECÇÃO V
Prestação social para a inclusão

ARTIGO 75.º
Suspensão e retoma da prestação social para a inclusão

1. Nas situações em que o profissional da área da cultura com deficiência, titular da prestação social para a inclusão (PSI), venha a auferir rendimentos de trabalho ou profissionais decorrentes do exercício de atividade da área da cultura superiores ao limiar mensal, suspende-se o pagamento da PSI durante o período de exercício daquela atividade, se da reavaliação da prestação resultar a sua perda.
2. A cessação da atividade da área da cultura superior ao limiar mensal determina o direito ao reinício do pagamento da PSI, a partir do mês seguinte àquele em que ocorra a cessação, desde que esta seja comunicada pelo interessado aos serviços da segurança social, no prazo de 10 dias após a data da cessação da atividade da área da cultura.

3. Na falta de cumprimento do prazo estabelecido no número anterior, o reinício da prestação terá efeitos a partir do mês imediato àquele em que o interessado comunique ao serviço de segurança social competente a cessação da atividade da área da cultura.

4. A situação é comprovada pelo registo de remunerações do trabalhador.

SECÇÃO VI
Regime complementar

ARTIGO 76.º
Regime complementar de contas individuais

Os profissionais da área da cultura abrangidos pelo presente Estatuto que tenham aderido ao regime complementar de contas individuais de natureza pública, estabelecido no Decreto-Lei n.º 26/2008, de 22 de fevereiro, na sua redação atual, podem optar pela aplicação da taxa contributiva de 6 %, independentemente da respetiva idade.

CAPÍTULO VI
Regime contraordenacional

ARTIGO 77.º
Competência para inspeção

O controlo do cumprimento das normas previstas no presente Estatuto, bem como a instrução dos processos contraordenacionais e aplicação das respetivas coimas, competem, consoante o caso:

a) À Autoridade para as Condições do Trabalho (ACT), quando se trate de violação de normas laborais; e

b) Ao ISS, I. P., em caso de violação de normas no âmbito do sistema de segurança social.

ARTIGO 78.º
Inspeção

1. A inspeção da utilização indevida de contrato de prestação de serviço em relações de trabalho subordinado é da competência da ACT.

2. As inspeções podem ser efetuadas em articulação com a IGAC, a ACT e com o ISS, I. P., consoante o caso.

3. A IGAC e a ACT articulam o planeamento anual de inspeções do cumprimento das normas em matéria laboral no setor da cultura.
4. O plano referido no número anterior deve prever a promoção de ações de sensibilização e de prestação de informações com vista ao esclarecimento dos sujeitos das relações laborais e das respetivas entidades representativas do setor.
5. O planeamento ordinário de ações de inspeção não prejudica a eventual necessidade de intervenção das entidades referidas nos números anteriores em ações extraordinárias, sempre que necessário.

ARTIGO 79.º
Procedimento em caso de inadequação do vínculo que titula a prestação de uma atividade em condições correspondentes às do contrato de trabalho

1. Sempre que o inspetor do trabalho verifique a existência de características de contrato de trabalho numa situação de prestação de atividade aparentemente autónoma, nos termos descritos no artigo 7.º do presente Estatuto e no artigo 12.º do Código do Trabalho, adota o procedimento previsto no artigo 15.º -A da Lei n.º 107/2009, de 14 de setembro, na sua redação atual.
2. Nos casos previstos no número anterior pode ser ainda aplicada a sanção acessória de privação do direito a apoio, subsídio ou benefício outorgados por entidade ou serviço público, designadamente de natureza fiscal ou contributiva, da área da cultura ou proveniente de fundos europeus, por período até dois anos, contados a partir da decisão condenatória definitiva.
3. A sanção acessória aplicada é comunicada pela ACT à IGAC, a qual informa as entidades ou serviços públicos da área da cultura.

ARTIGO 80.º
Procedimento em caso de recurso indevido de subsídio de suspensão da atividade cultural

1. O recurso indevido do subsídio de suspensão de atividade cultural constitui contraordenação muito grave.
2. Nos casos previstos no número anterior pode ainda ser aplicada a sanção acessória de privação do direito a apoio, subsídio ou benefício outorgados por entidade ou serviço público, designadamente de natureza fiscal ou contributiva, da área da cultura ou proveniente

de fundos europeus, por período até dois anos, contados a partir da decisão condenatória definitiva.

3. A sanção acessória aplicada é comunicada pela Segurança Social à IGAC, que, por sua vez, a comunica às entidades ou serviços públicos da área da cultura.

ARTIGO 81.º
Regime das contraordenações

1. Para efeitos do presente Estatuto, aplica-se, consoante a matéria, o regime das contraordenações constante dos artigos 548.º a 566.º do Código do Trabalho, com as especificidades dos artigos seguintes, e o regime das contraordenações previsto no Código dos Regimes Contributivos do Sistema Previdencial de Segurança Social.

2. O processamento das contraordenações segue o regime processual aplicável às contraordenações laborais e de segurança social, aprovado pela Lei n.º 107/2009, de 14 de setembro, na sua redação atual.

3. A infração cuja factualidade seja passível de ser verificada exclusivamente por informação recolhida em base de dados pode seguir a forma de processo especial, nos termos da Lei n.º 107/2009, de 14 de setembro, na sua redação atual.

ARTIGO 82.º
Destino das coimas

1. A afetação do produto das coimas laborais cobradas aos profissionais da cultura é efetuada da seguinte forma:

a) 40 % para a ACT;

b) 10 % para a IGAC;

c) 25 % para o serviço responsável pela gestão financeira do orçamento da segurança social;

d) 25 % para o Fundo.

2. No caso de coima aplicada em matéria de segurança e saúde no trabalho, os valores constantes das alíneas b) a d) do número anterior revertem para o Fundo de Acidentes de Trabalho.

3. A ACT transfere trimestralmente para as entidades referidas no número anterior as importâncias a que as mesmas tenham direito.

4. À afetação do produto das coimas no âmbito da segurança social é aplicável o disposto no artigo 240.º do Código dos Regimes Contributivos do Sistema Previdencial de Segurança Social.

5. A receita resultante das contraordenações previstas no presente artigo e aplicadas nas Regiões Autónomas constitui receita própria destas.

CAPÍTULO VII
Disposições finais

ARTIGO 83.º
Outros seguros

As pessoas singulares e coletivas da área da cultura podem celebrar os seguintes contratos de seguros que cubram, nomeadamente, os seguintes riscos:

a) Acidentes pessoais;
b) Responsabilidade civil profissional;
c) Cancelamento de espetáculos e eventos.

ARTIGO 84.º
Entidade gestora do subsídio por suspensão da atividade cultural

1. A gestão do subsídio por suspensão da atividade cultural compete à instituição da segurança social competente.

2. A entidade gestora estabelece com o IGAC e a AT os protocolos necessários ao cumprimento da obrigação contributiva dos profissionais da área da cultura e à gestão do subsídio por cessação da atividade cultural, nos termos previstos no presente Estatuto.

ARTIGO 85.º
Desmaterialização

Todos os pedidos, comunicações e notificações previstos no presente Estatuto, nomeadamente os relacionados com o RPAC e o acesso ao subsídio de suspensão de atividade cultural, devem ser preferencialmente efetuados de forma desmaterializada, acessível através do balcão único ePortugal.

PORTARIA N.º 13-A/2022, DE 4 DE JANEIRO

REGULAMENTA A COMUNICAÇÃO DE CELEBRAÇÃO DE CONTRATOS DE PRESTAÇÃO DE SERVIÇOS COM PROFISSIONAIS DA ÁREA DA CULTURA

O Estatuto dos Profissionais da Área da Cultura, aprovado em anexo ao Decreto-Lei n.º 105/2021, de 29 de novembro, encontra-se dividido em três partes essenciais: (i) o registo dos profissionais da área da cultura (RPAC), (ii) o regime contratual de trabalho e de prestação de atividade e (iii) o regime de proteção social.

A presente portaria regulamenta a comunicação de celebração de contratos de prestação de serviços com profissionais da área da cultura, pelas entidades que disponham ou devam dispor de contabilidade organizada, como medida de combate à precariedade.

Foi ouvida a Comissão Nacional da Proteção de Dados.

Assim:

Manda o Governo, pelo Ministro de Estado e das Finanças, pela Ministra da Modernização do Estado e da Administração Pública, pela Ministra da Cultura e pela Ministra do Trabalho, Solidariedade e Segurança Social, ao abrigo do n.º 2 do artigo 30.º do Estatuto dos Profissionais da Área da Cultura, aprovado em anexo ao Decreto-Lei n.º 105/2021, de 29 de novembro, o seguinte:

ARTIGO 1.º
Objeto

A presente portaria regulamenta a comunicação de celebração de contratos de prestação de serviços com profissionais da área da cultura, pelas entidades que disponham ou devam dispor de contabilidade organizada, nos termos do disposto no do n.º 2 do artigo 30.º do Estatuto dos Profissionais da Área da Cultura (Estatuto), aprovado em anexo ao Decreto-Lei n.º 105/2021, de 29 de novembro.

ARTIGO 2.º
Entidade gestora

1. Compete à Inspeção-Geral das Atividades Culturais (IGAC) a gestão das comunicações em articulação com:
   a) A Agência para a Modernização Administrativa, I. P. (AMA);
   b) A Autoridade para as Condições do Trabalho (ACT);
   c) A Autoridade Tributária e Aduaneira (AT);
   d) Os Serviços da Segurança Social.
2. As trocas de informações entre as entidades referidas no número anterior são reguladas por protocolo.
3. Compete às entidades referidas no n.º 1 a responsabilidade pelo tratamento dos dados pessoais recolhidos, nomeadamente para efeitos de:
   a) Confirmação do fundamento pela não celebração de contrato de trabalho, pela IGAC e ACT;
   b) Confirmação que o valor relativo ao contrato foi devidamente declarado para efeitos fiscais e contributivos, pela ACT e pelos serviços da Segurança Social;
   c) Planeamento das atividades de fiscalização, incluindo as referidas no artigo 5.º por todas as entidades.

ARTIGO 3.º
Disponibilização

A comunicação objeto da presente portaria está disponível no portal ePortugal.

ARTIGO 4.º
Comunicação

1. A entidade beneficiária da prestação, que disponha ou deva dispor de contabilidade organizada, deve comunicar a celebração de contrato de prestação de serviço antes do início da sua produção de efeitos, ilidindo fundamentadamente a presunção da existência de contrato de trabalho prevista no artigo 7.º do Estatuto.

2. Na impossibilidade de comunicação em momento anterior à produção de efeitos do contrato, nomeadamente por impossibilidade de acesso ao Portal ePortugal, a entidade beneficiária da prestação deve proceder à comunicação nas 48 horas posteriores.

3. A comunicação é realizada pela entidade beneficiária da prestação, utilizando um dos seguintes meios de autenticação eletrónica:

a) Cartão de Cidadão;

b) Chave Móvel Digital;

c) Sistema de autenticação do Portal das Finanças;

d) Certificado digital emitido por Estado membro da União Europeia no âmbito do STORK;

e) Outros meios de identificação eletrónica emitidos noutros Estados membros da União Europeia, reconhecidos para o efeito nos termos do artigo 6.º do Regulamento (UE) n.º 910/2014, do Parlamento Europeu e do Conselho, de 23 de julho.

4. Os dados constantes da comunicação são posteriormente comunicados pela AMA, I. P., às restantes entidades referidas no artigo 2.º, não dispensando as outras obrigações legais.

5. Quando, por motivos de indisponibilidade dos sistemas de informação, não for possível o cumprimento do disposto no número anterior, a transmissão da informação em causa pode ser realizada por outros meios de transmissão eletrónica de dados que garantam a segurança dos dados transmitidos.

ARTIGO 5.º
Verificação dos contratos de prestação de serviços

Nos termos do disposto no n.º 3 do artigo 30.º, no artigo 79.º e no n.º 3 do artigo 81.º do Estatuto e do n.º 3 do artigo 3.º, podem ser realizadas verificações eletrónicas por informação recolhida em base de dados entre as comunicações realizadas ao abrigo da presente portaria e as obrigações fiscais e contributivas associadas ao mesmo contrato.

ARTIGO 6.º
Dados abertos

A publicação, divulgação e disponibilização, para consulta ou outro fim, de informações, documentos e outros conteúdos que, pela sua natureza e nos termos da presente portaria, possam ou devam ser disponibilizados ao público, sem prejuízo do uso simultâneo de outros meios, deve estar disponível em formatos abertos, que permitam a leitura por máquina, para ser colocada ou indexada no Portal de Dados Abertos da Administração Pública, em www.dados.gov.pt.

ARTIGO 7.º
Entrada em vigor

A presente portaria produz efeitos a 1 de janeiro de 2022.

Em 31 de dezembro de 2021.

O Ministro de Estado e das Finanças, João Rodrigo Reis Carvalho Leão. - A Ministra da Modernização do Estado e da Administração Pública, Alexandra Ludomila Ribeiro Fernandes Leitão. - A Ministra da Cultura, Graça Maria da Fonseca Caetano Gonçalves. - A Ministra do Trabalho, Solidariedade e Segurança Social, Ana Manuel Jerónimo Lopes Correia Mendes Godinho.

PORTARIA N.º 29-B/2022, DE 11 DE JANEIRO

REGULAMENTA O REGISTO DOS PROFISSIONAIS DA ÁREA DA CULTURA

O Estatuto dos Profissionais da Área da Cultura foi aprovado em anexo ao Decreto-Lei n.º 105/2021, de 29 de novembro.

De forma a abranger todas as relações de trabalho que se estabelecem no âmbito do setor da cultura, bem como o respetivo regime de proteção social, o Estatuto encontra-se dividido em três partes essenciais: i) o registo dos profissionais da área da cultura (RPAC); ii) o regime contratual de trabalho e de prestação de atividade, e iii) o regime de proteção social.

A presente portaria regulamenta o RPAC, o qual tem por finalidade, para além da identificação individual dos profissionais da área da cultura, a estruturação e a identificação estatística do setor da cultura para posterior definição de políticas públicas de valorização profissional e técnica, apoios e outros benefícios públicos.

Deste modo, são estabelecidos os termos e as condições para inscrição e manutenção do registo dos profissionais da área da cultura. Apesar de o registo ser de inscrição facultativa, apenas os profissionais inscritos beneficiam da aplicação do regime contributivo e de proteção social especial previsto no Estatuto.

Foi ouvida a Comissão Nacional da Proteção de Dados.

Assim:

Manda o Governo, pelo Ministro de Estado e das Finanças, pela Ministra da Modernização do Estado e da Administração Pública, pela Ministra da Cultura e pela Ministra do Trabalho, Solidariedade e Segurança Social, ao abrigo do n.º 4 do artigo 2.º, do n.º 5 do artigo 5.º e da alínea b) do artigo 62.º do Estatuto dos Profissionais da Área da Cultura, aprovado em anexo ao Decreto-Lei n.º 105/2021, de 29 de novembro, o seguinte:

ARTIGO 1.º
Objeto

A presente portaria regulamenta o registo dos profissionais da área da cultura (RPAC), criado pelo n.º 5 do artigo 5.º do Estatuto dos Profissionais da Área da Cultura (Estatuto), aprovado em anexo ao Decreto-Lei n.º 105/2021, de 29 de novembro, definindo:

a) As profissões abrangidas pelo Estatuto;
b) Os termos e as condições de inscrição no RPAC e do respetivo cartão.

ARTIGO 2.º
Finalidades

O RPAC tem como finalidades:

a) Identificação individual do profissional;
b) Estruturação e identificação estatística do setor da cultura;
c) Definição de políticas públicas de valorização profissional e técnica, apoios e outros benefícios públicos;
d) Aplicação do regime de proteção social constante do Estatuto.

ARTIGO 3.º
Natureza

A inscrição no RPAC é facultativa e gratuita.

ARTIGO 4.º
Entidade gestora

Compete à Inspeção-Geral das Atividades Culturais (IGAC) a gestão do RPAC.

ARTIGO 5.º
Disponibilização

O RPAC está disponível no sítio da Internet da IGAC e é acessível através do Portal da Cultura e do Portal ePortugal.

ARTIGO 6.º
Profissionais da área da cultura

Podem inscrever-se no RPAC, a todo o tempo, todos os profissionais das artes do espetáculo, do audiovisual, das artes visuais e da criação literária que exerçam uma atividade autoral, artística, técnico-artística ou de mediação cultural com residência legal em território nacional.

ARTIGO 7.º
Trabalhadores por conta de outrem e membros de órgãos estatutários

1. Para efeitos de inscrição no RPAC, os trabalhadores por conta de outrem da área da cultura têm de exercer uma das profissões constantes da lista aprovada no Anexo I da presente portaria, da qual faz parte integrante.
2. O disposto no número anterior é aplicável aos membros de órgãos estatutários (MOE) de pessoas coletivas da área da cultura.
3. Para efeitos de benefício do regime especial de proteção social previsto no capítulo V do Estatuto é considerado exclusivamente o rendimento decorrente do exercício de profissão constante do Anexo I.

ARTIGO 8.º
Trabalhadores independentes

1. Para efeitos de inscrição no RPAC, os trabalhadores independentes da área da cultura têm de:
   a) Estar inscritos, a título principal ou secundário, na base de dados da Autoridade Tributária e Aduaneira (AT), com uma das atividades ou códigos do IRS constantes do Anexo II da presente portaria, da qual faz parte integrante;
   b) Ter declarado o início de atividade na Autoridade Tributária e Aduaneira.
2. Para efeitos de benefício do regime especial de proteção social previsto no capítulo v do Estatuto, é considerado exclusivamente o volume de negócios decorrente do exercício de atividade associado diretamente aos CAE ou CIRS constantes do Anexo II.

ARTIGO 9.º
Inscrição

1. A IGAC disponibiliza no seu sítio da Internet o formulário eletrónico de inscrição no RPAC.

2. A inscrição no RPAC é realizada diretamente pelo profissional da área da cultura, utilizando um dos seguintes meios de autenticação eletrónica:
   a) Cartão de cidadão;
   b) Chave Móvel Digital;
   c) Sistema de autenticação do Portal das Finanças;
   d) Certificado digital emitido por Estado-Membro da União Europeia no âmbito do STORK;
   e) Outros meios de identificação eletrónica emitidos noutros Estados-Membros da União Europeia, reconhecidos para o efeito nos termos do artigo 6.º do Regulamento (UE) n.º 910/2014, do Parlamento Europeu e do Conselho, de 23 de julho.
3. Para além dos dados relativos à identificação, a inscrição no RPAC implica a prova do cumprimento do disposto nos artigos 7.º e 8.º para os trabalhadores por conta de outrem, para os MOE e para os trabalhadores independentes, respetivamente, através da verificação a que se refere o n.º 1 do artigo seguinte, ou através da apresentação do certificado a que se refere o n.º 6 do artigo 5.º do Estatuto.

ARTIGO 10.º
Verificação da inscrição

1. A IGAC pode verificar eletronicamente junto da Autoridade Tributária e Aduaneira e da segurança social as informações e declarações prestadas para efeitos de inscrição, nos termos dos artigos 7.º, 8.º, 9.º, n.º 3, 13.º e 14.º
2. Sem prejuízo do disposto nos n.os 6 e 7 do artigo 5.º do Estatuto, a IGAC verifica anualmente, para efeitos estatísticos não nominativos, se os profissionais da área da cultura:
   a) Continuam com enquadramento ativo com atividade principal ou secundária da área da cultura nas bases de dados da AT ou da segurança social, quando aplicável;
   b) Obtiveram rendimentos no âmbito das profissões ou atividades referidas nos artigos 7.º e 8.º

ARTIGO 11.º
Cartão do profissional da área da cultura

É emitido eletronicamente ao profissional inscrito no RPAC o cartão do profissional da área da cultura, o qual pode ser consultado no sítio da Internet da IGAC e acedido através da aplicação móvel que permita a comprovação dos dados, nos termos dos n.os 1 e 4 do artigo 4.º-A da Lei n.º 37/2014, de 26 de junho, na sua redação atual.

ARTIGO 12.º
Vicissitudes

1. A inscrição no RPAC pode cessar por:
   a) Pedido do profissional da área da cultura;
   b) Morte do respetivo profissional da área da cultura;
   c) Desconformidade do registo;
   d) Abuso ou fraude na utilização do registo.
2. Com uma periodicidade trienal, iniciada a partir da data de inscrição no RPAC, a IGAC verifica se o profissional da área da cultura cumpre o disposto nos artigos 7.º e 9.º e se tem, pelo menos, 360 dias, seguidos ou interpolados, de carreira contributiva registada na segurança social ou contribuições pagas ao Fundo Especial de Segurança Social dos Profissionais da Área da Cultura em atividade na área da cultura, consoante o caso, desde a última verificação, sob pena de caducidade da respetiva inscrição.
3. Para efeitos do disposto no número anterior, é ainda verificada a disponibilidade para a atividade na área da cultura a que se refere a alínea b) do artigo 62.º do Estatuto, devendo, para tal, o profissional da área da cultura que seja trabalhador independente ter mantido atividade aberta desde a última verificação com uma profissão ou atividade na área da cultura.

ARTIGO 13.º
Informações e pareceres

1. A IGAC pode solicitar a entidades públicas ou privadas, incluindo às entidades representativas do setor e associações sindicais da área da cultura, pareceres e informações sobre os profissionais da área da cultura para efeitos de registo, desde que os titulares expressamente autorizem a sua obtenção, o que não impede a respetiva inscrição.
2. Podem ainda ser solicitados aos profissionais da área da cultura, ou por eles entregues, nomeadamente os seguintes elementos instrutórios:
   a) Indicação do número de registo das obras literárias e artísticas;
   b) Certificados de trabalho ou de prestação de atividade;

c) Código de acesso à certidão permanente do registo comercial, no caso dos membros dos órgãos estatutários de pessoas coletivas da área da cultura;
d) Documentos comprovativos da participação em espetáculos, eventos, catálogos, entre outros;
e) Curriculum vitae atualizado;
f) Comprovativo de atribuição de subsídios ou apoios concedidos por serviços e entidades da Administração Pública da área da cultura;
g) Certificados de qualificação profissional de nível 4 ou superior específica na área da cultura;
h) Carta de recomendação de entidades representativas do setor e associações sindicais da área da cultura.

3. Os documentos eletrónicos submetidos com os pedidos de inscrição devem preferencialmente ser assinados com recurso a assinaturas eletrónicas qualificadas, incluindo as do cartão de cidadão e Chave Móvel Digital ou outras que constem da Lista Europeia de Serviços de Confiança, sem prejuízo do disposto no artigo 4.º da Lei n.º 37/2014, de 26 de junho, na sua redação atual, sendo admissível a utilização do Sistema de Certificação de Atributos Profissionais.
4. É dispensada a apresentação de documentos que já se encontrem na posse de serviços e entidades da Administração Pública, quando os profissionais da área da cultura derem o seu consentimento para que se proceda à sua obtenção, utilizando a Plataforma de Interoperabilidade da Administração Pública, ou recorrendo ao mecanismo de portabilidade de dados previsto no n.º 2 do artigo 4.º-A da Lei n.º 37/2014, de 26 de junho, na sua redação atual.

ARTIGO 14.º
Troca de informações

1. As trocas de dados entre o sistema de suporte do RPAC, a AT e a segurança social devem ser realizadas através do mecanismo de federação de identidades, salvaguardando a confidencialidade dos mesmos, utilizando a Plataforma de Interoperabilidade da Administração Pública ou recorrendo ao mecanismo de portabilidade de dados.
2. Quando, por motivos de indisponibilidade dos sistemas de informação, não for possível o cumprimento do disposto no número anterior, a transmissão da informação em causa pode ser realizada por outros

meios de transmissão eletrónica de dados que garantam a segurança dos dados transmitidos.

3. Podem ainda ser trocadas informações estatísticas não nominativas entre a IGAC, a AT e a segurança social, referentes a 31 de dezembro de cada ano.

ARTIGO 15.º
Protocolos

A IGAC, a AT e a segurança social celebram os protocolos necessários à operacionalização da presente portaria.

ARTIGO 16.º
Dados abertos

A publicação, divulgação e disponibilização, para consulta ou outro fim, de informações, documentos e outros conteúdos que, pela sua natureza e nos termos da presente portaria, possam ou devam ser disponibilizados ao público, sem prejuízo do uso simultâneo de outros meios, deve estar disponível em formatos abertos, que permitam a leitura por máquina, para ser colocada ou indexada no Portal de Dados Abertos da Administração Pública, em www.dados.gov.pt.

ARTIGO 17.º
Regime transitório

1. Os profissionais da área da cultura que tenham registo válido no registo nacional de profissionais do setor das atividades artísticas, culturais e de espetáculo (RNPSAACE) são notificados pela IGAC para efeitos de confirmação da respetiva inscrição no RPAC.
2. Nos termos do disposto na alínea b) do n.º 1 do artigo 6.º do Decreto-Lei n.º 105/2021, de 29 de novembro, a inscrição no RPAC durante o ano de 2022 implica a manutenção da inscrição pelo prazo de 36 meses, sob pena de restituição dos valores recebidos a título de subsídio de suspensão a atividade cultural.

ARTIGO 18.º
Entrada em vigor

A presente portaria produz efeitos a 1 de janeiro de 2022.

O Ministro de Estado e das Finanças, João Rodrigo Reis Carvalho Leão, em 7 de janeiro de 2022. - A Ministra da Modernização do Estado e da Administração Pública, Alexandra Ludomila Ribeiro Fernandes Leitão, em 9 de janeiro de 2022. - A Ministra da Cultura, Graça Maria da Fonseca Caetano Gonçalves, em 7 de janeiro de 2022. - A Ministra do Trabalho, Solidariedade e Segurança Social, Ana Manuel Jerónimo Lopes Correia Mendes Godinho, em 7 de janeiro de 2022.

ANEXO I

(a que se refere o artigo 7.º)

Profissão	Outras designações ou funções consideradas	CAE	CIRS
Afinador musical		59200 90010	2017 2013
Ator	Ator convidado Ator de dobragem Ator de locução Ator principal Ator secundário Comediante Humorista Declamador Performer	90010	2010
Aderecista	Assistente de aderecista Assistente de montagens Decorador de cena	90020 90030	2010 2017
Aderecista de cena	Assistente de *plateau*	90030	2010 2017
Agente artístico	*Booker*	74900	
Anotador	Assistente de continuidade	90020	2017
Apresentador	Locutor	90020	2015
Argumentista	Dialoguista Guionista Revisor de texto	90030	2015
Artista circense		90010 90030	2011
Artista digital	Criador de personagens animadas Compositor digital Desenhador digital Modelador 3D	90010 90030	2010 2015

Artista visual ou plástico	Ceramista Escultor Fotógrafo Multimédia Pintor Videasta	90030	2012 2014 2015
Artista e auxiliar tauromáquico	Bandarilheiros Cavaleiros Novilheiros Toureiros cómicos Forcados Moço de espada Campino Embolador	93291	3010 3019
Assistente de realização	1.º assistente de realização 2.º assistente de realização 3.º assistente de realização Planificador	90020	2017
Bailarino	Corifeu Corpo de baile Principal Solista Stagiere	90010	2010
Bonecreiro	Manipulador de bonecos Marionetista Ventríloquo	90010	2010
Cabo varanda	Ajudante de teia	90020	2017
Caracterizador	Caracterizador principal Assistente de caracterização	90020	2017
Caracterizador de efeitos especiais	Assistente de caracterização de efeitos especiais	90020	2017
Carpinteiro de cena	Chefe carpinteiro Assistente de carpinteiro	90020	2017
Cenógrafo	Diretor de cenografia Assistente de cenografia	90030	2010 2015
Chefe de guarda-roupa	Assistente de figurinos Assistente de guarda-roupa Zelador de guarda-roupa	90020	2017

Chefe de montagem de artes visuais ou plásticas	Assistente de montagem de artes visuais ou plásticas.	90020	2017
Colorista	Técnico de étalonnage Técnico de grading	90020	2017
Compositor	Arranjador	90030	2013
Condutor de precisão	Condutor duplo Stunt driver	90020	2017
Contrarregra		90010	2017
Coreógrafo	Assistente de coreografia Assistente de movimento Ensaiador Mestre de bailado Professor de bailado	90010 90030	2010 8013
Costureiro de guarda-roupa ou figurinos	Chefe costureiro Assistente de guarda-roupa Assistente de figurinos	90020	
Curador	Curador assistente Comissário de exposição Diretor de arte	90010	
Desenhador	Caricaturista Cartunista Desenhador de banda desenhada Desenhador de *storyboard* Gráfico Ilustrador Ilustrador científico Ilustrador editorial Infografista	90030	2015
Desenhador de iluminação	Assistente iluminador Desenhador de luz Designer de luz Iluminador Luminotécnico	90030	2015 2017
Desenhador pirotécnico		90030	2015 2017

Designer cultural	Designer de comunicação Designer de exposições Designer de interiores Designer de produto Designer gráfico Designer industrial Webdesigner	90030	2015
Designer de joalharia e ourivesaria		90030	2015
Designer de moda	Desenhador de moda *Designer* têxtil Estilista	90030	2015
Designer de produção audiovisual		90010	2015
Diretor artístico	Assistente de direção artística	90020	
Diretor de *casting*	Assistente de *casting* Coordenador de *casting* Diretor de elenco Responsável de elenco adicional Responsável de elenco infantil	90020	2017
Diretor de cena ou palco	Assistente de direção de cena ou palco (*deputy stage manager*) *Stage manager* *Roadie* Diretor técnico	90020	2017
Diretor de fotografia	Assistente de direção de fotografia	90010 59110	2015 2017
Diretor de produção	Assistente de produção Chefe de produção Condutor de produção Gestor de operações Gestor de projeto Produtor executivo Produtor delegado Secretário de produção/orquestra/coro Produtor de locais	90020	2017
Diretor de som	Operador de som	90020	2017

Disc-jockey	*DJ*	90030	2015
Documentalista	Arquivista audiovisual Bibliotecário Arquivista Técnico-adjunto de biblioteca e documentação Técnico-adjunto de arquivo	90020	2017
Dramaturgo		90030	2010
Duplo	Coordenador de duplos Coreógrafo de cenas de ação ou combate	90020	2017
Editor literário		58110	
Encenador	Assistente de encenação	90030	2010
Escritor ou poeta	Autor literário Cronista	90030	2015
Figurante		90020	2015
Figurinista	Assistente de figurinista	90030	2010 2015
Gestor cultural	Diretor de equipamentos culturais Diretor de eventos Diretor de festival Gestor de eventos Organizador de eventos Técnico de gestão cultural Diretor executivo	74900	2016
Gestor de carreira artística	*Manager*	74900	
Gestor de digressão	Gestor de itinerância *Road manager*	90020	
Grupista	Eletricista de cenário de cinema ou televisão	90020	2017
Iluminador	1.º assistente iluminador Assistente iluminador Chefe iluminador	90020	2017
Localizador	*Reperage*	90020	2017
Locutor		59200	2015

Maquinista de cena	1.º assistente maquinista Assistente maquinista Chefe maquinista	90020	2017
Mediador cultural e artístico	Técnico de animação sociocultural Técnico de acolhimento e apoio ao público Animador cultural Técnico de serviço educativo Mediador de leitura Mediador intercultural Guia-intérprete		2016
Metalúrgico de cena	Assistente de metalurgia Chefe metalúrgico	90020	2017
Músico	Cantor Coralista Instrumentista Solista	90010	2013 2019
Musicólogo		90020	2013
Operador de câmara	Operador de alta velocidade Operador de cabeça estabilizada Operador de *steadicam* Operador subaquático Operador de suporte estabilizado Operador de suporte robotizado Operador de drone	90020	2017
Operador de *perche*	1.º Assistente de som Assistente de som Perchista	90020	2017
Operador técnico de televisão	Controlo de imagem Misturador de imagem Operador de controlo de imagem Operador de EVS/videotape Operador de sampler Operador de grua	90020	2017
Pintor cenográfico	Chefe pintor Pintor de patines	90020	2017
Produtor audiovisual		90020	

Professor ou educador artístico			8013
Realizador	Correalizador Realizador de 2.ª equipa	90030	2010
Responsável de figuração	*Crowd*	90020	2015
Responsável operacional	Técnico de régie	90020	2017
Sonoplasta	Desenhador de som	90030	2015
Supervisor de pós-produção	Coordenador de pós-produção	59120	2017
Técnico de manutenção audiovisual	Supervisor de armazém Técnico de manutenção de equipamentos	59120	2017
Técnico de suspensão de equipamentos	*Rigger* *Stunt rigger*	90020	2017
Tradutor de audiovisual	Marcador de legendas Insersor de caracteres Operador de teleponto Responsável pela dobragem Responsável pelo *voice-over* Áudio-descritor Intérprete de língua gestual portuguesa	90030	2015
Videasta	Videógrafo *Videomapper* *Vídeo performer* VJ	90030	2015

ANEXO II

(a que se refere o artigo 8.º)

1. Lista de atividades de acordo com a Classificação Portuguesa de Atividades Económicas, revista pelo Decreto-Lei n.º 381/2007, de 14 de novembro, na sua redação atual (CAE):
   58110;
   59110;
   59120;
   59130;
   59140;
   59200;
   74900
   90010;
   90020;
   90030;
   90040;
   93291.

2. Lista de códigos de IRS (CIRS) de acordo com a tabela aprovada pela Portaria n.º 1011/2001, de 21 de agosto, na sua redação atual:
   2010;
   2011;
   2012;
   2013;
   2014;
   2015
   2016;
   2017;
   2019;
   3010;
   3019;
   8013.

PORTARIA N.º 29-C/2022, DE 11 DE JANEIRO

APROVA O REGULAMENTO DO FUNDO ESPECIAL DE SEGURANÇA SOCIAL DOS PROFISSIONAIS DA ÁREA DA CULTURA

O Estatuto dos Profissionais da Área da Cultura, aprovado pelo Decreto-Lei n.º 105/2021, de 29 de novembro, criou o Fundo Especial de Segurança Social dos Profissionais da Área da Cultura, por forma a reconhecer a singularidade e especialidade do subsídio por suspensão da atividade cultural que foi criado pelo mesmo, e com vista a permitir a definição da forma da respetiva gestão.

O Estatuto em causa fixa o âmbito pessoal dos profissionais da área da cultura com direito de acesso ao subsídio, o respetivo regime jurídico e, também, o montante da contribuição adicional e outras fontes de financiamento do Fundo Especial, competindo exclusivamente ao Fundo, na medida das suas disponibilidades, a assunção dos encargos com a proteção especial criada pelo Estatuto.

Importa, assim, proceder à regulamentação deste Fundo Especial, definindo, nomeadamente, a forma da respetiva gestão.

Nestes termos, ao abrigo do artigo 36.º do Estatuto dos Profissionais da Área da Cultura, aprovado em anexo ao Decreto-Lei n.º 105/2021, de 29 de novembro, manda o Governo, pelo Ministro de Estado e das Finanças e pelo Secretário de Estado da Segurança Social, o seguinte:

ARTIGO 1.º
Objeto

É aprovado o Regulamento do Fundo Especial de Segurança Social dos Profissionais da Área da Cultura, publicado em anexo à presente portaria e que dela faz parte integrante.

ARTIGO 2.º
Produção de efeitos

A presente portaria produz efeitos nos termos previstos no n.º 2 do artigo 12.º do Decreto-Lei n.º 105/2021, de 29 de novembro, que aprova o Estatuto dos Profissionais da Área da Cultura.

Em 7 de janeiro de 2022.

O Ministro de Estado e das Finanças, João Rodrigo Reis Carvalho Leão. - O Secretário de Estado da Segurança Social, Gabriel Gameiro Rodrigues Bastos.

ANEXO

REGULAMENTO DO FUNDO ESPECIAL DE SEGURANÇA SOCIAL DOS PROFISSIONAIS DA ÁREA DA CULTURA

ARTIGO 1.º
Objeto e natureza

1. O presente Regulamento fixa as regras e as condições do funcionamento do Fundo Especial de Segurança Social dos Profissionais da Área da Cultura, doravante designado por Fundo.
2. O Fundo tem a natureza de fundo autónomo, sem personalidade jurídica, e é gerido e administrado pelo Instituto de Gestão Financeira da Segurança Social, I. P. (IGFSS, I. P.)
3. Ao Fundo aplicam-se as mesmas regras orçamentais e financeiras aplicáveis ao IGFSS, I. P., constituindo o seu orçamento e a sua conta, respetivamente, anexos ao orçamento e à conta da segurança social.

ARTIGO 2.º
Âmbito material

1. O Fundo destina-se à atribuição e gestão do subsídio por suspensão da atividade cultural nos termos previstos no Estatuto dos Profissionais da Área da Cultura, aprovado pelo Decreto-Lei n.º 105/2021, de 29 de novembro, adiante designado por Estatuto.
2. O subsídio por suspensão da atividade cultural é concedido nos termos previstos no Estatuto.
3. Os subsídios são pagos por transferência bancária através do IBAN do beneficiário registado na segurança social direta.

ARTIGO 3.º
Âmbito pessoal

Ficam abrangidos pelo Fundo os profissionais da área da cultura titulares do direito ao subsídio por suspensão da atividade cultural nos termos do artigo 57.º do Estatuto.

ARTIGO 4.º
Autonomia patrimonial

1. O património do Fundo está exclusivamente afeto:
   a) Ao pagamento dos subsídios por suspensão da atividade cultural previstos no artigo 57.º do Estatuto;
   b) Ao pagamento dos custos de administração, gestão, de investimento e de depósito do Fundo.
2. O valor líquido do património do Fundo constitui o montante máximo disponível para o pagamento dos subsídios por suspensão da atividade cultural.

ARTIGO 5.º
Entidade gestora do Fundo

1. A entidade gestora do Fundo é o IGFSS, I. P.
2. O IGFSS, I. P., articula a gestão administrativa do Fundo com o Instituto da Segurança Social, I. P. (ISS, I. P.), o Instituto da Segurança Social dos Açores, I. P.-RA (ISSA, IPRA), e o Instituto de Segurança Social da Madeira, I. P.-RAM (ISSM, IP-RAM), podendo para o efeito celebrar protocolos.
3. A gestão financeira do Fundo é efetuada pelo IGFSS, I. P., no âmbito das respetivas competências de tesouraria única do sistema de segurança social, em articulação com a Tesouraria do Estado, nos termos do disposto no artigo 56.º da Lei n.º 151/2015, de 11 de setembro, na sua redação atual.
4. O IGFSS, I. P., pode proceder à contratualização da gestão de parte das reservas que constituem o património do Fundo com o Instituto de Gestão de Fundos de Capitalização, da Segurança Social, I. P. (IGFSS, I. P.)

ARTIGO 6.º
Depósito do Fundo

Os valores afetos ao Fundo são depositados em contas autónomas em um ou mais custodiantes.

ARTIGO 7.º
Constituição do Fundo

O Fundo considera-se constituído na data da entrada em vigor da presente portaria.

ARTIGO 8.º
Restituição e cobrança coerciva das contribuições ou prestações

1. As dívidas ao Fundo, independentemente da sua origem ou natureza, são equiparadas a dívidas à segurança social para todos os efeitos, incluindo para efeitos de cobrança coerciva.
2. As dívidas ao Fundo prescrevem nos mesmos termos e prazos que as dívidas por contribuições à segurança social.
3. O direito às prestações devidas pelo Fundo prescreve a favor deste nos mesmos termos e prazos das prestações atribuídas pelo regime geral de segurança social.
4. As prestações indevidamente pagas aos beneficiários são restituídas nos termos do Decreto-Lei n.º 133/88, de 20 de abril, na sua redação atual.
5. A certidão por dívidas ao Fundo é emitida pelo presidente do conselho diretivo do IGFSS, I. P.

ARTIGO 9.º
Receitas do Fundo

Constituem receitas do Fundo, nos termos do artigo 35.º do Estatuto:

a) Nos termos do artigo 45.º do Estatuto, a taxa contributiva relativa aos profissionais da área da cultura em regime de contrato de trabalho de muito curta duração é de 37,1 %, sendo 29,6 % receita da segurança social e 7,5 % receita do Fundo;

b) Nos termos do n.º 1 do artigo 49.º do Estatuto, a taxa contributiva relativa aos trabalhadores independentes, incluindo os empresários em nome individual, da área da cultura é fixada em 25,2 %, sendo 21,4 % receita da segurança social e 3,8 % receita do Fundo;

c) Nos termos do n.º 2 do artigo 49.º do Estatuto, a taxa contributiva da responsabilidade da entidade beneficiária da prestação é de 5,1 %, constituindo receita integral do Fundo;

d) A afetação do produto das coimas laborais nos termos previstos no Estatuto;

e) Os rendimentos dos investimentos que integram o património do Fundo;

f) O produto da alienação e do reembolso dos investimentos do património do Fundo;
g) Outras receitas decorrentes da gestão do fundo;
h) Quaisquer receitas que legalmente lhe venham a ser atribuídas.

ARTIGO 10.º
Despesas do Fundo

Constituem despesas do Fundo as resultantes de:

a) Pagamento dos subsídios concedidos;
b) Os custos de gestão, de depósito, de transação e de guarda de ativos;
c) Os valores despedidos na compra de aplicações para o Fundo;
d) Os encargos despendidos na compra, venda e gestão dos ativos do Fundo;
e) As despesas com a administração do Fundo.

ARTIGO 11.º
Composição dos ativos

1. Da composição do ativo do Fundo podem fazer parte:
   a) Títulos representativos de dívida pública portuguesa ou outros garantidos pelo Estado Português;
   b) Ações, warrants avaliados pelo seu valor nocional, títulos de participação, unidades de participação em organismos de investimento coletivo, obrigações convertíveis em ações ou direitos análogos relativamente a sociedades anónimas cotadas em bolsas de valores ou outro mercado regulamentado de Estados Membros da União Europeia ou da OCDE;
   c) Depósitos à ordem ou a prazo, realizados em instituições sujeitas às regras prudenciais vigentes na União Europeia ou a regras prudenciais no mínimo tão exigentes como as da União Europeia desde que cumpram pelo menos um dos seguintes critérios:
      i. Encontrar-se localizado no espaço económico europeu;
      ii. Encontrar-se localizado num país da OCDE pertencente ao Grupo dos Dez;
      iii. Ter, no mínimo, uma notação de risco (investment grade).
2. Da composição da carteira do Fundo só podem fazer parte ativos com origem em Estados Membros da União Europeia ou da OCDE, denominados em qualquer moeda com curso legal nesses países.

3. Os valores mobiliários afetos ao Fundo podem ser depositados na Agência de Gestão da Tesouraria e da Dívida Pública - IGCP, E. P. E., ou em conta autónoma, em um ou mais custodiantes.
4. A política de investimento do Fundo é definida pelo IGFSS, I. P., e aprovada por despacho conjunto dos membros do Governo responsáveis pelas áreas das finanças e da segurança social.
5. A composição da carteira do Fundo deve atender aos princípios da dispersão de riscos, bem como à segurança, ao rendimento e à liquidez das aplicações efetuadas, não devendo na composição da sua carteira incluir investimentos superiores a 20 % de cada conjunto das emissões de um emitente, excetuando a aplicação em depósitos bancários.
6. Não podem fazer parte do ativo do Fundo quaisquer créditos ou cauções de terceiros relativamente à segurança social ou ao Estado Português.

ARTIGO 12.º
Relatório e contas anuais

O relatório de atividades e as contas anuais relativas ao Fundo são submetidos à aprovação do membro do Governo responsável pela área da segurança social e ao Tribunal de Contas.

ARTIGO 13.º
Avaliação do Fundo

1. Trienalmente proceder-se à avaliação da sustentabilidade económica e financeira do Fundo suportada por estudo técnico e atuarial que permita a tomada das medidas que se mostrem indispensáveis ao equilíbrio financeiro do esquema de prestações.
2. A avaliação financeira e atuarial do Fundo prevista no número anterior é realizada por uma comissão técnica coordenada pela Direção-Geral da Segurança Social, com peritos designados pelo IGFSS, I. P., podendo ainda integrar outras entidades que sejam consideradas necessárias para o efeito.

ARTIGO 14.º
Conselho consultivo

As áreas governativas diretamente relacionadas com a aplicação do Estatuto acompanham o funcionamento do Fundo através de um conselho consultivo, não remunerado, presidido por representante do IGFSS, I. P., cujos membros são designados por despacho conjunto dos membros do Governo das áreas das finanças e da segurança social, dois por cada área governativa.

ARTIGO 15.º
Competências

Compete ao conselho consultivo:

a) Dar parecer sobre o relatório de atividades e contas do Fundo;

b) Pronunciar-se sempre que solicitado para o efeito pelo IGFSS, I. P.

ARTIGO 16.º
Regime de funcionamento

1. O conselho consultivo reúne ordinariamente uma vez por ano e extraordinariamente sempre que convocado pelo seu presidente.

2. O conselho consultivo só pode deliberar com a presença da maioria dos seus membros.

3. As deliberações do conselho consultivo são tomadas por maioria simples dos votos dos membros presentes, tendo o presidente voto de qualidade.

4. As reuniões do conselho consultivo decorrem, por princípio, em formato virtual.

ARTIGO 17.º
Revisão

1. Sempre que os resultados da avaliação da gestão a que se refere o artigo 13.º o aconselhem, podem os membros do Governo responsáveis pelas áreas das finanças e da segurança social determinar a revisão do presente Regulamento, sob proposta da instituição gestora ou do conselho consultivo.

2. Os projetos de alteração do Regulamento são sujeitos a parecer do conselho consultivo.